第五批上海市属高校应用型本科试点专业建设（财务管理专业）项目

二十一世纪财经类应用型本科系列教材

税法原理与运用

董春珑／主编　盛术俊／副主编

立信会计出版社
LIXIN ACCOUNTING PUBLISHING HOUSE

图书在版编目(CIP)数据

税法原理与运用 / 董春珑主编. —上海：立信会计出版社，2020.8
 ISBN 978 - 7 - 5429 - 6531 - 8

Ⅰ.①税… Ⅱ.①董… Ⅲ.①税法—法的理论—中国
Ⅳ.①D922.220.1

中国版本图书馆 CIP 数据核字(2020)第 136327 号

策划编辑	方士华	
责任编辑	方士华	
封面设计	南房间	

税法原理与运用
Shuifa Yuanli yu Yunyong

出版发行	立信会计出版社		
地　　址	上海市中山西路 2230 号	邮政编码	200235
电　　话	(021)64411389	传　真	(021)64411325
网　　址	www.lixinaph.com	电子邮箱	lixinaph2019@126.com
网上书店	http://lixin.jd.com		http://lxkjcbs.tmall.com
经　　销	各地新华书店		
印　　刷	上海万卷印刷股份有限公司		
开　　本	787 毫米×1092 毫米	1/16	
印　　张	22.25	插　页	1
字　　数	540 千字		
版　　次	2020 年 8 月第 1 版		
印　　次	2020 年 8 月第 1 次		
印　　数	1—2 100		
书　　号	ISBN 978 - 7 - 5429 - 6531 - 8/D		
定　　价	52.00 元		

如有印订差错，请与本社联系调换

前　言

　　本书根据我国最新的税收立法信息编写,注重理论与实践的结合。内容主要依据我国《个人所得税法》的大幅度修改,以及增值税法、关税法、企业所得税法、车船税法、环境保护税法、船舶吨税法等税收实体法制度的局部修改,全面阐述了我国现行税制下各个税种的计算、纳税申报等。全书共分十一章,从税收基础、流转税法、所得税法、财产税法、资源税法、行为税法等方面,对税收的基本理论和我国现行税制的主要内容进行了介绍,还将税务登记制度、发票管理制度、涉税专业服务监管制度等的近期变化体现其中,并加入税收筹划案例,集税法、纳税实务于一体,具有较强的实用性和应用性。同时,本书与财经类相关资格认证考试紧密结合,以促进学生综合应用能力的形成和满足应试需求。为配合教学,每章均有一定的实例,并附有学习目标、本章小结、课后练习题等专栏,有利于学生巩固所学知识,提高学生分析问题、解决问题的能力。本书可以作为会计、税务、审计、财务管理等相关专业的本科教材,也可以作为相关在职人员岗位培训教材及参考书。

　　当前税制改革不断推进,本书使用的法律、法规、规章和规范性文件的截止日期以国家税制改革为准。

　　本书由董春珑任主编,盛术俊任副主编。

　　由于税收领域本身的深奥,加之编者水平有限,书中难免有疏漏之处,恳请各位读者批评指正。

编　者

2020 年 8 月

目　　录

第一章　税法基本原理

 **学习目标**

1. 掌握税收与税法的概念
2. 掌握税收法律关系、税法原则
3. 掌握税法要素,包括总则、纳税义务人、征税对象、税目、税率、纳税环节、纳税期限、纳税地点、减税免税、罚则等项目

第一节　税法概述

一、税收与税法的概念

税收是政府为了满足社会公共需要,凭借政治权力,按照法律的规定,强制、无偿地取得财政收入的一种形式。税法是国家立法机关制定的用于调整国家与纳税人之间在纳税方面的权利及义务关系的法律规范的总称。把握税法的概念必须以深入理解税收内涵为基础。理解税收的内涵需要从税收的分配关系本质、国家税权、税收目的三个方面来把握。

(一) 税收是国家取得财政收入的一种重要工具,其本质是一种分配关系

国家要行使职能必须有一定的财政收入作为保障。取得财政收入的手段多种多样,如征税、发行货币、发行国债、收费、罚没等,其中税收是大部分国家取得财政收入的主要形式。在社会再生产过程中,分配是连接生产与消费的必要环节,在市场经济条件下,分配主要是对社会产品价值的分割。税收解决的是分配问题,是国家参与社会产品价值分配的法定形式,处于社会再生产的分配环节,因而从本质上它体现的是一种分配关系。

(二) 国家征税的依据是政治权力,它有别于按生产要素进行的分配

国家通过征税,将一部分社会产品由纳税人所有转变为国家所有,因此征税的过程实际上是国家参与社会产品的分配过程。国家与纳税人之间形成的这种分配关系与社会再生产中的一般分配关系不同。分配问题涉及两个基本问题:一是分配的主体;二是分配的依据。税收分配是以国家为主体进行的分配,而一般分配则是以各生产要素的所有者为主体进行的分配;税收分配是国家凭借政治权力,以法律的形式进行的分配,而一般分配则是基于生产要素进行的分配。

国家依据符合宪法的税收法律对公民和法人行使一种请求权,体现的关系即为类似公法上的债权债务关系。政府依据税法拥有对公民和法人某些财产或收入的债权,公民或法人则对政府承担了债务,这种债务即是税收。公民或法人缴纳税收即偿还了债务以后便拥

有了享受政府提供的公共产品的权利,此时税收相当于一种价格,公民和法人与政府应该具有某种等价交换的关系,国家行使请求权的同时,负有向纳税人提供高质有效的公共产品的义务;从纳税人这方面来讲,纳税人在享受政府提供的公共产品的同时,也依法负有纳税的义务。在这种等价交换中,税收体现了一种平等性,即国家和纳税人之间的对等关系。

(三) 国家征税的目的是满足社会公共需要

国家在履行其公共职能的过程中必然要有一定的公共支出。公共产品提供的特殊性决定了公共支出在一般情况下不可能由公民个人、企业采取自愿出价的方式,而只能采用由国家(政府)强制征税的方式,由经济组织、单位和个人来负担。国家征税的目的是满足提供社会公共产品的需要,以及弥补市场失灵、促进公平分配等的需要。同时,国家征税也要受到所提供的产品规模和质量的制约。

税法是国家制定的用于调整国家与纳税人之间在征纳税方面的权利及义务关系的法律规范的总称。税法构建了国家及纳税人依法征税、依法纳税的行为准则体系,其目的是保障国家利益和纳税人的合法权益,维护正常的税收秩序,保证国家的财政收入。税法体现为法律这一规范形式,是税收制度的核心内容。税收制度是在税收分配活动中征纳双方所应遵守的行为规范的总和。其内容主要包括各税种的法律法规以及为了保证这些税法得以实施的税收征管制度和税收管理体制。

税法具有义务性法规和综合性法规的特点。首先,从法律性质上看,税法属于义务性法规,以规定纳税人的义务为主。税法属于义务性法规,不是指税法没有规定纳税人的权利,而是指纳税人的权利是建立在其纳税义务的基础之上,处于从属地位。税法属义务性法规的这一特点是由税收的无偿性和强制性特点所决定的。税法的义务性、强制性,不仅有国家权力作为后盾,而且有一系列的制度措施作保障;税法作为强制性规范,即对于一切满足税收要素的纳税人,均应根据税法缴纳税款。其次,税法的另一特点是具有综合性,它是由一系列单行税收法律法规及行政规章制度组成的体系,其内容涉及课税的基本内容、征纳双方的权利和义务、税收管理规则、法律责任、解决税务争议的法律规范等。税法的综合性特点是由税收制度所调整的税收分配关系和税收法律关系的复杂性所决定的。

税法的本质是正确处理国家与纳税人之间因税收而产生的税收法律关系和社会关系,既要保证国家税收收入,也要保护纳税人的权利,两者缺一不可。片面强调国家税收收入或纳税人权利都不利于社会的和谐发展。如果国家征收不到充足的税款,就无法履行其公共服务的职能,无法提供公共产品,最终也不利于保障纳税人的利益。从这个意义上讲,税法的核心在于兼顾和平衡纳税人权利,在保障国家税收收入稳步增长的同时,也保证对纳税人权利的有效保护,这是税法的核心要义。

二、税法原则

税法原则是构成税收法律规范的基本要素之一,是调整税收关系的法律规范的抽象和概括,是贯穿于税收立法、执法、司法等全过程的具有普遍指导意义的法律准则。税法基本原则是一定社会经济关系在税收法制中的体现,是国家税收法治的理论基础。任何国家的税法体系和税收法律制度都要建立在一定的税法原则基础上。税法原则可以分为税法基本原则和税法适用原则两个层次。

（一）税法基本原则

从法理学的角度分析,税法基本原则可以概括成税收法定原则、税收公平原则、税收效率原则和实质课税原则。党的十八届三中全会明确提出"落实税收法定原则",开启了税收法律制度体系建设的新阶段,重申了严格落实《中华人民共和国立法法》提出的税收基本制度属于全国人民代表大会的专属立法权限,也为未来税制改革提供了法治方向,具有十分重要的现实意义。

1. 税收法定原则

税收法定原则也称税收法律主义,是指税法主体的权利和义务必须由法律加以规定,税法的各类构成要素皆必须且只能由法律予以明确规定,征纳主体的权利和义务只以法律规定为依据,没有法律依据,任何主体不得征税或减免税收。税收法律主义的要求是双向的:一方面,要求纳税人必须依法纳税;另一方面,课税只能在法律的授权下进行,超越法律规定的课征是违法和无效的。从现代社会来看,税收法律主义的功能则偏重于保持税法的稳定性与可预测性,这对于市场经济的有序性和法治社会的建立与巩固是十分重要的。税收法律主义可以概括成课税要素法定、课税要素明确和依法稽征三个具体原则。

第一,课税要素法定原则。即课税要素必须由法律直接规定。首先,这里的课税要素不仅包括纳税人、征税对象、税率、税收优惠,而且还应包括征税基本程序和税务争议的解决办法等。其次,课税要素的基本内容应由法律直接规定,实施细则等仅是补充,以行政立法形式通过的税收法规、规章,如果没有税收法律作为依据或者违反了税收法律的规定都是无效的。最后,税收委托立法只能限于具体和个别的情况,不能做一般的、没有限制的委托,否则即构成对课税要素法定原则的否定。

第二,课税要素明确原则。即有关课税要素的规定必须尽量地明确而不出现歧义、矛盾,在基本内容上不出现漏洞。课税要素明确原则更多的是从立法技术的角度保证税收分配关系的确定性。出于适当保留税务行政机关的自由裁量权、便于征收管理、协调税法体系的目的和立法技术上的要求,税法有时作出较模糊的规定是难免的。一般并不认为这是对税收法律主义的违背,但是这种模糊的规定必须受到限制,至少,税务行政机关的自由裁量权不应是普遍存在和不受约束的。经过法律解释含义仍不确切的概念也是不能在税法中成立的,否则,课税要素明确原则就失去了存在的价值。

第三,依法稽征原则。即税务行政机关必须严格依据法律的规定稽核征收,而无权变动法定课税要素和法定征收程序。除此之外,纳税人同税务机关一样都没有选择开征、停征、减税、免税、退补税收及延期纳税的权力,即使征纳双方达成一致也是违法的。上述原则包含依法定课税要素稽征和依法定征收程序稽征两个方面。依法稽征原则的适用,事实上也受到一定的限制,这主要是由税收法律主义与其他税法原则的冲突和稽征技术上的困难造成的。但是,无论如何,其根本目的必须是提高税务行政效率,方便纳税人缴税,解决稽征技术上的困难,而不是对税法的规避。

2. 税收公平原则

一般税收公平原则包括税收横向公平和纵向公平,即税收负担必须根据纳税人的负担能力分配,负担能力相等,税负相同;负担能力不等,税负不同。税收公平原则源于法律上的平等性原则,所以许多国家的税法在贯彻税收公平原则时,都特别强调"禁止不平等对待"的法理,禁止对特定纳税人给予歧视性对待,也禁止在没有正当理由的情况下对特定纳税人给予特别优惠。

3. 税收效率原则

税收效率原则包含两方面：一是经济效率；二是行政效率。前者要求税法的制定要有利于资源的有效配置和经济体制的有效运行；后者要求提高税收行政效率，节约税收征管成本。

4. 实质课税原则

实质课税原则是指应根据客观事实确定是否符合课税要件，并根据纳税人的真实负担能力决定纳税人的税负，而不能仅考虑相关外观和形式。

（二）税法适用原则

税法适用原则是指税务行政机关和司法机关运用税收法律规范解决具体问题所必须遵循的准则。其作用在于在使法律规定具体化的过程中，提供方向性的指导，判定税法之间的相互关系，合理解决法律纠纷，保障法律顺利实现，以达到税法认可的各项税收政策目标，维护税收征纳双方的合法权益。税法适用原则并不违背税法基本原则，而且在一定程度上体现着税法基本原则。但是与其相比，税法适用原则含有更多的法律技术性准则，更为具体化。

1. 法律优位原则

法律优位原则也称行政立法不得抵触法律原则，其基本含义为法律的效力高于行政立法的效力。法律优位原则在税法中的作用主要体现在处理不同等级税法的关系上，明确了税收法律的效力高于税收行政法规的效力，对此还可以进一步推论为税收行政法规的效力优于税收行政规章的效力。效力低的税法与效力高的税法发生冲突，效力低的税法即无效。

2. 法律不溯及既往原则

这一原则的含义为：一部新法实施后，对新法实施之前人们的行为不得适用新法，而只能沿用旧法。在税法领域内坚持这一原则，目的在于维护税法的稳定性和可预测性，使纳税人能在知道纳税结果的前提下作出相应的经济决策，税收的调节作用才会较为有效。

3. 新法优于旧法原则

新法优于旧法原则也称后法优于先法原则，其含义为：新法、旧法对同一事项有不同规定时，新法的效力优于旧法。其作用在于避免因法律修订带来新法、旧法对同一事项有不同的规定而给法律适用带来的混乱，为法律的更新与完善提供法律适用上的保障。新法优于旧法原则的适用，以新法生效实施为标志，新法生效实施以后用新法，新法实施以前包括新法公布以后尚未实施的这段时间，仍沿用旧法，新法不发生效力。

4. 特别法优于普通法原则

这一原则的含义为：对同一事项两部法律分别订有一般规定和特别规定时，特别规定的效力高于一般规定的效力。当对某些税收问题需要作出特殊规定，但是又不便于普遍修订税法时，即可以通过特别法的形式予以规范。凡是特别法中作出规定的，即排斥普通法的适用。不过这种排斥仅就特别法中的具体规定而言，并不是说随着特别法的出现，原有的居于普通法地位的税法即告废止。特别法优于普通法原则打破了税法效力等级的限制，即居于特别法地位级别较低的税法，其效力可以高于作为普通法的级别较高的税法。

5. 实体从旧，程序从新原则

这一原则的含义包括两个方面：一是实体税法不具备溯及力；二是程序性税法在特定条件下具备一定的溯及力。即对于一项新税法公布实施之前发生的纳税义务在新税法公布实施之后进入税款征收程序的,原则上新税法具有约束力。在一定条件下允许"程序从新",是因为程序税法规范的是程序性问题,不应以纳税人的实体性权利和义务发生的时间为准,来判定新的程序性税法与旧的程序性税法之间的效力关系。并且,程序性税法主要涉及税款征收方式的改变,其效力发生时间的适当提前,并不构成对纳税人权利的侵犯,也不违背税收合作信赖主义。

6. 程序优于实体原则

程序优于实体原则是关于税收争讼法的原则,其含义为:在诉讼发生时税收程序法优于税收实体法适用。即纳税人通过税务行政复议或税务行政诉讼寻求法律保护的前提条件之一,是必须事先履行税务行政机关认定的纳税义务,而不管这项纳税义务实际上是否完全发生。否则,税务行政复议机关或司法机关对纳税人的申诉不予受理。适用这一原则,是为了确保国家课税权的实现,不因争议的发生而影响税款的及时、足额入库。

第二节　税收法律关系

税收法律关系是税法所确认和调整的国家与纳税人之间、国家与国家之间以及各级政府之间在税收分配过程中形成的权利与义务关系。国家征税与纳税人纳税在形式上表现为利益分配的关系,但经过法律明其双方的权利与义务后,这种关系实质上已上升为一种特定的法律关系。了解税收法律关系,对于正确理解国家税法的本质,严格依法纳税、依法征税都具有重要的意义。

一、税收法律关系的构成

税收法律关系在总体上与其他法律关系一样,都是由税收法律关系的主体、客体和内容三方面构成的,但在三方面的内涵上,税收法律关系又具有一定的特殊性。

1. 税收法律关系的主体

法律关系的主体是指法律关系的参加者。税收法律关系的主体即税收法律关系中享有权利和承担义务的当事人。在我国,税收法律关系的主体包括征纳双方:一方是代表国家行使征税职责的国家行政机关,包括国家各级税务机关和海关;另一方是履行纳税义务的人,包括法人、自然人和其他组织,在华的外国企业、组织、外籍人、无国籍人,以及在华虽然没有机构、场所但有来源于中国境内所得的外国企业或组织。这种对税收法律关系中权利主体另一方的确定,在我国采取的是属地兼属人的原则。

2. 税收法律关系的客体

客体即税收法律关系主体的权利、义务所共同指向的对象,也就是征税对象。例如,所得税法律关系客体就是生产经营所得和其他所得,财产税法律关系客体就是财产,流转税法律关系客体就是货物或劳务收入。税收法律关系客体也是国家利用税收调整和控制的目标,国家在一定时期内根据客观经济形势发展的需要,通过扩大或缩小征税范围调整征税对象,以达到限制或鼓励国民经济中某些产业、行业发展的目的。

3. 税收法律关系的内容

税收法律关系的内容就是主体所享有的权利和所应承担的义务,这是税收法律关系中最实质的东西,也是税法的灵魂。它规定权利主体可以有什么行为,不可以有什么行为,若违反了这些规定,须承担相应的法律责任。

税务机关的权利主要表现在依法进行征税、税务检查以及对违章者进行处罚;其义务主要是向纳税人宣传、咨询、辅导解读税法,及时把征收的税款解缴国库,依法受理纳税人对税收争议的申诉等。纳税义务人的权利主要有多缴税款申请退还权、延期纳税权、依法申请减免税权、申请复议和提起诉讼权等。其义务主要是按税法规定办理税务登记、进行纳税申报、接受税务检查、依法缴纳税款等。

二、税收法律关系的特点

1. 主体的一方只能是国家

在税收法律关系中,国家不仅以立法者和执法者的姿态参与税收法律关系的运行与调整,而且直接以税收法律关系主体的身份出现。这样构成税收法律关系主体的一方只能是国家,另一方可以是任何负有纳税义务的法人和自然人。没有国家的参与,在一般当事人之间发生的法律关系不可能成为税收法律关系。因为税收本身就是国家参与社会剩余产品分配而形成的特殊社会关系,没有国家的直接参与,就不称其为税收分配,其法律关系自然也就不是税收法律关系。这与民法、经济法等法律部门中,公民法人等当事人之间也能构成法律关系是完全不同的,因此固定有一方主体为国家,成为税收法律关系的特点之一。

2. 体现国家单方面的意志

税收法律关系只体现国家单方面的意志,不体现纳税人一方主体的意志。税收法律关系的成立、变更、消灭不以主体双方意思表示一致为要件。税收法律关系之所以只体现国家单方面的意志,是由于税收以无偿占有纳税人的财产或收入为目标,从根本上讲,双方不可能意思表示一致。在这里,国家的意志是通过法律规定表现出来的。只要当事人发生了税法规定的应纳税的行为或事件,就产生了税收法律关系。纳税事宜不能由税务机关以税收法律关系一般当事人的身份与其他当事人商定,即税收法律关系的成立不以双方意思表示一致为要件。

3. 权利义务关系具有不对等性

税法作为一种义务性法规,其规定的权利义务是不对等的。即在税收法关系中,国家享有较多的权利,承担较少的义务;纳税人则相反,承担较多的义务,享受较少的权利。这种权利义务关系的不对等性,根源在于税收是国家无偿占有纳税人的财产或收益,必须采用强制手段才能达到目的。赋予税务机关较多的权利和要求纳税人承担较多的义务恰恰是确保税收强制性,以实现税收职能的法律保证。税收法律关系中权利义务的不对等性,不仅表现在税法总体上,而且表现为各单行税法、法规中;不仅表现为实体利益上的不对等,而且表现为法律程序上的不对等。但是,国家与纳税人之间权利义务的不对等性,只能存在于税收法律关系中。

4. 具有财产所有权或支配权单向转移的性质

在税收法律关系中,纳税人履行纳税义务缴纳税款,就意味着将自己拥有或支配的一部分财物,无偿地交给国家,成为财政收入,国家不再直接返还给纳税人。所以,税收法律关系中的财产转移,具有无偿等特点。

三、税收法律关系的产生、变更与消灭

税法是产生税收法律关系的前提条件,但税法本身并不能产生具体的税收法律关系。税收法律关系的产生、变更与消灭必须有能够引起税收法律关系产生、变更或消灭的客观情况,也就是由税收法律事实来决定。税收法律事实可以分为税收法律事件和税收法律行为,税收法律事件是指不以税收法律关系权利主体的意志为转移的客观事件。例如,自然灾害可以导致税收减免,从而改变税收法律关系内容的变化。税收法律行为是指税收法律关系主体在正常意志支配下作出的活动。例如,纳税人开业经营即产生税收法律关系,纳税人转业或停业就会造成税收法律关系的变更或消灭。

四、税收法律关系的保护

税收法律关系是同国家利益及企业和个人的权益相联系的。保护税收法律关系,实质上就是保护国家正常的经济秩序,保障国家财政收入和维护纳税人的合法权益。

第三节 税收实体法与税收程序法

一、税收实体法

(一)税收实体法概述

税收实体法是规定税收法律关系主体的实体权利义务的法律规范的总称。其主要内容包括纳税主体、征税客体、计税依据、税目、税率、减税、免税等,是国家向纳税人行使征税权和纳税人负担纳税义务的要件,只有具备这些要件,纳税人才负有纳税义务,国家才向纳税人征税。税收实体法直接影响到国家与纳税人之间权利义务的分配,是税法的核心部分,没有税收实体法,税法体系就不能成立。

税收实体法的结构具有规范性和统一性的特点,主要表现在:一是税种与税收实体法的一一对应性,一税一法。由于各税种的开征目的不同,国家一般按单个税种立法,使征税有明确的、可操作的标准和法律依据。二是税收要素的固定性。虽然各单行税种法的具体内容有别,但就每一部单行税种法而言,税收的基本要素(如纳税人、课税对象、税率、计税依据等)是必须予以规定的。我国税收实体法内容主要包括:流转税法,是调整以流转额为课税对象的税收关系的法律规范的总称,具体指增值税、消费税、关税等;所得税法,是调整所得额之税收关系的法律规范的总称,即以纳税人的所得额或收益额为课税对象的一类税,具体指个人所得税、企业所得税等;财产税法,是调整财产税关系的法律规范的总称,财产税是以法律规定的纳税人的某些特定财产的数量或价值额为课税对象的一类税,具体指房产税、契税等;行为税法,是以某种特定行为的发生为条件,对行为人加以课税的一类税,具体指印花税、车船税等。以下主要介绍税收实体法的构成要素。

(二)税收实体法要素

1. 纳税义务人

纳税义务人简称纳税人,是税法中规定的直接负有纳税义务的单位和个人,也称纳税主

体。无论征收什么税,其税负总要由有关的纳税人来承担。每一种税都有关于纳税义务人的规定,通过规定纳税义务人落实税收任务和法律责任。纳税义务人一般分为自然人和法人两种。

自然人是指依法享有民事权利,并承担民事义务的公民个人。例如,在我国从事工商业活动的个人,以及工资和劳务报酬的获得者等,都是以个人身份来承担法律规定的民事责任及纳税义务。

法人是指依法成立,能够独立地支配财产,并能以自己的名义享受民事权利和承担民事义务的社会组织。例如,我国的国有企业、集体企业、合资企业等,都是以其社会组织的名义承担民事责任的。法人同自然人一样,负有依法向国家纳税的义务。

实际纳税过程中与纳税义务人相关的概念如下:

(1) 纳税人与负税人。纳税人与负税人是两个既有联系又有区别的概念。纳税人是指直接向税务机关缴纳税款的单位和个人;负税人是指实际负担税款的单位和个人。纳税人如果能够通过一定途径把税款转嫁或转移出去,纳税人就不再是负税人。否则,纳税人同时也是负税人。纳税人与负税人不一致主要是价格和价值背离,引起税负转移或转嫁造成的。

(2) 代征代缴义务人、代扣代缴义务人、代收代缴义务人。代征代缴义务人是指因税法规定,受税务机关委托而代征代缴税款的单位和个人。由代征代缴义务人代征税款,不仅便利了纳税人税款的缴纳,有效地保证了税款征收的实现,而且对于强化税收征管,有效地杜绝和防止税款流失,有明显作用。例如,进口环节增值税、消费税由海关代征代缴。代扣代缴义务人直接持有纳税人的收入,可以从中扣除纳税人的应纳税款。代收代缴义务人不直接持有纳税人的收入,只能在与纳税人的经济往来中收取纳税人的应纳税款并代为缴纳。

(3) 纳税单位。纳税单位是指申报缴纳税款的单位,是纳税人的有效集合。所谓有效,就是为了征管和缴纳税款的方便,可以允许在法律上负有纳税义务的同类型纳税人作为一个纳税单位,填写一份申报表纳税。

2. 课税对象

课税对象又称征税对象,是税法中规定的征税的目的物,是国家据以征税的依据。每一种税都有自己的课税对象。例如,我国增值税的课税对象是货物和应税劳务在生产、流通过程中的增值额;所得税的课税对象是企业利润和个人工资、薪金等项所得;房产税的课税对象是房屋。总之,每一种税首先要选择确定它的课税对象,因为它体现着不同税种征税的基本界限,决定着不同税种名称的由来以及各个税种在性质上的差别,并对税源、税收负担问题产生直接影响。选择课税对象一般应遵循有利于保证财政收入、有利于调节经济和适当简化的原则。

课税对象是构成税收实体法诸要素中的基础性要素。这是因为:第一,课税对象是一种税区别于另一种税的最主要标志。也就是说,税种的不同最主要是起因于课税对象的不同。正是由于这一原因,各种税的名称通常都是根据课税对象确定的。例如,增值税、所得税、房产税、车船税等。第二,课税对象体现着各种税的征税范围。第三,其他要素的内容一般都是以课税对象为基础确定的,如税率这一要素,也是以课税对象为基础确定的。税率本身表示对课税对象征税的比率或征税数额,没有课税对象,也就无从确定税率。此外,纳税环节、减税免税等,也都是以课税对象为基础确定的。

(1) 计税依据。计税依据又称税基,是指税法中规定的据以计算各种应征税款的依据或标准。

不同税种的计税依据是不同的。我国增值税的计税依据是货物和应税劳务的增值额；所得税的计税依据是企业和个人的利润、工资或薪金所得额；消费税的计税依据是应税产品的销售额；车船税，它的课税对象是各种车辆、船舶，而计税依据则是车船的吨位。

课税对象与计税依据的关系是：课税对象是指征税的目的物，计税依据则是在目的物已经确定的前提下，对目的物据以计算税款的依据或标准；课税对象是从质的方面对征税所作的规定，而计税依据则是从量的方面对征税所作的规定，是课税对象量的表现。

（2）税源。税源是指税款的最终来源，或者说税收负担的最终归宿。税源的大小体现着纳税人的负担能力。纳税人缴纳税款的直接来源是一定的货币收入，而一切货币收入都是由社会产品价值派生出来的。在社会产品价值中，能够成为税源的只能是国民收入分配中形成的各种收入，如工资、奖金、利润、利息等。当某些税种以国民收入分配中形成的各种收入为课税对象时，税源和课税对象就是一致的，如对各种所得课税。但是，很多税种其课税对象并不是或不完全是国民收入分配中形成的各种收入，如消费税、房产税等。课税对象是据以征税的依据，税源则表明纳税人的负担能力。

（3）税目。税目是课税对象的具体化，反映具体的征税范围，代表征税的广度。不是所有的税种都规定税目，有些税种的征税对象简单、明确，没有另行规定税目的必要，如房产税、土地增值税和屠宰税等。但是，从大多数税种来看，一般课税对象都比较复杂，且税种内部不同课税对象之间又需要采取不同的税率档次进行调节。

划分税目的主要作用：一是进一步明确征税范围。凡列入税目的都征税，如消费税。二是解决课税对象的归类问题，并根据归类确定税率。一个税目都是课税对象的一个具体类别或项目，通过这种归类可以为确定差别税率打下基础。

3. 税率

税率是应纳税额与课税对象之间的比例，是计算税额的尺度，代表课税的深度，关系着国家收入的多少和纳税人的负担程度。各税种的职能作用主要是通过税率来体现的，因此，税率是税收制度的核心和灵魂。合理地设计税率，正确地执行有关税率的规定，是依法治税的重要内容。我国税率的设计，主要是根据国家的经济政策和财政需要、产品的盈利水平和我国生产力发展不平衡的现状，以促进国民经济协调发展为目标，兼顾国家、部门、企业的利益关系进行的，做到合理负担，取之适度。不同税种之间，税率的设计原则并不完全一致，但总的设计原则是一致的，即税率的设计要体现国家政治、经济政策，如消费税税率设计原则之一是体现国家消费政策，限制某些商品的消费；税率的设计要公平、简化。

税率是一个总的概念，在实际应用中可分为两种形式：一种是按绝对量形式规定的固定征收额度，即定额税率，它适用于从量计征的税种；另一种是按相对量形式规定的征收比例，这种形式又可分为比例税率和累进税率，它适用于从价计征的税种。

1）比例税率

比例税率是指对同一征税对象或同一税目，不论数额大小只规定一个比例，都按同一比例征税，税额与课税对象呈正比例关系。

在具体运用上，比例税率又可分为以下几种：

（1）产品比例税率。即一种（或一类）产品采用一个税率。我国现行的消费税、增值税等都采用这种税率形式。分类、分级、分档比例税率是产品比例税率的特殊形式，是按课税对象的性质、用途、质量、设备、生产能力等规定不同的税率。如消费税中,酒按类设计税率,卷烟原来按级设计税率,小汽车依照排气量分档设计税率,等等。

(2) 行业比例税率。即对不同行业采用不同的税率。

(3) 地区差别比例税率。即对同一课税对象,按照不同地区的生产水平和收益水平,采用不同的税率。如城市维护建设税。

(4) 有幅度的比例税率。即对同一课税对象,税法只规定最低税率和最高税率。在这个幅度内,各地区可以根据自己的实际情况确定适当的税率。我国娱乐业就曾实行过5%~20%的营业税幅度税率。

比例税率的基本特点是税率不随课税对象数额的变动而变动。这就便于按不同的产品设计不同的税率,有利于调整产业(产品)结构,实现资源的合理配置。同时,课税对象数额越大,纳税人相对直接负担越轻,从而在一定程度上推动经济的发展。但是,从另一个角度来看,上述情况有悖于税收公平的原则。这表明比例税率调节纳税人收入的能力不及累进税率,这是它的不足。比例税率的另一个特点是计算简便,其道理是显而易见的。

2) 累进税率

累进税率是指同一课税对象,随数量的增大,征收比例也随之增高的税率,表现为将课税对象按数额大小分为若干等级,不同等级适用由低到高的不同税率,包括最低税率、最高税率和若干等级的中间税率。一般多在收益课税中使用。它可以更有效地调节纳税人的收入,正确处理税收负担的纵向公平问题。按照税率累进依据的性质,我国现行税制中,累进税率分为"额累"和"率累"两种。"额累"是按课税对象数量的绝对额分级累进,如所得税一般按所得额大小分级累进。"率累"是按与课税对象有关的某一比率分级累进,如我国目前征收的土地增值税就是按照增值额与扣除项目金额的比率实行四级超率累进税率。"额累"和"率累"按累进依据的构成又可分为"全累"和"超累"。如"额累"分为全额累进和超额累进;"率累"分为全率累进和超率累进。"全累"是对课税对象的全部数额,都按照相应等级的累进税率征税。"超累"是对课税对象数额超过前级数额的部分,分别按照各自对应的累进税率计征税款。两种方式相比,"全累"的计算方法比较简单,但在累进分界点上税负呈跳跃式递增,不够合理。"超累"的计算方法复杂一些,但累进程度比较缓和,因而比较合理。

全额累进税率,是以课税对象的全部数额为基础计征税款的累进税率。它有两个特点:一是对具体纳税人来说,在应税所得额确定以后,相当于按照比例税率计征,计算方法简单。二是税收负担不合理,特别是在各级征税对象数额的分界处负担相差悬殊,甚至会出现增加的税额超过增加的课税对象数额的现象,不利于鼓励纳税人增加收入。

超额累进税率,是分别以课税对象数额超过前级的部分为基础计算应纳税的累进税率。采用超额累进税率征税的特点是:a.计算方法比较复杂,征税对象数量越大,包括等级越多,计算步骤也越多。b.累进幅度比较缓和,税收负担较为合理。特别在征税对象级次分界点上下,只就超过部分按高一级税率计算,一般不会发生增加的税额超过增加的征税对象数额的不合理现象,有利于鼓励纳税人增产增收。c.边际税率和平均税率不一致,税收负担的透明度较差。

超率累进税率,即以征税对象数额的相对率划分若干级距,分别规定相应的差别税率,相对率每超过一个级距的,对超过的部分就按高一级的税率计算征税。目前我国税收体系中采用这种税率的是土地增值税。

3）定额税率

定额税率即按征税对象确定的计算单位，直接规定一个固定的税额。目前采用定额税率的有城镇土地使用税和车船税等。

4. 减税、免税

减税、免税是对某些纳税人或课税对象的鼓励或照顾措施。减税是从征税款中减征部分税款；免税是免征全部税款。减税、免税规定是为了解决具体问题而采取的一种措施，是在一定时期内给予纳税人的一种税收优惠，同时也是税收的统一性和灵活性相结合的具体体现。正确制定并严格执行减免税规定，可以更好地贯彻国家的税收政策，发挥税收调节经济的作用。

1）减免税的基本形式

（1）税基式减免。税基式减免使用范围最广泛，是通过直接缩小计税依据的方式实现的减税、免税。具体包括起征点、免征额、项目扣除以及跨期结转等。其中，起征点是征税对象达到一定数额的起点，免征额是在征税对象的全部数额中免予征税的数额。它们有明显的区别：其一，当纳税人收入达到或超过起征点时，就其收入全额征税；而当纳税人收入超过免征额时，则只就超过的部分征税。其二，当纳税人的收入恰好达到起征点时，就要按其收入全额征税；而当纳税人收入恰好与免征额相同时，则免予征税。两者相比，享受免征额的纳税人就要比享受同额起征点的纳税人税负轻，此外，起征点只能照顾一部分纳税人，而免征税额则可以照顾适用范围内的所有纳税人。

（2）税率式减免。即通过直接降低税率的方式实行的减税、免税。具体包括重新确定税率、选用其他税率、零税率等形式。

（3）税额式减免。即通过直接减少应纳税额的方式实行的减税、免税。

2）减免税的分类

（1）法定减免，凡是由各种税的基本法规定的减税、免税都称为法定减免。

（2）临时减免又称"困难减免"，是指除法定减免和特定减免以外的其他临时性减税、免税，主要是为了照顾纳税人的某些特殊的暂时的困难，而临时批准的一些减税、免税。它通常是定期的减免税或一次性的减免税。

（3）特定减免，是根据社会经济情况发展变化和发挥税收调节作用的需要，规定的减税、免税。

3）税收附加与加成

减税、免税是减轻税负的措施。与之相对应，税收附加和税收加成是加重纳税人负担的措施。税收附加也称为地方附加，是地方政府按照国家规定的比例随同正税一起征收的列入地方预算外收入的一种款项。正税是指国家正式开征并纳入预算内收入的各种税收。税收附加由地方财政单独管理并按规定的范围使用，不得自行变更。例如，教育费附加只能用于发展地方教育事业。税收附加的计算方法是以正税税款为依据，按规定的附加率计算附加额。

5. 纳税环节

纳税环节是指税法上规定的课税对象从生产到消费的流转过程中应当缴纳税款的环节。纳税环节有广义和狭义之分。广义的纳税环节指全部课税对象在再生产中的分布情况。例如，资源税分布在生产环节，商品税分布在流通环节，所得税分布在分配环节等。狭义的纳税环节是指应税商品在流转过程中应纳税的环节，具体指每一种税的纳税环节，是商品课税中的特殊概念。在商品经济条件下,商品从生产到消费要经过许多环节。如工业品一般要经过产制、批发和零售环节;农产品一般要经过产制、收购、批发和零售环节。这些环节都存在商品流转额,都可以成为纳税环节。但是,为了更好地发挥税收促进经济发展、保证财政收入的作用,以及便于征收管理,国家对不同的商品课税往往确定不同的纳税环节。按照纳税环节的多少,税收课征制度可以分为两类:一次课征制和多次课征制。一次课征制是指同一税种在商品流转的全过程中只选择某一环节课征的制度,是纳税环节的一种具体形式,如车辆购置税。实行一次课征制,纳税环节多选择在商品流转的必经环节和税源比较集中的环节,以便于既避免重复课征,又避免税款流失。多次课征制是指同一税种在商品流转全过程中选择两个或两个以上环节课征的制度,如消费税中的卷烟等。

6. 纳税期限

纳税期限是纳税人向国家缴纳税款的法定期限。国家开征的每一种税都有纳税期限的规定。合理确定和严格执行纳税期限,对于保证财政收入的稳定性和及时性有重要作用。不同性质的税种以及不同情况的纳税人,其纳税期限也不相同。这主要是由以下因素决定的:a.税种的性质。不同性质的税种,其纳税期限也不同。如流转税,据以征税的是经常发生的销售收入或营业收入,故纳税期限比较短;所得税,据以征税的是企业利润和个人的工资、奖金等各项所得,企业利润通过年终决算才能确定,个人所得一般是按月或按次计算。因此,企业所得税是按年征收,个人所得税是按月或按次征收。b.应纳税额的大小。同一种税,纳税人生产经营规模大、应纳税额多的,纳税期限短;反之,则纳税期限长。

我国现行税制的纳税期限有三种形式:a.按期纳税。即根据纳税义务的发生时间,通过确定纳税间隔期,实行按日纳税。如增值税法规定,按期纳税的纳税间隔期分为 1 日、3 日、5 日、10 日、15 日、1 个月或 1 个季度。b.按次纳税。即根据纳税行为的发生次数确定纳税期限。如车辆购置税、耕地占用税以及临时经营者个人所得税中的劳务报酬所得等均采取按次纳税的办法。c.按年计征,分期预缴或缴纳。例如,企业所得税按规定的分期预缴税款,年度结束后汇算清缴,多退少补。房产税、城镇土地使用税实行按年计算,分期缴纳。这是为了对按年度计算税款的税种及时、均衡地取得财政收入而采取的一种纳税期限。分期预缴一般是按月或按季预缴。采取哪种形式的纳税期限缴纳税款,同课税对象的性质有着密切关系。一般来说,商品课税大多采取"按期纳税"形式;所得课税采取"按年计征,分期预缴"形式。无论采取哪种形式,如纳税期限的最后 1 天是法定节假日,或期限内有连续 3 日以上法定节假日,都可以顺延。

二、税收程序法

(一)税收程序法概述

税收程序法也称税收行政程序法,是指规范税务机关和税务行政相对人在行政程序中权利义务的法律规范的总称,即只要是与税收程序有关的法律规范,不论其存在于哪个法律文件中,都属于税收程序法的范畴。如有关行政处罚、行政许可、行政强制的法律规定,同样适用于税收行政行为,对其产生约束力。税收程序法的作用有如下主要表现。

1. 保障税收实体法的实施,弥补税收实体法的不足

税收实体法规定了税收行政法律关系主体的权利义务,但这些权利义务不会自动实现,必须通过一定的程序动作才能成为现实,其表现为:一是税收程序法通过规定税务机关履行

职责的具体步骤、方式、顺序、时限等,将税收实体法内容具体化为可操作的程序,使税收实体法的实施有章可循;二是税收程序法规定了征纳双方的权利和义务、征纳程序,从而为权利的实现提供了可靠的保障;三是税收程序法中规定有一系列的证据规则,有助于税务机关正确认定事项,准确适用法律,从而保证税收实体法的正确实施。此外,税收程序法还可以弥补税收实体法的不足。由于社会现象极其繁杂,税收实体法的内容又具有相对稳定性,实体内容相对滞后的问题较为突出,如某些地方税种几十年未做过修订,或者由于事物发展较快,原有实体性内容无法覆盖新事物,易于出现课税范围的不完全现象,如电子商务带来的税收问题,实体法规定就是一个"真空",这样可以通过必要的税收程序法加以弥补。

2. 规范和控制行政权的行使

行使税收执法权,首先,受到权力的制约。一方面,来自上级税务机关和专门行政机关的监督和制约;另一方面,司法机关对税务机关的具体执法行为是否符合法定程序要进行审查,制约税务机关的权力行使。此外,立法机关通过法的创设,制约税收执法权的行使。其次,还以权利制约权力,税收程序法的基本制度规定如听证、说明理由等,以相对人的程序权利制约税收执法权,确保税收执法权公正行使。最后,可以控制自由裁量权的行使。法律赋予执法者一定的自由裁量权,这不仅是提高行政效率的需要,也是法律调整各种社会关系的需要。但在行使过程中不可避免地会导致滥用。实体法是无能为力的,只有通过健全的行政法律程序,通过自由裁量权的过程控制才是根本。

3. 保障纳税人的合法权益

就其实质而言,税收程序法是从程序角度限制税收执法行为的法律规范,其目的在于保护纳税人的合法权利。一方面,税收程序法肯定了纳税人在行政活动中的主体地位,明确了纳税人的基本权利,并通过一系列程序制度的规定,对税收执法权予以制约,在规范和控制税收执法权的同时,保护了纳税人的合法权利;另一方面,税收程序法对纳税人权利保障的救济制度向事前、事中扩展,体现在行政活动的参与上。

4. 提高执法效率

税收程序法通过统一、明确各执法主体执法的规则、制度、时限要求,防止拖拉推诿,有助于提高行政效率,并通过简易程序等的设计,使纳税人的权利、义务早日确定,从而全面提高执法效率。

(二)税收程序法的主要制度

1. 表明身份制度

表明身份制度是指税务机关及其工作人员在进行税务行政行为之始,应向税务行政相对人出示履行职权证明的制度。

2. 回避制度

回避制度是指税务人员同所处理的税务事务有利害关系的,应由税务机关另行指定其他税务人员处理该事务的制度。这是实现公正原则的一项重要制度。

3. 职能分离制度

职能分离制度直接调整的不是税务机关与纳税人的关系,而是税务机关内人员的关系。

4. 听证制度

听证制度是指税务机关在作出影响纳税人合法权益的决定之前,向纳税人通知决定理由和听证权利,纳税人随之向税务机关表达意见,提供证据以及税务机关听取其意见,采纳其证据的程序所构成的一种法律制度。

5.时限制度

时限制度是指税务行政行为的全过程或其中某些阶段受到时间限制的制度。

（三）税收确定程序

1.税务登记

税务登记是指整个征收管理的首要环节，是税务机关对纳税人的开业、变更、停复业以及生产经营范围实行法定登记的一项管理制度，其内容包括开业登记、变更登记、注销登记、报验登记、停复业处理、税务登记证验审和更换、非正常户处理等。办理税务登记是纳税人的法定义务。

2.账簿、凭证

账簿是指纳税人、扣缴义务人以会计凭证为依据，全面、连续、系统地记录各种经济业务的账册或簿籍，包括总账、明细账、日记账及其他各种辅助账簿。凭证是指纳税人、扣缴义务人用来记录经济业务，明确经济责任，并据以登记账簿的书面证明。凭证分为原始凭证和记账凭证。原始凭证是经济业务发生时所取得或填制的凭证，如发票等；记账凭证是由会计人员根据审核无误的原始凭证，按其内容根据会计科目和复式记账方式加以归类整理，并据以确定会计分录和登记账簿的凭证。通过凭证的填制和审核，不仅可以保证账簿记录的真实、可靠，而且可以检查各项经济业务是否合理、合法，准确反映经营管理水平和经济效益，正确计算应纳税额。

3.纳税申报

纳税申报是指纳税人依照法律、行政法规的规定或者税务机关依法确定的申报期限、申报内容，如实向税务机关报送纳税申报表、财务会计报表以及税务机关根据实际需要要求纳税人报送的其他纳税资料的活动；扣缴义务人依照法律、行政法规或者税务机关依法确定的申报期限、申报内容，如实向税务机关报送代扣代缴、代收代缴税款报告表以及税务机关根据实际需要要求扣缴义务人报送的其他有关资料的活动。可见，纳税申报是纳税人、扣缴义务人按照税法规定的期限和内容向税务机关提交有关纳税事项的书面报告的法律行为，是纳税人、扣缴义务人履行纳税义务、扣缴税款义务的程序，是税务机关确定纳税人、扣缴义务人法律责任的依据，是税务机关依法进行税收征收管理的一个重要环节，是税收管理信息的主要来源和重要的税务管理制度。

（四）税收征收程序

1.税款征收

税款征收是指税务机关依据法律、行政法规规定的标准和范围，将纳税人依法应该向国家缴纳的税款，及时足额地征收入库的一系列活动的总和。税款征收的内容包括征收方式的确定、核定应纳税额、税款入库、减免税管理、欠税的追缴等。税款征收是税收征管的目的，在整个税收征管中处于核心环节和关键地位，是税收征管的出发点和归宿。

税款征收中的相关制度主要包括应纳税额核定制度、纳税调整制度、代扣代缴税款制度、欠税管理制度、滞纳金征收制度、延期纳税制度、报验征收制度、税款的退还和追征制度、减免税管理制度、税收凭证管理制度。

1）应纳税额核定制度

核定税额是针对由于纳税人导致税务机关难以查账征收税款，而采取的一种措施。但是，核定税额不是简单地随意确定，而应有合法、合理的依据。

2）欠税管理制度

欠税是指纳税人未按照规定期限缴纳税款，扣缴义务人未按照规定的期限解缴税款的行为。欠税时间从规定的纳税期限届满的次日至纳税人、扣缴义务人缴纳或者解缴税款的当日。欠税金额是指纳税人、扣缴义务人缴纳或者应解缴税款与纳税人、扣缴义务人实际缴纳或者解缴税款的差额。自2001年5月1日起，对欠税的纳税人、扣缴义务人按日征收欠缴税款5‰的滞纳金。

3）税款的退还和追征制度

（1）税款的退还制度。税款的退还制度是指对纳税人超过应纳税多缴的税款退回纳税人的制度。退还多缴的税款主要包括两种情况：一是因为技术上的原因或计算上的错误，造成纳税人多缴或税务机关多征的税款；二是在正常的税收征管的情况下造成的多缴税款。

在退还税款的过程中，如果纳税人有欠税，税务机关可以先用应退还的税款和利息，抵顶纳税人欠缴的税款和滞纳金；如果纳税人没有欠税，税务机关可以按照纳税人的要求，将应退的税款和利息，留抵下期应纳税款。

（2）税款的追征制度。税款的追征是指对纳税人、扣缴义务人未缴少缴税款的征收。

造成纳税人、扣缴义务人未缴少缴税款的原因有很多，税务机关将按照不同的情况进行追征。对于因税务机关的责任造成的未缴或者少缴税款，税务机关可以在3年内要求纳税人、扣缴义务人补缴税款，但是不得加收滞纳金。对于因纳税人、扣缴义务人计算错误等失误造成的未缴或者少缴税款，一般情况下，税务机关的追征期是3年；特殊情况下，追征期是5年。对于这种原因造成未缴或少缴税款的，税务机关在追征税款的同时，还要追征滞纳金。对偷税、抗税、骗税的，税务机关可以无期限地追征偷税、抗税的税款、滞纳金和纳税人、扣缴义务人所骗取的税款。

2. 税收保全措施和强制执行措施

1）实施税收保全措施的条件

（1）行为条件。行为条件是纳税人有逃避纳税义务的行为。没有逃避纳税义务行为的不能采取税收保全措施。逃避纳税义务行为主要包括转移、隐匿商品、货物或者其他财产等。

（2）时间条件。时间条件是纳税人在规定的纳税期届满之前和责令缴纳税款的期限之内。超过了时限的规定而没有缴纳税款的，税务机关可以采取税收强制执行措施，而不是税收保全措施了。

（3）担保条件。在上述两个条件具备的情况下，税务机关可以责成纳税人提供纳税担保，纳税人不提供纳税担保的，税务机关可以依照法定权限和程序，采取税收保全措施。

2）税收保全措施的内容

书面通知纳税人的开户银行或者其他金融机构冻结纳税人的相当于应纳税款的存款。扣押、查封纳税人的价值相当于应纳税款的商品、货物或者其他财产。

3）强制执行措施的条件

（1）超过纳税期限。未按照规定的期限纳税或者解缴税款。

（2）告诫在先。税务机关必须责令限期缴纳税款。

（3）超过告诫期。经税务机关责令限期缴纳，逾期仍未缴纳的。

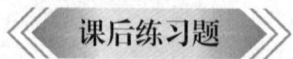

本 章 小 结

本章是税法的理论基础,要求学生在理解的基础上掌握税收与税法的概念、税收法律关系、税法原则、税法要素,如纳税义务人、征税对象、税目、税率、纳税环节、纳税期限、纳税地点、减税免税、罚则等项目。

案 例 分 析

"空壳公司"虚开发票

张某是新疆哈密市人,其通过朋友介绍认识了想在哈密市做生意的河北省李某和薛某。李某把河南人汪某的身份证件提供给张某,张某以开办公司为由向公安机关提供虚假地址为汪某办理暂住证件,然后聘用会计周某在工商部门注册了 A 商贸公司,在税务机关办理税务登记。

会计周某以 A 商贸公司的名义,先后向主管税务机关申领空白发票 100 多份交于张某,张某再通过快递方式将空白发票邮递给河北省的薛某。薛某和李某根据其背后的主谋孙某的授意向河北 3 户企业(注册地址均为虚假且关闭,已经逃走)开具货物名称为煤炭、废钢铁的增值税专用发票,且此 3 户企业已经认证抵扣 100 多万元进项税额,向河南 13 户企业(注册地址均为虚假或无实际经营能力的"空壳公司")开具增值税专用发票 30 份,涉及金额400 余万元,受票企业已认证抵扣增值税进项税额 40 多万元。

新疆哈密市石油新城国税局税务人员在分析企业涉税信息时发现,A 商贸公司存在发票申请数量大、短期开票金额大以及未按期申报纳税等多项疑点,就移交给稽查部门,哈密市国税局与公安机关联系通报案情,请公安机关经侦支队提前介入,双方成立联合专案组,对 A 商贸公司立案调查发现了薛某、李某等这一系列设立空壳公司、接受虚开发票和虚开没有业务的发票的情形,现在案件已经移交司法部门审理。

【分析】

首先,个人要管理好自己的身份证,防止被不法分子利用,行使注册公司逃避缴纳税款等违法行为;其次,不管是向他人虚开发票还是接受他人虚开的发票,如果没有相关的真实货物甚至还有资金回流都是违法行为,企业切不可触碰法律的红线;再次,即使只是公司老板雇佣的会计,也应当坚持自己的职业操守。

课 后 练 习 题

一、单选题

1. 区别不同税种的重要标志是(   )。

A. 纳税环节　　　　B. 税目　　　　　　C. 税率　　　　　　D. 征税对象

【正确答案】D

【答案解析】不同的征税对象是区别不同税种的重要标志。

2. 下列各项税法原则中,属于税法基本原则核心的是(　　)。

A. 税收公平原则　　　B. 税收效率原则　　　C. 实质课税原则　　　D. 税收法定原则

【正确答案】D

【答案解析】税收法定原则是税法基本原则的核心。

3. 下列税法中,规定具体征税范围、体现征税广度的是(　　)。

A. 税率　　　　　　　B. 纳税环节　　　　　C. 税目　　　　　　　D. 纳税对象

【正确答案】C

【答案解析】税目反映具体的征税范围,代表征税的广度。

4. 下列各项中,属于直接税的有(　　)。

A. 增值税　　　　　　B. 消费税　　　　　　C. 关税　　　　　　　D. 个人所得税

【正确答案】D

【答案解析】选项 A、B、C,属于间接税。

二、多选题

1. 我国现行税收制度中,没有采用的税率形式有(　　)。

A. 超率累进税率　　　B. 定额税率　　　　　C. 负税率　　　　　　D. 超倍累进税率

【正确答案】CD

【答案解析】我国现行税收制度中,采用的税率形式包括比例税率、定额税率、超额累进税率和超率累进税率。

第二章 增值税法

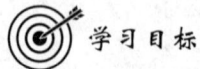

1. 掌握增值税征税范围与纳税义务人,熟悉一般纳税人、小规模纳税人的登记
2. 掌握增值税税率与征收率
3. 掌握增值税的计税方法
4. 掌握一般计税方法应纳税额的计算,简易征税方法应纳税额的计算
5. 掌握增值税税收优惠
6. 掌握增值税征收管理

第一节 增值税概述

一、增值税的概念

增值税是指以单位和个人生产经营过程中取得的增值额为课税对象征收的一种税。

(一) 关于增值额问题

从理论上讲,增值额是企业在生产经营过程中新创造的那部分价值,即货物或劳务价值中的 $V+M$ 部分,在我国相当于净产值或国民收入部分。现实经济生活中,增值额这一概念可以从以下两个方面来理解:第一,从一个生产经营单位来看,增值额是指该单位销售货物或提供劳务的收入额扣除为生产经营这种货物(包括劳务,下同)而外购那部分货物价款后的余额;第二,从一项货物来看,增值额是该货物经历的生产和流通的各个环节所创造的增值额之和,也就是该项货物的最终销售价值。

(二) 增值税一般不直接以增值额作为计税依据

从以上对增值额这一概念的分析来看,纯理论的增值额对计算增值税并没有实际意义,而仅仅是对增值税本质的一种理论抽象,因此各国都是根据法定增值额计算增值税的。但是,实施增值税的国家无论以哪种法定增值额作为课税基数,在实际计算增值税税款时都不是直接以增值额作为计税依据。也就是说,各国计算增值税时都不是先求出各生产经营环节的增值额,然后再据此计算增值税,而是采取从销售总额的应纳税款中扣除外购项目已纳税款的税款抵扣法。可见,增值额这一概念只有从理论角度看才具有现实意义,在实际计税中并不直接发挥作用。不直接通过增值额计算增值税的原因是,确定增值额在实际工作中是一件很困难的事,甚至难以做到。

二、增值税的类型

增值税按对外购固定资产处理方式的不同,可划分为生产型增值税、收入型增值税和消费型增值税。

(一) 生产型增值税

生产型增值税是指计算增值税时,不允许扣除任何外购固定资产的价款,作为课税基础。从整个国民经济来看,这一课税基数大体相当于国民生产总值的统计口径,故称为生产型增值税。此种类型的增值税对固定资产存在重复征税,而且越是资本有机构成高的行业,重复征税就越严重。这种类型的增值税虽然不利于鼓励投资,但可以保证财政收入。

(二) 收入型增值税

收入型增值税是指计算增值税时,对外购固定资产价款只允许扣除当期计入产品价值的折旧费部分,作为课税基数的法定增值额相当于当期工资、利息、租金和利润等各增值项目之和。从整个国民经济来看,这一课税基数相当于国民收入部分,故称为收入型增值税。

(三) 消费型增值税

消费型增值税是指计算增值税时,允许将当期购入的固定资产价款一次全部扣除,作为课税基数的法定增值额相当于纳税人当期全部销售额扣除外购的全部生产资料价款后的余额。从整个国民经济来看,这一课税基数仅限于消费资料价值的部分,故称为消费型增值税。此种类型的增值税在购进固定资产的当期因扣除额大大增加,会减少财政收入。但这种方法最宜规范凭发票扣税的计算方法,因为凭固定资产的外购发票可以一次将其已纳税款全部扣除,既便于操作,也便于管理,所以是三种类型中最简便、最能体现增值税优越性的一种类型。我国目前实行消费型增值税。

三、增值税的性质及其计税原理

(一) 增值税的性质

增值税以增值额为课税对象,以销售额为计税依据,同时实行税款抵扣的计税方式,这一计税方式决定了增值税是属于流转税性质的税种。作为流转税,增值税同销售税以及对特定消费品征收的消费税有着很多共同的方面:

(1) 它们都是以全部流转额为计税销售额。实行增值税的国家无论采取哪种类型的增值税,在计税方法上都是以货物或劳务的全部销售额为计税依据,这同消费税是一样的,所不同的只是增值税还同时实行税款抵扣制度,是一种只就未税流转额征税的新型流转税。

(2) 税负具有转嫁性。增值税实行价外征税,经营者出售商品时,税款附加在价格之上转嫁给购买者,随着商品流通环节的延伸,税款最终由消费者承担。

(3) 按产品或行业实行比例税率,而不能采取累进税率。这一点与其他流转税一样,但与所得税则完全不同。增值税的主要作用在于广泛征集财政收入,而非调节个人差距,因此不必也不应采用累进税率。

(二) 增值税的计税原理

增值税的计税原理是通过增值税的计税方法体现出来的。增值税的计税方法是以每一生产经营环节上发生的货物或劳务的销售额为计税依据,然后按规定税率计算出货物或劳务的整体税负,同时通过税款抵扣方式将外购项目在以前环节已纳的税款予以扣除,从而完全避免了重复征税。该原理具体体现在以下几个方面：

（1）按全部销售额计算税款，但只对货物或劳务价值中新增价值部分征税。

（2）实行税款抵扣制度，对以前环节已纳税款予以扣除。

（3）税款随着货物的销售逐环节转移，最终消费者是全部税款的承担者，但政府并不直接向消费者征税，而是在生产经营的各个环节分段征收，各环节的纳税人并不承担增值税税款。

四、增值税的计税方法

增值税的计税方法分为直接计算法和间接计算法两种类型。

（一）直接计算法

直接计算法是指首先计算出应税货物或劳务的增值额，然后用增值额乘以适用税率求出应纳税额的方法。

（二）间接计算法

间接计算法是指不直接根据增值额计算增值税，而是首先计算出应税货物的整体税负，然后从整体税负中扣除法定的外购项目已纳税款的方法。由于这种方法是以外购项目的实际已纳税额为依据，所以又叫购进扣税法或发票扣税法。这种方法简便易行，计算准确，既适用于单一税率，又适用于多档税率，因此，是实行增值税的国家广泛采用的计税方法。

五、增值税的特点和优点

增值税虽属于流转税，但其特有的计税方式使其有着自身的特点和优点。

（一）增值税的特点

1. 不重复征税，具有中性税收的特征

中性税收，是指税收对经济行为包括企业生产决策、生产组织形式等，不产生影响，由市场对资源配置发挥基础性、主导性作用。政府在建立税制时，以不干扰经营者的投资决策和消费者的消费选择为原则。增值额具有中性税收的特征，是因为增值税只对货物或劳务销售额中没有征过税的那部分增值额征税，对销售额中属于转移过来的、以前环节已征过税的那部分销售额则不再征税，从而有效地排除了重复征税因素。此外，增值税税率档次少，一些国家只采取一档税率，即使采取二档或三档税率的，其绝大部分货物一般也都是按一个统一的基本税率征税。这不仅使得绝大部分货物的税负是一样的，而且同一货物在经历的所有生产和流通的各环节的整体税负也是一样的。这种情况使增值税对生产经营活动以及消费行为基本不产生影响，从而使增值税具有了中性税收的特征。

2. 逐环节扣税

逐环节扣税体现了最终消费者是全部税款的承担者。作为一种新型的流转税，增值税保留了传统间接税按流转额全值计算和道道征收的特点，同时还实行税款抵扣制度，即在逐环节征税的同时，还实行逐环节扣税。在这里，各环节的经营者作为纳税人只是把从买方收取的税款抵扣自己支付给卖方的税款后的余额缴给政府，而经营者本身实际上并没有承担增值税税款。这样，随着各环节交易活动的进行，经营者在出售货物的同时也转移了该货物所承担的增值税税款，直到货物卖给最终消费者时，货物在以前环节已纳的税款连同本环节的税款也一并转嫁给了最终消费者。可见，增值税税负具有逐环节向前推移的特点，作为纳税人的生产经营者并不是增值税真正负担者,只有最终消费者才是全部税款的负担者。

3. 税基广阔,具有征收的普遍性和连续性

无论是从横向还是纵向来看,增值税都有着广阔的税基。从生产经营的横向关系看,无论工业、商业或者劳务服务活动,只要有增值收入就要纳税;从生产经营的纵向关系看,每一货物无论经过多少生产经营环节,都要按各道环节上发生的增值额逐次征税。

(二) 增值税的优点

增值税的优点是由增值税的特点决定的。

1. 能够平衡税负,促进公平竞争

增值税具有不重复征税的特点,从一项货物来看,增值税不受该货物所经历的生产经营环节多少的影响。也就是说,一种货物无论是由几家、十几家甚至几十家企业共同完成,还是自始至终由一家企业完成,货物只要最终销售价格相同,那么该货物所负担的增值税税负也相同,从而彻底解决了同一货物由全能厂生产和由非全能厂生产所产生的税负不平衡问题。增值税能够平衡税负的这种内在合理性使得增值税能够适应商品经济的发展,为在市场经济下的公平竞争提供良好的外部条件。

2. 既便于对出口商品退税,又可避免对进口商品征税不足

流转税是由消费者负担的,出口货物是在国外消费的,因此,各国对出口货物普遍实行退税政策,使出口货物以不含税价格进入国际市场。在这种政策下,传统的流转税按全部销售额征税,由于存在重复征税,在货物出口时,究竟缴了多少税是很难计算清楚的。这样,在出口退税工作中就不可避免地存在两个问题:一是退税不足,影响货物在国际市场的竞争力;二是退税过多,形成国家对出口货物的补贴。实行增值税则可以避免上述问题,因为货物的出口价格就是其全部增值额,用出口价格乘以增值税税率,即可准确地计算出出口货物应退税款,从而做到一次全部将已征税款准确地退还给企业,使出口货物以不含税价格进入国际市场。

对进口货物征收增值税,有利于贯彻国家间同等纳税的原则,避免产生进口货物的税负轻于国内同类货物假象。因为按全部流转额征税时,同一货物在国内因经历流转环节多而存在重复征税,税负较重;而对进口货物只能在进口环节按进口货物总值征一次税,不存在重复征税问题。进口货物的税负轻于国内同类货物的税负,这是对进口货物征税不足所引起的。实行增值税后,排除了国内货物重复征税因素,使进口货物和国内同类货物承担相同的税负,从而能够正确比较和衡量进口货物的得失,既体现了国家间同等纳税的原则,又维护了国家经济权益。

3. 在组织财政收入上具有稳定性和及时性

征税范围的广阔性,征收的普遍性和连续性,使增值税有着充足的税源和为数众多的纳税人,从而使通过增值税组织的财政收入具有稳定性和可靠性。

4. 在税收征管上可以互相制约,交叉审计

与增值税实行税款抵扣的计税方法相适应,各国都实行凭发票扣税的征收制度,通过发票把买卖双方连为一体,并形成一个有机的扣税链条。销售方销售货物开具的增值税发票既是销货方计算销项税额的凭证,同时也是购货方据以扣税的凭证。正是通过发票才得以把货物承担的税款从一个经营环节传递到下一个经营环节,最后传递到最终消费者身上。在这一纳税链条中,如有哪一环节少缴了税款,必然导致下一个环节多缴税款。可见,增值税发票使买卖双方在纳税上形成了一种利益制约关系。

六、我国增值税制度的建立和发展

1954年,法国成功地推行增值税后,对欧洲和世界各国都产生了重大影响,特别是对当时的欧洲共同体(以下简称欧共体)国家的影响更大。在随后的十几年里欧共体成员国相继实行了增值税,欧洲其他一些国家以及非洲和拉丁美洲的一些国家为改善自己在国际贸易中的竞争条件也实行了增值税,亚洲国家自20世纪70年代后期开始推行增值税。到2015年,世界上已有190多个国家和地区实行了增值税。从增值税在国际上的广泛应用可以看出,增值税作为一个国际性税种是为适应商品经济的高度发展应运而生的。

(一) 我国增值税制度的发展历程

我国于1979年引进增值税,并在部分城市试行。1982年,财政部制定了《增值税暂行办法》,自1983年1月1日开始在全国试行。1984年第二步利改税和全面工商税制改革时,在总结经验的基础上,国务院发布了《中华人民共和国增值税条例(草案)》,并于当年10月试行。1993年税制改革,增值税成为改革的重点。国务院于1993年12月发布了《中华人民共和国增值税暂行条例》,并于1994年1月1日起在全国范围内全面推行增值税。此时的增值税属于生产型增值税。为了进一步完善税收制度,国家决定实行增值税转型试点,并于2004年7月1日开始在东北、中部等部分地区实行,试点工作运行顺利,达到了预期目标,为此,国务院决定全面实施增值税转型改革,修订了《中华人民共和国增值税暂行条例》(以下简称《增值税暂行条例》),2008年11月经国务院第34次常务会议审议通过,于2009年1月1日起在全国范围内实行消费型增值税。

(二) 营业税改征增值税的指导思想和基本原则

为促进第三产业发展,自2012年1月1日起,在部分地区和行业开展深化增值税制度改革试点,到2016年5月1日,征收营业税的行业全部改为征收增值税。

1. 指导思想

建立健全有利于科学发展的税收制度,促进经济结构调整,支持现代服务业发展。

当前,我国正处于加快转变经济发展方式的攻坚时期,大力发展第三产业,尤其是现代服务业,对推进经济结构调整和提高国家综合实力具有重要意义。按照建立健全有利于科学发展的财税制度要求,将营业税改征增值税,有利于完善税制,消除重复征税;有利于社会专业化分工,促进三次产业融合;有利于降低企业税收成本,增强企业发展能力;有利于优化投资、消费和出口结构,促进国民经济健康协调发展。

2. 基本原则

统筹设计、分步实施。正确处理改革、发展、稳定的关系,统筹兼顾经济社会发展要求,结合全面推行改革需要和当前实际,科学设计,稳步推进。

规范税制、合理负担。合理设置税制要素,改革试点行业总体税负不增加或略有下降,基本消除重复征税。全面协调、平稳过渡。妥善处理试点前后增值税与营业税政策的衔接、试点纳税人与非试点纳税人税制的协调,建立健全适应第三产业发展的增值税管理体系。

七、征税范围

根据《增值税暂行条例》《增值税暂行条例实施细则》和《财政部 国家税务总局关于全面推开营业税改征增值税试点的通知》(以下简称"营改增通知")的规定,在中华人民共和国境内(以下简称境内)发生应税销售行为以及进口货物的单位和个人,为增值税的纳税人。纳税人应当依照《增值税暂行条例》《增值税暂行条例实施细则》和"营改增通知"的规定缴纳增值税。

增值税的征税范围包括在境内发生应税销售行为以及进口货物等。根据《增值税暂行条例》《增值税暂行条例实施细则》和"营改增通知"的规定,我们将增值税的征税范围分为一般规定和特殊规定。

(一) 征税范围的一般规定

现行增值税征税范围的一般规定包括应税销售行为和进口的货物。具体规定如下。

1. 销售或者进口的货物

货物是指有形动产,包括电力、热力、气体在内。销售货物是指有偿转让货物的所有权。

2. 销售劳务

劳务是指纳税人提供的加工、修理修配劳务。加工是指受托加工货物,即委托方提供原料及主要材料,受托方按照委托方的要求制造货物并收取加工费的业务;修理修配是指受托对损伤和丧失功能的货物进行修复,使其恢复原状和功能的业务。

提供应税劳务是指有偿提供劳务。单位或者个体工商户聘用的员工为本单位或者雇主提供劳务,不包括在内。

3. 销售服务

服务包括交通运输服务、邮政服务、电信服务、建筑服务、金融服务、现代服务、生活服务。具体征税范围如下。

1) 交通运输服务

交通运输服务是指利用运输工具将货物或者旅客送达目的地,使其空间位置得到转移的业务活动包括陆路运输服务、水路运输服务、航空运输服务和管道运输服务。

(1) 陆路运输服务。陆路运输服务是指通过陆路(地上或者地下)运送货物或者旅客的运输业务活动,包括铁路运输服务和其他陆路运输服务。

铁路运输服务是指通过铁路运送货物或者旅客的运输业务活动。

其他陆路运输服务是指铁路运输以外的陆路运输业务活动,包括公路运输、缆车运输、索道运输、地铁运输、城市轻轨运输等。

出租车公司向使用本公司自有出租车的出租车司机收取的管理费用,按照陆路运输服务缴纳增值税。

(2) 水路运输服务。水路运输服务是指通过江、河、湖、川等天然、人工水道或者海洋航道运送货物或者旅客的运输业务活动。

水路运输的程租业务、期租业务,属于水路运输服务。

程租业务是指运输企业为租船人完成某一特定航次的运输任务并收取租赁费的业务。

期租业务是指运输企业将配备有操作人员的船舶承租给他人使用一定期限,承租期内听候承租方调遣,不论是否经营,均按天向承租方收取租赁费,发生的固定费用均由船东负担的业务。

(3) 航空运输服务。航空运输服务是指通过空中航线运送货物或者旅客的运输业务活动。

航空运输的湿租业务,属于航空运输服务。湿租业务是指航空运输企业将配备有机组人员的飞机承租给他人使用一定期限,承租期内听候承租方调遣,不论是否经营,均按一定标准向承租方收取租赁费,发生的固定费用均由承租方承担的业务。

航天运输服务,按照航空运输服务缴纳增值税。航天运输服务是指利用火箭等载体将卫星、空间探测器等空间飞行器发射到空间轨道的业务活动。

(4)管道运输服务。管道运输服务是指通过管道设施输送气体、液体、固体物质的运输业务活动。

无运输工具承运业务,按照交通运输服务缴纳增值税。无运输工具承运业务是指经营者以承运人身份与托运人签订运输服务合同,收取运费并承担承运人责任,然后委托实际承运人完成运输服务的经营活动。

自2018年1月1日起,纳税人已售票但客户逾期未消费取得的运输逾期票证收入,按照交通运输服务缴纳增值税。

2)邮政服务

邮政服务是指中国邮政集团公司及其所属邮政企业提供邮件寄递、邮政汇兑和机要通信等邮政基本服务的业务活动,包括邮政普遍服务、邮政特殊服务和其他邮政服务。

(1)邮政普遍服务。邮政普遍服务是指函件、包裹等邮件寄递,以及邮票发行、报刊发行和邮政汇兑等业务活动。

函件是指信函、印刷品、邮资封片卡、无名址函件和邮政小包等。

包裹是指按照封装上的名址递送给特定个人或者单位的独立封装的物品,其重量不超过50千克,任何一边的尺寸不超过150厘米,长、宽、高合计不超过300厘米。

(2)邮政特殊服务。邮政特殊服务是指义务兵平常信函、机要通信、盲人读物和革命烈士遗物的寄递等业务活动。

(3)其他邮政服务。其他邮政服务是指邮册等邮品销售、邮政代理等业务活动。

3)电信服务

电信服务是指利用有线、无线的电磁系统或者光电系统等各种通信网络资源,提供语音通话服务,传送、发射、接收或者应用图像、短信等电子数据和信息的业务活动,包括基础电信服务和增值电信服务。

(1)基础电信服务是指利用固网、移动网、卫星、互联网提供语音通话服务的业务活动,以及出租或者出售带宽、波长等网络元素的业务活动。

(2)增值电信服务是指利用固网、移动网、卫星、互联网、有线电视网络,提供短信和彩信服务、电子数据和信息的传输及应用服务、互联网接入服务等业务活动。

卫星电视信号落地转接服务,按照增值电信服务缴纳增值税。

4)建筑服务

建筑服务是指各类建筑物、构筑物及其附属设施的建造、修缮、装饰,线路、管道、设备、设施等的安装以及其他工程作业的业务活动,包括工程服务、安装服务、修缮服务、装饰服务和其他建筑服务。

(1)工程服务是指新建、改建各种建筑物、构筑物的工程作业,包括与建筑物相连的各种设备或者支柱、操作平台的安装或者装设工程作业,以及各种窑炉和金属结构工程作业。

(2)安装服务是指生产设备、动力设备、起重设备、运输设备、传动设备、医疗实验设备以及其他各种设备、设施的装配、安置工程作业,包括与被安装设备相连的工作台、梯子、栏杆的装设工程作业,以及被安装设备的绝缘、防腐、保温、油漆等工程作业。

固定电话、有线电视、宽带、水、电、燃气、暖气等经营者向用户收取的安装费、初装费、开户费、扩容费以及类似收费,按照安装服务缴纳增值税。

(3)修缮服务是指对建筑物、构筑物进行修补、加固、养护、改善,使之恢复原来的使用价值或者延长其使用期限的工程作业。

(4)装饰服务是指对建筑物、构筑物进行修饰装修,使之美观或者具有特定用途的工程作业。物业服务企业为业主提供的装修服务,按照建筑服务缴纳增值税。

(5)其他建筑服务是指上述工程作业之外的各种工程作业服务,如钻井(打井)、拆除建筑物或者构筑物、平整土地、园林绿化、疏浚(不包括航道疏浚)、建筑物平移、搭脚手架、爆破、矿山穿孔、表面附着物(包括岩层、土层、沙层等)剥离和清理等工程作业。纳税人将建筑施工设备出租给他人使用并配备操作人员的,按照建筑服务缴纳增值税。

5)金融服务

金融服务是指经营金融保险的业务活动,包括贷款服务、直接收费金融服务、保险服务和金融商品转让。保本收益、报酬、资金占用费、补偿金是指合同中明确承诺到期本金可全部收回的投资收益。金融商品持有期间(含到期)取得的非保本的上述收益,不属于利息或利息性质的收入,不征收增值税。

(1)贷款服务。贷款是指将资金贷与他人使用而取得利息收入的业务活动。

各种占用、拆借资金所得的收入,包括金融商品持有期间(含到期)利息、(保本收益、报酬、资金占用费、补偿金等)收入、信用卡透支利息收入、买入返售金融商品利息收入、融资融券收取的利息收入,以及融资性售后回租、押汇、罚息、票据贴现、转贷等业务取得的利息及利息性质的收入,按照贷款服务缴纳增值税。

融资性售后回租是指承租方以融资为目的,将资产出售给从事融资性售后回租业务的企业后,从事融资性售后回租业务的企业将该资产出租给承租方的业务活动。

以货币资金投资收取的固定利润或者保底利润,按照贷款服务缴纳增值税。

(2)直接收费金融服务。直接收费金融服务是指为货币资金融通及其他金融业务提供相关服务并且收取费用的业务活动,包括提供货币兑换、账户管理、电子银行、信用卡、信用证、财务担保、资产管理、信托管理、基金管理、金融交易场所(平台)管理、资金结算、资金清算、金融支付等服务。

(3)保险服务。保险服务是指投保人根据合同约定,向保险人支付保险费,保险人对于合同约定的可能发生的事故因其发生所造成的财产损失承担赔偿保险金责任,或者当被保险人死亡、伤残、疾病或者达到合同约定的年龄、期限等条件时承担给付保险金责任的商业保险行为,包括人身保险服务和财产保险服务。

人身保险服务是指以人的寿命和身体为保险标的的保险业务活动。

财产保险服务是指以财产及其有关利益为保险标的的保险业务活动。

(4)金融商品转让。金融商品转让是指转让外汇、有价证券、非货物期货和其他金融商品所有权的业务活动。

纳税人购入基金、信托、理财产品等各类资产管理产品持有至到期,不属于金融商品转让。

6) 现代服务

现代服务是指围绕制造业、文化产业、现代物流产业等提供技术性、知识性服务的业务活动,包括研发和技术服务、信息技术服务、文化创意服务、物流辅助服务、租赁服务、鉴证咨询服务、广播影视服务、商务辅助服务和其他现代服务。

(1) 研发和技术服务,包括研发服务、合同能源管理服务、工程勘察勘探服务、专业技术服务。

研发服务也称技术开发服务,是指就新技术、新产品、新工艺或者新材料及其系统进行研究与试验开发的业务活动。

合同能源管理服务是指节能服务公司与用能单位以契约形式约定节能目标,节能服务公司提供必要的服务,用能单位以节能效果支付节能服务公司投入及其合理报酬的业务活动。

工程勘察勘探服务是指在采矿、工程施工前后,对地形、地质构造、地下资源蕴藏情况进行实地调查的业务活动。

专业技术服务是指气象服务、地震服务、海洋服务、测绘服务、城市规划、环境与生态监测服务等专项技术服务。

(2) 信息技术服务是指利用计算机、通信网络等技术对信息进行生产、收集、处理、加工、存储、运输、检索和利用,并提供信息服务的业务活动,包括软件服务、电路设计及测试服务、信息系统服务、业务流程管理服务和信息系统增值服务。

软件服务是指提供软件开发服务、软件维护服务、软件测试服务的业务活动。

电路设计及测试服务是指提供集成电路和电子电路产品设计、测试及相关技术支持服务的业务活动。

信息系统服务是指提供信息系统集成、网络管理、网站内容维护、桌面管理与维护、信息系统应用、基础信息技术管理平台整合、信息技术基础设施管理、数据中心、托管中心、信息安全服务、在线杀毒、虚拟主机等业务活动,包括网站对非自有的网络游戏提供的网络运营服务。

业务流程管理服务是指依托信息技术提供的人力资源管理、财务经济管理、审计管理、税务管理、物流信息管理、经营信息管理和呼叫中心等服务的活动。

信息系统增值服务是指利用信息系统资源为用户附加提供的信息技术服务,包括数据处理、分析和整合、数据库管理、数据备份、数据存储、电子商务平台等。

(3) 文化创意服务。文化创意服务包括设计服务、知识产权服务、广告服务和会议展览服务。

设计服务是指把计划、规划、设想,通过文字、语言、图画、声音、视觉等形式传递出来的业务活动,包括工业设计、内部管理设计、业务运作设计、供应链设计、造型设计、服装设计、环境设计、平面设计、包装设计、动漫设计、网游设计、展示设计、网站设计、机械设计、工程设计、广告设计、创意策划、文印硒图等。

知识产权服务是指处理知识产权事务的业务活动,包括对专利、商标、著作权、软件、集成电路布图设计的登记、鉴定、评估、认证、检索服务。

广告服务是指利用图书、报纸、杂志、广播、电视、电影、幻灯、路牌、招贴、橱窗、霓虹灯、灯箱、互联网等各种形式为客户的商品、经营服务项目、文体节目或者通告、声明等委托事项进行宣传和提供相关服务的业务活动,包括广告代理和广告的发布、播映、宣传、展示等。

会议展览服务是指为商品流通、促销、展示、经贸洽谈、民间交流、企业沟通、国际往来等举办或者组织安排的各类展览和会议的业务活动。

宾馆、旅馆、旅社、度假村和其他经营性住宿场所提供会议场地及配套服务的活动,按照会议展览服务缴纳增值税。

(4) 物流辅助服务。物流辅助服务包括航空服务、港口码头服务、货运客运场站服务、打捞救助服务、装卸搬运服务、仓储服务和收派服务。

航空服务包括航空地面服务和通用航空服务。

航空地面服务,是指航空公司、飞机场、民航管理局、航站等向在境内航行或者在境内机场停留的境内外飞机或者其他飞行器提供的导航等劳务性地面服务的业务活动,包括旅客安全检查服务、停机坪管理服务、机场候机厅管理服务、飞机清洗消毒服务、空中飞行管理服务、飞机起降服务、飞行通讯服务、地面信号服务、飞机安全服务、飞机跑道管理服务、空中交通管理服务等。

通用航空服务是指为专业工作提供飞行服务的业务活动,包括航空摄影、航空培训、航空测量、航空勘探、航空护林、航空吊挂播洒、航空降雨、航空气象探测、航空海洋监测、航空科学实验等。

港口码头服务是指港务船舶调度服务、船舶通讯服务、航道管理服务、航道疏浚服务、灯塔管理服务、航标管理服务、船舶引航服务、理货服务、系解缆服务、停泊和移泊服务、海上船舶溢油清除服务、水上交通管理服务、船只专业清洗消毒检测服务和防止船只漏油服务等为船只提供服务的业务活动。

港口设施经营人收取的港口设施保安费按照港口码头服务缴纳增值税。

货运客运场站服务是指货运客运场站提供货物配载服务、运输组织服务、中转换乘服务、车辆调度服务、票务服务、货物打包整理、铁路线路使用服务、加挂铁路客车服务、铁路行包专列发送服务、铁路到达和中转服务、铁路车辆编解服务、车辆挂运服务、铁路接触网服务、铁路机车牵引服务等业务活动。

打捞救助服务是指提供船舶人员救助、船舶财产救助、水上救助和沉船沉物打捞服务的业务活动。

装卸搬运服务是指使用装卸搬运工具或者人力、畜力将货物在运输工具之间、装卸现场之间或者运输工具与装卸现场之间进行装卸和搬运的业务活动。

仓储服务是指利用仓库、货场或者其他场所代客贮放、保管货物的业务活动。

收派服务是指接受寄件人委托,在承诺的时限内完成函件和包裹的收件、分拣、派送服务的业务活动。收件服务,是指从寄件人收取函件和包裹,并运送到服务提供方同城的集散中心的业务活动。分拣服务,是指服务提供方在其集散中心对函件和包裹进行归类、分发的业务活动。派送服务,是指服务提供方从其集散中心将函件和包裹送达同城的收件人的业务活动。

(5) 租赁服务。租赁服务包括融资租赁服务和经营租赁服务。

融资租赁服务是指具有融资性质和所有权转移特点的租赁活动。即出租人根据承租人所要求的规格、型号、性能等条件购入有形动产或者不动产租赁给承租人,合同期内租赁物所有权属于出租人,承租人只拥有使用权,合同期满付清租金后,承租人有权按照残值购入租赁物,以拥有其所有权。不论出租人是否将租赁物销售给承租人,均属于融资租赁。

按照标的物的不同,融资租赁服务可分为有形动产融资租赁服务和不动产融资租赁服务。

融资性售后回租不按照本税目缴纳增值税。

经营租赁服务是指在约定时间内将有形动产或者不动产转让他人使用且租赁物所有权不变更的业务活动。按照标的物的不同,经营租赁服务可分为有形动产经营租赁服务和不动产经营租赁服务。

将建筑物、构筑物等不动产或者飞机、车辆等有形动产的广告位出租给其他单位或者个人用于发布广告,按照经营租赁服务缴纳增值税。

车辆停放服务、道路通行服务(包括过路费、过桥费、过闸费等)等按照不动产经营租赁服务缴纳增值税。

水路运输的光租业务、航空运输的干租业务,属于经营租赁。

光租业务是指运输企业将船舶在约定的时间内出租给他人使用,不配备操作人员,不承担运输过程中发生的各项费用,只收取固定租赁费的业务活动。

干租业务是指航空运输企业将飞机在约定的时间内出租给他人使用,不配备机组人员,不承担运输过程中发生的各项费用,只收取固定租赁费的业务活动。

(6)鉴证咨询服务。鉴证咨询服务包括认证服务、鉴证服务和咨询服务。

认证服务是指具有专业资质的单位利用检测、检验、计量等技术,证明产品、服务、管理体系符合相关技术规范、相关技术规范的强制性要求或者标准的业务活动。

鉴证服务是指具有专业资质的单位受托对相关事项进行鉴证,发表具有证明力的意见的业务活动,包括会计鉴证、税务鉴证、法律鉴证、职业技能鉴定、工程造价鉴证、工程监理、资产评估、环境评估、房地产土地评估、建筑图纸审核、医疗事故鉴定等。

咨询服务是指提供信息、建议、策划、顾问等服务的活动,包括金融、软件、技术、财务、税收、法律、内部管理、业务运作、流程管理、健康等方面的咨询。

翻译服务和市场调查服务按照咨询服务缴纳增值税。

(7)广播影视服务。广播影视服务包括广播影视节目(作品)的制作服务、发行服务和播映(含放映,下同)服务。

广播影视节目(作品)制作服务是指进行专题(特别节目)、专栏、综艺、体育、动画片、广播剧、电视剧、电影等广播影视节目和作品制作的服务。具体包括与广播影视节目和作品相关的策划、采编、拍摄、录音、音视频文字图片素材制作、场景布置、后期的剪辑、翻译(编译)、字幕制作、片头、片尾、片花制作、特效制作、影片修复、编目和确权等业务活动。

广播影视节目(作品)发行服务是指以分账、买断、委托等方式,向影院、电台、电视台、网站等单位和个人发行广播影视节目(作品)以及转让体育赛事等活动的报道及播映权的业务活动。

广播影视节目(作品)播映服务是指在影院、剧院、录像厅及其他场所播映广播影视节目(作品),以及通过电台、电视台、卫星通信、互联网、有线电视等无线或者有线装置播映广播影视节目(作品)的业务活动。

(8)商务辅助服务。商务辅助服务包括企业管理服务、经纪代理服务、人力资源服务、安全保护服务。

企业管理服务是指提供总部管理、投资与资产管理、市场管理、物业管理、日常综合管理等服务的业务活动。

经纪代理服务是指各类经纪、中介、代理服务,包括金融代理、知识产权代理、货物运输代理、代理报关、法律代理、房地产中介、职业中介、婚姻中介、代理记账、拍卖等。

拍卖行受托拍卖取得的手续费或佣金收入,按照经纪代理服务缴纳增值税。

货物运输代理服务是指接受货物收货人、发货人、船舶所有人、船舶承租人或者船舶经营人的委托,以委托人的名义,为委托人办理货物运输、装卸、仓储和船舶进出港口、引航、靠泊等相关手续的业务活动。

代理报关服务是指接受进出口货物的收、发货人委托,代为办理报关手续的业务活动。

人力资源服务是指提供公共就业、劳务派遣、人才委托招聘、劳动力外包等服务的业务活动。纳税人提供安全保护服务,比照劳务派遣服务政策执行。

安全保护服务是指提供保护人身安全和财产安全,维护社会治安等的业务活动,包括场所住宅保安、特种保安、安全系统监控以及其他安保服务。纳税人提供武装守护押运服务,按照安全保护服务缴纳增值税。

(9)其他现代服务。其他现代服务是指除研发和技术服务、信息技术服务、文化创意服务、物流辅助服务、租赁服务、鉴证咨询服务、广播影视服务和商务辅助服务以外的现代服务。

纳税人为客户办理退票而向客户收取的退票费、手续费等收入,按照"其他现代服务"缴纳增值税。

纳税人对安装运行后的电梯提供的维护保养服务,按照其他现代服务缴纳增值税。

7)生活服务

生活服务是指为满足城乡居民日常生活需求提供的各类服务活动,包括文化体育服务、教育医疗服务、旅游娱乐服务、餐饮住宿服务、居民日常服务和其他生活服务。提供餐饮服务的纳税人销售的外卖食品,按照餐饮服务缴纳增值税。

(1)文化体育服务。文化体育服务包括文化服务和体育服务。

文化服务是指为满足社会公众文化生活需求提供的各种服务,包括文艺创作、文艺表演、文化比赛,图书馆的图书和资料借阅,档案馆的档案管理,文物及物质遗产保护,组织举办宗教活动、科技活动、文化活动,提供游览场所。

纳税人在游览场所经营索道、摆渡车、电瓶车、游船等取得的收入,按照文化体育服务缴纳增值税。

体育服务是指组织举办体育比赛、体育表演、体育活动,以及提供体育训练、体育指导、体育管理的业务活动。

(2)教育医疗服务。教育医疗服务包括教育服务和医疗服务。

教育服务是指提供学历教育服务、非学历教育服务、教育辅助服务的业务活动。

学历教育服务是指根据教育行政管理部门确定或者认可的招生和教学计划组织教学,并颁发相应学历证书的业务活动,包括初等教育、初级中等教育、高级中等教育、高等教育等。

非学历教育服务包括学前教育、各类培训、演讲、讲座、报告会等。

教育辅助服务包括教育测评、考试、招生等服务。

医疗服务是指提供医学检查、诊断、治疗、康复、预防、保健、接生、计划生育、防疫服务等方面的服务，以及与这些服务有关的提供药品、医用材料器具、救护车、病房住宿和伙食的业务。

（3）旅游娱乐服务。旅游娱乐服务包括旅游服务和娱乐服务。

旅游服务是指根据旅游者的要求，组织安排交通、游览、住宿、餐饮、购物、文娱、商务等服务的业务活动。

娱乐服务是指为娱乐活动同时提供场所和服务的业务。具体包括歌厅、舞厅、夜总会、酒吧、台球、高尔夫球、保龄球、游艺（包括射击、狩猎、跑马、游戏机、蹦极、卡丁车、热气球、动力伞、射箭、飞镖）。

（4）餐饮住宿服务。餐饮住宿服务包括餐饮服务和住宿服务。

餐饮服务是指通过同时提供饮食和饮食场所的方式为消费者提供饮食消费服务的业务活动。

住宿服务是指提供住宿场所及配套服务等的活动，包括宾馆、旅馆、旅社、度假村和其他经营性住宿场所提供的住宿服务。

（5）居民日常服务。居民日常服务是指主要为满足居民个人及其家庭日常生活需求提供的服务，包括市容市政管理、家政、婚庆、养老、殡葬、照料和护理、救助救济、美容美发、按摩、桑拿、氧吧、足疗、沐浴、洗染、摄影扩印等服务。

（6）其他生活服务。其他生活服务是指除文化体育服务、教育医疗服务、旅游娱乐服务、餐饮住宿服务和居民日常服务之外的生活服务。

纳税人提供植物养护服务，按照其他生活服务缴纳增值税。

4. 销售无形资产

无形资产是指不具实物形态，但能带来经济利益的资产，包括技术、商标、著作权、商誉、自然资源使用权和其他权益性无形资产。

技术包括专利技术和非专利技术。

自然资源使用权包括土地使用权、海域使用权、探矿权、采矿权、取水权和其他自然资源使用权。

其他权益性无形资产包括基础设施资产经营权、公共事业特许权、配额、经营权（包括特许经营权、连锁经营权、其他经营权）、经销权、分销权、代理权、会员权、席位权、网络游戏虚拟道具、域名、名称权、肖像权、冠名权、转会费等。

销售无形资产是指转让无形资产所有权或者使用权的业务活动。

5. 销售不动产

不动产是指不能移动或者移动后会引起性质、形状改变的财产，包括建筑物、构筑物等。

建筑物包括住宅、商业营业用房、办公楼等可供居住、工作或者进行其他活动的建造物。

构筑物包括道路、桥梁、隧道、水坝等建造物。

转让建筑物有限产权或者永久使用权的，转让在建的建筑物或者构筑物所有权的，以及在转让建筑物或者构筑物时一并转让其所占土地的使用权的，按照销售不动产缴纳增值税。

销售不动产是指转让不动产所有权的业务活动。

确定一项经济行为是否需要缴纳增值税，根据"营改增通知"，除另有规定外，一般应同时具备四个条件：a.应税行为是发生在中华人民共和国境内；b.应税行为是属于《销售服务、无形资产、不动产注释》范围内的业务活动；c.应税服务是为他人提供的；d.应税行为是有偿的。

上述所说的有偿，有两种情形属于例外：

第一种情形是满足上述四个增值税征税条件但不需要缴纳增值税的，主要包括：a.行政单位收取的同时满足条件的政府性基金或者行政事业性收费；b.存款利息；c.被保险人获得的保险赔付；d.房地产主管部门或者其指定机构、公积金管理中心、开发企业以及物业管理单位代收的住宅专项维修资金；e.在资产重组过程中，通过合并、分立、出售、置换等方式，将全部或者部分实物资产以及与其相关联的债权、负债和劳动力一并转让给其他单位和个人，其中涉及的不动产、土地使用权转让行为。

第二种情形是不同时满足上述四个增值税征税条件但需要缴纳增值税的，主要包括某些无偿的应税行为需要缴纳增值税。即"营改增通知"规定的三种视同销售服务、无形资产或者不动产情形：a.单位或者个体工商户向其他单位或者个人无偿提供服务，但用于公益事业或者以社会公众为对象的除外。b.单位或者个人向其他单位或者个人无偿转让无形资产或者不动产，但用于公益事业或者以社会公众为对象的除外。c.财政部和国家税务总局规定的其他情形。按照此条规定，向其他单位或者个人无偿提供服务、无偿转让无形资产或者不动产，除用于公益事业或者以社会公众为对象外，应视同发生应税行为，照章缴纳增值税。

6. 非经营活动的确认

销售服务、无形资产或者不动产是指有偿提供服务、有偿转让无形资产或者不动产，但属于下列非经营活动的情形除外：

（1）行政单位收取的同时满足以下条件的政府性基金或者行政事业性收费。

① 由国务院或者财政部批准设立的政府性基金，由国务院或者省级人民政府及其财政、价格主管部门批准设立的行政事业性收费。

② 收取时开具省级以上（含省级）财政部门监（印）制的财政票据。

③ 所收款项全额上缴财政。

（2）单位或者个体工商户聘用的员工为本单位或者雇主提供取得工资的服务。

（3）单位或者个体工商户为聘用的员工提供服务。

（4）财政部和国家税务总局规定的其他情形。

7. 境内销售服务、无形资产或者不动产的含义

在境内销售服务、无形资产或者不动产，是指：

（1）服务（租赁不动产除外）或者无形资产（自然资源使用权除外）的销售方或者购买方在境内。

（2）所销售或者租赁的不动产在境内。

（3）所销售自然资源使用权的自然资源在境内。

（4）财政部和国家税务总局规定的其他情形。

下列情形不属于在境内销售服务或者无形资产：

（1）境外单位或者个人向境内单位或者个人销售完全在境外发生的服务。

（2）境外单位或者个人向境内单位或者个人销售完全在境外使用的无形资产。

（3）境外单位或者个人向境内单位或者个人出租完全在境外使用的有形动产。

（4）财政部和国家税务总局规定的其他情形：

① 为出境的函件、包裹在境外提供的邮政服务、收派服务。

② 向境内单位或者个人提供的工程施工地点在境外的建筑服务、工程监理服务。

③ 向境内单位或者个人提供的工程、矿产资源在境外的工程勘察勘探服务。

④ 向境内单位或者个人提供的会议展览地点在境外的会议展览服务。

境外单位或者个人销售的服务(不含租赁不动产)在以下两种情况下属于在我国境内销售服务,应照章缴纳增值税:

(1) 境外单位或者个人向境内单位或者个人销售的完全在境内发生的服务,属于在境内销售服务。例如,境外某一工程公司到境内给境内某单位提供工程勘察勘探服务。

(2) 境外单位或者个人向境内单位或者个人销售的未完全在境外发生的服务,属于在境内销售服务。例如,境外某一咨询公司与境内某一公司签订咨询合同,就这家境内公司开拓境内、境外市场进行实地调研并提出合理化管理建议,境外咨询公司提供的咨询服务同时在境内和境外发生,属于在境内销售服务。

境外单位或者个人销售的无形资产在以下两种情况下属于在我国境内销售无形资产,应该照章缴纳增值税:

(1) 境外单位或者个人向境内单位或者个人销售的完全在境内使用的无形资产,属于在境内销售无形资产。例如,境外 A 公司向境内 B 公司转让 A 公司在境内的连锁经营权。

(2) 境外单位或者个人向境内单位或者个人销售的未完全在境外使用的无形资产,属于在境内销售无形资产。例如,境外 C 公司向境内 D 公司转让一项专利技术,该技术同时用于 D 公司在境内和境外的生产线。

上述一般规定中所说的有偿,是指从购买方取得货币、货物或者其他经济利益。其他经济利益是指非货币、货物形式的收益,具体包括固定资产(不含货物)、生物资产(不含货物)、无形资产(包括特许权)、股权投资、存货、不准备持有至到期的债券投资、服务以及有关权益等。

【例 2-1】 下列行为中,属于增值税征收范围的有(   )。

A. 甲公司将房屋与乙公司的土地交换

B. 丙银行将房屋出租给丁饭店,而丁饭店长期不付租金,后经双方协商,由丙银行员工在饭店就餐抵账

C. A 房地产开发企业委托 B 建筑工程公司建造房屋,双方在结算价款时,A 房地产开发企业将若干套房屋给 B 建筑工程公司冲抵工程款

D. C 运输公司与 D 汽车修理公司商定,C 运输公司为 D 汽车修理公司免费提供运输服务,D 汽车修理公司为其免费提供汽车维修作为回报

【答案】 ABCD

【分析】 在选项 A 中,甲公司将不动产换取了乙公司的土地使用权,此时虽没有取得货币,但它是取得了乙公司的土地使用权;同样乙公司也是以土地为代价换取了甲公司的房屋所有权,这里的土地使用权和房屋所有权就是我们所说的其他经济利益,因此都应征收增值税。

在选项 B 中,丙银行将房屋出租给丁饭店,而丁饭店长期不付租金,后经双方协商,由丙银行员工在饭店就餐抵账,对丙银行而言,出租房屋取得的是免费接受餐饮服务;对丁饭店而言,提供餐饮服务取得的是免费使用房屋。这里的饮食服务和房屋出租等是其他经济利

益,因此都应征收增值税。

在选项 C 中,A 房地产开发企业委托 B 建筑工程公司建造房屋,双方在结算价款时,A 房地产开发企业将若干套房屋给 B 建筑工程公司冲抵工程款,看上去没有资金往来,但实际上 A 房地产开发企业取得的好处是接受了 B 建筑工程公司的建筑劳务,同样 B 建筑工程公司获得了房屋所有权,双方都取得了经济利益,因此都应当缴纳增值税。

在选项 D 中,C 运输公司与 D 汽车修理公司商定,C 运输公司为 D 汽车修理公司免费提供运输服务,D 汽车修理公司为其免费提供汽车维修作为回报。这里运输服务和汽车维修都属于其他经济利益,因此都应征收增值税。

(二)征税范围的特殊规定

增值税的征税范围除了上述的一般规定以外,还对经济实务中某些特殊项目或行为是否属于增值税的征税范围,作出了具体界定。

1. 属于征税范围的特殊项目

(1)罚没物品征与不征增值税的处理。

① 执罚部门和单位查处的属于一般商业部门经营的商品,具备拍卖条件的,由执罚部门或单位商同级财政部门同意后,公开拍卖。其拍卖收入作为罚没收入由执罚部门和单位如数上缴财政,不予征税。对经营单位购入拍卖物品再销售的应照章征收增值税。

② 执罚部门和单位查处的属于一般商业部门经营的商品,不具备拍卖条件的,由执罚部门、财政部门、国家指定销售单位会同有关部门按质论价,交由国家指定销售单位纳入正常销售渠道变价处理。执罚部门按商定价格所取得的变价收入作为罚没收入如数上缴财政,不予征税。国家指定销售单位将罚没物品纳入正常销售渠道销售的,应照章征收增值税。

③ 执罚部门和单位查处的属于专管机关管理或专管企业经营的财物,如金银(不包括金银首饰)、外币、有价证券、非禁止出口文物,应交由专管机关或专营企业收兑或收购。执罚部门和单位按收兑或收购价所取得的收入作为罚没收入如数上缴财政,不予征税。专管机关或专营企业经营上述物品中属于应征增值税的货物,应照章征收增值税。

(2)航空运输企业已售票但未提供航空运输服务取得的逾期票证收入,按照航空运输服务征收增值税。

(3)纳税人取得的中央财政补贴,不属于增值税应税收入,不征收增值税。

(4)融资性售后回租业务中,承租方出售资产的行为不属于增值税的征税范围,不征收增值税。

(5)药品生产企业销售自产创新药的销售额,为向购买方收取的全部价款和价外费用,其提供给患者后续免费使用的相同创新药,不属于增值税视同销售范围。新药是指经国家食品药品监督管理部门批准注册、获批前未曾在中国境内外上市销售,通过合成或者半合成方法制得的原料药及其制剂。

(6)根据国家指令无偿提供的铁路运输服务、航空运输服务,属于《营业税改征增值税试点实施办法》第十四条规定的用于公益事业的服务。

(7)存款利息不征收增值税。

(8)被保险人获得的保险赔付不征收增值税。

(9)房地产主管部门或者其指定机构、公积金管理中心、开发企业以及物业管理单位代收的住宅专项维修资金,不征收增值税。

（10）纳税人在资产重组过程中,通过合并、分立、出售、置换等方式,将全部或者部分实物资产以及与其相关联的债权、负债和劳动力一并转让给其他单位和个人,不属于增值税的征税范围。

（11）单用途商业预付卡(以下简称单用途卡)业务按照以下规定执行:

① 单用途卡发卡企业或者售卡企业(以下统称售卡方)销售单用途卡,或者接受单用途卡持卡人充值取得的预收资金,不缴纳增值税。售卡方可按照《关于营改增试点若干征管问题的公告》(国家税务总局公告 2016 年第 53 号)第九条的规定,向购卡人、充值人开具增值税普通发票,不得开具增值税专用发票。

② 售卡方因发行或者销售单用途卡并办理相关资金收付结算业务取得的手续费、结算费、服务费、管理费等收入,应按照现行规定缴纳增值税。

③ 持卡人使用单用途卡购买货物或服务时,货物或者服务的销售方应按照现行规定缴纳增值税,且不得向持卡人开具增值税发票。

④ 销售方与售卡方不是同一个纳税人的,销售方在收到售卡方结算的销售款时,应向售卡方开具增值税普通发票,并在备注栏注明"收到预付卡结算款",不得开具增值税专用发票。售卡方从销售方取得的增值税普通发票,作为其销售单用途卡或接受单用途卡充值取得预收资金不缴纳增值税的凭证,留存备查。

（12）支付机构预付卡(以下称多用途卡)业务按照以下规定执行:

① 支付机构销售多用途卡取得的等值人民币资金,或者接受多用途卡持卡人充值取得的充值资金,不缴纳增值税。支付机构可按照《关于营改增试点若干征管问题的公告》第九条的规定,向购卡人、充值人开具增值税普通发票,不得开具增值税专用发票。

② 支付机构因发行或者受理多用途卡并办理相关资金收付结算业务取得的手续费、结算费、服务费、管理费等收入,应按照现行规定缴纳增值税。

③ 持卡人使用多用途卡,向与支付机构签署合作协议的特约商户购买货物或服务,特约商户应按照现行规定缴纳增值税,且不得向持卡人开具增值税发票。

④ 特约商户收到支付机构结算的销售款时,应向支付机构开具增值税普通发票,并在备注栏注明"收到预付卡结算款",不得开具增值税专用发票。支付机构从特约商户取得的增值税普通发票,作为其销售多用途卡或接受多用途卡充值取得预收资金不缴纳增值税的凭证,留存备查。

2.属于征税范围的特殊行为

（1）视同发生应税销售行为。单位或者个体工商户的下列行为,视同发生应税销售行为:

① 将货物交付其他单位或者个人代销。

② 销售代销货物。

③ 设有两个以上机构并实行统一核算的纳税人,将货物从一个机构移送至其他机构用于销售,但相关机构设在同一县(市)的除外。

"用于销售"是指受货机构发生以下情形之一的经营行为:一是向购货方开具发票;二是向购货方收取货款。

受货机构的货物移送行为有上述两项情形之一的,应当向所在地税务机关缴纳增值税;未发生上述两项情形的,则应由总机构统一缴纳增值税。

如果受货机构只就部分货物向购买方开具发票或收取货款,则应当区别不同情况计算并分别向总机构所在地或分支机构所在地缴纳税款。

④ 将自产或者委托加工的货物用于非应税项目。

⑤ 将自产、委托加工的货物用于集体福利或者个人消费。

⑥ 将自产、委托加工或者购进的货物作为投资,提供给其他单位或者个体工商户。

⑦ 将自产、委托加工或者购进的货物分配给股东或者投资者。

⑧ 将自产、委托加工或者购进的货物无偿赠送其他单位或者个人。

⑨ 单位或者个体工商户向其他单位或者个人无偿销售应税服务、无偿转让无形资产或者不动产,但用于公益事业或者以社会公众为对象的除外。

⑩ 财政部和国家税务总局规定的其他情形。

上述 10 种情况应该确定为视同发生应税销售行为,均要征收增值税。其确定的目的主要有三个:一是保证增值税税款抵扣制度的实施,不会因发生上述行为而造成各相关环节税款抵扣链条的中断,如前两种情况就是这种原因;如果不将此视同发生应税销售行为就会出现销售代销货物方仅有销项税额而无进项税额,而将货物交付其他单位或者个人代销方仅有进项税额而无销项税额的情况,就会出现增值税抵扣链条不完整。二是避免因发生上述行为而造成应税销售行为之间税收负担不平衡的矛盾,防止以上述行为逃避纳税的现象。三是体现增值税计算的配比原则。即购进货物、劳务、服务、无形资产、不动产已经在购进环节实施了进项税额抵扣,这些购进货物、劳务、服务、无形资产、不动产应该产生相应的销售额,同时就应该产生相应的销项税额,否则就会产生不配比情况。如上述④～⑨讲的几种情况就属于此种原因。

(2)混合销售。

一项销售行为如果既涉及货物又涉及服务,即为混合销售。从事货物的生产、批发或者零售的单位和个体工商户的混合销售,按照销售货物缴纳增值税;其他单位和个体工商户的混合销售,按照销售服务缴纳增值税。

上述从事货物的生产、批发或者零售的单位和个体工商户,包括以从事货物的生产、批发或者零售为主,并兼营销售服务的单位和个体工商户在内。

混合销售行为成立的行为标准有两点:一是其销售行为必须是一项;二是该项行为必须既涉及货物销售又涉及应税行为。

我们在确定混合销售是否成立时,其行为标准中的上述两点必须是同时存在,如果一项销售行为只涉及销售服务,不涉及货物,这种行为就不是混合销售行为;反之,如果涉及销售服务和涉及货物的行为,不是存在一项销售行为之中,这种行为也不是混合销售行为。

第二节 纳税人和扣缴义务人

一、增值税纳税人与扣缴义务人的基本规定

(一)纳税人

凡在中华人民共和国境内销售货物或者提供加工、修理修配劳务(以下简称劳务),销售服务、无形资产或者不动产,以及进口货物的单位和个人,为增值税的纳税人。

单位是指一切从事销售或进口货物、提供劳务、销售服务、无形资产或不动产的单位,包括企业、行政单位、事业单位、军事单位、社会团体及其他单位。

个人是指从事销售或进口货物、提供应税劳务、销售应税服务、无形资产或不动产的个人,包括个体工商户和其他个人。

单位租赁或承包给其他单位或者个人经营的,以承租人或承包人为纳税人。

对报关进口的货物,以进口货物的收货人或办理报关手续的单位和个人为进口货物的纳税人。对代理进口货物,以海关开具的完税凭证上的纳税人为增值税纳税人。即对报关进口货物,凡是海关的完税凭证开具给委托方的,对代理方不征增值税;凡是海关的完税凭证开具给代理方的,对代理方应按规定征收增值税。

资管产品运营过程中发生的增值税应税行为,以资管产品管理人为增值税纳税人。

资管产品管理人,包括银行、信托公司、公募基金管理公司及其子公司、证券公司及其子公司、期货公司及其子公司、私募基金管理人、保险资产管理公司、专业保险资产管理机构、养老保险公司。

建筑企业与发包方签订建筑合同后,以内部授权或者三方协议等方式,授权集团内其他纳税人(以下称第三方)为发包方提供建筑服务,并由第三方直接与发包方结算工程款的,由第三方缴纳增值税,与发包方签订建筑合同的建筑企业不缴纳增值税。

(二) 扣缴义务人

境外的单位或个人在境内提供应税劳务,在境内未设有经营机构的,其应纳税款以境内代理人为扣缴义务人;在境内没有代理人的,以购买者为扣缴义务人。

中华人民共和国境外(以下简称境外)单位或个人在境内销售服务、无形资产或者不动产,在境内未设有经营机构的,以购买方为增值税扣缴义务人。财政部和国家税务总局另有规定的除外。

在中华人民共和国境内(以下简称境内)销售货物或提供加工、修理修配劳务是指销售货物的起运地或所在地在境内;提供的应税劳务发生地在境内。

在境内销售服务、无形资产或者不动产,是指:

(1) 服务(租赁不动产除外)或者无形资产(自然资源使用权除外)的销售方或者购买方在境内。

(2) 所销售或者租赁的不动产在境内。

(3) 所销售自然资源使用权的自然资源在境内。

(4) 财政部和国家税务总局规定的其他情形。

二、增值税纳税人的分类及依据

(一) 增值税纳税人分类的依据

根据《增值税暂行条例》及其实施细则的规定,增值税纳税人分一般纳税人和小规模纳税人。

增值税纳税人分类的基本依据是纳税人的会计核算是否健全,以及企业规模的大小。衡量企业规模的大小一般以年销售额为依据。会计核算健全是指能够按照国家统一的会计制度规定设置账簿,依据合法、有效凭证核算。

（二）划分一般纳税人与小规模纳税人的目的

对增值税纳税人进行分类，主要是为了适应纳税人经营管理规模差异大、财务核算水平不一的实际情况。分类管理有利于税务机关加强重点税源管理，简化小型企业的计算缴纳程序，也有利于对专用发票正确使用与安全管理要求的落实。

这两类纳税人在税款计算方法、适用税率以及管理办法上都有所不同。对一般纳税人实行凭发票扣税的计税方法，对小规模纳税人规定简便易行的计税方法和征收管理办法。

三、小规模纳税人的管理

（一）小规模纳税人的标准

小规模纳税人是指年销售额在规定标准以下，并且会计核算不健全，不能依规定报送有关税务资料的增值税纳税人。会计核算不健全是指不能正确核算增值税的销项税额、进项税额和应纳税额。

根据《增值税暂行条例》及其实施细则和《营业税改征增值税试点实施办法》（财税〔2016〕36 号）及相关文件规定，小规模纳税人的标准如下。

1. 一般规定

根据《财政部　税务总局关于统一增值税小规模纳税人标准的通知》（财税〔2018〕33 号）规定，自 2018 年 5 月 1 日起，统一增值税小规模纳税人标准，即增值税小规模纳税人标准为年应征增值税销售额 500 万元及以下。并且，对按照《增值税暂行条例实施细则》第二十八条规定已登记为增值税一般纳税人的单位和个人，转登记日前连续 12 个月（以 1 个月为一个纳税期限）或者连续 4 个季度（以 1 个季度为一个纳税期）累计销售额未超过 500 万元的一般纳税人，在 2019 年 12 月 31 日前，可转登记为小规模纳税人，其未抵扣的进项税额作转出处理。

2. 特殊规定

年应税销售额超过小规模纳税人标准的其他个人按小规模纳税人纳税；年应税销售额超过规定标准但不经常发生应税行为的单位和个体工商户，以及非企业性单位、不经常发生应税行为的企业，可选择按照小规模纳税人纳税。

兼有销售货物、提供加工修理修配劳务以及应税服务，且不经常发生应税行为的单位和个体工商户可选择按小规模纳税人纳税。

小规模纳税人的标准由国务院财政、税务主管部门规定。

（二）小规模纳税人的征税

小规模纳税人实行简易办法征收增值税。

四、一般纳税人登记管理

为深入贯彻落实国务院"放管服"改革有关要求，进一步优化纳税服务，规范增值税一般纳税人管理，国家税务总局制定公布《增值税一般纳税人登记管理办法》（国家税务总局令第 43 号，以下简称《办法》），并于 2018 年 2 月 1 日开始执行。

（一）一般纳税人的登记范围

1. 一般规定

增值税纳税人年应税销售额超过财政部、国家税务总局规定的小规模纳税人标准（以下简称规定标准)的,除另有规定外,应当向主管税务机关办理一般纳税人登记。

年应税销售额是指纳税人在连续不超过 12 个月或四个季度的经营期内累计应征增值税销售额,包括纳税申报销售额、稽查查补销售额、纳税评估调整销售额。

销售服务、无形资产或者不动产(以下简称应税行为)有扣除项目的纳税人,其应税行为年应税销售额按未扣除之前的销售额计算。纳税人偶然发生的销售无形资产、转让不动产的销售额,不计入应税行为年应税销售额。

"经营期"是指在纳税人存续期内的连续经营期间,含未取得销售收入的月份或季度。

"纳税申报销售额"是指纳税人自行申报的全部应征增值税销售额,其中包括免税销售额和税务机关代开发票销售额。"稽查查补销售额"和"纳税评估调整销售额"计入查补税款申报当月(或当季)的销售额,不计入税款所属期销售额。

纳税人兼有销售货物、提供加工修理修配劳务(以下称应税货物及劳务)和销售服务、无形资产、不动产(以下称应税行为)的,应税货物及劳务销售额与应税行为销售额分别计算,分别适用增值税一般纳税人登记标准,其中有一项销售额超过规定标准,就应当按照规定办理增值税一般纳税人登记相关手续。

2. 特殊规定

年应税销售额未超过规定标准的纳税人,会计核算健全,能够提供准确税务资料的,可以向主管税务机关办理一般纳税人登记。

会计核算健全,是指能够按照国家统一的会计制度规定设置账簿,根据合法、有效凭证进行核算。

3. 不需要办理一般纳税人登记的情形

下列纳税人不办理一般纳税人登记:

(1) 按照政策规定,选择按照小规模纳税人纳税的。

年应税销售额超过规定标准的纳税人符合上述规定的,应当向主管税务机关提交书面说明。

(2) 年应税销售额超过规定标准的其他个人。"其他个人"是指自然人。

(二)办理一般纳税人登记程序

纳税人办理一般纳税人登记的程序如下:

(1) 纳税人向主管税务机关填报《增值税一般纳税人登记表》,如实填写固定生产经营场所等信息,并提供税务登记证件。"固定生产经营场所"是指填写在《增值税一般纳税人登记表》"生产经营地址"栏次中的内容。"税务登记证件"包括纳税人领取的由工商行政管理部门或者其他主管部门核发的加载法人和其他组织统一信用代码的相关证件。

(2) 纳税人填报内容与税务登记信息一致的,主管税务机关当场登记。

(3) 纳税人填报内容与税务登记信息不一致,或者不符合填列要求的,税务机关应当场告知纳税人需要补正的内容。

(三)办理登记的时限和地点

纳税人在年应税销售额超过规定标准的月份(或季度)的所属申报期结束后 15 日内按照《办法》第六条或者第七条的规定办理相关手续;未按规定时限办理的,主管税务机关应当在规定时限结束后 5 日内制作《税务事项通知书》,告知纳税人应当在 5 日内向主管税务机关办理相关手续;逾期仍不办理的,次月起按销售额依照增值税税率计算应纳税额,不得抵扣进项税额,直至纳税人办理相关手续为止。

规定期限的最后1日是法定休假日的,以休假日期满的次日为期限的最后1日;在期限内有连续3日以上(含3日)法定休假日的,按休假日天数顺延。

纳税人应当向其机构所在地主管税务机关办理一般纳税人登记手续。纳税人自一般纳税人生效之日起,按照增值税一般计税方法计算应纳税额,并可以按照规定领用增值税专用发票,财政部、国家税务总局另有规定的除外。

纳税人登记为一般纳税人后,不得转为小规模纳税人,国家税务总局另有规定的除外。

第三节 税率和征收率

一、增值税税率

(一) 标准税率

根据财政部、税务总局、海关总署公告2019年第39号《关于深化增值税改革有关政策的公告》,为贯彻落实党中央、国务院决策部署,推进增值税实质性减税,自2019年4月1日起,增值税一般纳税人(以下称纳税人)销售货物、劳务、有形动产租赁服务或者进口货物,除下列第(二)、第(三)、第(四)、第(五)项另有规定外,税率为13%。

(二) 9%低税率

纳税人销售交通运输、邮政、基础电信、建筑、不动产租赁服务,销售不动产,转让土地使用权,销售或者进口下列货物,税率为9%。

(1) 粮食等农产品、食用植物油、食用盐。

(2) 自来水、暖气、冷气、热水、煤气、石油液化气、天然气、二甲醚、沼气、居民用煤炭制品。

(3) 图书、报纸、杂志、音像制品、电子出版物。

(4) 饲料、化肥、农药、农机、农膜。

(5) 国务院规定的其他货物的税率界定:

① 干姜、姜黄的增值税适用税率为9%。

② 人工合成牛胚胎的生产过程属于农业生产,纳税人销售自产人工合成牛胚胎应免征增值税。

③ 花椒油、橄榄油、核桃油、杏仁油、葡萄籽油和牡丹籽油按照食用植物油9%的税率征收增值税。环氧大豆油、氢化植物油不属于食用植物油征收范围,适用13%增值税税率。

④ 麦芽、复合胶、人发不属于《财政部 国家税务总局关于印发〈农业产品征税范围注释〉的通知》(财税字〔1995〕52号)规定的农业产品范围,应适用13%的增值税税率。

⑤ 按照《食品安全国家标准——巴氏杀菌乳》(GB 19645—2010)生产的巴氏杀菌乳和按照《食品安全国家标准——灭菌乳》(GB 25190—2010)生产的灭菌乳,均属于初级农业产品,可依照《农业产品征收范围注释》中的鲜奶按9%的税率征收增值税。

⑥ 肉桂油、桉油、香茅油不属于《财政部 国家税务总局关于印发〈农业产品征税范围注释〉的通知》(财税字〔1995〕52号)中农业产品的范围,其增值税适用税率为13%。

⑦ 淀粉不属于农业产品的范围,应按照 13% 的税率征收增值税。

⑧ 密集型烤房设备、频振式杀虫灯、自动虫情测报灯、粘虫板、卷帘机属于《国家税务总局关于印发〈增值税部分货物征税范围注释〉的通知》(国税发〔1993〕151 号)规定的农机范围,应适用 9% 增值税税率。

⑨ 农用挖掘机、养鸡设备系列、养猪设备系列产品属于农机,适用 9% 增值税税率。

⑩ 国内印刷企业承印的经新闻出版主管部门批准印刷且采用国际标准书号编序的境外图书,属于《增值税暂行条例》第二条规定的"图书",适用 9% 增值税税率。

(6) 适用 9% 增值税税率货物范围注释:

① 农产品。农产品是指种植业、养殖业、林业、牧业、水产业生产的各种植物、动物的初级产品。

② 食用植物油、自来水、暖气、冷气、热水、煤气、石油液化气、天然气、沼气、居民用煤炭制品、图书、报纸、杂志、化肥、农药、农机、农膜。

③ 饲料。饲料是指用于动物饲养的产品或其加工品。

④ 音像制品。音像制品是指正式出版的录有内容的录音带、录像带、唱片、激光唱盘和激光视盘。

⑤ 电子出版物。

⑥ 二甲醚。

⑦ 食用盐。

(三) 6% 低税率

纳税人销售服务、无形资产,除第(一)、第(二)、第(五)项另有规定外,税率为 6%。

纳税人通过省级土地行政主管部门设立的交易平台转让补充耕地指标,按照销售无形资产缴纳增值税,税率为 6%。补充耕地指标是指根据《中华人民共和国土地管理法》及国务院土地行政主管部门《耕地占补平衡考核办法》的有关要求,经省级土地行政主管部门确认,用于耕地占补平衡的指标。

(四) 出口零税率

纳税人出口货物,税率为零;但是,国务院另有规定的除外。

(五) 服务、无形资产等零税率

境内单位和个人跨境销售国务院规定范围内的服务、无形资产,税率为零。

根据"营改增通知"的相关规定,服务、无形资产的零税率政策如下:

第一,中华人民共和国境内(以下称境内)的单位和个人销售的下列服务和无形资产,适用增值税零税率。

(1) 国际运输服务。国际运输服务是指:

① 在境内载运旅客或者货物出境。

② 在境外载运旅客或者货物入境。

③ 在境外载运旅客或者货物。

(2) 航天运输服务。

(3) 向境外单位提供的完全在境外消费的下列服务:

① 研发服务。

② 合同能源管理服务。

③ 设计服务。

④ 广播影视节目(作品)的制作和发行服务。

⑤ 软件服务。

⑥ 电路设计及测试服务。

⑦ 信息系统服务。

⑧ 业务流程管理服务。

⑨ 离岸服务外包业务。

⑩ 转让技术。

(4) 财政部和国家税务总局规定的其他服务。

第二,其他零税率政策。

(1) 按照国家有关规定应取得相关资质的国际运输服务项目,纳税人取得相关资质的,适用增值税零税率政策,未取得的,适用增值税免税政策。

(2) 境内的单位或个人提供程租服务,如果租赁的交通工具用于国际运输服务和港澳台运输服务,由出租方按规定申请适用增值税零税率。

(3) 境内的单位和个人向境内单位或个人提供期租、湿租服务,如果承租方利用租赁的交通工具向其他单位或个人提供国际运输服务和港澳台运输服务,由承租方适用增值税零税率。境内的单位或个人向境外单位或个人提供期租、湿租服务,由出租方适用增值税零税率。

(4) 境内单位和个人以无运输工具承运方式提供的国际运输服务,由境内实际承运人适用增值税零税率;无运输工具承运业务的经营者适用增值税免税政策。

第三,境内单位和个人发生的与中国香港、中国澳门、中国台湾有关的应税行为,除另有规定外,参照上述规定执行。

二、增值税征收率

增值税征收率是指对特定的货物或特定的纳税人发生应税销售行为在某一生产流通环节应纳税额与销售额的比率。增值税征收率适用于两种情况:一是小规模纳税人;二是一般纳税人发生应税销售行为按规定可以选择简易计税方法计税的。

(一) 征收率的一般规定

(1) 根据"营改增通知"的规定,下列情况适用5%征收率:

① 小规模纳税人销售自建或者取得的不动产。

② 一般纳税人选择简易计税方法计税的不动产销售。

③ 房地产开发企业中的小规模纳税人,销售自行开发的房地产项目。

④ 其他个人销售其取得(不含自建)的不动产(不含其购买的住房)。

⑤ 一般纳税人选择简易计税方法计税的不动产经营租赁。

⑥ 小规模纳税人出租(经营租赁)其取得的不动产(不含个人出租住房)。

⑦ 其他个人出租(经营租赁)其取得的不动产(不含住房)。

⑧ 个人出租住房,应按照5%的征收率减按1.5%计算应纳税额。

⑨ 一般纳税人和小规模纳税人提供劳务派遣服务选择差额纳税的。

⑩ 一般纳税人2016年4月30日前签订的不动产融资租赁合同,或以2016年4月

30 日前取得的不动产提供的融资租赁服务,选择适用简易计税方法的。

⑪ 一般纳税人收取试点前开工的一级公路、二级公路、桥、闸通行费,选择适用简易计税方法的。

⑫ 一般纳税人提供人力资源外包服务,选择适用简易计税方法的。

⑬ 纳税人转让 2016 年 4 月 30 日前取得的土地使用权,选择适用简易计税方法的。

(2)除上述适用 5% 征收率以外的纳税人选择简易计税方法发生的应税销售行为均为 3%。

(二)征收率的特殊政策

(1)根据增值税法的有关规定,适用 3% 征收率的某些一般纳税人和小规模纳税人可以减按 2% 计征增值税。

① 一般纳税人销售自己使用过的属于《增值税暂行条例》第十条规定不得抵扣且未抵扣进项税额的固定资产,按照简易办法依照 3% 征收率减按 2% 征收增值税。

纳税人销售自己使用过的固定资产,适用简易办法依照 3% 征收率减按 2% 征收增值税政策的,可以放弃减税,按照简易办法依照 3% 征收率缴纳增值税,并可以开具增值税专用发票。

"已使用过的固定资产"是指纳税人根据财务会计制度已经计提折旧的固定资产。

② 小规模纳税人(除其他个人外,下同)销售自己使用过的固定资产,减按 2% 征收率征收增值税。

③ 纳税人销售旧货,按照简易办法依照 3% 征收率减按 2% 征收增值税。

旧货是指进入二次流通的具有部分使用价值的货物(含旧汽车、旧摩托车和旧游艇),但不包括自己使用过的物品。

上述纳税人销售自己使用过的固定资产、物品和旧货适用按照简易办法依照 3% 征收率减按 2% 征收增值税的,按下列公式确定销售额和应纳税额:

$$销售额 = 含税销售额 \div (1 + 3\%)$$
$$应纳税额 = 销售额 \times 2\%$$

(2)提供物业管理服务的纳税人,向服务接受方收取的自来水水费,以扣除其对外支付的自来水水费后的余额为销售额,按照简易计税方法依 3% 的征收率计算缴纳增值税。

(3)小规模纳税人提供劳务派遣服务,可以按照"营改增通知"的有关规定,以取得的全部价款和价外费用为销售额,按照简易计税方法依 3% 的征收率计算缴纳增值税;也可以选择差额纳税,以取得的全部价款和价外费用,扣除代用工单位支付给劳务派遣员工的工资、福利和为其办理社会保险及住房公积金后的余额为销售额,按照简易计税方法依 5% 的征收率计算缴纳增值税。

选择差额纳税的纳税人,向用工单位收取用于支付给劳务派遣员工工资、福利和为其办理社会保险及住房公积金的费用,不得开具增值税专用发票,可以开具普通发票。

(4)非企业性单位中的一般纳税人提供的研发和技术服务、信息技术服务、鉴证咨询服务,以及销售技术、著作权等无形资产,可以选择简易计税方法按照 3% 征收率计算缴纳增值税。

(5)一般纳税人提供教育辅助服务,可以选择简易计税方法按照 3% 征收率计算缴纳增值税。

（6）自 2018 年 5 月 1 日起,增值税一般纳税人生产销售和批发、零售抗癌药品,可选择按照简易办法依 3% 征收率计算缴纳增值税。抗癌药品是指经国家药品监督管理部门批准注册的抗癌制剂及原料药。抗癌药品范围实行动态调整,纳税人选择简易办法计算缴纳增值税后,36 个月内不得变更。

（7）自 2019 年 3 月 1 日起,增值税一般纳税人生产销售和批发、零售罕见病药品,可选择按照简易办法依 3% 征收率计算缴纳增值税。上述纳税人选择简易办法计算缴纳增值税后,36 个月内不得变更。所称罕见病药品是指经国家药品监督管理部门批准注册的罕见病药品制剂及原料药。罕见病药品范围实行动态调整,由财政部、海关总署、税务总局、药监局根据变化情况适时明确。

纳税人应单独核算罕见病药品的销售额。未单独核算的,不得适用上述规定的简易征收政策。

（8）根据《关于明确二手车经销等若干增值税征管问题的公告》（国家税务总局公告 2020 年第 9 号）规定,自 2020 年 5 月 1 日至 2023 年 12 月 31 日,从事二手车经销业务的纳税人销售其收购的二手车,按以下规定执行:纳税人减按 0.5% 征收率征收增值税,并按下列公式计算销售额:

$$销售额＝含税销售额÷(1＋0.5\%)$$

三、兼营行为的税率选择

试点纳税人发生应税销售行为适用不同税率或者征收率的,应当分别核算适用不同税率或者征收率的销售额,未分别核算销售额的,按照以下方法适用税率或者征收率:

（1）兼有不同税率的应税销售行为,从高适用税率。

（2）兼有不同征收率的应税销售行为,从高适用征收率。

（3）兼有不同税率和征收率的应税销售行为,从高适用税率。

（4）纳税人销售活动板房、机器设备、钢结构件等自产货物的同时提供建筑、安装服务,不属于"营改增通知"第四十条规定的混合销售,应分别核算货物和建筑服务的销售额,分别适用不同的税率或者征收率。

第四节　增值税的计税方法

增值税的计税方法,包括一般计税方法、简易计税方法和扣缴计税方法。

一、一般计税方法

一般纳税人发生应税销售行为适用一般计税方法计税。其计算公式如下:

$$当期应纳增值税税额＝当期销项税额－当期进项税额$$

二、简易计税方法

小规模纳税人发生应税销售行为适用简易计税方法计税。简易计税方法的公式如下:

$$当期应纳增值税税额＝当期销售额(不含增值税)\times 征收率$$

一般纳税人发生财政部和国家税务总局规定的特定应税销售行为,也可以选择适用简易计税方法计税,但是不得抵扣进项税额。其主要包括以下情况:

(1) 县级及县级以下小型水力发电单位生产的自产电力。小型水力发电单位是指各类投资主体建设的装机容量为5万千瓦以下(含5万千瓦)的小型水力发电单位。

(2) 自产建筑用和生产建筑材料所用的砂、土、石料。

(3) 以自己采掘的砂、土、石料或其他矿物连续生产的砖、瓦、石灰(不含黏土实心砖、瓦)。

(4) 自己用微生物、微生物代谢产物、动物毒素、人或动物的血液或组织制成的生物制品。

(5) 自产的自来水。

(6) 自来水公司销售自来水。

(7) 自产的商品混凝土(仅限于以水泥为原料生产的水泥混凝土)。

(8) 单采血浆站销售非临床用人体血液。

(9) 寄售商店代销寄售物品(包括居民个人寄售的物品在内)。

(10) 典当业销售死当物品。

(11) 药品经营企业销售生物制品。

(12) 公共交通运输服务。公共交通运输服务包括轮客渡、公交客运、地铁、城市轻轨、出租车、长途客运、班车。

班车是指按固定路线、固定时间运营并在固定站点停靠的运送旅客的陆路运输服务。

(13) 经认定的动漫企业为开发动漫产品提供的动漫脚本编撰、形象设计、背景设计、动画设计、分镜、动画制作、摄制、描线、上色、画面合成、配音、配乐、音效合成、剪辑、字幕制作、压缩转码(面向网络动漫、手机动漫格式适配)服务,以及在境内转让动漫版权(包括动漫品牌、形象或者内容的授权及再授权)。

(14) 电影放映服务、仓储服务、装卸搬运服务、收派服务和文化体育服务。

(15) 以纳入营改增试点之日前取得的有形动产为标的物提供的经营租赁服务。

(16) 在纳入营改增试点之日前签订的尚未执行完毕的有形动产租赁合同。

(17) 以清包工方式提供的建筑服务。以清包工方式提供建筑服务是指施工方不采购建筑工程所需的材料或只采购辅助材料,并收取人工费、管理费或者其他费用的建筑服务。

(18) 为甲供工程提供的建筑服务。甲供工程是指全部或部分设备、材料、动力由工程发包方自行采购的建筑工程。

(19) 销售2016年4月30日前取得的不动产。

(20) 房地产开发企业销售自行开发的房地产老项目。房地产老项目是指:

① 《建筑工程施工许可证》注明的合同开工日期在2016年4月30日前的建筑工程项目。

② 未取得《建筑工程施工许可证》的,建筑工程承包合同注明的开工日期在2016年4月30日前的建筑工程项目。

(21) 出租2016年4月30日前取得的不动产。

(22) 提供非学历教育服务。

（23）一般纳税人收取试点前开工的一级公路、二级公路、桥、闸通行费。

（24）一般纳税人提供人力资源外包服务。

（25）一般纳税人2016年4月30日前签订的不动产融资租赁合同，或以2016年4月30日前取得的不动产提供的融资租赁服务。

（26）纳税人转让2016年4月30日前取得的土地使用权。

（27）一般纳税人提供劳务派遣服务，可以选择差额纳税，以取得的全部价款和价外费用，扣除代用工单位支付劳务派遣员工的工资、福利和为其办理社会保险及住房公积金后的余额为销售额，按照简易计税方法依5%的征收率计算缴纳增值税。

（28）一般纳税人销售电梯的同时提供安装服务，其安装服务可以按照甲供工程选择适用简易计税方法计税。

一般纳税人发生财政部和国家税务总局规定的特定应税销售行为，一经选择适用简易计税方法计税，36个月内不得变更。

三、扣缴计税方法

境外的单位或者个人在境内销售劳务，在境内未设有经营机构的，以其境内代理人为扣缴义务人；在境内没有代理人的，以购买方为扣缴义务人。扣缴义务人按照下列公式计算应扣缴税额：

$$应扣缴税额＝接受方支付的价款÷（1＋税率）×税率$$

第五节　一般计税方法应纳税额的计算

我国采用的一般计税方法是间接计算法，即先按当期销售额和适用税率计算出销项税额，然后将当期准予抵扣的进项税额进行抵扣，从而间接计算出当期增值额部分的应纳税额。

增值税一般纳税人发生应税销售行为的应纳税额，除适用简易征税办法外的，均应该等于当期销项税额抵扣当期进项税额后的余额。其计算公式如下：

$$当期应纳税额＝当期销项税额－当期进项税额$$

增值税一般纳税人当期应纳税额的多少，取决于当期销项税额和当期进项税额这两个因素。

一、销项税额的计算

销项税额是指纳税人发生应税销售行为时，按照销售额与规定税率计算并向购买方收取的增值税税额。销项税额的计算公式如下：

$$销项税额＝销售额×适用税率$$

从销项税额的定义和公式中我们可以知道，它是由购买方在购买货物、劳务、服务、无形资产、不动产时，一并向销售方支付的税额。对于属于一般纳税人的销售方来说，在没有抵扣其进项税额前,销售方收取的销项税额还不是其应纳增值税税额。

销项税额的计算取决于销售额和适用税率两个因素。在适用税率既定的前提下,销项税额的大小主要取决于销售额的大小。本教材将销售额的确认分为以下五种情况。

(一) 一般销售方式下的销售额确认

销售额是指纳税人发生应税销售行为时向购买方(承受劳务和服务行为也视为购买方)收取的全部价款和价外费用。特别需要强调的是,尽管销项税额也是销售方向购买方收取的,但是由于增值税采用价外计税方式,用不含增值税(以下简称不含税)价作为计税依据,因而销售额中不包括向购买方收取的销项税额。

价外费用是指价外收取的各种性质的收费,但下列项目不包括在内:

(1) 受托加工应征消费税的消费品所代收代缴的消费税。

(2) 同时符合以下条件代为收取的政府性基金或者行政事业性收费:

① 由国务院或者财政部批准设立的政府性基金,由国务院或者省级人民政府及其财政、价格主管部门批准设立的行政事业性收费。

② 收取时开具省级以上财政部门印制的财政票据。

③ 所收款项全额上缴财政。

(3) 以委托方名义开具发票代委托方收取的款项。

(4) 销售货物的同时代办保险等而向购买方收取的保险费,以及向购买方收取的代购买方缴纳的车辆购置税、车辆牌照费。

凡随同应税销售行为向购买方收取的价外费用,无论其会计制度如何核算,均应并入销售额计算应纳税额。应当注意,根据国家税务总局规定:对增值税一般纳税人(包括纳税人自己或代其他部门)向购买方收取的价外费用和逾期包装物押金,应视为含增值税(以下简称含税)收入,在征税时应换算成不含税收入再并入销售额。

按会计准则规定,由于对价外收费一般都不在营业收入科目中核算,而在"其他应付款""营业外收入"等科目中核算。这样,企业在会计实务中时常出现对价外收费虽在相应科目中作会计核算,但却未核算其销项税额。有的企业则既不按会计核算要求进行收入核算,又不按规定核算销项税额,而是将发生的价外收费直接冲减有关费用科目。因此应严格核查各项价外收费,进行正确的会计核算和税额核算。

销售额应以人民币计算。纳税人以人民币以外的货币结算销售额的,应当折合成人民币计算。折合率可以选择销售额发生的当天或者当月1日的人民币汇率中间价。纳税人应当在事先确定采用何种折合率,确定后12个月内不得变更。

(二) 特殊销售方式下的销售额确认

在销售活动中,为了达到促销之目的,纳税人有多种销售方式选择。不同销售方式下,销售者取得的销售额会有所不同。增值税的法律法规对以下几种销售方式分别作了规定。

1. 采取折扣方式销售

折扣销售是指销货方在发生应税销售行为时,因购货方购货数量较大等原因而给予购货方的价格优惠。例如,购买50件商品,销售价格折扣9%;购买100件商品,折扣20%等。根据增值税法律制度的规定,纳税人发生应税销售行为并向购买方开具增值税专用发票后,由于购货方在一定时期内累计购买货物、劳务、服务、无形资产、不动产达到一定数量,或者由于市场价格下降等原因,销货方给予购货方相应的价格优惠或补偿等折扣、折让行为,销货方可按现行《增值税专用发票使用规定》的有关规定开具红字增值税专用发票。这里需要解释的是：

(1) 折扣销售不同于销售折扣。销售折扣是指销货方在发生应税销售行为后，为了鼓励购货方及早偿还货款而协议许诺给予购货方的一种折扣优待。例如，10 天内付款，货款折扣 2％；20 天内付款，折扣 1％；30 天内全价付款。由于销售折扣发生在应税销售行为之后，是一种融资性质的理财费用，因此，销售折扣不得从销售额中减除。企业在确定销售额时应把折扣销售与销售折扣严格区分开。

(2) 销售折扣又不同于销售折让。销售折让是指企业因售出商品的质量不合格等原因而在售价上给予的减让。对增值税而言，销售折让其实是指纳税人发生应税销售行为后因为劳动成果质量不合格等原因在售价上给予的减让。销售折让与销售折扣相比较，虽然都是在应税销售行为销售后发生的，但因为销售折让是由于应税销售行为的品种和质量引起销售额的减少，因此，对销售折让可以折让后的货款为销售额。

(3) 折扣销售仅限于应税销售行为价格的折扣，如果销货者将自产、委托加工和购买的应税销售行为用于实物折扣的，则该实物款额不能从应税销售行为的销售额中减除，且该实物应按《增值税暂行条例实施细则》和"营改增通知""视同销售货物"中的"赠送他人"计算征收增值税。

纳税人发生应税销售行为，如将价款和折扣额在同一张发票上的"金额"栏分别注明的，可按折扣后的销售额征收增值税。未在同一张发票"金额"栏注明折扣额，而仅在发票的"备注"栏注明折扣额的，折扣额不得从销售额中减除；未在同一张发票上分别注明的，以价款为销售额，不得扣减折扣额。

纳税人发生应税销售行为因销售折让、中止或者退回的，应扣减当期的销项税额（一般计税方法）或销售额（简易计税方法）。

2. 采取以旧换新方式销售

以旧换新是指纳税人在销售自己的货物时，有偿收回旧货物的行为。根据增值税法规的规定，采取以旧换新方式销售货物的，应按新货物的同期销售价格确定销售额，不得扣减旧货物的收购价格。之所以这样规定，既是因为销售货物与收购货物是两个不同的业务活动，销售额与收购额不能相互抵减，又是为了严格增值税的计算征收，防止出现销售额不实、减少纳税的现象。

但是，考虑到金银首饰以旧换新业务的特殊情况，对金银首饰以旧换新业务，可以按销售方实际收取的不含增值税的全部价款征收增值税。

3. 采取还本销售方式销售

还本销售是指纳税人在销售货物后，到一定期限由销售方一次或分次退还给购货方全部或部分价款。这种方式实际上是一种筹资行为，是以货物换取资金的使用价值，到期还本不付息的方法。增值税法规规定，采取还本销售方式销售货物，其销售额就是货物的销售价格，不得从销售额中减除还本支出。

4. 采取以物易物方式销售

以物易物是一种较为特殊的购销活动，是指购销双方不是以货币结算，而是以同等价款的应税销售行为相互结算，实现应税销售行为购销的一种方式。在实务中，有的纳税人认为以物易物不是购销行为，销货方收到购货方抵顶货款的货物、劳务、服务、无形资产、不动产，认为自己不是购货;购货方发出抵顶货款的应税销售行为,认为自己不是销货。这两种认识都是错误的。正确的方法应当是,以物易物双方都应作购销处理,以各自发出的应税销售行为核算销售额并计算销项税额,以各自收到的货物、劳务、服务、无形资产、不动产按规定核算购进金额并计算进项税额。应注意的是,在以物易物活动中,应分别开具合法的票据,如收到的货物、劳务、服务、无形资产、不动产不能取得相应的增值税专用发票或其他合法票据的,不能抵扣进项税额。

5. 包装物押金的税务处理

包装物是指纳税人包装本单位货物的各种物品。纳税人销售货物时另收取包装物押金,目的是促使购货方及早退回包装物以便周转使用。根据增值税法律法规的规定,纳税人为销售货物而出租出借包装物收取的押金,单独记账核算的,时间在1年以内,又未过期的,不并入销售额征税,但对因逾期未收回包装物不再退还的押金,应按所包装货物的适用税率计算销项税额。

上述规定中,"逾期"是指按合同约定实际逾期或以1年为期限,对收取1年以上的押金,无论是否退还均并入销售额征税。当然,在将包装物押金并入销售额征税时,需要先将该押金换算为不含税价,再并入销售额征税。纳税人为销售货物出租出借包装物而收取的押金,无论包装物周转使用期限长短,超过1年(含1年)以上仍不退还的均并入销售额征税。

国家税务总局颁布的国税发〔1995〕192号文件规定,从1995年6月1日起,对销售除啤酒、黄酒外的其他酒类产品而收取的包装物押金,无论是否返还以及会计上如何核算,均应并入当期销售额征税。对销售啤酒、黄酒所收取的押金,按上述一般押金的规定处理。

另外,包装物押金不应混同于包装物租金,纳税人销售货物同时发生收取包装物租金的情况,包装物租金收取之时就应该考虑销项税额的征纳问题。

6. 直销企业的税务处理

直销企业先将货物销售给直销员,直销员再将货物销售给消费者的,直销企业的销售额为其向直销员收取的全部价款和价外费用。直销员将货物销售给消费者时,应按照现行规定缴纳增值税。直销企业通过直销员向消费者销售货物,直接向消费者收取货款,直销企业的销售额为其向消费者收取的全部价款和价外费用。

7. 贷款服务的销售额

贷款服务,以提供贷款服务取得的全部利息及利息性质的收入为销售额。

银行提供贷款服务按期计收利息的,结息日当日计收的全部利息收入,均应计入结息日所属期的销售额,按照现行规定计算缴纳增值税。

自2018年1月1日起,资管产品管理人运营资管产品提供的贷款服务以2018年1月1日起产生的利息及利息性质的收入为销售额。

8. 直接收费金融服务的销售额

直接收费金融服务,以提供直接收费金融服务收取的手续费、佣金、酬金、管理费、服务费、经手费、开户费、过户费、结算费、转托管费等各类费用为销售额。

9. 发卡机构、清算机构和收单机构提供银行卡跨机构资金清算服务的规定

(1)发卡机构以其向收单机构收取的发卡行服务费为销售额,并按照此销售额向清算机构开具增值税发票。

（2）清算机构以其向发卡机构、收单机构收取的网络服务费为销售额，并按照发卡机构支付的网络服务费向发卡机构开具增值税发票，按照收单机构支付的网络服务费向收单机构开具增值税发票。清算机构从发卡机构取得的增值税发票上记载的发卡行服务费，一并计入清算机构的销售额，并由清算机构按照此销售额向收单机构开具增值税发票。

（3）收单机构以其向商户收取的收单服务费为销售额，并按照此销售额向商户开具增值税发票。

（三）按差额确定销售额

虽然原营业税的征税范围全行业均纳入了增值税的征收范围，但是目前仍然有无法通过抵扣机制避免重复征税的情况存在，因此引入了差额征税的办法，以此解决纳税人税收负担增加的问题。以下项目属于按差额确定销售额：

（1）金融商品转让的销售额。

金融商品转让，按照卖出价扣除买入价后的余额为销售额。

转让金融商品出现的正负差，按盈亏相抵后的余额为销售额。若相抵后出现负差，可结转下一纳税期与下期转让金融商品销售额相抵，但年末时仍出现负差的，不得转入下一个会计年度。

证券公司、保险公司、金融租赁公司、证券基金管理公司、证券投资基金以及其他经人民银行、银监会、证监会、保监会批准成立且经营金融保险业务的机构发放贷款后，自结息日起90天内发生的应收未收利息按现行规定缴纳增值税，自结息日起90天后发生的应收未收利息暂不缴纳增值税，待实际收到利息时按规定缴纳增值税。

上市公司因实施重大资产重组形成的限售股，以及股票复牌首日至解禁日期间由上述股份孳生的送、转股，因重大资产重组停牌的，按照《国家税务总局关于营改增试点若干征管问题的公告》（国家税务总局公告2016年第53号）第五条第（三）项的规定确定买入价；在重大资产重组前已经暂停上市的，以上市公司完成资产重组后股票恢复上市首日的开盘价为买入价。

金融商品的买入价，可以选择按照加权平均法或者移动加权平均法进行核算，选择后36个月内不得变更。金融商品转让，不得开具增值税专用发票。

（2）经纪代理服务的销售额。

经纪代理服务，以取得的全部价款和价外费用，扣除向委托方收取并代为支付的政府性基金或者行政事业性收费后的余额为销售额。向委托方收取的政府性基金或者行政事业性收费，不得开具增值税专用发票。

（3）融资租赁和融资性售后回租业务的销售额。

① 经人民银行、银监会或者商务部批准从事融资租赁服务的试点纳税人（包括经上述部门备案从事融资租赁业务的试点纳税人），提供融资租赁服务，以取得的全部价款和价外费用，扣除支付的借款利息（包括外汇借款和人民币借款利息）、发行债券利息和车辆购置税后的余额为销售额。

② 经人民银行、银监会或者商务部批准从事融资租赁业务的试点纳税人，提供融资性售后回租服务，以取得的全部价款和价外费用（不含本金），扣除对外支付的借款利息（包括外汇借款和人民币借款利息）、发行债券利息后的余额作为销售额。

③ 试点纳税人根据2016年4月30日前签订的有形动产融资性售后回租合同，在合同

到期前提供的有形动产融资性售后回租服务,可继续按照有形动产融资租赁服务缴纳增值税。

④ 经商务部授权的省级商务主管部门和国家经济技术开发区批准的从事融资租赁业务的试点纳税人,2016 年 5 月 1 日后实收资本达到 1.7 亿元的,从达到标准的当月起按照上述第①、第②、第③点规定执行;2016 年 5 月 1 日后实收资本未达到 1.7 亿元但注册资本达到 1.7 亿元的,在 2016 年 7 月 31 日前仍可按照上述第①、第②、第③点规定执行,2016 年 8 月 1 日后开展的融资租赁业务和融资性售后回租业务不得按照上述第①、第②、第③点规定执行。

(4) 航空运输企业的销售额,不包括代收的机场建设费和代售其他航空运输企业客票而代收转付的价款。

自 2018 年 1 月 1 日起,航空运输销售代理企业提供境外航段机票代理服务,以取得的全部价款和价外费用,扣除向客户收取并支付给其他单位或者个人的境外航段机票结算款和相关费用后的余额为销售额。其中,支付给境内单位或者个人的款项,以发票或行程单为合法有效凭证;支付给境外单位或者个人的款项,以签收单据为合法有效凭证,税务机关对签收单据有疑义的,可以要求其提供境外公证机构的确认证明。

航空运输销售代理企业提供境内机票代理服务,以取得的全部价款和价外费用,扣除向客户收取并支付给航空运输企业或其他航空运输销售代理企业的境内机票净结算款和相关费用后的余额为销售额。其中,支付给航空运输企业的款项,以国际航空运输协会(IATA)开账与结算计划(BSP)对账单或航空运输企业的签收单据为合法有效凭证;支付给其他航空运输销售代理企业的款项,以代理企业间的签收单据为合法有效凭证。航空运输销售代理企业就取得的全部价款和价外费用,向购买方开具行程单,或开具增值税普通发票。

(5) 试点纳税人中的一般纳税人提供客运场站服务,以其取得的全部价款和价外费用,扣除支付给承运方运费后的余额为销售额。

(6) 试点纳税人提供旅游服务,可以选择以取得的全部价款和价外费用,扣除向旅游服务购买方收取并支付给其他单位或者个人的住宿费、餐饮费、交通费、签证费、门票费和支付给其他接团旅游企业的旅游费用后的余额为销售额。

选择上述办法计算销售额的试点纳税人,向旅游服务购买方收取并支付的上述费用,不得开具增值税专用发票,可以开具普通发票。

(7) 试点纳税人提供建筑服务适用简易计税方法的,以取得的全部价款和价外费用扣除支付的分包款后的余额为销售额。

(8) 房地产开发企业中的一般纳税人销售其开发的房地产项目(选择简易计税方法的房地产老项目除外),以取得的全部价款和价外费用,扣除受让土地时向政府部门支付的土地价款后的余额为销售额。"向政府部门支付的土地价款",包括土地受让人向政府部门支付的征地和拆迁补偿费用、土地前期开发费用和土地出让收益等。

房地产开发企业(包括多个房地产开发企业组成的联合体)受让土地向政府部门支付土地价款后,设立项目公司对该受让土地进行开发,同时符合下列条件的,可由项目公司按规定扣除房地产开发企业向政府部门支付的土地价款:

① 房地产开发企业、项目公司、政府部门三方签订变更协议或补充合同,将土地受让人

变更为项目公司。

② 政府部门出让土地的用途、规划等条件不变的情况下,签署变更协议或补充合同时,土地价款总额不变。

③ 项目公司的全部股权由受让土地的房地产开发企业持有。

房地产开发企业中的一般纳税人销售其开发的房地产项目(选择简易计税方法的房地产老项目除外),在取得土地时向其他单位或个人支付的拆迁补偿费用也允许在计算销售额时扣除。纳税人按上述规定扣除拆迁补偿费用时,应提供拆迁协议、拆迁双方支付和取得拆迁补偿费用凭证等能够证明拆迁补偿费用真实性的材料。

(9) 纳税人转让不动产缴纳增值税差额扣除的有关规定。

① 纳税人转让不动产,按照有关规定差额缴纳增值税的,如因丢失等原因无法提供取得不动产时的发票,可向税务机关提供其他能证明契税计税金额的完税凭证等资料,进行差额扣除。

② 纳税人以契税计税金额进行差额扣除的,按照下列公式计算增值税应纳税额:

2016 年 4 月 30 日及以前缴纳契税的:

$$增值税应纳税额 = [全部交易价格(含增值税) - 契税计税金额(含营业税)] \div (1+5\%) \times 5\%$$

2016 年 5 月 1 日及以后缴纳契税的:

$$增值税应纳税额 = [全部交易价格(含增值税) \div (1+5\%) - 契税计税金额(不含增值税)] \times 5\%$$

③ 纳税人同时保留取得不动产时的发票和其他能证明契税计税金额的完税凭证等资料的,应当凭发票进行差额扣除。

(10) 试点纳税人按照上述第(2)至第(9)款的规定从全部价款和价外费用中扣除的价款,应当取得符合法律、行政法规和国家税务总局规定的有效凭证。否则,不得扣除。

上述凭证是指:

① 支付给境内单位或者个人的款项,以发票为合法有效凭证。

② 支付给境外单位或者个人的款项,以该单位或者个人的签收单据为合法有效凭证,税务机关对签收单据有疑义的,可以要求其提供境外公证机构的确认证明。

③ 缴纳的税款,以完税凭证为合法有效凭证。

④ 扣除的政府性基金、行政事业性收费或者向政府支付的土地价款,以省级以上(含省级)财政部门监(印)制的财政票据为合法有效凭证。

⑤ 国家税务总局规定的其他凭证。

纳税人取得的上述凭证属于增值税扣税凭证的,其进项税额不得从销项税额中抵扣。

(四) 视同发生应税销售行为的销售额确定

纳税人发生应税销售行为的情形,价格明显偏低并无正当理由的,或者发生应税销售行为而无销售额的,由主管税务机关按照下列顺序核定销售额:

(1) 按照纳税人最近时期发生同类应税销售行为的平均价格确定。

(2) 按照其他纳税人最近时期发生同类应税销售行为的平均价格确定。

(3) 按照组成计税价格确定。组成计税价格的公式如下:

$$组成计税价格＝成本×(1＋成本利润率)$$

成本利润率由国家税务总局确定。

（五）含税销售额的换算

为了符合增值税作为价外税的要求，纳税人在填写进销货及纳税凭证、进行账务处理时，应分项记录不含税销售额、销项税额和进项税额，以正确计算应纳增值税税额。然而，在实际工作中，常常会出现一般纳税人将发生应税销售行为采用销售额和销项税额合并定价收取的方法，这样，就会形成含税销售额。我国增值税是价外税，计税依据中不含增值税本身的数额。在计算应纳税额时，如果不将含税销售额换算为不含税销售额，就不符合我国增值税的设计原则，即仍会导致对增值税销项税额本身的重复征税现象，也会影响企业成本核算过程，如果普遍出现以含税销售额作为计税依据的做法会在某种程度上推动物价非正常上涨情况的出现。因此，一般纳税人发生应税销售行为取得的含税销售额在计算销项税额时，必须将其换算为不含税的销售额。对于一般纳税人发生的应税销售行为，采用销售额和销项税额合并定价方法的，按下列公式计算销售额：

$$销售额＝含税销售额÷(1＋税率)$$

公式中的税率为发生应税销售行为时按《增值税暂行条例》所规定的适用税率。

二、进项税额的确认和计算

进项税额是指纳税人购进货物、劳务、服务、无形资产、不动产所支付或者负担的增值税税额。进项税额是与销项税额相对应的另一个概念。在开具增值税专用发票的情况下，它们之间的对应关系是，销售方收取的销项税额，就是购买方支付的进项税额。对于任何一个一般纳税人而言，由于其在经营活动中，既会发生应税销售行为，又会发生购进货物、劳务、服务、无形资产、不动产行为，因此，每一个一般纳税人都会有收取的销项税额和支付的进项税额。增值税的核心就是用纳税人收取的销项税额抵扣其支付的进项税额，其余额为纳税人实际应缴纳的增值税税额。这样，进项税额作为可抵扣的部分，对于纳税人实际纳税多少就产生了举足轻重的作用。

然而，需要注意的是，并不是纳税人支付的所有进项税额都可以从销项税额中抵扣。为体现增值税的配比原则，即购进项目金额与发生应税销售行为的销售额之间应有配比性，当纳税人购进的货物、劳务、服务、无形资产、不动产行为不是用于增值税应税项目，而是用于简易计税方法计税项目、免税项目或用于集体福利、个人消费等情况时，其支付的进项税额就不能从销项税额中抵扣。增值税法规对不能抵扣进项税额的项目作了严格的规定，如果违反规定，随意抵扣进项税额就将以逃避缴纳税款论处。因此，严格把握哪些进项税额可以抵扣，哪些进项税额不能抵扣是十分重要的，这些方面也是纳税人在缴纳增值税实务中差错出现最多的地方。

一般纳税人应在"应交税费"科目下设置"应交增值税"明细科目。在"应交增值税"明细账中，应设置"进项税额"等专栏。"进项税额"专栏，记录一般纳税人购进货物、劳务、服务、无形资产、不动产而支付的、准予从销项税额中抵扣的增值税税额。一般纳税人购进货物、劳务、服务、无形资产、不动产支付的进项税额，用蓝字登记；退回、中止或者折让应冲销的进项税额，用红字登记。

（一）准予从销项税额中抵扣的进项税额

根据《增值税暂行条例》和"营改增通知"，准予从销项税额中抵扣的进项税额，限于下列增值税扣税凭证上注明的增值税税额和按规定的扣除率计算的进项税额。

（1）从销售方取得的增值税专用发票（含《机动车销售统一发票》，下同）上注明的增值税税额。增值税专用发票具体包括以下两种：

①《增值税专用发票》。《增值税专用发票》是增值税一般纳税人发生应税销售行为开具的发票。

②《机动车销售统一发票》。《机动车销售统一发票》是增值税一般纳税人从事机动车零售业务开具的发票。

（2）从海关取得的海关进口增值税专用缴款书上注明的增值税税额。

增值税一般纳税人进口货物时应准确填报企业名称，确保海关缴款书上的企业名称与税务登记的企业名称一致。税务机关将进口货物取得的属于增值税抵扣范围的海关缴款书信息与海关采集的缴款信息进行稽核比对。经稽核比对相符后，海关缴款书上注明的增值税税额作为进项税额在销项税额中抵扣。稽核比对不相符，所列税额暂不得抵扣，待核查确认海关缴款书票面信息与纳税人实际进口业务一致后，海关缴款书上注明的增值税税额可作为进项税额在销项税额中抵扣。

（3）自境外单位或者个人购进劳务、服务、无形资产或者境内的不动产，从税务机关或者扣缴义务人取得的代扣代缴税款的完税凭证上注明的增值税税额。

根据财政部　税务总局　海关总署公告2019年第39号《关于深化增值税改革有关政策的公告》，自2019年4月1日起，《营业税改征增值税试点有关事项的规定》（财税〔2016〕36号印发）第一条第（四）项第1点、第二条第（一）项第1点停止执行，纳税人取得不动产或者不动产在建工程的进项税额不再分2年抵扣。此前按照上述规定尚未抵扣完毕的待抵扣进项税额，可自2019年4月税款所属期起从销项税额中抵扣。

（4）纳税人购进农产品，按下列规定抵扣进项税额：

① 根据《增值税暂行条例》的规定，购进农产品，除取得增值税专用发票或者海关进口增值税专用缴款书外，按照农产品收购发票或者销售发票上注明的农产品买价和9%的扣除率计算进项税额，国务院另有规定的除外。

② 纳税人购进农产品，取得一般纳税人开具的增值税专用发票或海关进口增值税专用缴款书的，以增值税专用发票或海关进口增值税专用缴款书上注明的增值税税额为进项税额；从按照简易计税方法依照3%征收率计算缴纳增值税的小规模纳税人取得增值税专用发票的，以增值税专用发票上注明的金额和9%的扣除率计算进项税额；取得（开具）农产品销售发票或收购发票的，以农产品销售发票或收购发票上注明的农产品买价和9%的扣除率计算进项税额。

纳税人购进用于生产销售或委托加工13%税率货物的农产品，按照10%的扣除率计算进项税额。

③ 购进农产品进项税额的计算公式如下：

$$进项税额＝买价×扣除率$$

④ 纳税人从批发、零售环节购进适用免征增值税政策的蔬菜、部分鲜活肉蛋而取得的

普通发票,不得作为计算抵扣进项税额的凭证。

⑤ 纳税人购进农产品既用于生产销售或委托受托加工 13％税率货物又用于生产销售其他货物服务的,应当分别核算用于生产销售或委托受托加工 13％税率货物和其他货物服务的农产品进项税额。未分别核算的,统一以增值税专用发票或海关进口增值税专用缴款书上注明的增值税税额为进项税额,或以农产品收购发票或销售发票上注明的农产品买价和 9％的扣除率计算进项税额。

⑥ 对烟叶税纳税人按规定缴纳的烟叶税,准予并入烟叶产品的买价计算增值税的进项税额,并在计算缴纳增值税时予以抵扣。购进烟叶准予抵扣的增值税进项税额,按照《中华人民共和国烟叶税法》规定的收购烟叶实际支付的价款总额和烟叶税及法定扣除率计算。计算公式如下:

烟叶税应纳税额＝收购烟叶实际支付的价款总额×税率(20％)

准予抵扣的进项税额＝(收购烟叶实际支付的价款总额＋烟叶税应纳税额)×扣除率

购进农产品,按照《农产品增值税进项税额核定扣除试点实施办法》抵扣进项税额的除外。

(5)《农产品增值税进项税额核定扣除试点实施办法》(以下简称"本办法")规定的进项税额。本办法的主要规定如下:

① 适用该办法的范围。自 2012 年 7 月 1 日起,以购进农产品为原料生产销售液体乳及乳制品、酒及酒精、植物油(以下简称货物)的增值税一般纳税人,纳入农产品增值税进项税额核定扣除试点范围,其购进农产品无论是否用于生产上述产品,增值税进项税额均按照本办法的规定抵扣。

② 农产品增值税进项税额核定方法。

A. 试点纳税人以购进农产品为原料生产货物的,农产品增值税进项税额可按照以下三种方法核定:

投入产出法:参照国家标准、行业标准(包括行业公认标准和行业平均耗用值)确定销售单位数量货物耗用外购农产品的数量(以下称农产品单耗数量)。

当期允许抵扣农产品增值税进项税额依据农产品单耗数量、当期销售货物数量、农产品平均购买单价(含税,下同)和农产品增值税进项税额扣除率(以下简称扣除率)计算。公式如下:

当期允许抵扣农产品增值税进项税额＝当期农产品耗用数量×农产品平均购买单价
×扣除率÷(1＋扣除率)

当期农产品耗用数量＝当期销售货物数量(不含采购除农产品以外的半成品生产的货物数量)
×农产品单耗数量

对以单一农产品原料生产多种货物或者多种农产品原料生产多种货物的,在核算当期农产品耗用数量和平均购买单价时,应依据合理的方法归集和分配。

平均购买单价是指购买农产品期末平均买价,不包括买价之外单独支付的运费和入库前的整理费用。期末平均买价计算公式:

期末平均买价＝(期初库存农产品数量×期初平均买价＋当期购进农产品数量×当期买价)
÷(期初库存农产品数量＋当期购进农产品数量)

成本法：依据试点纳税人年度会计核算资料，计算确定耗用农产品的外购金额占生产成本的比例（以下称农产品耗用率），当期允许抵扣农产品增值税进项税额依据当期主营业务成本、农产品耗用率以及扣除率计算。公式如下：

$$当期允许抵扣农产品增值税进项税额＝当期主营业务成本×农产品耗用率×扣除率$$
$$÷（1＋扣除率）$$
$$农产品耗用率＝上年投入生产的农产品外购金额÷上年生产成本$$

农产品外购金额（含税）不包括不构成货物实体的农产品（包括包装物、辅助材料、燃料、低值易耗品等）和在购进农产品之外单独支付的运费、入库前的整理费用。

对以单一农产品原料生产多种货物或者多种农产品原料生产多种货物的，在核算当期主营业务成本以及核定农产品耗用率时，试点纳税人应依据合理的方法进行归集和分配。

参照法：新办的试点纳税人或者试点纳税人新增产品的，试点纳税人可参照所属行业或者生产结构相近的其他试点纳税人确定农产品单耗数量或者农产品耗用率。次年，试点纳税人向主管税务机关申请核定当期的农产品单耗数量或者农产品耗用率，并据此计算确定当年允许抵扣的农产品增值税进项税额，同时对上一年增值税进项税额进行调整。核定的进项税额超过实际抵扣增值税进项税额的，其差额部分可以结转下期继续抵扣；核定的进项税额低于实际抵扣增值税进项税额的，其差额部分应按现行增值税的有关规定将进项税额作转出处理。

B. 试点纳税人购进农产品直接销售的，农产品增值税进项税额按照以下方法核定扣除：

$$\begin{matrix}当期允许抵扣农产品\\增值税进项税额\end{matrix}＝\begin{matrix}当期销售\\农产品数量\end{matrix}÷（1－损耗率）×\begin{matrix}农产品平均\\购买单价\end{matrix}×9\%÷（1＋9\%）$$
$$损耗率＝损耗数量÷购进数量×100\%$$

C. 试点纳税人购进农产品用于生产经营且不构成货物实体的（包括包装物、辅助材料、燃料、低值易耗品等），增值税进项税额按照以下方法核定扣除：

$$当期允许抵扣农产品增值税进项税额＝当期耗用农产品数量×农产品平均购买单价$$
$$×9\%÷（1＋9\%）$$

农产品单耗数量、农产品耗用率和损耗率统称为农产品增值税进项税额扣除标准（以下称扣除标准）。

③试点纳税人销售货物，应合并计算当期允许抵扣农产品增值税进项税额。

④试点纳税人购进农产品取得的农产品增值税专用发票和海关进口增值税专用缴款书，按照注明的金额及增值税税额一并计入成本；自行开具的农产品收购发票和取得的农产品销售发票，按照注明的买价直接计入成本。

⑤本办法规定的扣除率为销售货物的适用税率。

⑥试点纳税人应自执行本办法之日起，将期初库存农产品以及库存半成品、产成品耗用的农产品增值税进项税额作转出处理。

⑦试点纳税人应当按照上述第②条的规定准确计算当期允许抵扣农产品增值税进项税额，并从相关科目转入"应交税费——应交增值税（进项税额）"科目。未能准确计算的，由主管税务机关核定。

⑧试点纳税人购进的农产品价格明显偏高或偏低，且不具有合理商业目的的，由主管

税务机关核定。

⑨ 试点纳税人在计算农产品增值税进项税额时,应按照下列顺序确定适用的扣除标准:

A. 财政部和国家税务总局不定期公布的全国统一的扣除标准。

B. 省级税务机关商同级财政机关根据本地区实际情况,报经财政部和国家税务总局备案后公布的适用于本地区的扣除标准。

C. 省级税务机关依据试点纳税人申请,按照本办法第十三条规定的核定程序审定的仅适用于该试点纳税人的扣除标准。

⑩ 试点纳税人在申报期内,除向主管税务机关报送《增值税一般纳税人纳税申报办法》规定的纳税申报资料外,还应报送《农产品核定扣除增值税进项税额计算表》。

(6) 增值税一般纳税人在资产重组过程中,将全部资产、负债和劳动力一并转让给其他增值税一般纳税人,并按程序办理注销税务登记的,其在办理注销登记前尚未抵扣的进项税额可结转至新纳税人处继续抵扣。

(7) 原增值税一般纳税人购进服务、无形资产或者不动产,取得的增值税专用发票上注明的增值税税额为进项税额,准予从销项税额中抵扣。

(二) 不得从销项税额中抵扣的进项税额

纳税人购进货物、劳务、服务、无形资产、不动产,取得的增值税扣税凭证不符合法律、行政法规或者国务院税务主管部门有关规定的,其进项税额不得从销项税额中抵扣。增值税扣税凭证是指增值税专用发票、海关进口增值税专用缴款书、农产品收购发票和农产品销售发票、从税务机关或者境内代理人取得的解缴税款的税收缴款凭证及增值税法律法规允许抵扣的其他扣税凭证。

按《增值税暂行条例》和"营改增通知"及其他相关政策规定,下列项目的进项税额不得从销项税额中抵扣:

(1) 用于简易计税方法计税项目、免征增值税项目、集体福利或者个人消费的购进货物、劳务、服务、无形资产和不动产。

(2) 非正常损失的购进货物,以及相关劳务和交通运输服务。

(3) 非正常损失的在产品、产成品所耗用的购进货物(不包括固定资产)、劳务和交通运输服务。

(4) 非正常损失的不动产,以及该不动产所耗用的购进货物、设计服务和建筑服务。

(5) 非正常损失的不动产在建工程所耗用的购进货物、设计服务和建筑服务。纳税人新建、改建、扩建、修缮、装饰不动产,均属于不动产在建工程。

上述第(2)、第(3)、第(4)、第(5)项所说的非正常损失是指因管理不善造成货物被盗、丢失、霉烂变质,以及因违反法律法规造成货物或者不动产被依法没收、销毁、拆除的情形。这些非正常损失是由纳税人自身原因造成导致征税对象实体的灭失,为保证税负公平,其损失不应由国家承担,因而纳税人无权要求抵扣进项税额。

(6) 购进的旅客运输服务、贷款服务、餐饮服务、居民日常服务和娱乐服务。

一般情况下,旅客运输服务、餐饮服务、居民日常服务和娱乐服务主要接受对象是个人。对于一般纳税人购买的旅客运输服务、餐饮服务、居民日常服务和娱乐服务,难以准确地界定接受劳务的对象是企业还是个人,因此,一般纳税人购进的旅客运输服务、餐饮服务、居民日常服务和娱乐服务的进项税额不得从销项税额中抵扣。

对于贷款服务进项税不得抵扣，也就是利息支出进项税不得抵扣的规定，主要是考虑如果允许抵扣借款利息，从根本上打通融资行为的增值税抵扣链条，按照增值税"道道征道道扣"的原则，首先就应当对存款利息征税。但在现有条件下，难度很大，一方面涉及对居民存款征税，无法解决专用发票的开具问题，也与当下实际存款利率为负的现状不符。

对于住宿服务和旅游服务未列入不得抵扣项目，主要考虑是这两个行业属于公私消费参半的行业，因而用个人消费来进行规范。

（7）纳税人接受贷款服务向贷款方支付的与该笔贷款直接相关的投融资顾问费、手续费、咨询费等费用，其进项税额不得从销项税额中抵扣。

（8）财政部和国家税务总局规定的其他情形。

上述第（4）、第（5）项所称货物，是指构成不动产实体的材料和设备，包括建筑装饰材料和给排水、采暖、卫生、通风、照明、通讯、煤气、消防、中央空调、电梯、电气、智能化楼宇设备及配套设施。

（9）适用一般计税方法的纳税人，兼营简易计税方法计税项目、免征增值税项目而无法划分不得抵扣的进项税额，按照下列公式计算不得抵扣的进项税额：

$$不得抵扣的进项税额 = 当期无法划分的全部进项税额 \times \left(当期简易计税方法计税项目销售额 + 免征增值税项目销售额 \right) \div 当期全部销售额$$

主管税务机关可以按照上述公式依据年度数据对不得抵扣的进项税额进行清算。这是因为对于纳税人而言，进项税额转出是按月进行的，但由于年度内取得进项税额的不均衡性，有可能会造成按月计算的进项税额转出与按年度计算的进项税额转出产生差异，主管税务机关可在年度终了对纳税人进项税额转出计算公式进行清算，可对相关差异进行调整。

（10）一般纳税人已抵扣进项税额的固定资产、无形资产或者不动产，发生《增值税暂行条例》和"营改增通知"规定不得从销项税额中抵扣进项税额情形的，按照下列公式计算不得抵扣的进项税额：

$$不得抵扣的进项税额 = 固定资产、无形资产或者不动产净值 \times 适用税率$$

固定资产、无形资产或者不动产净值是指纳税人根据财务会计制度计提折旧或摊销后的余额。

（11）有下列情形之一者，应当按照销售额和增值税税率计算应纳税额，不得抵扣进项税额，也不得使用增值税专用发票：

① 一般纳税人会计核算不健全，或者不能够提供准确税务资料的。

② 应当办理一般纳税人资格登记而未办理的。

该规定是为了加强对符合一般纳税人条件的纳税人的管理，防止利用一般纳税人和小规模纳税人的两种不同的征税办法少缴税款。

三、应纳税额的计算

一般纳税人在计算出销项税额和进项税额后就可以得出实际应纳税额。为了正确计算增值税的应纳税额，在实际操作中还需要掌握以下几个重要规定。

（一）计算应纳税额的时间限定

为了保证计算应纳税额的合理、准确性，纳税人必须严格把握当期进项税额从当期销项税额中抵扣这个要点。"当期"是指税务机关依照税法规定对纳税人确定的纳税期限。只有在纳税期限内实际发生的销项税额、进项税额,才是法定的当期销项税额或当期进项税额。

1. 计算销项税额的时间限定

纳税人在什么时间计算销项税额,《增值税暂行条例》《增值税暂行条例实施细则》及"营改增通知"都作了严格的规定。例如,采取直接收款方式销售货物,不论货物是否发出,均为收到销售款或者取得索取销售款凭据的当天;采取托收承付和委托银行收款方式销售货物,为发出货物并办妥托收手续的当天;以保证准时、准确记录和核算当期销项税额。

2. 增值税专用发票进项税额抵扣的时间限定

取消增值税发票认证。一般纳税人取得增值税发票(包括增值税专用发票、机动车销售统一发票、收费公路通行费增值税电子普通发票,下同)后,可以自愿使用增值税发票选择确认平台查询、选择用于申报抵扣、出口退税或者代办退税的增值税发票信息。自 2017 年 7 月 1 日起,增值税一般纳税人取得的 2017 年 7 月 1 日及以后开具的增值税专用发票和机动车销售统一发票,应自开具之日起 360 日内认证或登录增值税发票选择确认平台进行确认,并在规定的纳税申报期内,向主管国税机关申报抵扣进项税额。

3. 海关进口增值税专用缴款书进项税额抵扣的时间限定

自 2013 年 7 月 1 日起,增值税一般纳税人进口货物取得的属于增值税扣税范围的海关进口增值税专用缴款书,需经税务机关稽核比对相符后,其增值税税额方能作为进项税额在销项税额中抵扣。

增值税一般纳税人取得的 2017 年 7 月 1 日及以后开具的海关进口增值税专用缴款书,应自开具之日起 360 日内向主管国税机关报送《海关完税凭证抵扣清单》,申请稽核比对。

纳税人应在"应交税费"科目下设"待抵扣进项税额"明细科目,用于核算已申请稽核但尚未取得稽核相符结果的海关进口增值税专用缴款书进项税额。纳税人取得海关进口增值税专用缴款书后,应借记"应交税费——待抵扣进项税额"明细科目,贷记相关科目;稽核比对相符以及核查后允许抵扣的,应借记"应交税费——应交增值税(进项税额)"科目,贷记"应交税费——待抵扣进项税额"科目。经核查不得抵扣的进项税额,红字借记"应交税费——待抵扣进项税额"科目,红字贷记相关科目。

4. 未按期申报抵扣增值税扣税凭证抵扣的处理办法

增值税一般纳税人取得的增值税专用发票以及海关进口增值税专用缴款书,未在规定期限内到税务机关办理认证(按规定不用认证的纳税人除外)或者申报抵扣的,不得作为合法的增值税扣税凭证,不得计算进项税额抵扣。

增值税一般纳税人,取得的增值税扣税凭证稽核比对结果相符但未按规定期限申报抵扣,属于发生真实交易且符合规定的客观原因的,经主管税务机关审核,允许纳税人继续申报抵扣其进项税额。增值税一般纳税人除客观原因以外的其他原因造成增值税扣税凭证未按期申报抵扣的,仍按照现行增值税扣税凭证申报抵扣有关规定执行。客观原因如下:

(1) 因自然灾害、社会突发事件等不可抗力原因造成增值税扣税凭证未按期申报抵扣。

(2) 有关司法、行政机关在办理业务或者检查中,扣押、封存纳税人账簿资料,导致纳税人未能按期办理申报手续。

(3) 税务机关信息系统、网络故障,导致纳税人未能及时取得认证结果通知书或稽核结果通知书,未能及时办理申报抵扣。

（4）由于企业办税人员伤亡、突发危重疾病或者擅自离职，未能办理交接手续，导致未能按期申报抵扣。

（5）国家税务总局规定的其他情形。

（二）计算应纳税额时销项税额不足抵扣进项税额的处理

由于增值税实行购进扣税法，有时企业当期购进的货物、劳务、服务、无形资产、不动产很多，在计算应纳税额时会出现当期销项税额小于当期进项税额而不足抵扣的情况。根据税法规定，当期销项税额不足抵扣进项税额的部分可以结转下期继续抵扣。

（三）扣减发生期进项税额的规定

由于增值税实行以当期销项税额抵扣当期进项税额的"购进扣税法"，当期购进的货物、劳务、服务、无形资产、不动产如果事先并未确定将用于不得抵扣进项税额项目，其进项税额会在当期销项税额中予以抵扣。但已抵扣进项税额的购进货物、劳务、服务、无形资产、不动产如果事后改变用途，用于不得抵扣进项税额项目将如何处理？根据《增值税暂行条例》《增值税暂行条例实施细则》和"营改增通知"的规定，应当将该项购进货物、劳务、服务、无形资产、不动产的进项税额从当期发生的进项税额中扣减；无法确定该项进项税额的，按当期实际成本计算应扣减的进项税额。

这里需要注意的是，所称"从当期发生的进项税额中扣减"是指已抵扣进项税额的购进货物、劳务、服务、无形资产、不动产是在哪一个时期发生上述情况的，就从这个发生期内纳税人的进项税额中扣减，而无须追溯到这些购进货物、劳务、服务、无形资产、不动产抵扣进项税额的那个时期。另外，对无法准确确定该项进项税额的，"按当期实际成本计算应扣减的进项税额"。该做法是指其扣减进项税额的计算依据不是按该货物、劳务、服务、无形资产、不动产的原进价，而是按发生上述情况的当期该货物、劳务、服务、无形资产、不动产的"实际成本"与征税时该货物、劳务、服务、无形资产、不动产适用的税率计算应扣减的进项税额。

$$实际成本＝进价＋运费＋保险费＋其他有关费用$$

前述实际成本的计算公式，如果属于进口货物是完全适用的；如果是国内购进的货物、劳务、服务、无形资产、不动产，主要包括进价和运费两大部分。

如果一般纳税人会计核算不健全，或者不能够提供准确税务资料的，应当按照销售额和增值税税率计算应纳税额，不得抵扣进项税额，也不得使用增值税专用发票；如已抵扣进项税额的购进货物、劳务、服务、无形资产、不动产事后改变用途，用于不得抵扣进项税额项目的，应按销售额比例划分作为进项税额转出处理。

（四）销售折让、中止或者退回涉及销项税额和进项税额的税务处理

纳税人适用一般计税方法计税的，因销售折让、中止或者退回而退还给购买方的增值税税额，应当从当期的销项税额中扣减；因销售折让、中止或者退回而收回的增值税税额，应当从当期的进项税额中扣减。

一般纳税人发生应税销售行为，开具增值税专用发票后，应税销售行为发生退回或者折让、开票有误等情形，应按国家税务总局的规定开具红字增值税专用发票。未按规定开具红字增值税专用发票的不得扣减销项税额或者销售额。

纳税人在发生应税销售行为的活动中，因应税销售行为质量、规格、服务质量等原因常会发生销货退回或销售折让的情况。由于应税销售行为的退回或折让不仅涉及应税销售行为的价款或折让价款的退回,还涉及增值税的退回,这样,销货方和购货方应相应对当期的销项税额或进项税额进行调整。为此,《增值税暂行条例》《增值税暂行条例实施细则》和"营改增通知"均规定,增值税一般纳税人因发生应税销售行为退回或者折让而退还给购买方的增值税税额,应从发生应税销售行为中退回或者折让当期的销项税额中扣减;因购进货物、劳务、服务、无形资产、不动产退出或者折让而收回的增值税税额,应从发生应税销售行为退出或者折让当期的进项税额中扣减。

对于一些企业在发生购进货物、劳务、服务、无形资产、不动产退出或折让并收回价款和增值税税额时,没有相应减少当期进项税额,造成进项税额虚增,减少纳税的现象,税法是不能允许的,这种现象都将被认定为是逃避缴纳税款行为,并按逃避缴纳税款予以处罚。

(五) 向供货方取得返还收入的税务处理

自 2004 年 7 月 1 日起,对商业企业向供货方收取的与商品销售量、销售额挂钩(如以一定比例、金额、数量计算)的各种返还收入,均应按照平销返利行为的有关规定冲减当期增值税进项税额。应冲减进项税额的计算公式调整如下:

$$当期应冲减进项税额 = 当期取得的返还资金 \div (1 + 所购货物适用增值税税率)$$
$$\times 所购货物适用增值税税率$$

商业企业向供货方收取的各种返还收入,一律不得开具增值税专用发票。

(六) 一般纳税人注销时进项税额的处理

一般纳税人注销或取消辅导期一般纳税人资格,转为小规模纳税人时,其存货不作进项税额转出处理,其留抵税额也不予以退税。

(七) 金融机构开展个人实物黄金交易业务增值税的处理

(1) 对于金融机构从事的实物黄金交易业务,实行金融机构各省级分行和直属一级分行所属地市级分行、支行按照规定的预征率预缴增值税,由省级分行和直属一级分行统一清算缴纳。

① 发生实物黄金交易行为的分理处、储蓄所等应按月计算实物黄金的销售数量、金额,上报其上级支行。

② 各支行、分理处、储蓄所应依法向机构所在地主管国家税务局申请办理税务登记。各支行应按月汇总所属分理处、储蓄所上报的实物黄金销售额和本支行的实物黄金销售额,按照规定的预征率计算增值税预征税额,向主管税务机关申报缴纳增值税。

$$预征税额 = 销售额 \times 预征率$$

③ 各省级分行和直属一级分行应向机构所在地主管国家税务局申请办理税务登记,申请认定增值税一般纳税人资格。按月汇总所属地市分行或支行上报的实物黄金销售额和进项税额,按照一般纳税人方法计算增值税应纳税额,根据已预征税额计算应补税额,向主管税务机关申报缴纳。

$$应纳税额 = 销项税额 - 进项税额 \quad 应补税额 = 应纳税额 - 预征税额$$

当期进项税额大于销项税额的,其留抵税额结转下期抵扣,预征税额大于应纳税额的,在下期增值税应纳税额中抵减。

④ 从事实物黄金交易业务的各级金融机构取得的进项税额,应当按照现行规定划分不

可抵扣的进项税额,作进项税额转出处理。

⑤ 预征率由各省级分行和直属一级分行所在地省级国家税务局确定。

(2) 金融机构所属分行、支行、分理处、储蓄所等销售实物黄金时,应当向购买方开具国家税务总局统一监制的普通发票,不得开具银行自制的金融专业发票,普通发票领购事宜由各分行、支行办理。

(3) 金融机构从事经其行业主管部门允许的贵金属交易业务,可比照销售个人实物黄金,实行统一清算缴纳的办法;已认定为增值税一般纳税人的金融机构,可根据《增值税专用发票使用规定》及相关规定领购、使用增值税专用发票。

(八) 纳税人转让不动产增值税征收管理暂行办法

纳税人转让其取得的不动产,包括以直接购买、接受捐赠、接受投资入股、自建以及抵债等各种形式取得的不动产,适用《纳税人转让不动产增值税征收管理暂行办法》。

房地产开发企业销售自行开发的房地产项目不适用该办法。

(1) 一般纳税人转让其取得的不动产,按照以下规定缴纳增值税:

① 一般纳税人转让其 2016 年 4 月 30 日前取得(不含自建)的不动产,可以选择适用简易计税方法计税,以取得的全部价款和价外费用扣除不动产购置原价或者取得不动产时的作价后的余额为销售额,按照 5% 的征收率计算应纳税额。纳税人应按照上述计税方法向不动产所在地主管地税机关预缴税款,向机构所在地主管国税机关申报纳税。

② 一般纳税人转让其 2016 年 4 月 30 日前自建的不动产,可以选择适用简易计税方法计税,以取得的全部价款和价外费用为销售额,按照 5% 的征收率计算应纳税额。纳税人应按照上述计税方法向不动产所在地主管地税机关预缴税款,向机构所在地主管国税机关申报纳税。

③ 一般纳税人转让其 2016 年 4 月 30 日前取得(不含自建)的不动产,选择适用一般计税方法计税的,以取得的全部价款和价外费用为销售额计算应纳税额。纳税人应以取得的全部价款和价外费用扣除不动产购置原价或者取得不动产时的作价后的余额,按照 5% 的预征率向不动产所在地主管地税机关预缴税款,向机构所在地主管国税机关申报纳税。

④ 一般纳税人转让其 2016 年 4 月 30 日前自建的不动产,选择适用一般计税方法计税的,以取得的全部价款和价外费用为销售额计算应纳税额。纳税人应以取得的全部价款和价外费用,按照 5% 的预征率向不动产所在地主管地税机关预缴税款,向机构所在地主管国税机关申报纳税。

⑤ 一般纳税人转让其 2016 年 5 月 1 日后取得(不含自建)的不动产,适用一般计税方法,以取得的全部价款和价外费用为销售额计算应纳税额。纳税人应以取得的全部价款和价外费用扣除不动产购置原价或者取得不动产时的作价后的余额,按照 5% 的预征率向不动产所在地主管地税机关预缴税款,向机构所在地主管国税机关申报纳税。

⑥ 一般纳税人转让其 2016 年 5 月 1 日后自建的不动产,适用一般计税方法,以取得的全部价款和价外费用为销售额计算应纳税额。纳税人应以取得的全部价款和价外费用,按照 5% 的预征率向不动产所在地主管地税机关预缴税款,向机构所在地主管国税机关申报纳税。

(2) 小规模纳税人转让其取得的不动产,除个人转让其购买的住房外,按照以下规定缴纳增值税:

① 小规模纳税人转让其取得(不含自建)的不动产,以取得的全部价款和价外费用扣除不动产购置原价或者取得不动产时的作价后的余额为销售额,按照5%的征收率计算应纳税额。

② 小规模纳税人转让其自建的不动产,以取得的全部价款和价外费用为销售额,按照5%的征收率计算应纳税额。

除其他个人之外的小规模纳税人,应按照本条规定的计税方法向不动产所在地主管地税机关预缴税款,向机构所在地主管国税机关申报纳税;其他个人按照本条规定的计税方法向不动产所在地主管地税机关申报纳税。

(3) 个人转让其购买的住房,按照以下规定缴纳增值税:

① 个人转让其购买的住房,按照有关规定全额缴纳增值税的,以取得的全部价款和价外费用为销售额,按照5%的征收率计算应纳税额。

② 个人转让其购买的住房,按照有关规定差额缴纳增值税的,以取得的全部价款和价外费用扣除购买住房价款后的余额为销售额,按照5%的征收率计算应纳税额。

个体工商户应按照本条规定的计税方法向住房所在地主管地税机关预缴税款,向机构所在地主管国税机关申报纳税;其他个人应按照本条规定的计税方法向住房所在地主管地税机关申报纳税。

(4) 其他个人以外的纳税人转让其取得的不动产,区分以下情形计算应向不动产所在地主管地税机关预缴的税款:

① 以转让不动产取得的全部价款和价外费用作为预缴税款计算依据的,计算公式如下:

$$应预缴税款＝全部价款和价外费用÷(1＋5\%)×5\%$$

② 以转让不动产取得的全部价款和价外费用扣除不动产购置原价或者取得不动产时的作价后的余额作为预缴税款计算依据的,计算公式如下:

$$应预缴税款＝(全部价款和价外费用－不动产购置原价或者取得不动产时的作价)$$
$$÷(1＋5\%)×5\%$$

(5) 其他个人转让其取得的不动产,按照上述第(4)项规定的计算方法计算应纳税额并向不动产所在地主管地税机关申报纳税。

(6) 纳税人按规定从取得的全部价款和价外费用中扣除不动产购置原价或者取得不动产时的作价的,应当取得符合法律、行政法规和国家税务总局规定的合法有效凭证。否则,不得扣除。

上述凭证是指:

① 税务部门监制的发票。

② 法院判决书、裁定书、调解书,以及仲裁裁决书、公证债权文书。

③ 国家税务总局规定的其他凭证。

(7) 纳税人转让其取得的不动产,向不动产所在地主管地税机关预缴的增值税税款,可以在当期增值税应纳税额中抵减,抵减不完的,结转下期继续抵减。

纳税人以预缴税款抵减应纳税额,应以完税凭证作为合法有效凭证。

(8) 小规模纳税人转让其取得的不动产,不能自行开具增值税发票的,可向不动产所在地主管地税机关申请代开。

纳税人向其他个人转让其取得的不动产,不得开具或申请代开增值税专用发票。

（9）纳税人转让不动产缴纳增值税差额扣除的有关规定。

① 纳税人转让不动产，按照有关规定差额缴纳增值税的，如因丢失等原因无法提供取得不动产时的发票，可向税务机关提供其他能证明契税计税金额的完税凭证等资料，进行差额扣除。

② 纳税人以契税计税金额进行差额扣除的，按照下列公式计算增值税应纳税额：

2016年4月30日及以前缴纳契税的：

增值税应纳税额＝[全部交易价格(含增值税)－契税计税金额(含营业税)]÷(1+5%)×5%

2016年5月1日及以后缴纳契税的：

增值税应纳税额＝[全部交易价格(含增值税)÷(1+5%)－契税计税金额(不含增值税)]×5%

③ 纳税人同时保留取得不动产时的发票和其他能证明契税计税金额的完税凭证等资料的，应当凭发票进行差额扣除。

（九）纳税人跨县（市、区）提供建筑服务增值税征收管理暂行办法

纳税人跨县（市、区）提供建筑服务，应按照财税〔2016〕36号文件规定的纳税义务发生时间和计税方法，向建筑服务发生地主管国税机关预缴税款，向机构所在地主管国税机关申报纳税。

《建筑工程施工许可证》未注明合同开工日期，但建筑工程承包合同注明的开工日期在2016年4月30日前的建筑工程项目，属于财税〔2016〕36号文件规定的可以选择简易计税方法计税的建筑工程老项目。

跨县（市、区）提供建筑服务是指单位和个体工商户（以下简称纳税人）在其机构所在地以外的县（市、区）提供建筑服务。

纳税人在同一地级行政区范围内跨县（市、区）提供建筑服务；不适用《纳税人跨县（市、区）提供建筑服务增值税征收管理暂行办法》（国家税务总局公告2016年第17号印发）。对于纳税人在同一直辖市、计划单列市范围内跨县（市、区）提供建筑服务的，由直辖市、计划单列市国家税务局决定是否适用该办法。

1. 纳税人跨县（市、区）提供建筑服务，按照以下规定预缴税款

（1）一般纳税人跨县（市、区）提供建筑服务，适用一般计税方法计税的，以取得的全部价款和价外费用扣除支付的分包款后的余额，按照2%的预征率计算应预缴税款。

（2）一般纳税人跨县（市、区）提供建筑服务，选择适用简易计税方法计税的，以取得的全部价款和价外费用扣除支付的分包款后的余额，按照3%的征收率计算应预缴税款。

（3）小规模纳税人跨县（市、区）提供建筑服务，以取得的全部价款和价外费用扣除支付的分包款后的余额，按照3%的征收率计算应预缴税款（月销售额未超过10万元的，当期无需预缴税款）。

2. 纳税人跨县（市、区）提供建筑服务，按照以下公式计算应预缴税款

（1）适用一般计税方法计税的：

应预缴税款＝(全部价款和价外费用－支付的分包款)÷(1+9%)×2%

（2）适用简易计税方法计税的：

应预缴税款＝(全部价款和价外费用－支付的分包款)÷(1+3%)×3%

纳税人取得的全部价款和价外费用扣除支付的分包款后的余额为负数的,可结转下次预缴税款时继续扣除。

纳税人应按照工程项目分别计算应预缴税款,分别预缴。

3. 征收管理

(1) 纳税人按照上述规定从取得的全部价款和价外费用中扣除支付的分包款,应当取得符合法律、行政法规和国家税务总局规定的合法有效凭证,否则不得扣除。上述凭证是指:

① 从分包方取得的 2016 年 4 月 30 日前开具的建筑业营业税发票。该发票在 2016 年 6 月 30 日前可作为预缴税款的扣除凭证。

② 从分包方取得的 2016 年 5 月 1 日后开具的,备注栏注明建筑服务发生地所在县(市、区)、项目名称的增值税发票。

③ 国家税务总局规定的其他凭证。

(2) 纳税人跨县(市、区)提供建筑服务,在向建筑服务发生地主管国税机关预缴税款时,需填报《增值税预缴税款表》,并出示以下资料:

① 与发包方签订的建筑合同复印件(加盖纳税人公章)。

② 与分包方签订的分包合同复印件(加盖纳税人公章)。

③ 从分包方取得的发票复印件(加盖纳税人公章)。

(3) 纳税人跨县(市、区)提供建筑服务,向建筑服务发生地主管国税机关预缴的增值税税款,可以在当期增值税应纳税额中抵减,抵减不完的,结转下期继续抵减。

纳税人以预缴税款抵减应纳税额,应以完税凭证作为合法有效凭证。

(4) 小规模纳税人跨县(市、区)提供建筑服务,不能自行开具增值税发票的,可向建筑服务发生地主管国税机关按照其取得的全部价款和价外费用申请代开增值税发票。

(5) 纳税人跨县(市、区)提供建筑服务预缴税款时间,按照财税〔2016〕36 号文件规定的纳税义务发生时间和纳税期限执行。

(6) 纳税人跨县(市、区)提供建筑服务,按照本办法应向建筑服务发生地主管国税机关预缴税款而自应当预缴之月起超过 6 个月没有预缴税款的,由机构所在地主管国税机关按照《中华人民共和国税收征收管理法》(以下简称《税收征收管理法》)及相关规定进行处理。

(7) 根据《关于简化建筑服务增值税简易计税方法备案事项的公告》(国家税务总局公告 2017 年第 43 号),增值税一般纳税人(以下简称纳税人)提供建筑服务,按规定适用或选择适用简易计税方法计税的,实行一次备案制。纳税人备案后提供其他适用或选择适用简易计税方法的建筑服务,不再备案。纳税人跨县(市)提供建筑服务适用或选择适用简易计税方法计税的,应按规定向机构所在地主管国税机关备案,建筑服务发生地主管国税机关无须备案。

(8) 建筑企业与发包方签订建筑合同后,以内部授权或者三方协议等方式,授权集团内其他纳税人(以下简称第三方)为发包方提供建筑服务,并由第三方直接与发包方结算工程款的,由第三方缴纳增值税并向发包方开具增值税发票,与发包方签订建筑合同的建筑企业不缴纳增值税。发包方可凭实际提供建筑服务的纳税人开具的增值税专用发票抵扣进项税额。

(十)纳税人提供不动产经营租赁服务增值税征收管理暂行办法

纳税人以经营租赁方式出租其取得的不动产(以下简称出租不动产),适用《纳税人提供不动产经营租赁服务增值税征收管理暂行办法》。

取得的不动产,包括以直接购买、接受捐赠、接受投资入股、自建以及抵债等各种形式取得的不动产。

纳税人提供道路通行服务不适用该办法。

1. 一般纳税人出租不动产,按照以下规定缴纳增值税

(1) 一般纳税人出租其 2016 年 4 月 30 日前取得的不动产,可以选择适用简易计税方法,按照 5% 的征收率计算应纳税额。

不动产所在地与机构所在地不在同一县(市、区)的,纳税人应按照上述计税方法向不动产所在地主管国税机关预缴税款,向机构所在地主管国税机关申报纳税。

不动产所在地与机构所在地在同一县(市、区)的,纳税人向机构所在地主管国税机关申报纳税。

(2) 一般纳税人出租其 2016 年 5 月 1 日后取得的不动产,适用一般计税方法计税。

不动产所在地与机构所在地不在同一县(市、区)的,纳税人应按照 3% 的预征率向不动产所在地主管国税机关预缴税款,向机构所在地主管国税机关申报纳税。

不动产所在地与机构所在地在同一县(市、区)的,纳税人应向机构所在地主管国税机关申报纳税。

一般纳税人出租其 2016 年 4 月 30 日前取得的不动产适用一般计税方法计税的,按照上述规定执行。

2. 小规模纳税人出租不动产,按照以下规定缴纳增值税

(1) 单位和个体工商户出租不动产(不含个体工商户出租住房),按照 5% 的征收率计算应纳税额。个体工商户出租住房,按照 5% 的征收率减按 1.5% 计算应纳税额。

不动产所在地与机构所在地不在同一县(市、区)的,纳税人应按照上述计税方法向不动产所在地主管国税机关预缴税款,向机构所在地主管国税机关申报纳税。

不动产所在地与机构所在地在同一县(市、区)的,纳税人应向机构所在地主管国税机关申报纳税。

(2) 其他个人出租不动产(不含住房),按照 5% 的征收率计算应纳税额,向不动产所在地主管地税机关申报纳税。其他个人出租住房,按照 5% 的征收率减按 1.5% 计算应纳税额,向不动产所在地主管地税机关申报纳税。

3. 预缴税款的计算(小规模纳税人月销售额未超过 10 万元的,当期无须预缴税款)

(1) 纳税人出租不动产适用一般计税方法计税的,按照以下公式计算应预缴税款:

$$应预缴税款 = 含税销售额 \div (1 + 9\%) \times 3\%$$

(2) 纳税人出租不动产适用简易计税方法计税的,除个人出租住房外,按照以下公式计算应预缴税款:

$$应预缴税款 = 含税销售额 \div (1 + 5\%) \times 5\%$$

(3) 个体工商户出租住房,按照以下公式计算应预缴税款:

$$应预缴税款 = 含税销售额 \div (1 + 5\%) \times 1.5\%$$

(4) 其他个人出租不动产,按照以下公式计算应纳税款:

① 出租住房：

$$应纳税款＝含税销售额÷(1＋5\%)×1.5\%$$

② 出租非住房：

$$应纳税款＝含税销售额÷(1＋5\%)×5\%$$

第六节　简易征税方法应纳税额的计算

一、应纳税额的计算

纳税人发生应税销售行为适用简易计税方法的，应该按照销售额和征收率计算应纳增值税税额，并且不得抵扣进项税额。其应纳税额的计算公式如下：

$$应纳税额＝销售额(不含增值税)×征收率$$

小规模纳税人一律采用简易计税方法计税，但是一般纳税人发生应税销售行为可以选择适用简易计税方法。例如，一般纳税人提供的公共交通运输服务，以清包工方式提供的建筑服务，可以选择按照简易计税方法计算缴纳增值税。

二、含税销售额的换算

按简易计税方法计税的销售额不包括其应纳的增值税税额，纳税人采用销售额和应纳增值税税额合并定价方法的，按照下列公式计算销售额：

$$销售额＝含税销售额÷(1＋征收率)$$

【例2-2】　某食品店为增值税小规模纳税人，2019年5月取得含增值税的收入总额为13.39万元。计算该餐馆5月应缴纳的增值税税额。

（1）5月取得的不含税销售额＝13.39÷(1＋3%)＝13(万元)

（2）5月应缴纳增值税税额＝13×3%＝0.39(万元)

纳税人适用简易计税方法计税的，因销售折让、中止或者退回而退还给购买方的销售额，应当从当期销售额中扣减。扣减当期销售额后仍有余额造成多缴的税款，可以从以后的应纳税额中扣减。

对小规模纳税人发生上述情况而退还销售额给购买方，依照规定将所退的款项扣减当期销售额的，如果小规模纳税人已就该项业务委托税务机关为其代开了增值税专用发票的，应按规定申请开具红字专用发票。

【例2-3】　某小规模纳税人仅经营某项应税服务，适用3%的征收率。2019年5月发生一笔销售额为20 000元的业务并就此缴纳了增值税。6月该业务由于合理原因发生退款。（销售额均不含税）

假设6月该企业应税服务的销售额为125 000元，则：

6月最终的计税销售额＝125 000－20 000＝105 000(元)

6月缴纳的增值税＝105 000×3%＝3 150(元)

另外,按照现行规定应当预缴增值税税款的小规模纳税人,凡在预缴地实现的月销售额未超过 10 万元的,当期无须预缴税款。该规定执行前(2019 年 1 月 19 日前),已预缴税款的,可以向预缴地主管税务机关申请退还。

三、资管产品的增值税处理办法

（一）计税方法

资管产品管理人(以下简称管理人)运营资管产品过程中发生的增值税应税行为(以下简称资管产品运营业务),暂适用简易计税方法,按照 3% 的征收率缴纳增值税。

（二）资管产品管理人

资管产品管理人包括银行、信托公司、公募基金管理公司及其子公司、证券公司及其子公司、期货公司及其子公司、私募基金管理人、保险资产管理公司、专业保险资产管理机构、养老保险公司。

管理人接受投资者委托或信托对受托资产提供的管理服务以及管理人发生的除下列(三)规定的其他增值税应税行为(以下简称其他业务),按照现行规定缴纳增值税。

（三）资管产品的范围

资管产品包括银行理财产品、资金信托(包括集合资金信托、单一资金信托)、财产权信托、公开募集证券投资基金、特定客户资产管理计划、集合资产管理计划、定向资产管理计划、私募投资基金、债权投资计划、股权投资计划、股债结合型投资计划、资产支持计划、组合类保险资产管理产品、养老保障管理产品。

（四）资管产品的其他增值税处理规定

(1) 管理人应分别核算资管产品运营业务和其他业务的销售额和增值税应纳税额。未分别核算的,资管产品运营业务不得适用上述(一)(二)(三)的规定。

(2) 管理人可选择分别或汇总核算资管产品运营业务销售额和增值税应纳税额。

(3) 管理人应按照规定的纳税期限,汇总申报缴纳资管产品运营业务和其他业务增值税。

(4) 2017 年 7 月 1 日(含)以后,资管产品运营过程中发生的增值税应税行为,以资管产品管理人为增值税纳税人,按照现行规定缴纳增值税。

对资管产品在 2017 年 7 月 1 日前运营过程中发生的增值税应税行为,未缴纳增值税的,不再缴纳;已缴纳增值税的,已纳税额从资管产品管理人以后月份的增值税应纳税额中抵减。

第七节　进口环节增值税的征收

一、进口环节增值税的征收范围及纳税人

（一）进口环节增值税征收范围

(1) 根据《增值税暂行条例》的规定,申报进入中华人民共和国海关境内的货物,均应缴纳增值税。

确定一项货物是否属于进口,必须首先看其是否有报关进口手续。一般来说,境外产品要输入境内,都必须向我国海关申报进口,并办理有关报关手续。只要是报关进口的应税货物,不论其是国外产制还是我国已出口而转销国内的货物,是进口者自行采购还是国外捐赠的货物,是进口者自用还是作为贸易或其他用途等,除另有规定外,均应按照规定缴纳进口环节的增值税。自 2018 年 6 月 1 日起,对申报进口监管方式为 1500(租赁不满1 年)、1523(租赁贸易)、9800(租赁征税)的租赁飞机(税则品目:8802),海关停止代征进口环节增值税。进口租赁飞机增值税的征收管理,由税务机关按照现行增值税政策组织实施。

(2)从其他国家或地区进口《跨境电子商务零售进口商品清单》范围内的以下商品适用于跨境电子商务零售进口增值税税收政策:

① 所有通过与海关联网的电子商务交易平台交易,能够实现交易、支付、物流电子信息"三单"比对的跨境电子商务零售进口商品。

② 未通过与海关联网的电子商务交易平台交易,但快递、邮政企业能够统一提供交易、支付、物流等电子信息,并承诺承担相应法律责任进境的跨境电子商务零售进口商品。

不属于跨境电子商务零售进口的个人物品以及无法提供交易、支付、物流等电子信息的跨境电子商务零售进口商品,按现行规定执行。

(二)进口环节增值税的纳税人

进口货物的收货人(承受人)或办理报关手续的单位和个人,为进口货物增值税的纳税义务人。也就是说,进口货物增值税纳税人的范围较宽,包括了国内一切从事进口业务的企业事业单位、机关团体和个人。

对于企业、单位和个人委托代理进口应征增值税的货物,鉴于代理进口货物的海关完税凭证,有的开具给委托方,有的开具给受托方的特殊性,对代理进口货物以海关开具的完税凭证上的纳税人为增值税纳税人。在实际工作中一般由进口代理者代缴进口环节增值税。纳税后,由代理者将已纳税款和进口货物价款费用等与委托方结算,由委托者承担已纳税款。

跨境电子商务零售进口商品按照货物征收关税和进口环节增值税、消费税,购买跨境电子商务零售进口商品的个人作为纳税义务人。电子商务企业、电子商务交易平台企业或物流企业可作为代收代缴义务人。

二、进口环节增值税的适用税率

进口环节的增值税税率与本章第三节的内容相同。

但是对进口抗癌药品,自 2018 年 5 月 1 日起,减按 3% 征收进口环节增值税。对进口罕见病药品,自 2019 年 3 月 1 日起,减按 3% 征收进口环节增值税。

对跨境电子商务零售进口商品的单次交易限值为人民币 5 000 元,个人年度交易限值为人民币 26 000 元以内进口的跨境电子商务零售进口商品,关税税率暂设为 0。

三、进口环节增值税应纳税额计算

纳税人进口货物,按照组成计税价格和《增值税暂行条例》规定的税率计算应纳税额。我们在计算增值税销项税额时直接用销售额作为计税依据或计税价格就可以了,但在进口产品计算增值税时我们不能直接得到类似销售额这么一个计税依据,而需要通过计算而得,要计算组成计税价格。组成计税价格是指在没有实际销售价格时,按照税法规定计算出作为计税依据的价格。进口货物计算增值税的组成计税价格和应纳税额计算公式如下:

$$组成计税价格＝关税完税价格＋关税＋消费税$$
$$应纳税额＝组成计税价格×税率$$

纳税人在计算进口货物的增值税时应该注意以下问题:

(1)进口货物增值税的组成计税价格中包括已纳关税税额,如果进口货物属于消费税应税消费品,其组成计税价格中还要包括进口环节已纳消费税税额。

(2)在计算进口环节的应纳增值税税额时不得抵扣任何税额,即在计算进口环节的应纳增值税税额时,不得抵扣发生在我国境外的各种税金。

以上两点实际上是贯彻了出口货物的目的地原则或称消费地原则。即对出口货物原则上在实际消费地征收商品或货物税。对进口货物而言,出口这些货物的出口国在出口时并没有征出口关税和增值税、消费税,到我国口岸时货物的价格基本就是到岸价格,即所谓的关税完税价格。如果此时不征关税和其他税收则与国内同等商品的税负差异就会很大。因此在进口时首先要对之征进口关税。如果是应征消费税的商品则要征消费税。在这基础上才形成增值税的计税依据即组成计税价格。这与国内同类商品的税基是一致的。

由于货物出口时出口国并没有征收过流转税,因此在进口时我们计算增值税时就不用进行进项税额抵扣。

(3)按照《中华人民共和国海关法》(以下简称《海关法》)和《中华人民共和国进出口关税条例》(以下简称《进出口关税条例》)的规定,一般贸易下进口货物的关税完税价格以海关审定的成交价格为基础的到岸价格作为完税价格。所谓成交价格是一般贸易项下进口货物的买方为购买该项货物向卖方实际支付或应当支付的价格;到岸价格,包括货价,加上货物运抵我国关境内输入地点起卸前的包装费、运费、保险费和其他劳务费等费用构成的一种价格。特殊贸易下进口的货物,由于进口时没有"成交价格"可作依据,为此,《进出口关税条例》对这些进口货物制定了确定其完税价格的具体办法。

(4)纳税人进口货物取得的合法海关完税凭证,是计算增值税进项税额的唯一依据,其价格差额部分以及从境外供应商取得的退还或返还的资金,不作进项税额转出处理。

(5)跨境电子商务零售进口商品按照货物征收关税和进口环节增值税、消费税,以实际交易价格(包括货物零售价格、运费和保险费)作为完税价格。

(6)跨境电子商务零售进口商品的进口环节增值税、消费税取消免征税额,暂按法定应纳税额的70%征收。完税价格超过5 000元单次交易限值但低于26 000元年度交易限值,且订单下仅一件商品时,可以自跨境电商零售渠道进口,按照货物税率全额征收关税和进口环节增值税、消费税,交易额计入年度交易总额,但年度交易总额超过年度交易限值的,应按一般贸易管理。

国家在规定对进口货物征税的同时,对某些进口货物制定了减免税的特殊规定,如属于"来料加工、进料加工"贸易方式进口国外的原材料、零部件等在国内加工后复出口的,对进口的料、件按规定给予免税或减税,但这些进口免、减税的料件若不能加工复出口,而是销往国内的,就要予以补税。对进口货物是否减免税由国务院统一规定,任何地方、部门都无权规定减免税项目。

四、进口环节增值税的管理

进口货物的增值税由海关代征。个人携带或者邮寄进境自用物品的增值税,连同关税一并计征。具体办法由国务院关税税则委员会会同有关部门制定。

进口货物增值税纳税义务发生时间为报关进口的当天,其纳税地点应当由进口人或其代理人向报关地海关申报纳税,其纳税期限应当自海关填发海关进口增值税专用缴款书之日起 15 日内缴纳税款。

跨境电子商务零售进口商品自海关放行之日起 30 日内退货的,可申请退税,并相应调整个人年度交易总额。

跨境电子商务零售进口商品购买人(订购人)的身份信息应进行认证;未进行认证的,购买人(订购人)身份信息应与付款人一致。

进口货物增值税的征收管理,依据《税收征收管理法》《海关法》《进出口关税条例》和《中华人民共和国进出口税则》的有关规定执行。

第八节　出口和跨境业务增值税的退(免)税和征税

出口货物、劳务和跨境应税行为退(免)税是国际贸易中通常采用的并为世界各国普遍接受的、目的在于鼓励各国出口货物公平竞争的一种退还或免征间接税(目前我国主要包括增值税、消费税)的税收措施,即对出口货物、劳务和跨境应税行为已承担或应承担的增值税和消费税等间接税实行退还或者免征。由于这项制度比较公平合理,因此它已成为国际社会通行的惯例。

我国的出口货物、劳务和跨境应税行为退(免)增值税是指在国际贸易业务中,对我国报关出口的货物、劳务和跨境应税行为退还或免征其在国内各生产和流转环节按税法规定缴纳的增值税,即对应征收增值税的出口货物、劳务和跨境应税行为实行零税率(国务院另有规定的除外)。

增值税出口货物、劳务和跨境应税行为的零税率,从税法上理解有两层含义:一是对本道环节生产或销售货物、劳务和跨境应税行为的增值部分免征增值税;二是对出口货物、劳务和跨境应税行为前道环节所含的进项税额进行退付。当然,由于各种货物、劳务和跨境应税行为出口政策不同,出口前涉及征免增值税的情况也有所不同,且由于出口政策是国家调控经济的手段,因此,对货物、劳务和跨境应税行为出口的不同情况,国家在遵循"征多少、退多少""未征不退和彻底退税"基本原则的基础上,制定了不同的增值税退(免)税处理办法。

一、出口货物、劳务和跨境应税行为退(免)增值税基本政策

世界各国为了鼓励本国货物出口,在遵循 WTO 基本规则的前提下,一般都采取优惠的税收政策。有的国家采取对该货物出口前所包含的税金在出口后予以退还的政策(即出口退税);有的国家采取对出口的货物在出口前即予以免税的政策。我国则根据本国的实际,采取出口退税与免税相结合的政策。目前,我国的出口货物、劳务和跨境应税行为的增值税税收政策分为以下三种形式:

（1）出口免税并退税，即《关于出口货物劳务增值税和消费税政策的通知》（财税〔2012〕39号，以下简称《通知》）中所说的"适用增值税退（免）税政策的范围"。出口免税是指对货物、劳务和跨境应税行为在出口销售环节免征增值税，这是把货物、劳务和跨境应税行为出口环节与出口前的销售环节都同样视为一个征税环节；出口退税是指对货物、劳务和跨境应税行为在出口前实际承担的税收负担，按规定的退税率计算后予以退还。

（2）出口免税不退税，即《通知》中所说的"适用增值税免税政策的范围"。出口免税与上述第（1）项含义相同。出口不退税是指适用这个政策的出口货物、劳务和跨境应税行为因在前一道生产、销售环节或进口环节是免税的，因此，出口时该货物、劳务和跨境应税行为的价格中本身就不含税，也无须退税。

（3）出口不免税也不退税，即《通知》中所说的"适用增值税征税政策的范围"。出口不免税是指对国家限制或禁止出口的某些货物、劳务和跨境应税行为的出口环节视同内销环节，照常征税；出口不退税是指对这些货物、劳务和跨境应税行为出口不退还出口前其所负担的税款。

二、出口货物、劳务和跨境应税行为增值税退（免）税政策

（一）适用增值税退（免）税政策的范围

对下列出口货物、劳务和跨境应税行为，除适用《通知》第六条（适用增值税免税政策的出口货物和劳务）和第七条（适用增值税征税政策的出口货物和劳务）规定的外，实行免征和退还增值税［以下称增值税退（免）税］政策。

1. 出口企业出口货物

《通知》所称出口企业是指依法办理工商登记、税务登记、对外贸易经营者备案登记，自营或委托出口货物的单位或个体工商户，以及依法办理工商登记、税务登记但未办理对外贸易经营者备案登记，委托出口货物的生产企业。

《通知》所称出口货物是指向海关报关后实际离境并销售给境外单位或个人的货物，分为自营出口货物和委托出口货物两类。

《通知》所称生产企业是指具有生产能力（包括加工修理修配能力）的单位或个体工商户。

根据《关于企业出口集装箱有关退（免）税问题的公告》（国家税务总局公告2014年第59号），企业出口给外商的新造集装箱，交付到境内指定堆场，并取得出口货物报关单（出口退税专用），同时符合其他出口退（免）税规定的，准予按照现行规定办理出口退（免）税。

自2017年1月1日起，生产企业销售自产的海洋工程结构物，或者融资租赁企业及其设立的项目子公司、金融租赁公司及其设立的项目子公司购买并以融资租赁方式出租的国内生产企业生产的海洋工程结构物，应按规定缴纳增值税，但购买方或者承租方为按实物征收增值税的中外合作油（气）田开采企业的除外。

2. 出口企业或其他单位视同出口的货物

出口企业或其他单位视同出口的货物具体是指：

（1）出口企业对外援助、对外承包、境外投资的出口货物。

（2）出口企业经海关报关进入国家批准的出口加工区、保税物流园区、保税港区、综合保税区、珠澳跨境工业区（珠海园区）、中哈霍尔果斯国际边境合作中心（中方配套区域）、保

税物流中心（B型）（以下统称特殊区域）并销售给特殊区域内单位或境外单位、个人的货物。

（3）免税品经营企业销售的货物（国家规定不允许经营和限制出口的货物、卷烟和超出免税品经营企业的《企业法人营业执照》中规定经营范围的货物除外）。具体是指：

① 中国免税品（集团）有限责任公司向海关报关运入海关监管仓库，专供其经国家批准设立的统一经营、统一组织进货、统一制定零售价格、统一管理的免税店销售的货物。

② 国家批准的除中国免税品（集团）有限责任公司外的免税品经营企业，向海关报关运入海关监管仓库，专供其所属的首都机场口岸海关隔离区内的免税店销售的货物。

③ 国家批准的除中国免税品（集团）有限责任公司外的免税品经营企业所属的上海虹桥、浦东机场海关隔离区内的免税店销售的货物。

（4）出口企业或其他单位销售给用于国际金融组织或外国政府贷款国际招标建设项目的中标机电产品（以下称中标机电产品）。上述中标机电产品，包括外国企业中标再分包给出口企业或其他单位的机电产品。

（5）出口企业或其他单位销售给国际运输企业用于国际运输工具上的货物。上述规定暂仅适用于外轮供应公司、远洋运输供应公司销售给外轮、远洋国轮的货物，国内航空供应公司生产销售给国内和国外航空公司国际航班的航空食品。

（6）出口企业或其他单位销售给特殊区域内生产企业生产耗用且不向海关报关而输入特殊区域的水（包括蒸汽）、电力、燃气（以下称输入特殊区域的水电气）。

3. 生产企业视同出口货物的满足条件

（1）持续经营以来从未发生骗取出口退税、虚开增值税专用发票或农产品收购发票、接受虚开增值税专用发票（善意取得虚开增值税专用发票除外）行为且同时符合下列条件的生产企业出口的外购货物，可视同自产货物适用增值税退（免）税政策：

① 已取得增值税一般纳税人资格。

② 已持续经营2年及2年以上。

③ 纳税信用等级A级。

④ 上一年度销售额5亿元以上。

⑤ 外购出口的货物与本企业自产货物同类型或具有相关性。

（2）持续经营以来从未发生骗取出口退税、虚开增值税专用发票或农产品收购发票、接受虚开增值税专用发票（善意取得虚开增值税专用发票除外）行为但不能同时符合上述规定的条件的生产企业，出口的外购货物符合下列条件之一的，可视同自产货物申报适用增值税退（免）税政策：

① 同时符合下列条件的外购货物：与本企业生产的货物名称、性能相同；使用本企业注册商标或境外单位或个人提供给本企业使用的商标；出口给进口本企业自产货物的境外单位或个人。

② 与本企业所生产的货物属于配套出口，且出口给进口本企业自产货物的境外单位或个人的外购货物，符合下列条件之一的：用于维修本企业出口的自产货物的工具、零部件、配件，或者不经过本企业加工或组装，出口后能直接与本企业自产货物组合成成套设备的货物。

③ 经集团公司总部所在地的地级以上国家税务局认定的集团公司，其控股的生产企业之间收购的自产货物以及集团公司与其控股的生产企业之间收购的自产货物。

④ 同时符合下列条件的委托加工货物：与本企业生产的货物名称、性能相同，或者是用本企业生产的货物再委托深加工的货物；出口给进口本企业自产货物的境外单位或个人；委托方与受托方必须签订委托加工协议，且主要原材料必须由委托方提供，受托方不垫付资金，只收取加工费，开具加工费（含代垫的辅助材料）的增值税专用发票。

⑤ 用于本企业中标项目下的机电产品。

⑥ 用于对外承包工程项目下的货物。

⑦ 用于境外投资的货物。

⑧ 用于对外援助的货物。

⑨ 生产自产货物的外购设备和原材料（农产品除外）。

4. 出口企业对外提供加工修理修配劳务

对外提供加工修理修配劳务是指对进境复出口货物或从事国际运输的运输工具进行的加工修理修配。

5. 融资租赁货物出口退税

根据《关于在全国开展融资租赁货物出口退税政策试点的通知》的规定，对融资租赁出口货物试行退税政策。对融资租赁企业、金融租赁公司及其设立的项目子公司（以下统称融资租赁出租方），以融资租赁方式租赁给境外承租人且租赁期限在5年（含）以上，并向海关报关后实际离境的货物，试行增值税、消费税出口退税政策。

融资租赁出口货物的范围，包括飞机、飞机发动机、铁道机车、铁道客车车厢、船舶及其他货物，具体应符合《增值税暂行条例实施细则》第二十一条"固定资产"的相关规定。

上述融资租赁企业，仅包括金融租赁公司、经商务部批准设立的外商投资融资租赁公司、经商务部和国家税务总局共同批准开展融资业务试点的内资融资租赁企业、经商务部授权的省级商务主管部门和国家经济技术开发区批准的融资租赁公司。

上述金融租赁公司，仅包括经中国银行业监督管理委员会批准设立的金融租赁公司。

上述所称融资租赁是指具有融资性质和所有权转移特点的有形动产租赁活动。即出租人根据承租人所要求的规格、型号、性能等条件购入有形动产租赁给承租人，合同期内有形动产所有权属于出租人，承租人只拥有使用权，合同期满付清租金后，承租人有权按照残值购入有形动产，以拥有其所有权。不论出租人是否将有形动产残值销售给承租人，均属于融资租赁。

（二）增值税退（免）税办法

适用增值税退（免）税政策的出口货物、劳务和应税行为，按照下列规定实行增值税"免、抵、退"税或"免、退"税办法。

（1）"免、抵、退"税办法。适用增值税一般计税方法的生产企业出口自产货物与视同自产货物、对外提供加工修理修配劳务，以及列名的74家生产企业出口非自产货物，免征增值税，相应的进项税额抵减应纳增值税税额（不包括适用增值税即征即退、先征后退政策的应纳增值税税额），未抵减完的部分予以退还。

跨境应税行为适用增值税零税率政策的服务和无形资产情况见本章第三节的相关内容。

境内的单位和个人提供适用增值税零税率的服务或者无形资产，如果属于适用增值税一般计税方法的，生产企业实行"免、抵、退"税办法，外贸企业直接将服务或自行研发的无形资产出口,视同生产企业连同其出口货物统一实行"免、抵、退"税办法。

实行退(免)税办法的研发服务和设计服务,如果主管税务机关认定出口价格偏高的,有权按照核定的出口价格计算退(免)税,核定的出口价格低于外贸企业购进价格的,低于部分对应的进项税额不予退税,转入成本。

境内的单位和个人提供适用增值税零税率应税服务的,可以放弃适用增值税零税率,选择免税或按规定缴纳增值税。放弃适用增值税零税率后,36个月内不得再申请适用增值税零税率。

(2)"免、退"税办法。不具有生产能力的出口企业(以下称外贸企业)或其他单位出口货物、劳务,免征增值税,相应的进项税额予以退还。

适用增值税一般计税方法的外贸企业外购服务或者无形资产出口实行"免、退"税办法。

外贸企业外购研发服务和设计服务免征增值税,其对应的外购应税服务的进项税额予以退还。

(三) 增值税出口退税率

(1)除财政部和国家税务总局根据国务院决定而明确的增值税出口退税率(以下称退税率)外,出口货物的退税率为其适用税率。

服务和无形资产的退税率为其按照《增值税暂行条例》规定适用的增值税税率。

(2)退税率的特殊规定:

① 外贸企业购进按简易办法征税的出口货物、从小规模纳税人购进的出口货物,其退税率分别为简易办法实际执行的征收率、小规模纳税人征收率。上述出口货物取得增值税专用发票的,退税率按照增值税专用发票上的税率和出口货物退税率孰低的原则确定。

② 出口企业委托加工修理修配货物,其加工修理修配费用的退税率,为出口货物的退税率。

③ 中标机电产品、出口企业向海关报关进入特殊区域销售给特殊区域内生产企业生产耗用的列名原材料、输入特殊区域的水电气,其退税率为适用税率。如果国家调整列名原材料的退税率,列名原材料应当自调整之日起按调整后的退税率执行。

(3)适用不同退税率的货物、劳务及跨境应税行为,应分开报关、核算并申报退(免)税,未分开报关、核算或划分不清的,从低适用退税率。

(四) 增值税退(免)税的计税依据

出口货物、劳务的增值税退(免)税的计税依据,按出口货物、劳务的出口发票(外销发票)、其他普通发票或购进出口货物、劳务的增值税专用发票、海关进口增值税专用缴款书确定。

跨境应税行为的计税依据按照《适用增值税零税率应税服务退(免)税管理办法》(国家税务总局公告2014年第11号)执行。具体规定如下:

(1)生产企业出口货物、劳务(进料加工复出口货物除外)增值税退(免)税的计税依据,为出口货物、劳务的实际离岸价(FOB)。实际离岸价应以出口发票上的离岸价为准,但如果出口发票不能反映实际离岸价,主管税务机关有权予以核定。

(2)对进料加工出口货物,企业应以出口货物人民币离岸价扣除出口货物耗用的保税进口料件金额的余额为增值税退(免)税的计税依据。"保税进口料件"是指海关以进料加工贸易方式监管的出口企业从境外和特殊区域等进口的料件,包括出口企业从境外单位或个人购买并从海关保税仓库提取且办理海关进料加工手续的料件,以及保税区外的出口企业从保税区内的企业购进并办理海关进料加工手续的进口料件。

(3)生产企业国内购进无进项税额且不计提进项税额的免税原材料加工后出口的货物的计税依据,按出口货物的离岸价(FOB)扣除出口货物所含的国内购进免税原材料的金额后确定。

(4)外贸企业出口货物(委托加工修理修配货物除外)增值税退(免)税的计税依据,为购进出口货物的增值税专用发票注明的金额或海关进口增值税专用缴款书注明的完税价格。

(5)外贸企业出口委托加工修理修配货物增值税退(免)税的计税依据,为加工修理修配费用增值税专用发票注明的金额。外贸企业应将加工修理修配使用的原材料(进料加工海关保税进口料件除外)作价销售给受托加工修理修配的生产企业,受托加工修理修配的生产企业应将原材料成本并入加工修理修配费用开具发票。

(6)出口进项税额未计算抵扣的已使用过的设备增值税退(免)税的计税依据,按下列公式确定:

$$退(免)税计税依据 = 增值税专用发票上的金额或海关进口增值税专用缴款书注明的完税价格 \times 已使用过的设备固定资产净值 \div 已使用过的设备原值$$

$$已使用过的设备固定资产净值 = 已使用过的设备原值 - 已使用过的设备已提累计折旧$$

"已使用过的设备"是指出口企业根据财务会计制度已经计提折旧的固定资产。

(7)免税品经营企业销售的货物增值税退(免)税的计税依据,为购进货物的增值税专用发票注明的金额或海关进口增值税专用缴款书注明的完税价格。

(8)中标机电产品增值税退(免)税的计税依据,生产企业为销售机电产品的普通发票注明的金额,外贸企业为购进货物的增值税专用发票注明的金额或海关进口增值税专用缴款书注明的完税价格。

(9)输入特殊区域的水电气增值税退(免)税的计税依据,为作为购买方的特殊区域内生产企业购进水(包括蒸汽)、电力、燃气的增值税专用发票注明的金额。

(10)跨境应税行为的退(免)税计税依据按下列规定执行:

① 实行"免、抵、退"税办法的退(免)税计税依据:

A. 以铁路运输方式载运旅客的,为按照铁路合作组织清算规则清算后的实际运输收入。

B. 以铁路运输方式载运货物的,为按照铁路运输进款清算办法,对"发站"或"到站(局)"名称包含"境"字的货票上注明的运输费用以及直接相关的国际联运杂费清算后的实际运输收入。

C. 以航空运输方式载运货物或旅客的,如果国际运输或中国港、澳、台地区运输各航段由多个承运人承运的,为中国航空结算有限责任公司清算后的实际收入;如果国际运输或中国港、澳、台地区运输各航段由一个承运人承运的,为提供航空运输服务取得的收入。

D. 其他实行"免、抵、退"税办法的增值税零税率应税行为,为提供增值税零税率应税行为取得的收入。

② 实行免退税办法的退(免)税计税依据为购进应税服务的增值税专用发票或解缴税

款的中华人民共和国税收缴款凭证上注明的金额。

实行退（免）税办法的服务和无形资产，如果主管税务机关认定出口价格偏高的，有权按照核定的出口价格计算退（免）税，核定的出口价格低于外贸企业购进价格的，低于部分对应的进项税额不予退税，转入成本。

（五）增值税"免、抵、退"税和"免、退"税的计算

（1）生产企业出口货物、劳务、服务和无形资产的增值税"免、抵、退"税，依下列公式计算。

① 当期应纳税额的计算：

当期应纳税额＝当期销项税额－（当期进项税额－当期不得免征和抵扣税额）

当期不得免征和抵扣税额＝当期出口货物离岸价×外汇人民币折合率

×（出口货物适用税率－出口货物退税率）

－当期不得免征和抵扣税额抵减额

当期不得免征和抵扣税额抵减额＝当期免税购进原材料价格×（出口货物适用税率

－出口货物退税率）

出口货物离岸价（FOB）以出口发票计算的离岸价为准。实际离岸价应以出口发票上的离岸价为准，但如果出口发票不能反映实际离岸价，主管税务机关有权予以核定。

从上述计算公式看，出口退税在"销项税额"方面并非执行真正的零税率而是一种"超低税率"，即征税率与退税率（各货物不同）之差。

如果我们从会计制度看，上述"免、抵、退"税的计算原理更加清晰。根据企业会计制度的规定，对于实行"免、抵、退"税方法的生产企业，在会计上应当增设如下增值税专栏：

一为："出口抵减内销产品应纳税额"借方专栏。

二为："出口退税"贷方专栏。

另外，以"进项税额转出"贷方专栏核算"当期'免、抵、退'税不得免征和抵扣税额"，以"其他应收款——应收补贴款"科目核算"当期应退税额"相关会计处理为：

A. 根据"当期'免、抵、退'税不得免征和抵扣税额"：

借：主营业务成本

贷：应交税费——应交增值税（进项税额转出）

B. 根据"当期免抵税额"：

借：应交税费——应交增值税（出口抵减内销产品应纳税额）

贷：应交税费——应交增值税（出口退税）

C. 根据"当期应退税额"：

借：其他应收款——应收补贴款

贷：应交税费——应交增值税（出口退税）

这笔分录，才是真正的退税。根据"当期应退税额"的计算过程可得知，退的是期末未抵扣完的留抵进项税额。由此可见，"出口退税"贷方专栏核算的是"当期免抵税额"与"当期应退税额"之和，即税法中规定的"当期'免、抵、退'税额"（即出口销售额×退税率）。而出口货物实际执行的"超低税率"计算的"销项税额"被计入了"进项税额转出"贷方专栏。如果将该部分数额与"出口退税"贷方专栏数额相加,其实也就是内销情况下,应当缴纳的销项税额。所以,"出口退税"贷方专栏反映的并非真正的退税,而是出口货物较内销货物因执行税率的不同而少缴的增值税销项税额。

② 当期"免、抵、退"税额的计算:

$$当期"免、抵、退"税额 = 当期出口货物离岸价 \times 外汇人民币折合率 \times 出口货物退税率 - 当期"免、抵、退"税额抵减额$$

$$当期"免、抵、退"税额抵减额 = 当期免税购进原材料价格 \times 出口货物退税率$$

③ 当期应退税额和免抵税额的计算:

A. 当期期末留抵税额<当期"免、抵、退"税额,则:

$$当期应退税额 = 当期期末留抵额$$

$$当期免抵税额 = 当期"免、抵、退"税额 - 当期应退税额$$

B. 当期期末留抵税额>当期"免、抵、退"税额,则:

$$当期应退税额 = 当期"免、抵、退"税额$$

$$当期免抵税额 = 0$$

当期期末留抵税额为当期增值税纳税申报表中"期末留抵税额"。

④ 当期免税购进原材料价格包括当期国内购进的无进项税额且不计提进项税额的免税原材料的价格和当期进料加工保税进口料件的价格,其中当期进料加工保税进口料件的价格为进料加工出口货物耗用的保税进口料件金额:

$$进料加工出口货物耗用的保税进口料件金额 = 进料加工出口货物人民币离岸价 \times 进料加工计划分配率$$

$$计划分配率 = 计划进口总值 \div 计划出口总值 \times 100\%$$

计算不得免征和抵扣税额时,应按当期全部出口货物的销售额扣除当期全部进料加工出口货物耗用的保税进口料件金额后的余额乘以征退税率之差计算。

进料加工出口货物收齐有关凭证申报免抵退税时,以收齐凭证的进料加工出口货物人民币离岸价扣除其耗用的保税进口料件金额后的余额计算免抵退税额。

⑤ 生产企业"免、抵、退"税计算实例。

【例2-4】 某自营出口的生产企业为增值税一般纳税人,出口货物的征税税率为13%,退税税率为10%,2019年6月的有关经营业务为:购进原材料一批,取得的增值税专用发票注明的价款200万元,外购货物准予抵扣的进项税额32万元通过认证。上月月末留抵税款3万元,本月内销货物不含税销售额100万元,收款113万元存入银行,本月出口货物的销售额折合人民币200万元。试计算该企业当期的"免、抵、退"税额。

A. 当期"免、抵、退"税不得免征和抵扣税额$= 200 \times (13\% - 10\%) = 6$(万元)

B. 当期应纳税额$= 100 \times 13\% - (32 - 6) - 3 = 13 - 26 - 3 = -16$(万元)

C. 出口货物"免、抵、退"税额$= 200 \times 10\% = 20$(万元)

D. 按规定,如当期期末留抵税额<当期"免、抵、退"税额时:

$$当期应退税额 = 当期期末留抵税额$$

即　　　　　　　　　　　$$该企业当期应退税额 = 16(万元)$$

E. 当期免抵税额＝当期"免、抵、退"税额－当期应退税额

$$当期免抵税额＝20－16＝4（万元）$$

⑥ 零税率应税行为增值税退（免）税的计算：

零税率应税行为增值税"免、抵、退"税，依下列公式计算：

A. 当期"免、抵、退"税额的计算：

$$\begin{matrix} 当期零税率应税行为 \\ "免、抵、退"税额 \end{matrix} = \begin{matrix} 当期零税率应税行为"免、 \\ 抵、退"税计税依据 \end{matrix} \times \begin{matrix} 外汇人民 \\ 币折合率 \end{matrix} \times \begin{matrix} 零税率应税行为 \\ 增值税退税率 \end{matrix}$$

B. 当期应退税额和当期免抵税额的计算：

当期期末留抵税额＜当期"免、抵、退"税额时，

$$当期应退税额＝当期期末留抵税额$$
$$当期免抵税额＝当期"免、抵、退"税额－当期应退税额$$

当期期末留抵税额＞当期"免、抵、退"税额时，

$$当期应退税额＝当期"免、抵、退"税额$$
$$当期免抵税额＝0$$

"当期期末留抵税额"为当期《增值税纳税申报表》的"期末留抵税额"。

（2）外贸企业出口货物、劳务和应税行为增值税免退税，依下列公式计算：

① 外贸企业出口委托加工修理修配货物以外的货物：

$$增值税应退税额＝增值税退（免）税计税依据×出口货物退税率$$

【例2-5】 某进出口公司2019年6月出口美国某种布2 000米，进货增值税专用发票列明单价20元/平方米，计税金额40 000元，增值税出口退税率为9%。计算当期应退增值税税额。

$$应退增值税税额＝2 000×20×9\%＝3 600（元）$$

② 外贸企业出口委托加工修理修配货物：

$$\begin{matrix} 出口委托加工修理修配货物的增值税应退税额＝委托加工修理修配的增值税退（免）税计税依据 \\ ×出口货物退税率 \end{matrix}$$

【例2-6】 某进出口公司2019年6月购进牛仔布委托加工成服装出口，取得牛仔布增值税发票一张，注明计税金额10 000元；取得服装加工费计税金额2 000元，受托方将原材料成本并入加工修理修配费用并开具了增值税专用发票。假设增值税出口退税率为10%。计算当期应退的增值税税额。

$$应退增值税税额＝（10 000＋2 000）×10\%＝1 200（元）$$

③ 外贸企业兼营的零税率应税行为增值税免退税的计算：

$$\begin{matrix} 外贸企业兼营的零税 \\ 率应税服务应退税额 \end{matrix} = \begin{matrix} 外贸企业兼营的零税率 \\ 应税行为免退税计税依据 \end{matrix} \times \begin{matrix} 零税率应税行为 \\ 增值税退税率 \end{matrix}$$

（3）退税率低于适用税率的，相应计算出的差额部分的税款计入出口货物劳务成本。

（4）出口企业既有适用增值税"免、抵、退"项目,也有增值税即征即退、先征后退项目的,增值税即征即退和先征后退项目不参与出口项目"免、抵、退"税计算。出口企业应分别核算增值税免抵退项目和增值税即征即退、先征后退项目,并分别申请享受增值税即征即退、先征后退和"免、抵、退"税政策。

用于增值税即征即退或者先征后退项目的进项税额无法划分的,按照下列公式计算:

$$\text{无法划分进项税额中用于增值税即征即退或者先征后退项目的部分} = \text{当月无法划分的全部进项税额} \times \text{当月增值税即征即退或者先征后退项目销售额} \div \text{当月全部销售额、营业额合计}$$

（5）实行"免、抵、退"税办法的零税率应税行为提供者如同时有货物、劳务(劳务指对外加工修理修配劳务,下同)出口且未分别计算的,可一并计算"免、抵、退"税额。税务机关在审批时,按照出口货物、劳务、零税率应税行为"免、抵、退"税额比例划分出口货物劳务、零税率应税行为的退税额和免抵税额。

三、出口货物、劳务和跨境应税行为增值税免税政策

对符合下列条件的出口货物、劳务和跨境应税行为,除适用《通知》第七条(适用增值税征税政策的出口货物和劳务)规定外,按下列规定实行免征增值税(以下称增值税免税)政策。

（一）适用增值税免税政策的范围

适用增值税免税政策的出口货物、劳务和应税行为具体如下。

1. 出口企业或其他单位出口规定的货物

（1）增值税小规模纳税人出口的货物。

（2）避孕药品和用具,古旧图书。

（3）软件产品。其具体范围是指海关税则号前四位为"9803"的货物。动漫软件出口免征增值税。

（4）含黄金、铂金成分的货物,钻石及其饰品。

（5）国家计划内出口的卷烟。其具体范围为:

① 有出口经营权的卷烟生产企业(具体范围是指湖南中烟工业公司、浙江中烟工业公司、河南中烟工业公司、贵州中烟工业公司、湖北中烟工业公司、陕西中烟工业公司、安徽中烟工业公司)按国家批准的免税出口卷烟计划(以下简称出口卷烟计划)自营出口的自产卷烟。

② 卷烟生产企业按出口卷烟计划委托卷烟出口企业(具体范围是指深圳烟草进出口有限公司、中国烟草辽宁进出口公司、中国烟草黑龙江进出口有限责任公司)出口的自产卷烟;北京卷烟厂按出口卷烟计划委托中国烟草上海进出口有限责任公司出口的自产"中南海"牌卷烟。

③ 口岸国际隔离区免税店销售的卷烟。

④ 卷烟出口企业(具体范围是指中国烟草上海进出口有限责任公司、中国烟草广东进出口公司、中国烟草山东进出口有限公司、云南烟草国际有限公司、川渝中烟工业公司、福建中烟工业公司)按出口卷烟计划出口的外购卷烟。

（6）非出口企业委托出口的货物。

（7）非列名生产企业出口的非视同自产货物。

(8) 农业生产者自产农产品[农产品的具体范围按照《农业产品征税范围注释》(财税〔1995〕52 号)的规定执行]。

(9) 油、花生果仁、黑大豆等财政部和国家税务总局规定的出口免税的货物。

(10) 外贸企业取得普通发票、废旧物资收购凭证、农产品收购发票、政府非税收入票据的货物。

(11) 来料加工复出口的货物。

(12) 特殊区域内的企业出口的特殊区域内的货物。

(13) 以人民币现金作为结算方式的边境地区出口企业从所在省(自治区)的边境口岸出口到接壤国家的一般贸易和边境小额贸易出口货物。

(14) 以旅游购物贸易方式报关出口的货物。

2. 出口企业或其他单位视同出口的下列货物和劳务

(1) 国家批准设立的免税店销售的免税货物[包括进口免税货物和已实现退(免)税的货物]。

(2) 特殊区域内的企业为境外的单位或个人提供加工修理修配劳务。

(3) 同一特殊区域、不同特殊区域内的企业之间销售特殊区域内的货物。

3. 出口企业或其他单位未按规定申报或未补齐增值税退(免)税凭证的出口货物和劳务

(1) 未在国家税务总局规定的期限内申报增值税退(免)税的出口货物和劳务。

(2) 未在规定期限内申报开具《代理出口货物证明》的出口货物和劳务。

(3) 已申报增值税退(免)税,却未在国家税务总局规定的期限内向税务机关补齐增值税退(免)税凭证的出口货物和劳务。

对于适用增值税免税政策的出口货物和劳务,出口企业或其他单位可以依照现行增值税有关规定放弃免税,并依照《通知》第七条(适用增值税免税政策的出口货物和劳务)的规定缴纳增值税。

4. 境内的单位和个人销售的下列跨境应税行为免征增值税,但财政部和国家税务总局规定适用增值税零税率的除外

(1) 工程项目在境外的建筑服务。工程总承包方和工程分包方为施工地,存在境外的工程项目提供的建筑服务,均属于工程项目在境外的建筑服务。

(2) 工程项目在境外的工程监理服务。

(3) 工程、矿产资源在境外的工程勘察勘探服务。

(4) 会议展览地点在境外的会议展览服务。

(5) 存储地点在境外的仓储服务。

(6) 标的物在境外使用的有形动产租赁服务。

(7) 在境外提供的广播影视节目(作品)的播映服务。在境外提供的广播影视节目(作品)播映服务是指在境外的影院、剧院、录像厅及其他场所播映广播影视节目(作品)。通过境内的电台、电视台、卫星通信、互联网、有线电视等无线或者有线装置向境外播映广播影视节目(作品),不属于在境外提供的广播影视节目(作品)播映服务。

(8) 在境外提供的文化体育服务、教育医疗服务、旅游服务。在境外提供的文化体育服务和教育医疗服务是指纳税人在境外现场提供的文化体育服务和教育医疗服务。为参加在境外举办的科技活动、文化活动、文化演出、文化比赛、体育比赛、体育表演、体育活动而提供

的组织安排服务,属于在境外提供的文化体育服务。通过境内的电台、电视台、卫星通信、互联网、有线电视等媒体向境外单位或个人提供的文化体育服务或教育医疗服务,不属于在境外提供的文化体育服务、教育医疗服务。

（9）为出口货物提供的邮政服务、收派服务、保险服务。

① 为出口货物提供的邮政服务是指寄递函件、包裹等邮件出境,向境外发行邮票,出口邮册等邮品。

② 为出口货物提供的收派服务是指为出境的函件、包裹提供的收件、分拣、派送服务。纳税人为出口货物提供收派服务,免税销售额为其向寄件人收取的全部价款和价外费用。

③ 为出口货物提供的保险服务,包括出口货物保险和出口信用保险。

（10）向境外单位提供的完全在境外消费的电信服务。

纳税人向境外单位或者个人提供的电信服务,通过境外电信单位结算费用的,服务接受方为境外电信单位,属于完全在境外消费的电信服务。

（11）向境外单位销售的完全在境外消费的知识产权服务。服务实际接受方为境内单位或者个人的知识产权服务,不属于完全在境外消费的知识产权服务。

（12）向境外单位销售的完全在境外消费的物流辅助服务(仓储服务、收派服务除外)。

境外单位从事国际运输和港澳台运输业务经停我国机场、码头、车站、领空、内河、海域时,纳税人向其提供的航空地面服务、港口码头服务、货运客运场站服务、打捞救助服务、装卸搬运服务,属于完全在境外消费的物流辅助服务。

（13）向境外单位销售的完全在境外消费的鉴证咨询服务。

下列情形不属于完全在境外消费的鉴证咨询服务:

① 服务的实际接受方为境内单位或者个人。

② 对境内的货物或不动产进行的认证服务、鉴证服务和咨询服务。

（14）向境外单位销售的完全在境外消费的专业技术服务。

下列情形不属于完全在境外消费的专业技术服务:

① 服务的实际接受方为境内单位或者个人。

② 对境内的天气情况、地震情况、海洋情况、环境和生态情况进行的气象服务、地震服务、海洋服务、环境和生态监测服务。

③ 为境内的地形地貌、地质构造、水文、矿藏等进行的测绘服务。

④ 为境内的城、乡、镇提供的城市规划服务。

（15）向境外单位销售的完全在境外消费的商务辅助服务。

① 纳税人向境外单位提供的代理报关服务和货物运输代理服务,属于完全在境外消费的代理报关服务和货物运输代理服务。

② 纳税人向境外单位提供的外派海员服务,属于完全在境外消费的人力资源服务。外派海员服务是指境内单位派出属于本单位员工的海员,为境外单位在境外提供的船舶驾驶和船舶管理等服务。

③ 纳税人以对外劳务合作方式,向境外单位提供的完全在境外发生的人力资源服务,属于完全在境外消费的人力资源服务。对外劳务合作是指境内单位与境外单位签订劳务合作合同,按照合同约定组织和协助中国公民赴境外工作的活动。

④ 不属于完全在境外消费的商务辅助服务包括：服务的实际接受方为境内单位或者个人，对境内不动产的投资与资产管理服务、物业管理服务、房地产中介服务，拍卖境内货物或不动产过程中提供的经纪代理服务，为境内货物或不动产的物权纠纷提供的法律代理服务，为境内货物或不动产提供的安全保护服务。

（16）向境外单位销售的广告投放地在境外的广告服务。广告投放地在境外的广告服务是指为在境外发布的广告提供的广告服务。

（17）向境外单位销售的完全在境外消费的无形资产（技术除外）。

下列情形不属于向境外单位销售的完全在境外消费的无形资产：

① 无形资产未完全在境外使用。

② 所转让的自然资源使用权与境内自然资源相关。

③ 所转让的基础设施资产经营权、公共事业特许权与境内货物或不动产相关。

④ 向境外单位转让在境内销售货物、应税劳务、服务、无形资产或不动产的配额、经营权、经销权、分销权、代理权。

（18）为境外单位之间的货币资金融通及其他金融业务提供的直接收费金融服务，且该服务与境内的货物、无形资产和不动产无关。

为境外单位之间、境外单位和个人之间的外币、人民币资金往来提供的资金清算、资金结算、金融支付、账户管理服务，属于为境外单位之间的货币资金融通及其他金融业务提供的直接收费金融服务。

（19）属于以下情形的国际运输服务：

① 以无运输工具承运方式提供的国际运输服务。

② 以水路运输方式提供国际运输服务但未取得《国际船舶运输经营许可证》的。

③ 以公路运输方式提供国际运输服务但未取得《道路运输经营许可证》或者《国际汽车运输行车许可证》，或者《道路运输经营许可证》的经营范围未包括"国际运输"的。

④ 以航空运输方式提供国际运输服务但未取得《公共航空运输企业经营许可证》，或者其经营范围未包括"国际航空客货邮运输业务"的。

⑤ 以航空运输方式提供国际运输服务但未持有《通用航空经营许可证》，或者其经营范围未包括"公务飞行"的。

（20）符合零税率政策但适用简易计税方法或声明放弃适用零税率选择免税的下列应税行为：

① 国际运输服务。

② 航天运输服务。

③ 向境外单位提供的完全在境外消费的下列服务：研发服务；合同能源管理服务；设计服务；广播影视节目（作品）的制作和发行服务；软件服务；电路设计及测试服务；信息系统服务；业务流程管理服务；离岸服务外包业务。

④ 向境外单位转让完全在境外消费的技术。

上述所称完全在境外消费，是指：

A. 服务的实际接受方在境外，且与境内的货物和不动产无关。

B. 无形资产完全在境外使用，且与境内的货物和不动产无关。

C. 财政部和国家税务总局规定的其他情形。

纳税人向国内海关特殊监管区域内的单位或者个人销售服务、无形资产,不属于跨境应税行为,应照章征收增值税。

纳税人发生《适用增值税零税率应税服务退(免)税管理办法》第二条所列跨境应税行为,除第(9)项、第(20)项外,必须签订跨境销售服务或无形资产书面合同。否则,不予免征增值税。

纳税人向境外单位销售服务或无形资产,按上述规定免征增值税的,该项销售服务或无形资产的全部收入应从境外取得,否则,不予免征增值税。下列情形视同从境外取得收入:

① 纳税人向外国航空运输企业提供物流辅助服务,从中国民用航空局清算中心、中国航空结算有限责任公司或者经中国民用航空局批准设立的外国航空运输企业常驻代表机构取得的收入。

② 纳税人与境外关联单位发生跨境应税行为,从境内第三方结算公司取得的收入。上述所称第三方结算公司是指承担跨国企业集团内部成员单位资金集中运营管理职能的资金结算公司,包括财务公司、资金池、资金结算中心等。

③ 纳税人向外国船舶运输企业提供物流辅助服务,通过外国船舶运输企业指定的境内代理公司结算取得的收入。

④ 国家税务总局规定的其他情形。

纳税人发生跨境应税行为免征增值税的,应单独核算跨境应税行为的销售额,准确计算不得抵扣的进项税额,其免税收入不得开具增值税专用发票。

纳税人为出口货物提供收派服务,按照下列公式计算不得抵扣的进项税额:

不得抵扣的进项税额＝当期无法划分的全部进项税额×(当期简易计税方法计税项目销售额
＋免征增值税项目销售额－为出口货物提供收派服务支付给境外合作方的费用)
÷当期全部销售额

5. 对跨境电子商务综合试验区电子商务出口企业出口未取得有效进货凭证的货物,同时符合下列条件的,试行增值税、消费税免税政策

(1)电子商务出口企业在综试区注册,并在注册地跨境电子商务线上综合服务平台登记出口日期、货物名称、计量单位、数量、单价、金额。

(2)出口货物通过综试区所在地海关办理电子商务出口申报手续。

(3)出口货物不属于财政部和税务总局根据国务院决定明确取消出口退(免)税的货物。

6. **市场经营户自营或委托市场采购贸易经营者以市场采购贸易方式出口的货物免征增值税**

市场采购贸易方式出口货物是指经国家批准的专业市场集聚区内的市场经营户自营或委托从事市场采购贸易经营的单位,按照海关总署规定的市场采购贸易监管办法办理通关手续,并纳入涵盖市场采购贸易各方经营主体和贸易全流程的市场采购贸易综合管理系统管理的货物(国家规定不适用市场采购贸易方式出口的商品除外)。

(二) 进项税额的处理和计算

适用增值税免税政策的出口货物和劳务,其进项税额不得抵扣和退税,应当转入成本。

第九节 税 收 优 惠

一、《增值税暂行条例》规定的免税项目

（1）农业生产者销售的自产农产品。

农业生产者包括从事农业生产的单位和个人。农业产品是指种植业、养殖业、林业、牧业、水产业生产的各类植物、动物的初级产品。对上述单位和个人销售的外购农产品，以及单位和个人外购农产品生产、加工后销售的仍然属于规定范围的农业产品，不属于免税的范围，应当按照规定的税率征收增值税。

（2）避孕药品和用具。

（3）古旧图书是指向社会收购的古书和旧书。

（4）直接用于科学研究、科学试验和教学的进口仪器、设备。

（5）外国政府、国际组织无偿援助的进口物资和设备。

（6）由残疾人的组织直接进口供残疾人专用的物品。

（7）销售的自己使用过的物品。自己使用过的物品是指其他个人自己使用过的物品。

二、"营改增通知"及有关部门规定的税收优惠政策

（一）下列项目免征增值税

（1）托儿所、幼儿园提供的保育和教育服务。

（2）养老机构提供的养老服务。

（3）残疾人福利机构提供的育养服务。

（4）婚姻介绍服务。

（5）殡葬服务。

（6）残疾人员本人为社会提供的服务。

（7）医疗机构提供的医疗服务。

（8）从事学历教育的学校提供的教育服务。

① 学历教育是指受教育者经过国家教育考试或者国家规定的其他入学方式，进入国家有关部门批准的学校或者其他教育机构学习，获得国家承认的学历证书的教育形式。具体包括：

A. 初等教育：普通小学、成人小学。

B. 初级中等教育：普通初中、职业初中、成人初中。

C. 高级中等教育：普通高中、成人高中和中等职业学校（包括普通中专、成人中专、职业高中、技工学校）。

D. 高等教育：普通本专科、成人本专科、网络本专科、研究生（博士、硕士）、高等教育自学考试、高等教育学历文凭考试。

② 从事学历教育的学校，是指：

A. 普通学校。

B. 经地(市)级以上人民政府或者同级政府的教育行政部门批准成立、国家承认其学员学历的各类学校。

C. 经省级及以上人力资源社会保障行政部门批准成立的技工学校、高级技工学校。

D. 经省级人民政府批准成立的技师学院。

上述学校均包括符合规定的从事学历教育的民办学校,但不包括职业培训机构等国家不承认学历的教育机构。

③ 提供教育服务免征增值税的收入是指对列入规定招生计划的在籍学生提供学历教育服务取得的收入,具体包括:经有关部门审核批准并按规定标准收取的学费、住宿费、课本费、作业本费、考试报名费收入,以及学校食堂提供餐饮服务取得的伙食费收入。除此之外的收入,包括学校以各种名义收取的赞助费、择校费等,不属于免征增值税的范围。

(9) 学生勤工俭学提供的服务。

(10) 农业机耕、排灌、病虫害防治、植物保护、农牧保险以及相关技术培训业务,家禽、牲畜、水生动物的配种和疾病防治。

农业机耕是指在农业、林业、牧业中使用农业机械进行耕作(包括耕耘、种植、收割、脱粒、植物保护等)的业务;排灌是指对农田进行灌溉或者排涝的业务;病虫害防治是指从事农业、林业、牧业、渔业的病虫害测报和防治的业务;农牧保险是指为种植业、养殖业、牧业种植和饲养的动植物提供保险的业务;相关技术培训业务是指与农业机耕、排灌、病虫害防治、植物保护业相关以及为使农民获得农牧保险知识的技术培训业务;家禽、牲畜、水生动物的配种和疾病防治业务的免税范围,包括与该项服务有关的提供药品和医疗用具的业务。

(11) 纪念馆、博物馆、文化馆、文物保护单位管理机构、美术馆、展览馆、书画院、图书馆在自己的场所提供文化体育服务取得的第一道门票收入。

(12) 寺院、宫观、清真寺和教堂举办文化、宗教活动的门票收入。

(13) 行政单位之外的其他单位收取的符合"营改增通知"第十条规定条件的政府性基金和行政事业性收费。

(14) 个人转让著作权。

(15) 个人销售自建自用住房。

(16) 台湾航运公司、航空公司从事海峡两岸海上直航、空中直航业务在大陆取得的运输收入。

(17) 纳税人提供的直接或者间接国际货物运输代理服务。

① 纳税人提供直接或者间接国际货物运输代理服务,向委托方收取的全部国际货物运输代理服务收入,以及向国际运输承运人支付的国际运费费用,必须通过金融机构进行结算。

② 纳税人为大陆与香港、澳门、台湾地区之间的货物运输提供的货物运输代理服务参照国际货物运输代理服务有关规定执行。

③ 委托方索取发票的,纳税人应当就国际货物运输代理服务收入向委托方全额开具增值税普通发票。

(18) 以下利息收入免征增值税:

① 自2017年1月1日至2019年12月31日,对金融机构农户小额贷款的利息收入。

小额贷款是指单笔且该农户贷款余额总额在10万元(含本数)以下的贷款。

② 国家助学贷款。

③ 国债、地方政府债。

④ 人民银行对金融机构的贷款。

⑤ 住房公积金管理中心用住房公积金在指定的委托银行发放的个人住房贷款。

⑥ 外汇管理部门在从事国家外汇储备经营过程中,委托金融机构发放的外汇贷款。

⑦ 统借统还业务中,企业集团或企业集团中的核心企业以及集团所属财务公司按不高于支付给金融机构的借款利率水平或者支付的债券票面利率水平,向企业集团或者集团内下属单位收取的利息。

统借方向资金使用单位收取的利息,高于支付给金融机构借款利率水平或者支付的债券票面利率水平的,应全额缴纳增值税。

⑧ 自 2018 年 11 月 7 日起至 2021 年 11 月 6 日止,对境外机构投资境内债券市场取得的债券利息收入暂免征收增值税。

上述暂免征收企业所得税的范围不包括境外机构在境内设立的机构、场所取得的与该机构、场所有实际联系的债券利息。

(19) 被撤销金融机构以货物、不动产、无形资产、有价证券、票据等财产清偿债务。被撤销金融机构是指经人民银行、银监会依法决定撤销的金融机构及其分设于各地的分支机构,包括被依法撤销的商业银行、信托投资公司、财务公司、金融租赁公司、城市信用社和农村信用社。除另有规定外,被撤销金融机构所属、附属企业,不享受被撤销金融机构增值税免税政策。

(20) 保险公司开办的 1 年期以上人身保险产品取得的保费收入。

1 年期以上人身保险是指保险期间为 1 年期及以上返还本利的人寿保险、养老年金保险,以及保险期间为 1 年期及以上的健康保险。

人寿保险是指以人的寿命为保险标的的人身保险。

(21) 再保险服务。

(22) 下列金融商品转让收入。

① 合格境外投资者(QFII)委托境内公司在我国从事证券买卖业务。

人民币合格境外投资者(RQFII)委托境内公司在我国从事证券买卖业务,以及经人民银行认可的境外机构投资银行间本币市场取得的收入也属于金融商品转让收入。银行间本币市场包括货币市场、债券市场以及衍生品市场。

② 香港市场投资者(包括单位和个人)通过沪港通和深港通买卖上海证券交易所和深圳证券交易所上市 A 股;内地投资者(包括单位和个人)通过沪港通买卖香港联交所上市股票。

③ 对香港市场投资者(包括单位和个人)通过基金互认买卖内地基金份额。

④ 证券投资基金(封闭式证券投资基金,开放式证券投资基金)管理人运用基金买卖股票、债券。

⑤ 个人从事金融商品转让业务。

(23) 金融同业往来利息收入。

① 金融机构与人民银行所发生的资金往来业务,包括人民银行对一般金融机构贷款,以及人民银行对商业银行的再贴现等。商业银行购买央行票据、与央行开展货币掉期和货币互存等业务也属于金融机构与人民银行所发生的资金往来业务。

② 银行联行往来业务是指同一银行系统内部不同行、处之间所发生的资金账务往来业

务。境内银行与其境外的总机构、母公司之间,以及境内银行与其境外的分支机构、全资子公司之间的资金往来业务也属于银行联行往来业务。

③ 金融机构间的资金往来业务是指经人民银行批准,进入全国银行间同业拆借市场的金融机构之间通过全国统一的同业拆借网络进行的短期(1年以下含1年)无担保资金融通行为。

④ 金融机构之间开展的转贴现业务。

金融机构是指:

A. 银行,包括人民银行、商业银行、政策性银行。

B. 信用合作社。

C. 证券公司。

D. 金融租赁公司、证券基金管理公司、财务公司、信托投资公司、证券投资基金。

E. 保险公司。

F. 其他经人民银行、银监会、证监会、保监会批准成立且经营金融保险业务的机构等。

除上述情况外,下列情况也属于同业往来利息收入:

同业存款。同业存款是指金融机构之间开展的同业资金存入与存出业务,其中资金存入方仅为具有吸收存款资格的金融机构。

同业借款。同业借款是指法律法规赋予此项业务范围的金融机构开展的同业资金借出和借入业务。所称"法律法规赋予此项业务范围的金融机构"主要是指农村信用社之间以及在金融机构营业执照列示的业务范围中有反映为"向金融机构借款"业务的金融机构。

同业代付。同业代付是指商业银行(受托方)接受金融机构(委托方)的委托向企业客户付款,委托方在约定还款日偿还代付款项本息的资金融通行为。

买断式买入返售金融商品。买断式买入返售金融商品是指金融商品持有人(正回购方)将债券等金融商品卖给债券购买方(逆回购方)的同时,交易双方约定在未来某一日期,正回购方再以约定价格从逆回购方买回相等数量同种债券等金融商品的交易行为。

持有金融债券。金融债券是指依法在中华人民共和国境内设立的金融机构法人在全国银行间和交易所债券市场发行的、按约定还本付息的有价证券。

同业存单。同业存单是指银行业存款类金融机构法人在全国银行间市场上发行的记账式定期存款凭证。

(24)同时符合规定条件的担保机构从事中小企业信用担保或者再担保业务取得的收入(不含信用评级、咨询、培训等收入)3年内免征增值税。

① 已取得监管部门颁发的融资性担保机构经营许可证,依法登记注册为企(事)业法人,实收资本超过2 000万元。

② 平均年担保费率不超过银行同期贷款基准利率的50%。

③ 连续合规经营2年以上,资金主要用于担保业务,具备健全的内部管理制度和为中小企业提供担保的能力,经营业绩突出,对受保项目具有完善的事前评估、事中监控、事后追偿与处置机制。

④ 为中小企业提供的累计担保贷款额占其2年累计担保业务总额的80%以上,单笔800万元以下的累计担保贷款额占其累计担保业务总额的50%以上。

⑤ 对单个受保企业提供的担保余额不超过担保机构实收资本总额的10%,且平均单笔担保责任金额最多不超过3 000万元人民币。

⑥ 担保责任余额不低于其净资产的 3 倍,且代偿率不超过 2%。

担保机构免征增值税政策采取备案管理方式。符合条件的担保机构应到所在地县(市)主管税务机关和同级中小企业管理部门履行规定的备案手续,自完成备案手续之日起,享受 3 年免征增值税政策。3 年免税期满后,符合条件的担保机构可按规定程序办理备案手续后继续享受该项政策。

该项免税政策自 2018 年 1 月 1 日起停止执行。纳税人享受中小企业信用担保增值税免税政策在 2017 年 12 月 31 日前未满 3 年的,可以继续享受至 3 年期满为止。

(25) 国家商品储备管理单位及其直属企业承担商品储备任务,从中央或者地方财政取得的利息补贴收入和价差补贴收入。

(26) 纳税人提供技术转让、技术开发和与之相关的技术咨询、技术服务。

① 技术转让、技术开发是指《销售服务、无形资产、不动产注释》中"转让技术""研发服务"范围内的业务活动。技术咨询是指就特定技术项目提供可行性论证、技术预测、专题技术调查、分析评价报告等业务活动。

与技术转让、技术开发相关的技术咨询、技术服务是指转让方(或者受托方)根据技术转让或者开发合同的规定,为帮助受让方(或者委托方)掌握所转让(或者委托开发)的技术,而提供的技术咨询、技术服务业务,且这部分技术咨询、技术服务的价款与技术转让或者技术开发的价款应当在同一张发票上开具。

② 备案程序。试点纳税人申请免征增值税时,须持技术转让、技术开发的书面合同,到纳税人所在地省级科技主管部门进行认定,并持有关的书面合同和科技主管部门审核意见证明文件报主管税务机关备查。

(27) 同时符合下列条件的合同能源管理服务:

① 节能服务公司实施合同能源管理项目相关技术,应当符合国家质量监督检验检疫总局和国家标准化管理委员会发布的《合同能源管理技术通则》(GB/T 24915—2010)规定的技术要求。

② 节能服务公司与用能企业签订节能效益分享型合同,其合同格式和内容,符合《中华人民共和国合同法》和《合同能源管理技术通则》(GB/T 24915—2010)等规定。

(28) 政府举办的从事学历教育的高等、中等和初等学校(不含下属单位),举办进修班、培训班取得的收入全部归该学校所有。全部归该学校所有是指举办进修班、培训班取得的全部收入进入该学校统一账户,并纳入预算全额上缴财政专户管理,同时由该学校对有关票据进行统一管理和开具。

(29) 政府举办的职业学校设立的主要为在校学生提供实习场所,并由学校出资自办、由学校负责经营管理、经营收入归学校所有的企业,从事《销售服务、无形资产或者不动产注释》中"现代服务"(不含融资租赁服务、广告服务和其他现代服务)、"生活服务"(不含文化体育服务、其他生活服务和桑拿、氧吧)业务活动取得的收入。

(30) 家政服务企业由员工制家政服务员提供家政服务取得的收入。

(31) 福利彩票、体育彩票的发行收入。

(32) 军队空余房产租赁收入。

(33) 为了配合国家住房制度改革,企业、行政事业单位按房改成本价、标准价出售住房取得的收入。

（34）将土地使用权转让给农业生产者用于农业生产。

（35）涉及家庭财产分割的个人无偿转让不动产、土地使用权。

家庭财产分割，包括下列情形：离婚财产分割；无偿赠与配偶、父母、子女、祖父母、外祖父母、孙子女、外孙子女、兄弟姐妹；无偿赠与对其承担直接抚养或者赡养义务的抚养人或者赡养人；房屋产权所有人死亡，法定继承人、遗嘱继承人或者受遗赠人依法取得房屋产权。

（36）土地所有者出让土地使用权和土地使用者将土地使用权归还给土地所有者。

（37）县级以上地方人民政府或自然资源行政主管部门出让、转让或收回自然资源使用权（不含土地使用权）。

（38）随军家属就业。

① 为安置随军家属就业而新开办的企业，自领取税务登记证之日起，其提供的应税服务3年内免征增值税。

享受税收优惠政策的企业，随军家属必须占企业总人数的60%（含）以上，并有军（含）以上政治和后勤机关出具的证明。

② 从事个体经营的随军家属，自办理税务登记事项之日起，其提供的应税服务3年内免征增值税。

随军家属必须有师以上政治机关出具的可以表明其身份的证明。

按照上述规定，每一名随军家属可以享受一次免税政策。

（39）军队转业干部就业。

① 从事个体经营的军队转业干部，自领取税务登记证之日起，其提供的应税服务3年内免征增值税。

② 为安置自主择业的军队转业干部就业而新开办的企业，凡安置自主择业的军队转业干部占企业总人数60%（含）以上的，自领取税务登记证之日起，其提供的应税服务3年内免征增值税。

享受上述优惠政策的自主择业的军队转业干部必须持有师以上部队颁发的转业证件。

（40）各党派、共青团、工会、妇联、中科协、青联、台联、侨联收取党费、团费、会费，以及政府间国际组织收取会费，属于非经营活动，不征收增值税。

（41）青藏铁路公司提供的铁路运输服务免征增值税。

（42）中国邮政集团公司及其所属邮政企业提供的邮政普遍服务和邮政特殊服务，免征增值税。

（43）自2016年1月1日起，中国邮政集团公司及其所属邮政企业为金融机构代办金融保险业务取得的代理收入，在"营改增"试点期间免征增值税。

（二）增值税即征即退

（1）增值税一般纳税人销售其自行开发生产的软件产品，按13%税率征收增值税后，对其增值税实际税负超过3%的部分实行即征即退政策。

增值税一般纳税人将进口软件产品进行本地化改造后对外销售，其销售的软件产品可享受上款规定的增值税即征即退政策。本地化改造是指对进口软件产品进行重新设计、改进、转换等，单纯对进口软件产品进行汉字化处理不包括在内。

（2）一般纳税人提供管道运输服务，对其增值税实际税负超过3%的部分实行增值税即征即退政策。

（3）经人民银行、银监会或者商务部批准从事融资租赁业务的试点纳税人中的一般纳税人，提供有形动产融资租赁服务和有形动产融资性售后回租服务，对其增值税实际税负超过3%的部分实行增值税即征即退政策。

（4）自2018年5月1日至2020年12月31日，对动漫企业增值税一般纳税人销售其自主开发生产的动漫软件，按照13%的税率征收增值税后，对其增值税实际税负超过3%的部分，实行即征即退政策。

上述所称增值税实际税负是指纳税人当期提供应税服务实际缴纳的增值税税额占纳税人当期提供应税服务取得的全部价款和价外费用的比例。

（5）纳税人安置残疾人应享受增值税即征即退优惠政策。

（6）增值税的退还。

纳税人本期已缴增值税税额小于本期应退税额不足退还的，可在本年度内以前纳税期已缴增值税税额扣除已退增值税税额的余额中退还，仍不足退还的可结转本年度内以后纳税期退还。

年度已缴增值税税额小于或等于年度应退税额的，退税额为年度已缴增值税税额；年度已缴增值税税额大于年度应退税额的，退税额为年度应退税额。年度已缴增值税税额不足退还的，不得结转以后年度退还。

（三）扣减增值税规定

1. 退役士兵创业就业

（1）对自主就业退役士兵从事个体经营的，在3年（36个月，下同）内按每户每年12 000元为限额依次扣减其当年实际应缴纳的增值税、城市维护建设税、教育费附加、地方教育附加和个人所得税。限额标准最高可上浮20%，各省、自治区、直辖市人民政府可根据本地区实际情况在此幅度内确定具体限额标准，并报财政部和国家税务总局备案。

（2）企业招用自主就业退役士兵，与其签订1年以上期限劳动合同并依法缴纳社会保险费的，自签订劳动合同并缴纳社会保险当月起，在3年内按实际招用人数予以定额依次扣减增值税、城市维护建设税、教育费附加、地方教育附加和企业所得税优惠。定额标准为每人每年6 000元，最高可上浮50%，各省、自治区、直辖市人民政府可根据本地区实际情况在此幅度内确定具体定额标准。

（3）上述所称自主就业退役士兵是指依照《退役士兵安置条例》（国务院、中央军委令第608号）的规定退出现役并按自主就业方式安置的退役士兵。所称企业是指属于增值税纳税人或企业所得税纳税人的企业等单位。

（4）上述税收优惠政策的执行期限为2019年1月1日至2021年12月31日，纳税人在2021年12月31日未享受满3年的，可继续享受至3年期满为止。

退役士兵以前年度已享受退役士兵创业就业税收优惠政策满3年的，不得再享受本通知规定的税收优惠政策；以前年度享受退役士兵创业就业税收优惠政策未满3年且符合本通知规定条件的，可按本通知规定享受优惠至3年期满。

2. 重点群体创业就业

（1）建档立卡贫困人口、持《就业创业证》的人员，从事个体经营的，自办理个体工商户登记当月起，在3年（36个月，下同）内按每户每年12 000元为限额依次扣减其当年实际应缴纳的增值税、城市维护建设税、教育费附加、地方教育附加和个人所得税。限额标准最高可上浮 20%，各省、自治区、直辖市人民政府可根据本地区实际情况在此幅度内确定具体限额标准。

（2）企业招用建档立卡贫困人口，以及在人力资源社会保障部门公共就业服务机构登记失业半年以上且持《就业创业证》或《就业失业登记证》的人员，与其签订 1 年以上期限劳动合同并依法缴纳社会保险费的，自签订劳动合同并缴纳社会保险当月起，在 3 年内按实际招用人数予以定额依次扣减增值税、城市维护建设税、教育费附加、地方教育附加和企业所得税优惠。定额标准为每人每年 6 000 元，最高可上浮 30%，各省、自治区、直辖市人民政府可根据本地区实际情况在此幅度内确定具体定额标准。

（3）企业招用就业人员既可以适用本通知规定的税收优惠政策，又可以适用其他扶持就业专项税收优惠政策的，企业可以选择适用最优惠的政策，但不得重复享受。

（4）上述税收优惠政策的执行期限为 2019 年 1 月 1 日至 2021 年 12 月 31 日，纳税人在 2016 年 12 月 31 日未享受满 3 年的，可继续享受至 3 年期满为止。

（四）增值税先征后退政策

自 2018 年 1 月 1 日起至 2020 年 12 月 31 日，对宣传文化执行下列增值税先征后退政策。

1. 对下列出版物在出版环节执行增值税 100% 先征后退的政策

（1）中国共产党和各民主党派的各级组织的机关报纸和机关期刊，各级人大、政协、政府、工会、共青团、妇联、残联、科协的机关报纸和机关期刊，新华社的机关报纸和机关期刊，军事部门的机关报纸和机关期刊。

上述各级组织不含其所属部门。机关报纸和机关期刊增值税先征后退范围掌握在一个单位一份报纸和一份期刊以内。

（2）专为少年儿童出版发行的报纸和期刊，中小学的学生课本。

（3）专为老年人出版发行的报纸和期刊。

（4）少数民族文字出版物。

（5）盲文图书和盲文期刊。

（6）经批准在内蒙古、广西、西藏、宁夏、新疆五个自治区内注册的出版单位出版的出版物。

（7）列入通知规定的图书、报纸和期刊。

2. 对下列出版物在出版环节执行增值税先征后退 50% 的政策

（1）各类图书、期刊、音像制品、电子出版物，但规定执行增值税 100% 先征后退的出版物除外。

（2）列入通知规定的报纸。

3. 对下列印刷、制作业务执行增值税 100% 先征后退的政策

（1）对少数民族文字出版物的印刷或制作业务。

（2）列入通知规定的新疆维吾尔自治区印刷企业的印刷业务。

（五）金融企业发放贷款后，自结息日起 90 天内发生的应收未收利息按现行规定缴纳增值税，自结息日起 90 天后发生的应收未收利息暂不缴纳增值税，待实际收到利息时按规定缴纳增值税

上述所称金融企业是指银行（包括国有、集体、股份制、合资、外资银行以及其他所有制形式的银行）、城市信用社、农村信用社、信托投资公司、财务公司。

(六) 个人将购买不足 2 年的住房对外销售的,按照 5% 的征收率全额缴纳增值税;个人将购买 2 年以上(含 2 年)的住房对外销售的,免征增值税。上述政策适用于北京市、上海市、广州市和深圳市之外的地区

个人将购买 2 年以上(含 2 年)的非普通住房对外销售的,以销售收入减去购买住房价款后的差额按照 5% 的征收率缴纳增值税;个人将购买 2 年以上(含 2 年)的普通住房对外销售的,免征增值税。上述政策仅适用于北京市、上海市、广州市和深圳市。

(七) 上述增值税优惠政策除已规定期限的项目和第(五)条政策外,其他均在"营改增"试点期间执行

如果试点纳税人在纳入"营改增"试点之日前已经按照有关政策规定享受了营业税税收优惠,在剩余税收优惠政策期限内,按照本规定享受有关增值税优惠。

三、财政部、国家税务总局规定的其他部分征免税项目

(一) 资源综合利用产品和劳务增值税优惠政策

根据财税〔2015〕号关于印发《资源综合利用产品和劳务增值税优惠目录》的通知的规定,纳税人销售自产的综合利用产品和提供资源综合利用劳务,可享受增值税即征即退政策。目录中将资源综合利用类别分为"共、伴生矿产资源""废渣、废水(液)、废气""再生资源""农林剩余物及其他""资源综合利用劳务"五大类。每一类下列举了具体的综合利用的资源名称、综合利用产品和劳务名称、技术标准和相关条件、退税比例。退税比例有 30%、50%、70% 和 100% 四个档次。

(二) 免征蔬菜流通环节增值税

经国务院批准,自 2012 年 1 月 1 日起,免征蔬菜流通环节增值税。

(1) 对从事蔬菜批发、零售的纳税人销售的蔬菜免征增值税。

蔬菜是指可作副食的草本、木本植物,包括各种蔬菜、菌类植物和少数可作副食的木本植物。蔬菜的主要品种参照《蔬菜主要品种目录》执行。

经挑选、清洗、切分、晾晒、包装、脱水、冷藏、冷冻等工序加工的蔬菜,属于本通知所述蔬菜的范围。

各种蔬菜罐头不属于本通知所述蔬菜的范围。蔬菜罐头是指蔬菜经处理、装罐、密封、杀菌或无菌包装而制成的食品。

(2) 纳税人既销售蔬菜又销售其他增值税应税货物的,应分别核算蔬菜和其他增值税应税货物的销售额;未分别核算的,不得享受蔬菜增值税免税政策。

(三) 粕类产品征免增值税问题

豆粕属于征收增值税的饲料产品,除豆粕以外的其他粕类饲料产品,均免征增值税。

(四) 制种行业免征增值税政策

制种企业在下列生产经营模式下生产销售种子,属于农业生产者销售自产农业产品,应根据《增值税暂行条例》有关规定免征增值税。

(1) 制种企业利用自有土地或承租土地,雇用农户或雇工进行种子繁育,再经烘干、脱粒、风筛等深加工后销售种子。

(2) 制种企业提供亲本种子委托农户繁育并从农户手中收回,再经烘干、脱粒、风筛等深加工后销售种子。

（五）有机肥产品免征增值税政策

自 2008 年 6 月 1 日起,纳税人生产销售和批发、零售有机肥产品免征增值税。

享受免税政策的纳税人应按照规定,单独核算有机肥产品的销售额。未单独核算销售额的,不得免税。纳税人销售免税的有机肥产品,应按规定开具普通发票,不得开具增值税专用发票。纳税人申请免征增值税,应向主管税务机关提供相关的资料,凡不能提供的,一律不得免税。

（六）按债转股企业与金融资产管理公司签订的债转股协议,债转股原企业将货物资产作为投资提供给债转股新公司的,免征增值税

（略）

（七）自 2014 年 3 月 1 日起,对外购用于生产乙烯、芳烃类化工产品（以下称特定化工产品）的石脑油、燃料油（以下称 2 类油品）,且使用 2 类油品生产特定化工产品的产量占本企业用石脑油、燃料油生产各类产品总量 50%（含）以上的企业,其外购 2 类油品的价格中消费税部分对应的增值税税额,予以退还

对符合上述规定条件的企业,在 2014 年 2 月 28 日前形成的增值税期末留抵税额,可在不超过其购进 2 类油品的价格中消费税部分对应的增值税税额的规模下,申请一次性退还。

2 类油品的价格中消费税部分对应的增值税税额,根据国家对 2 类油品开征消费税以来企业购进的已缴纳消费税的 2 类油品数量和消费税单位税额计算。

增值税期末留抵税额,根据主管税务机关认可的增值税纳税申报表的金额计算。

（八）小规模纳税人发生增值税应税销售行为,合计月销售额未超过 10 万元（以 1 个季度为一个纳税期的,季度销售额未超过 30 万元,下同）的,免征增值税

小规模纳税人发生增值税应税销售行为,合计月销售额超过 10 万元,但扣除本期发生的销售不动产的销售额后未超过 10 万元的,其销售货物、劳务、服务、无形资产取得的销售额免征增值税。

适用增值税差额征税政策的小规模纳税人,以差额后的销售额确定是否可以享受上述规定的免征增值税政策。

（九）境内的单位和个人销售规定的服务和无形资产免征增值税,但财政部和国家税务总局规定适用增值税零税率的除外

（见本章第八节二中的有关内容）

（十）自 2016 年 1 月 1 日至 2018 年供暖期结束,对供热企业向居民个人（以下统称居民）供热而取得的采暖费收入免征增值税

向居民供热而取得的采暖费收入,包括供热企业直接向居民收取的、通过其他单位向居民收取的和由单位代居民缴纳的采暖费。

免征增值税的采暖费收入,应当按照《增值税暂行条例》第十六条的规定单独核算。通过热力产品经营企业向居民供的热力产品生产企业,应当根据热力产品经营企业实际从居民取得的采暖费收入占该经营企业采暖费总收入的比例确定免税收入比例。

本条所称供暖期是指当年下半年供暖开始至次年上半年供暖结束的期间。

四、增值税起征点的规定

《增值税暂行条例》规定,纳税人销售额未达到国务院财政、税务主管部门规定的增值税起征点的,免征增值税;达到起征点的,依照本条例规定全额计算缴纳增值税。

《增值税暂行条例实施细则》和"营改增通知"规定,增值税起征点仅适用于个人,包括:个体工商户和其他个人,但不适用于登记认定为一般纳税人的个体工商户。即:增值税起征点仅适用于按照小规模纳税人纳税的个体工商户和其他个人。

"营改增通知"规定,个人发生应税行为的销售额未达到增值税起征点的,免征增值税;达到起征点的,全额计算缴纳增值税。但是根据《财政部 税务总局关于实施小微企业普惠性税收减免政策的通知》(财税〔2019〕13 号),对月销售额 10 万元以下(含本数)的增值税小规模纳税人,免征增值税。

增值税起征点幅度如下:

(1) 按期纳税的,为月销售额 5 000～20 000 元(含本数)。

(2) 按次纳税的,为每次(日)销售额 300～500 元(含本数)。

起征点的调整由财政部和国家税务总局规定。省、自治区、直辖市财政厅(局)和国家税务局应当在规定的幅度内,根据实际情况确定本地区适用的起征点,并报财政部和国家税务总局备案。

五、其他有关减免税规定

(1) 纳税人兼营免税、减税项目的,应当分别核算免税、减税项目的销售额;未分别核算销售额的,不得免税、减税。

(2) 纳税人发生应税销售行为适用免税规定的,可以放弃免税,依照《增值税暂行条例》的规定缴纳增值税。放弃免税后,36 个月内不得再申请免税。

纳税人发生应税销售行为同时适用免税和零税率规定的,优先适用零税率。

① 生产和销售免征增值税的应税销售行为的纳税人要求放弃免税权,应当以书面形式提交放弃免税权声明,报主管税务机关备案。纳税人自提交备案资料的次月起,按照现行有关规定计算缴纳增值税。

② 放弃免税权的纳税人符合一般纳税人认定条件尚未认定为增值税一般纳税人的,应当按现行规定认定为增值税一般纳税人,其发生的应税销售行为可开具增值税专用发票。

③ 纳税人一经放弃免税权,其生产销售的全部应税销售行为均应按照适用税率征税,不得选择某一免税项目放弃免税权,也不得根据不同的销售对象选择部分应税销售行为放弃免税权。

④ 纳税人在免税期内购进用于免税项目的货物、劳务、服务、无形资产、不动产所取得的增值税扣税凭证,一律不得抵扣。

(3) 安置残疾人单位既符合促进残疾人就业增值税优惠政策条件,又符合其他增值税优惠政策条件的,可同时享受多项增值税优惠政策,但年度申请退还增值税总额不得超过本年度内应纳增值税总额。

(4) 纳税人既享受增值税即征即退、先征后退政策,又享受免抵退税政策有关问题的处理。纳税人应分别核算增值税即征即退、先征后退项目和出口等其他增值税应税项目,分别申请享受增值税即征即退、先征后退和免抵退税政策。

第十节　征 收 管 理

一、纳税义务发生时间、纳税期限和纳税地点

（一）纳税义务发生时间

《增值税暂行条例》《增值税暂行条例实施细则》和"营改增通知"明确规定了增值税纳税义务发生时间。纳税义务发生时间，是纳税人发生应税销售行为应当承担纳税义务的起始时间。纳税义务发生时间的作用在于：一是正式确认纳税人和扣缴义务人已经发生属于税法规定的应税销售行为时，应承担的纳税和扣缴义务；二是有利于税务机关实施税务管理，合理规定申报期限和纳税期限，监督纳税人切实履行纳税义务。

1. 应税销售行为纳税义务发生时间的一般规定

《增值税暂行条例》明确规定：

（1）纳税人发生应税销售行为，其纳税义务发生时间为收讫销售款项或者取得索取销售款项凭据的当天；先开具发票的，为开具发票的当天。

收讫销售款项是指纳税人发生应税销售行为过程中或者完成后收到的款项。

取得索取销售款项凭据的当天是指书面合同确定的付款日期；未签订书面合同或者书面合同未确定付款日期的，为应税销售行为完成的当天或者不动产权属变更的当天。

（2）进口货物，为报关进口的当天。

（3）增值税扣缴义务发生时间为纳税人增值税纳税义务发生的当天。

2. 应税销售行为纳税义务发生时间的具体规定

由于纳税人销售结算方式的不同，《增值税暂行条例实施细则》和"营改增通知"规定了具体的纳税义务发生时间。

（1）采取直接收款方式销售货物，不论货物是否发出，均为收到销售款或者取得索取销售款凭据的当天。

纳税人生产经营活动中采取直接收款方式销售货物，已将货物移送对方并暂估销售收入入账，但既未取得销售款或取得索取销售款凭据也未开具销售发票的，其增值税纳税义务发生时间为取得销售款或取得索取销售款凭据的当天；先开具发票的，为开具发票的当天。

（2）采取托收承付和委托银行收款方式销售货物，为发出货物并办妥托收手续的当天。

（3）采取赊销和分期收款方式销售货物，为书面合同约定的收款日期的当天，无书面合同的或者书面合同没有约定收款日期的，为货物发出的当天。

（4）采取预收货款方式销售货物，为货物发出的当天，但生产销售生产工期超过 12 个月的大型机械设备、船舶、飞机等货物，为收到预收款或者书面合同约定的收款日期的当天。

（5）委托其他纳税人代销货物，为收到代销单位的代销清单或者收到全部或者部分货款的当天。未收到代销清单及货款的，为发出代销货物满 180 天的当天。

（6）销售劳务，为提供劳务同时收讫销售款或者取得索取销售款的凭据的当天。

（7）纳税人发生除将货物交付其他单位或者个人代销和销售代销货物以外的视同销售货物行为，为货物移送的当天。

（8）纳税人提供租赁服务采取预收款方式的，其纳税义务发生时间为收到预收款的当天。

（9）纳税人从事金融商品转让的，为金融商品所有权转移的当天。

（10）纳税人发生视同销售服务、无形资产或者不动产情形的，其纳税义务发生时间为服务、无形资产转让完成的当天或者不动产权属变更的当天。

上述应税销售行为纳税义务发生时间和扣缴义务发生时间的确定，明确了企业在计算应纳税额时，对"当期销项税额"时间的限定，是增值税计税和征收管理中重要的规定。对于一些企业没有按照上述规定的纳税义务发生时间将实现的销售收入及时入账并计算纳税，而是采取延迟入账或不计销售收入等做法，以拖延纳税或逃避纳税的行为都是错误的。企业必须按上述规定的时限及时、准确地记录销售额和计算当期销项税额。

（二）纳税期限

在明确了增值税纳税义务发生时间后，还需要掌握具体纳税期限，以保证按期缴纳税款。根据《增值税暂行条例》和"营改增通知"，增值税的纳税期限分别为 1 日、3 日、5 日、10 日、15 日、1 个月或者 1 个季度。

纳税人的具体纳税期限，由主管税务机关根据纳税人应纳税额的大小分别核定。不能按照固定期限纳税的，可以按次纳税。根据"营改增通知"和《增值税暂行条例实施细则》的规定，以 1 个季度为纳税期限的规定适用于小规模纳税人、银行、财务公司、信托投资公司、信用社，以及财政部和国家税务总局规定的其他纳税人。

纳税人以 1 个月或者 1 个季度为一个纳税期的，自期满之日起 15 日内申报纳税；以 1 日、3 日、5 日、10 日或者 15 日为一个纳税期的，自期满之日起 5 日内预缴税款，于次月 1 日起 15 日内申报纳税并结清上月应纳税款。

扣缴义务人解缴税款的期限，依照前两款规定执行。

纳税人进口货物，应当自海关填发进口增值税专用缴款书之日起 15 日内缴纳税款。

按固定期限纳税的小规模纳税人可以选择以 1 个月或 1 个季度为纳税期限，纳税期限一经选择，一个会计年度内不得变更。

（三）纳税地点

（1）固定业户应当向其机构所在地主管税务机关申报纳税。总机构和分支机构不在同一县（市）的，应当分别向各自所在地的主管税务机关申报纳税；经财政部和国家税务总局或者其授权的财政和税务机关批准，可以由总机构汇总向总机构所在地的主管税务机关申报纳税。

根据税收属地管辖原则，固定业户应当向其机构所在地的主管税务机关申报纳税，这是一般性规定。这里的机构所在地是指纳税人的注册登记地。如果固定业户设有分支机构，且不在同一县（市）的，应当分别向各自所在地的主管税务机关申报纳税。经财政部和国家税务总局或者其授权的财政和税务机关批准，可以由总机构汇总向总机构所在地的主管税务机关申报纳税。具体审批权限如下：

① 总机构和分支机构不在同一省、自治区、直辖市的，经财政部和国家税务总局批准，可以由总机构汇总向总机构所在地的主管税务机关申报纳税。

② 总机构和分支机构不在同一县（市），但在同一省、自治区、直辖市范围内的，经省、自治区、直辖市财政厅（局）、国家税务局审批同意，可以由总机构汇总向总机构所在地的主管税务机关申报纳税。

（2）固定业户到外县（市）销售货物或者劳务，应当向其机构所在地的主管税务机关报告外出经营事项,并向其机构所在地的主管税务机关申报纳税;未报告的,应当向销售地或者劳务发生地的主管税务机关申报纳税;未向销售地或者劳务发生地的主管税务机关申报纳税的,由其机构所在地的主管税务机关补征税款。

（3）非固定业户销售货物或者劳务应当向销售地或者劳务发生地主管税务机关申报纳税;未向销售地或者劳务发生地的主管税务机关申报纳税的,由其机构所在地或者居住地主管税务机关补征税款。

（4）进口货物,应当向报关地海关申报纳税。

（5）扣缴义务人应当向其机构所在地或者居住地主管税务机关申报缴纳扣缴的税款。

第十一节　增值税发票的使用及管理

增值税一般纳税人发生应税销售行为,应使用增值税发票管理新系统（以下简称新系统）开具增值税专用发票、增值税普通发票、机动车销售统一发票、增值税电子普通发票。

一、增值税专用发票

（一）增值税专用发票的联次

增值税专用发票由基本联次或者基本联次附加其他联次构成,基本联次为三联:发票联、抵扣联和记账联。发票联,作为购买方核算采购成本和增值税进项税额的记账凭证;抵扣联,作为购买方报送主管税务机关认证和留存备查的凭证;记账联,作为销售方核算销售收入和增值税销项税额的记账凭证。其他联次用途,由一般纳税人自行确定。

（二）增值税专用发票的开具

增值税专用发票应按下列要求开具:

（1）项目齐全,与实际交易相符。

（2）字迹清楚,不得压线、错格。

（3）发票联和抵扣联加盖财务专用章或者发票专用章。

（4）按照增值税纳税义务的发生时间开具。

对不符合上列要求的增值税专用发票,购买方有权拒收。

（5）一般纳税人发生应税销售行为可汇总开具增值税专用发票。汇总开具增值税专用发票的,同时使用防伪税控系统开具《销售货物或者提供应税劳务清单》,并加盖财务专用章或者发票专用章。

（6）保险机构作为车船税扣缴义务人,在代收车船税并开具增值税发票时,应在增值税发票备注栏中注明代收车船税税款信息。具体包括:保险单号、税款所属期（详细至月）、代收车船税金额、滞纳金金额、金额合计等。该增值税发票可作为纳税人缴纳车船税及滞纳金的会计核算原始凭证。

除上述规定外,"营改增"的相关文件还结合实际情况对增值税专用发票的开具作出了如下规定:

（1）自 2016 年 5 月 1 日起,纳入新系统推行范围的试点纳税人及新办增值税纳税人,应使用新系统根据《商品和服务税收分类与编码（试行）》选择相应的编码开具增值税发票。北京市、上海市、江苏省和广东省已使用编码的纳税人,应于5月1日前完成开票软件升级。5月1日前已使用新系统的纳税人,应于8月1日前完成开票软件升级。

(2)按照现行政策规定适用差额征税办法缴纳增值税,且不得全额开具增值税发票的(财政部、税务总局另有规定的除外),纳税人自行开具或者税务机关代开增值税发票时,通过新系统中差额征税开票功能,录入含税销售额(或含税评估额)和扣除额,系统自动计算税额和不含税金额,备注栏自动打印"差额征税"字样,发票开具不应与其他应税行为混开。

(3)提供建筑服务,纳税人自行开具或者税务机关代开增值税发票时,应在发票的备注栏注明建筑服务发生地县(市、区)名称及项目名称。

(4)销售不动产,纳税人自行开具或者税务机关代开增税发票时,应在发票"货物或应税劳务、服务名称"栏填写不动产名称及房屋产权证书号码(无房屋产权证书的可不填写),"单位"栏填写面积单位,备注栏注明不动产的详细地址。

(5)出租不动产,纳税人自行开具或者税务机关代开增值税发票时,应在备注栏注明不动产的详细地址。

(6)个人出租住房适用优惠政策减按1.5%征收,纳税人自行开具或者税务机关代开增值税发票时,通过新系统中征收率减按1.5%征收开票功能,录入含税销售额,系统自动计算税额和不含税金额,发票开具不应与其他应税行为混开。

(7)税务机关代开增值税发票时,"销售方开户行及账号"栏填写税收完税凭证字轨及号码或系统税票号码(免税代开增值税普通发票可不填写)。

(8)国税机关为跨县(市、医)提供不动产经营租赁服务、建筑服务的小规模纳税人(不包括其他个人),代开增值税发票时,在发票备注栏中自动打印"YD"字样。

(三)增值税专用发票的领购

一般纳税人凭《发票领购簿》、IC卡和经办人身份证明领购增值税专用发票。一般纳税人有下列情形之一的,不得领购开具增值税专用发票:

(1)会计核算不健全,不能向税务机关准确提供增值税销项税额、进项税额、应纳税额数据及其他有关增值税税务资料的。

上列其他有关增值税税务资料的内容,由省、自治区、直辖市和计划单列市国家税务局确定。

(2)有《税收征收管理法》规定的税收违法行为,拒不接受税务机关处理的。

(3)有下列行为之一,经税务机关责令限期改正而仍未改正的:

① 虚开增值税专用发票。

② 私自印制增值税专用发票。

③ 向税务机关以外的单位和个人买取增值税专用发票。

④ 借用他人增值税专用发票。

⑤ 未按要求开具发票的。

⑥ 未按规定保管专用发票和专用设备。

有下列情形之一的,为未按规定保管增值税专用发票和专用设备:

A. 未设专人保管增值税专用发票和专用设备。

B. 未按税务机关要求存放增值税专用发票和专用设备。

C. 未将认证相符的增值税专用发票抵扣联、《认证结果通知书》和《认证结果清单》装订成册。

D. 未经税务机关查验,擅自销毁增值税专用发票基本联次。

⑦ 未按规定申请办理防伪税控系统变更发行。

⑧ 未按规定接受税务机关检查。

有上列情形的,如已领购增值税专用发票,主管税务机关应暂扣其结存的增值税专用发票和 IC 卡。

(4) 新办纳税人首次申领增值税发票规定。

① 同时满足下列条件的新办纳税人首次申领增值税发票,主管税务机关应当自受理申请之日起 2 个工作日内办结,有条件的主管税务机关当日办结:

A. 纳税人的办税人员、法定代表人已经进行实名信息采集和验证(需要采集、验证法定代表人实名信息的纳税人范围由各省税务机关确定)。

B. 纳税人有开具增值税发票需求,主动申领发票。

C. 纳税人按照规定办理税控设备发行等事项。

② 新办纳税人首次申领增值税发票主要包括发票票种核定、增值税专用发票(增值税税控系统)最高开票限额审批、增值税税控系统专用设备初始发行、发票领用等涉税事项。

③ 税务机关为符合①规定的首次申领增值税发票的新办纳税人办理发票票种核定,增值税专用发票最高开票限额不超过 10 万元,每月最高领用数量不超过 25 份;增值税普通发票最高开票限额不超过 10 万元,每月最高领用数量不超过 50 份。各省税务机关可以在此范围内结合纳税人税收风险程度,自行确定新办纳税人首次申领增值税发票票种核定标准。

(四) 增值税专用发票开具范围

(1) 一般纳税人发生应税销售行为,应向购买方开具增值税专用发票。

(2) 商业企业一般纳税人零售的烟、酒、食品、服装、鞋帽(不包括劳保专用部分)、化妆品等消费品不得开具增值税专用发票。

(3) 增值税小规模纳税人需要开具增值税专用发票的,可向主管税务机关申请代开。

(4) 销售免税货物不得开具增值税专用发票,法律、法规及国家税务总局另有规定的除外。

(5) 纳税人发生应税销售行为,应当向索取增值税专用发票的购买方开具增值税专用发票,并在增值税专用发票上分别注明销售额和销项税额。属于下列情形之一的,不得开具增值税专用发票:

① 应税销售行为的购买方为消费者个人的。

② 发生应税销售行为适用免税规定的。

(6) 自 2017 年 6 月 1 日起,将建筑业纳入增值税小规模纳税人自行开具增值税专用发票试点范围。月销售额超过 3 万元(或季销售额超过 9 万元)的建筑业增值税小规模纳税人(以下称自开发票试点纳税人)提供建筑服务、销售货物或发生其他增值税应税行为,需要开具增值税专用发票的,通过增值税发票管理新系统自行开具。

自开发票试点纳税人销售其取得的不动产,需要开具增值税专用发票的,仍须向地税机关申请代开。

自开发票试点纳税人所开具的增值税专用发票应缴纳的税款,应在规定的纳税申报期内,向主管国税机关申报纳税。在填写增值税纳税申报表时,应将当期开具增值税专用发票的销售额,按照 3% 和 5% 的征收率,分别填写在《增值税纳税申报表》(小规模纳税人适用)第 2 栏和第 5 栏"税务机关代开的增值税专用发票不含税销售额"的"本期数"相应栏次中。

(7) 扩大小规模纳税人自行开具增值税专用发票试点范围。将小规模纳税人自行开具增值税专用发票试点范围由住宿业、鉴证咨询业、建筑业、工业、信息传输、软件和信息技术服务业,扩大至租赁和商务服务业,科学研究和技术服务业,居民服务、修理和其他服务业。上述 8 个行业小规模纳税人(以下称试点纳税人)发生增值税应税行为,需要开具增值税专用发票的,可以自愿使用增值税发票管理系统自行开具。

试点纳税人销售其取得的不动产,需要开具增值税专用发票的,应当按照有关规定向税务机关申请代开。

试点纳税人应当就开具增值税专用发票的销售额计算增值税应纳税额,并在规定的纳税申报期内向主管税务机关申报缴纳。在填写增值税纳税申报表时,应当将当期开具增值税专用发票的销售额,按照 3% 和 5% 的征收率,分别填写在《增值税纳税申报表》(小规模纳税人适用)第 2 栏和第 5 栏"税务机关代开的增值税专用发票不含税销售额"的"本期数"相应栏次中。

(8) 小规模纳税人月销售额超过 10 万元的,使用增值税发票管理系统开具增值税普通发票、机动车销售统一发票、增值税电子普通发票。

已经使用增值税发票管理系统的小规模纳税人,月销售额未超过 10 万元的,可以继续使用现有税控设备开具发票;已经自行开具增值税专用发票的,可以继续自行开具增值税专用发票,并就开具增值税专用发票的销售额计算缴纳增值税。

(9) 自 2020 年 5 月 1 日至 2023 年 12 月 31 日,从事二手车经销业务的纳税人销售其收购的二手车应当开具二手车统一发票,购买方索取增值税专用发票的,应当再开具征收率为 0.5% 的增值税专用发票。

(五) 开具增值税专用发票后发生退货或开票有误的处理

(1) 增值税一般纳税人开具增值税专用发票后,发生销货退回、开票有误、应税服务中止等情形但不符合发票作废条件,或者因销货部分退回及发生销售折让,需要开具红字增值税专用发票的,按规定方法处理。

① 购买方取得增值税专用发票已用于申报抵扣的,购买方可在增值税发票管理新系统(以下简称新系统)中填开并上传《开具红字增值税专用发票信息表》(以下简称《信息表》),在填开《信息表》时不填写相对应的蓝字增值税专用发票信息,应暂依《信息表》所列增值税税额从当期进项税额中转出,待取得销售方开具的红字增值税专用发票后,与《信息表》一并作为记账凭证。

购买方取得增值税专用发票未用于申报抵扣、但发票联或抵扣联无法退回的,购买方填开《信息表》时应填写相对应的蓝字增值税专用发票信息。

销售方开具增值税专用发票尚未交付购买方,以及购买方未用于申报抵扣并将发票联及抵扣联退回的,销售方可在新系统中填开并上传《信息表》。销售方填开《信息表》时应填写相对应的蓝字增值税专用发票信息。

② 主管税务机关通过网络接收纳税人上传的《信息表》,系统自动校验通过后,生成带有"红字发票信息表编号"的《信息表》,并将信息同步至纳税人端系统中。

③ 销售方凭税务机关系统校验通过的《信息表》开具红字增值税专用发票,在新系统中以销项负数开具。红字增值税专用发票应与《信息表》一一对应。

④ 纳税人也可凭《信息表》电子信息或纸质资料到税务机关对《信息表》内容进行系统校验。

（2）税务机关为小规模纳税人代开增值税专用发票，需要开具红字增值税专用发票的，按照一般纳税人开具红字增值税专用发票的方法处理。

（3）纳税人需要开具红字增值税普通发票的，可以在所对应的蓝字发票金额范围内开具多份红字发票。红字机动车销售统一发票需与原蓝字机动车销售统一发票一一对应。

（4）按照《国家税务总局关于纳税人认定或登记为一般纳税人前进项税额抵扣问题的公告》（国家税务总局公告 2015 年第 59 号）的规定，需要开具红字增值税专用发票的，按照上述规定执行。

（六）增值税专用发票不得抵扣进项税额的规定

（1）有下列情形之一的，不得作为增值税进项税额的抵扣凭证。

经认证，有下列情形之一的，不得作为增值税进项税额的抵扣凭证，税务机关退还原件，购买方可要求销售方重新开具增值税专用发票。

① 无法认证。无法认证是指增值税专用发票所列密文或者明文不能辨认，无法产生认证结果。

② 纳税人识别号认证不符。纳税人识别号认证不符是指增值税专用发票所列购买方纳税人识别号有误。

③ 增值税专用发票代码、号码认证不符。增值税专用发票代码、号码认证不符是指增值税专用发票所列密文解译后与明文的代码或者号码不一致。

（2）有下列情形之一的，暂不得作为增值税进项税额的抵扣凭证。

经认证，有下列情形之一的，暂不得作为增值税进项税额的抵扣凭证，税务机关扣留原件，查明原因，分别情况进行处理。

① 重复认证。重复认证是指已经认证相符的同一张增值税专用发票再次认证。

② 密文有误。密文有误是指增值税专用发票所列密文无法解译。

③ 认证不符。认证不符是指纳税人识别号有误，或者增值税专用发票所列密文解译后与明文不一致。

认证不符不含第（1）项的第②③项所列情形。

④ 列为失控增值税专用发票。列为失控增值税专用发票是指认证时的增值税专用发票已被登记为失控增值税专用发票。

（3）对丢失已开具增值税专用发票的发票联和抵扣联的处理。

① 一般纳税人丢失已开具增值税专用发票的发票联和抵扣联，如果丢失前已认证相符的，购买方凭销售方提供的相应增值税专用发票记账联复印件及销售方所在地主管税务机关出具的《丢失增值税专用发票已报税证明单》，经购买方主管税务机关审核同意后，可作为增值税进项税额的抵扣凭证。

如果丢失前未认证的，购买方凭销售方提供的相应增值税专用发票记账联复印件到主管税务机关进行认证，认证相符的凭该增值税专用发票记账联复印件及销售方所在地主管税务机关出具的《丢失增值税专用发票已报税证明单》，可作为增值税进项税额的抵扣凭证。

② 一般纳税人丢失已开具增值税专用发票的抵扣联，如果丢失前已认证相符的，可使用增值税专用发票的发票联复印件留存备查。

如果丢失前未认证的,可使用增值税专用发票的发票联到主管税务机关认证,增值税专用发票的发票联复印件留存备查。

③ 一般纳税人丢失已开具增值税专用发票的发票联,可将增值税专用发票的抵扣联作为记账凭证,增值税专用发票的抵扣联复印件留存备查。

(4) 增值税专用发票的抵扣联无法认证的,可使用增值税专用发票的发票联到主管税务机关认证。增值税专用发票的发票联复印件留存备查。

(七) 税务机关代开增值税专用发票管理办法

该办法的主要内容如下:

(1) 代开增值税专用发票是指主管税务机关为所管辖范围内的增值税纳税人(指已办理税务登记的小规模纳税人,包括个体经营者以及国家税务总局确定的其他可予代开增值税专用发票的纳税人)代开增值税专用发票,其他单位和个人不得代开。主管税务机关应设立代开增值税专用发票岗位和税款征收岗位,并分别确定专人负责代开增值税专用发票和税款征收工作。

根据《关于跨境应税行为免税备案等增值税问题的公告》(国家税务总局公告 2017 年第 30 号),其他个人委托房屋中介、住房租赁企业等单位出租不动产,需要向承租方开具增值税发票的,可以由受托单位代其向主管地税机关按规定申请代开增值税发票。

(2) 代开增值税专用发票统一使用增值税防伪税控代开票系统开具。通过防伪税控报税子系统采集代开增值税专用发票开具信息,不再填报《代开发票开具清单》,同时停止使用非防伪税控系统为纳税人代开增值税专用发票(包括手写版增值税专用发票和计算机开具不带密码的电脑版增值税专用发票)。非防伪税控代开票系统开具的代开增值税专用发票不得作为增值税进项税额抵扣凭证。增值税防伪税控代开票系统由防伪税控企业发行岗位按规定发行。

(3) 增值税纳税人发生增值税应税行为、需要开具增值税专用发票时,可向其主管税务机关申请代开。

申请代开增值税专用发票时,应填写《代开增值税专用发票缴纳税款申报单》,连同税务登记证副本,到主管税务机关税款征收岗位按增值税专用发票上注明的税额全额申报缴纳税款,同时缴纳增值税专用发票工本费。

本 章 小 结

本章增值税法要求学生掌握增值税征税范围与纳税义务人,熟悉一般纳税人、小规模纳税人的登记,掌握增值税税率与征收率,掌握增值税一般计税方法应纳税额的计算,简易征税方法应纳税额的计算,掌握增值税税收优惠,掌握增值税征收管理、增值税专用发票的使用和管理。

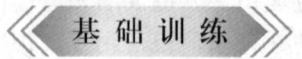

增值税纳税申报表

纳税申报资料包括纳税申报表及其附列资料和纳税申报其他资料。

增值税一般纳税人(以下简称一般纳税人)纳税申报表及其附列资料包括:

(1)《增值税纳税申报表(一般纳税人适用)》。

(2)《增值税纳税申报表附列资料(一)》(本期销售情况明细)。

(3)《增值税纳税申报表附列资料(二)》(本期进项税额明细)。

(4)《增值税纳税申报表附列资料(三)》(服务、不动产和无形资产扣除项目明细)。一般纳税人销售服务、不动产和无形资产,在确定服务、不动产和无形资产销售额时,按照有关规定可以从取得的全部价款和价外费用中扣除价款的,需填报《增值税纳税申报表附列资料(三)》。其他情况不填写该附列资料。

(5)《增值税纳税申报表附列资料(四)》(税额抵减情况表)。

(6)《增值税减免税申报明细表》。

相应表格如下:

(1)《增值税纳税申报表(一般纳税人适用)》。

增值税纳税申报表

(一般纳税人适用)

根据国家税收法律法规及增值税相关规定制定本表。纳税人不论有无销售额,均应按税务机关核定的纳税期限填写本表,并向当地税务机关申报。

税款所属时间:自　年　月　日至　年　月　日　　填表日期:　年　月　日　　　　金额单位:元至角分

纳税人识别号													所属行业:		

纳税人名称	（公章）	法定代表人姓名		注册地址		生产经营地址	

开户银行及账号		登记注册类型			电话号码	

项目		栏次	一般项目		即征即退项目	
			本月数	本年累计	本月数	本年累计
销售额	（一）按适用税率计税销售额	1				
	其中:应税货物销售额	2				
	应税劳务销售额	3				
	纳税检查调整的销售额	4				
	（二）按简易办法计税销售额	5				
	其中:纳税检查调整的销售额	6				
	（三）免、抵、退办法出口销售额	7			—	—
	（四）免税销售额	8			—	—
	其中:免税货物销售额	9			—	—
	免税劳务销售额	10			—	—
税款计算	销项税额	11				
	进项税额	12				
	上期留抵税额	13				
	进项税额转出	14				
	免、抵、退应退税额	15			—	—

（续表）

项目		栏次	一般项目		即征即退项目	
			本月数	本年累计	本月数	本年累计
税款计算	按适用税率计算的纳税检查应补缴税额	16				
	应抵扣税额合计	17＝12＋13－14－15＋16		—		—
	实际抵扣税额	18（如17＜11，则为17，否则为11）				
	应纳税额	19＝11－18				
	期末留抵税额	20＝17－18				—
	简易计税办法计算的应纳税额	21				
	按简易计税办法计算的纳税检查应补缴税额	22		—		—
	应纳税额减征额	23				
	应纳税额合计	24＝19＋21－23				
税款缴纳	期初未缴税额（多缴为负数）	25				
	实收出口开具专用缴款书退税额	26		—		—
	本期已缴税额	27＝28＋29＋30＋31				
	① 分次预缴税额	28		—		—
	② 出口开具专用缴款书预缴税额	29		—		—
	③ 本期缴纳上期应纳税额	30				
	④ 本期缴纳欠缴税额	31				
	期末未缴税额（多缴为负数）	32＝24＋25＋26－27				
	其中：欠缴税额（≥0）	33＝25＋26－27		—		—
	本期应补（退）税额	34＝24－28－29		—		—
	即征即退实际退税额	35	—	—		
	期初未缴查补税额	36			—	—
	本期入库查补税额	37			—	—
	期末未缴查补税额	38＝16＋22＋36－37			—	—

授权声明	如果你已委托代理人申报，请填写下列资料： 为代理一切税务事宜，现授权 （地址）为本纳税人的代理申报人，任何与本申报表有关的往来文件，都可寄予此人。 授权人签字：	申报人声明	本纳税申报表是根据国家税收法律法规及相关规定填报的，我确定它是真实的、可靠的、完整的。 声明人签字：

主管税务机关：	接收人：	接收日期：

(2)《增值税纳税申报表附列资料(一)》(本期销售情况明细)。

增值税纳税申报表附列资料(一)

(本期销售情况明细)

税款所属时间: 年 月 日至 年 月 日

纳税人名称:(公章)

金额单位:元至角分

项目及栏次		开具增值税专用发票		开具其他发票		未开具发票		纳税检查调整		合计			服务、不动产和无形资产扣除项目本期实际扣除金额	扣除后	
		销售额	销项(应纳)税额	销售额	销项(应纳)税额	销售额	销项(应纳)税额	销售额	销项(应纳)税额	销售额	销项(应纳)税额	价税合计		含税(免税)销售额	销项(应纳)税额
		1	2	3	4	5	6	7	8	9=1+3+5+7	10=2+4+6+8	11=9+10	12	13=11−12	14=13÷(100%+税率或征收率)×税率或征收率
一、一般计税方法计税 全部征税项目	13%税率的货物及加工修理修配劳务 1													—	—
	13%税率的服务、不动产和无形资产 2														
	9%税率的货物及加工修理修配劳务 3														
	9%税率的服务、不动产和无形资产 4													—	—
	6%税率 5													—	—
其中:即征即退项目	即征即退货物及加工修理修配劳务 6	—	—	—	—	—	—	—	—				—	—	—
	即征即退服务、不动产和无形资产 7	—	—	—	—	—	—	—	—				—	—	—
二、简易计税方法计税 全部征税项目	6%征收率 8	—	—											—	—
	5%征收率的货物及加工修理修配劳务 8a														

（续表）

项目及栏次	栏次	开具增值税专用发票 销售额 1	销项（应纳）税额 2	开具其他发票 销售额 3	销项（应纳）税额 4	未开具发票 销售额 5	销项（应纳）税额 6	纳税检查调整 销售额 7	销项（应纳）税额 8	合计 销售额 9=1+3+5+7	销项（应纳）税额 10=2+4+6+8	价税合计 11=9+10	服务、不动产和无形资产扣除项目本期实际扣除金额 12	扣除后 含税（免税）销售额 13=11-12	销项（应纳）税额 14=13÷（100%+税率或征收率）×税率或征收率
5%征收率的服务、不动产和无形资产	9b							—							—
4%征收率	10							—							—
3%征收率的货物及加工修理修配劳务	11							—							—
3%征收率的服务、不动产和无形资产	12							—							—
预征率　%	13a							—							—
预征率　%	13b							—							—
预征率　%	13c							—							—
其中：即征即退项目　即征即退货物及加工修理修配劳务	14					—	—	—	—						—
即征即退服务、不动产和无形资产	15					—	—	—	—						—
三、免抵退税　货物及加工修理修配劳务	16					—	—	—	—			—	—	—	—
服务、不动产和无形资产	17	—				—	—	—	—	—		—	—	—	—
四、免税　货物及加工修理修配劳务	18					—	—	—	—			—	—	—	—
服务、不动产和无形资产	19	—				—	—	—	—	—		—	—	—	—

（3）《增值税纳税申报表附列资料（二）》（本期进项税额明细）。

增值税纳税申报表附列资料（二）

（本期进项税额明细）

税款所属时间：　年　月　日至　年　月　日

纳税人名称：（公章）　　　　　　　　　　　　　　　　　　　金额单位:元至角分

一、申报抵扣的进项税额					
项目	栏次	份数	金额	税额	
（一）认证相符的增值税专用发票	1＝2＋3				
其中:本期认证相符且本期申报抵扣	2				
前期认证相符且本期申报抵扣	3				
（二）其他扣税凭证	4＝5＋6＋7＋8a＋8b				
其中:海关进口增值税专用缴款书	5				
农产品收购发票或者销售发票	6				
代扣代缴税收缴款凭证	7		—		
加计扣除农产品进项税额	8a	—	—		
其他	8b				
（三）本期用于购建不动产的扣税凭证	9				
（四）本期用于抵扣的旅客运输服务扣税凭证	10				
（五）外贸企业进项税额抵扣证明	11	—			
当期申报抵扣进项税额合计	12＝1＋4＋11				
二、进项税额转出额					
项目	栏次	税额			
本期进项税额转出额	13＝14至23之和				
其中:免税项目用	14				
集体福利、个人消费	15				
非正常损失	16				
简易计税方法征税项目用	17				
免抵退税办法不得抵扣的进项税额	18				
纳税检查调减进项税额	19				
红字专用发票信息表注明的进项税额	20				
上期留抵税额抵减欠税	21				
上期留抵税额退税	22				
其他应作进项税额转出的情形	23				
三、待抵扣进项税额					
项目	栏次	份数	金额	税额	
（一）认证相符的增值税专用发票	24	—	—	—	

（续表）

项目	栏次	份数	金额	税额
期初已认证相符但未申报抵扣	25			
本期认证相符且本期未申报抵扣	26			
期末已认证相符但未申报抵扣	27			
其中：按照税法规定不允许抵扣	28			
（二）其他扣税凭证	29＝30至33之和			
其中：海关进口增值税专用缴款书	30			
农产品收购发票或者销售发票	31			
代扣代缴税收缴款凭证	32		—	
其他	33			
	34			

四、其他

项目	栏次	份数	金额	税额
本期认证相符的增值税专用发票	35			
代扣代缴税额	36		—	—

（4）《增值税纳税申报表附列资料（三）》（服务、不动产和无形资产扣除项目明细）。

增值税纳税申报表附列资料（三）

（服务、不动产和无形资产扣除项目明细）

税款所属时间：　年　月　日至　年　月　日

纳税人名称：（公章）　　　　　　　　　　　　　　　　　　　金额单位：元至角分

项目及栏次		本期服务、不动产和无形资产价税合计额（免税销售额）	服务、不动产和无形资产扣除项目				
			期初余额	本期发生额	本期应扣除金额	本期实际扣除金额	期末余额
		1	2	3	4＝2＋3	5(5≤1且5≤4)	6＝4−5
13%税率的项目	1						
9%税率的项目	2						
6%税率的项目（不含金融商品转让）	3						
6%税率的金融商品转让项目	4						
5%征收率的项目	5						
3%征收率的项目	6						
免抵退税的项目	7						
免税的项目	8						

（5）《增值税纳税申报表附列资料（四）》（税额抵减情况表）。

增值税纳税申报表附列资料（四）

（税额抵减情况表）

税款所属时间：　年　月　日至　年　月　日

纳税人名称：（公章）　　　　　　　　　　　　　　　　　　　　　　金额单位：元至角分

一、税额抵减情况						
序号	抵减项目	期初余额	本期发生额	本期应抵减税额	本期实际抵减税额	期末余额
		1	2	3＝1＋2	4≤3	5＝3－4
1	增值税税控系统专用设备费及技术维护费					
2	分支机构预征缴纳税款					
3	建筑服务预征缴纳税款					
4	销售不动产预征缴纳税款					
5	出租不动产预征缴纳税款					

二、加计抵减情况						
序号	加计抵减项目	期初余额	本期发生额	本期调减额	本期可抵减额	本期实际抵减额	期末余额
		1	2	3	4＝1＋2－3	5	6＝4－5
6	一般项目加计抵减额计算						
7	即征即退项目加计抵减额计算						
8	合计						

（6）《增值税减免税申报明细表》。

增值税减免税申报明细表

税款所属时间：自　年　月　日至　年　月　日

纳税人名称（公章）：　　　　　　　　　　　　　　　　　　　　　　金额单位：元至角分

一、减税项目						
减税性质代码及名称	栏次	期初余额	本期发生额	本期应抵减税额	本期实际抵减税额	期末余额
		1	2	3＝1＋2	4≤3	5＝3－4
合计	1					
	2					
	3					

（续表）

减税性质代码及名称	栏次	期初余额	本期发生额	本期应抵减税额	本期实际抵减税额	期末余额
		1	2	3＝1＋2	4≤3	5＝3－4
	4					
	5					
	6					

二、免税项目

免税性质代码及名称	栏次	免征增值税项目销售额	免税销售额扣除项目本期实际扣除金额	扣除后免税销售额	免税销售额对应的进项税额	免税额
		1	2	3＝1－2	4	5
合计	7					
出口免税	8		—	—	—	
其中:跨境服务	9		—	—	—	
	10					
	11					
	12					
	13					

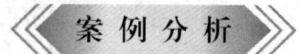

案例分析

案例 1   **小规模纳税人的税收筹划**

甲公司是小规模纳税人,2019 年 2 月销售货物 4 万元,提供服务 3 万元,销售不动产 2 万元。合计销售额为 9 万元(4＋3＋2),未超过 10 万元免税标准,因此,该纳税人销售货物、服务和不动产取得的销售额 9 万元,可享受小规模纳税人免税政策。

由于一般纳税人和小规模纳税人税款计算是不同的,而且在这两种计算方法中也许有一种对纳税人来说特别有利,于是就有可能一般纳税人有意降格为小规模纳税人,以便于避税。当然也有可能本不符合一般纳税人条件的企业尽量改变条件,以便被认定为一般纳税人,从而达到少纳税款的经济目的。

案例 2   **受疫情影响较大的困难行业企业的税收筹划**

公司受疫情影响生产经营发生严重困难,我们是否可以申请延期缴纳税款?

《国家税务总局关于充分发挥税收职能作用助力打赢疫情防控阻击战若干措施的通知》(税总发〔2020〕14 号)规定:(十五)依法办理延期缴纳税款。对受疫情影响生产经营发生严重困难的企业特别是小微企业,税务机关要依法及时核准其延期缴纳税款申请,积极帮助企业缓解资金压力。

受疫情影响较大的困难行业企业应如何判定?

根据《财政部　税务总局关于支持新型冠状病毒感染的肺炎疫情防控有关税收政策的公告》(财政部　税务总局公告2020年第8号)第四条规定,困难行业企业,包括交通运输、餐饮、住宿、旅游(指旅行社及相关服务、游览景区管理两类)四大类,具体判断标准按照现行《国民经济行业分类》执行。困难行业企业2020年度主营业务收入须占收入总额(剔除不征税收入和投资收益)的50%以上。

课后练习题

一、单选题

1. 下列行为中,视同销售货物缴纳增值税的是(　　)。

A. 将购进的货物用于集体福利　　　　B. 将购进的货物用于个人消费

C. 将购进的货物用于对外投资　　　　D. 将购进的货物用于非增值税应税项目

【正确答案】C

【答案解析】将购进货物用于集体福利、个人消费、非增值税应税项目属于增值税进项税额不可以抵扣的情形。将购进的货物用于对外投资视同销售缴纳增值税。

2. 企业发生的下列行为中,需要缴纳增值税的是(　　)。

A. 获得保险赔偿　　　　　　　　　　B. 取得存款利息

C. 收取包装物租金　　　　　　　　　D. 取得中央财政补贴

【正确答案】C

【答案解析】选项A、B、D不征收增值税。

二、多选题

1. 下列各项中,应视同销售货物征收增值税的有(　　)。

A. 将自产摩托车作为福利发给职工

B. 将自产钢材用于修建厂房

C. 将自产机器设备用于生产服装

D. 将购进的轿车分配给股东

【正确答案】AD

【答案解析】选项B、C不视同销售,因为属于将自产货物用于应税项目。

2. 下列各项中属于视同销售行为应当计算销项税额的有(　　)。

A. 以物易物业务

B. 将货物交付他人代销

C. 将购买的货物无偿赠送他人

D. 用自产货物抵偿债务

【正确答案】BC

【答案解析】选项A、D属于特殊销售行为,不是视同销售行为。

3. 以下各项中,应计入增值税一般纳税人确定标准的"年应税销售额"的有(　　)。

A. 免税销售额

B. 稽查查补销售额

C. 纳税评估调整销售额

D. 偶然发生的销售无形资产销售额

【正确答案】ABC

【答案解析】年应税销售额包括纳税申报销售额、稽查查补销售额、纳税评估调整销售额，其中纳税申报销售额包括免税销售额。

第三章 消费税法

学习目标

1. 掌握消费税的纳税义务人、代缴义务人与税目、税率
2. 掌握消费税的计税依据
3. 掌握消费税应纳税额的计算
4. 熟悉消费税的征收管理

第一节 消费税概述

一、消费税的概念

根据《中华人民共和国消费税暂行条例》(以下简称《消费税暂行条例》)规定,消费税是对我国境内从事生产、委托加工和进口应税消费品的单位和个人,就其销售额或销售数量,在特定环节征收的一种税。简单地说,它就是对特定的消费品和消费行为征收的一种税。消费税是世界各国广泛实行的税种。

二、消费税的特点

一般来说,消费税的征税对象主要是与居民消费相关的最终消费品和消费行为。与其他税种比较,消费税具有以下几个特点。

(一) 征税项目具有选择性

我国 1994 年实行的税制中,消费税主要包括了特殊消费品、奢侈品、高能耗消费品、不可再生的资源消费品和税基宽广、消费普遍.不影响人民群众生活水平,但又具有一定财政意义的普通消费品,随着经济的发展和个人消费水平的提高,消费税的范围有一些调整,目前我国消费税税目有 15 个。

(二) 征税环节具有单一性

消费税原则是在生产(进口)、流通或消费的某一环节一次征收(卷烟和高档汽车除外),而不是在消费品生产、流通或消费的每个环节多次征收,即通常所说的一次课征制。

(三) 征收方法具有多样性

消费税的计税方法比较灵活。为了适应不同应税消费品的情况,消费税在征收方法上不力求一致,有些产品采取从价定率的方式征收,有些产品则采取从量定额的方式征收。在具体操作上,对一部分价格差异较大,且便于按价格核算的应税消费品,依消费品或消费行

为的价格实行从价定率征收;对一部分价格差异较小、品种、规格比较单一的大宗应税消费品,依消费品的数量实行从量定额征收。由于两种方法各有其优点和缺点,因此,目前对有些产品在实行从价定率征收的同时,还对其实行从量定额征收。

(四) 税收调节具有特殊性

消费税属于国家运用税收杠杆对某些消费品或消费行为特殊调节的税种。这一特殊性表现在两个方面:一是不同的征税项目税负差异较大,对需要限制或控制消费的消费品规定较高的税率,体现特殊的调节目的;二是消费税往往同有关税种配合实行加重或双重调节,通常采取增值税与消费税双重调节的办法,对某些需要特殊调节的消费品或消费行为在征收增值税的同时,再征收一道消费税,形成一种特殊的对消费品双层次调节的税收调节体系。

(五) 消费税具有转嫁性

凡列入消费税征税范围的消费品,一般都是高价高税产品。因此,消费税无论采取价内税形式还是价外税形式,也无论在哪个环节征收,消费品中所含的消费税税款最终都要转嫁到消费者身上,由消费者负担,税负具有转嫁性。消费税转嫁性的特征,要较其他商品课税形式更为明显。

三、消费税的演变

我国消费税是 1994 年国家税制改革中新设置的一个税种,《消费税暂行条例》规定,消费税的征税范围主要选择了 11 类应税产品,包括烟、酒、化妆品、护肤护发品、贵重首饰及珠宝石、鞭炮及焰火、汽油、柴油、汽车轮胎、摩托车、小汽车。

为适应社会经济形势的客观发展需要,进一步完善消费税制,财政部、国家税务总局于 2006 年 3 月 21 日联合发布了《关于调整和完善消费税政策的通知》(财税〔2006〕33 号),从当年 4 月 1 日起,对我国消费税的税目、税率及相关政策进行调整,税目由原来的 11 个增加调整为 14 个。其中,扩大了石油制品的消费税征收范围,新设成品油税目;为了增强人们的环保意识、引导消费和节约木材资源,增加木制一次性筷子税目;为了鼓励节约使用木材资源,保护生态环境,增加实木地板税目;为了合理引导消费,间接调节收入分配,增加高尔夫球及球具税目;为了体现对高档消费品的税收调节,增加高档手表税目。2008 年 11 月 5 日,国务院第 34 次常务会议修订通过《中华人民共和国消费税暂行条例》,自 2009 年 1 月 1 日起施行。为促进节能环保,经国务院批准,自 2015 年 2 月 1 日起对电池、涂料征收消费税。自 2016 年 1 月 1 日起铅蓄电池按 4% 税率征收消费税。2016 年 10 月取消对普通美容、修饰类化妆品征收消费税,将"化妆品"税目名称更名为"高档化妆品"。税率调整为 15%。自 2016 年 12 月 1 日起,对超豪华小汽车在零售环节加征 10% 的消费税。

四、消费税的征税原则

(一) 征税范围确定的原则

确定消费税征税范围的总原则是:立足于我国的经济发展水平、国家的消费政策和产业政策,充分考虑人民的生活水平、消费水平和消费结构状况,注重保证国家财政收入的稳定增长,并适当借鉴国外征收消费税的成功经验和国际通行做法。在种类繁多的消费品中,列入消费税征税范围的消费品并不很多,大体上可归为四类:

第一类:一些过度消费会对身心健康、社会秩序、生态环境等方面造成危害的特殊消费品,如烟、酒、鞭炮、焰火等。

第二类:非生活必需品,如化妆品、贵重首饰、珠宝玉石等。

第三类:高能耗及高档消费品,如摩托车、小汽车等。

第四类:不可再生和替代的稀缺资源消费品,如汽油、柴油等油品。

消费税的征税范围不是一成不变的,随着我国经济的发展,可以根据国家的政策和经济情况及消费结构的变化适当调整。目前,我国消费税征收范围的确定主要体现了以下两个特点:

一是消费税是选择部分消费品列举品目征收的。消费税的征税范围与增值税的部分征税范围是交叉的。也就是说,对消费税列举的税目的征税范围,既要征收消费税,同时又要征收增值税。

二是凡在我国境内生产和进口属于消费税税目税率表中列举的消费品都需要缴纳消费税,但是,为了平衡税收负担,堵塞税收漏洞,对于那些未体现销售而发出、使用和收回的应税消费品,亦视同销售,将其纳入了消费税的征收范围。

(二)消费税税率设计的原则

(1)体现国家产业政策和消费政策。设计消费税税率,必须依据国家的产业政策和消费政策,对那些既要限制生产,同时又要限制消费的应税消费品,从高设计税率,如烟、酒、化妆品、鞭炮、焰火等;对那些只限制消费而不限制生产的应税消费品,适当从低设计税率,如摩托车等。

(2)正确引导消费方向,有效地抑制超前消费倾向,调节供求关系。随着我国市场经济的发展,商品的生产和消费间的矛盾将日益突出,仅仅依靠价格杠杆,难以有效地缓解两者间的矛盾,而消费税可以通过设置相应的税目,设计差别税率,来正确地引导消费方向,抑制超前消费,缓解社会供求矛盾,并与价格杠杆一起发挥合力作用,促进经济的良性循环。因此,对那些高档应税消费品和供求矛盾较突出的应税消费品从高设计税率。

(3)适应消费者的货币支付能力和心理承受能力。消费税的税率要与我国消费者的消费水平和经济收入相适应,既不能过高,也不能过低,过高会使消费者心理难以承受,使生产和消费出现停滞;过低则丝毫不会影响消费者的心理,起不到调节生产与消费的作用,也不利于保证国家财政收入。因此,消费税税率的设计,必须既考虑消费者的经济收入状况,又考虑他们的心理承受能力,同时,兼顾国家财政的需要。另外,将消费税确定在生产和进口环节征收,然后,再转嫁给消费者,通过这种方法来征收消费税。这样,不但能照顾到我国消费者的传统消费习惯,还可以增强消费者的心理承受能力,使消费者在市场经济条件下逐步提高纳税意识。

(4)适当考虑消费品的原有负担水平。消费税税率的设计是在原来产品税、增值税的基础上,并在对增值税税率加以调整和规范后,为弥补一些高税率产品征税的不足,通过换算和平衡后确定的。从总体上看,税制改革后,消费税与增值税税负之和大体上与原来货物的税负水平持平,因此,不会引起物价上涨。

第二节　纳　税　人

根据《消费税暂行条例》的规定,消费税的纳税人是指在中华人民共和国境内生产、委托加工和进口应税消费品的单位和个人。自 2009 年 1 月 1 日起,增加了国务院确定的销售应税消费品的其他单位和个人。这里所说的"单位"是指国有企业、集体企业、私有企业、股份制企业、外商投资企业和外国企业、其他企业和行政单位、事业单位、军事单位、社会团体及其他单位。"个人"是指个体工商户及其他个人。"中华人民共和国境内"是指生产、委托加工和进口应税消费品的起运地或所在地在境内。

具体来说,消费税纳税人包括:生产应税消费品的单位和个人;进口应税消费品的单位和个人;委托加工应税消费品的单位和个人;自 2009 年 1 月 1 日起,国务院确定的销售应税消费品的单位和个人。其中,委托加工的应税消费品由受托方于委托方提货时代收代缴(受托方为个体经营者除外);自产自用的应税消费品,由自产自用单位和个人在移送使用时缴纳消费税。

工业企业以外的单位和个人的下列行为视为应税消费品的生产行为,按规定征收消费税:将外购的消费税非应税产品以消费税应税产品对外销售的;将外购的消费税低税率应税产品以高税率应税产品对外销售的。

进口的应税消费品,尽管其产制地不在我国境内,但在我国境内销售或消费,为了平衡进口应税消费品与本国应税消费品的税负,必须由从事进口应税消费品的进口人或其代理人按照规定缴纳消费税。个人携带或者邮寄入境的应税消费品的消费税,连同关税一并计征,由携带入境者或者收件人缴纳消费税。

第三节　税目与税率

根据《消费税暂行条例》的规定,消费税的征收范围为:在中华人民共和国境内生产、委托加工和进口条例规定的消费品。

一、税目

现行的消费税税目共有 15 个,具体征收范围如下。

(一)烟

烟即以烟叶为原料加工生产的特殊消费品。卷烟是指将各种烟叶切成烟丝并按照一定的配方辅之以糖、酒、香料加工而成的产品。

(二)酒

(1)白酒是指以高粱、玉米、大米、糯米、大麦、小麦、青稞等各种粮食为原料,经过糖化、发酵后,采用蒸馏方法酿制的白酒。

(2)黄酒是指以糯米、粳米、籼米、大米、黄米、玉米、小麦、薯类等为原料,加温、糖化、发酵、压榨酿制的酒。由于工艺、配料和含糖量的不同,黄酒分为干黄酒、半干黄酒、半甜黄酒、甜黄酒 4 类。黄酒的征收范围包括各种原料酿制的黄酒和酒度超过 12 度(含 12 度)的土甜酒。

(3)啤酒是指以大麦或其他粮食为原料,加入啤酒花,经糖化、发酵、过滤酿制的含有二氧化碳的酒。啤酒按照杀菌方法的不同,可分为熟啤酒和生啤酒或鲜啤酒。啤酒的征收范围包括各种包装和散装的啤酒。

无醇啤酒比照啤酒征税。对啤酒源、菠萝啤酒应按啤酒征收消费税。"果啤"属于啤酒，应征消费税。"果啤"是一种口味介于啤酒和饮料之间的低度酒精饮料，主要成分为啤酒和果汁。对饮食业、商业、娱乐业举办的啤酒屋（啤酒坊）利用啤酒生产设备生产的啤酒，应当征收消费税。

（4）其他酒是指除白酒、黄酒、啤酒以外，酒度在1度以上的各种酒，包括糠麸白酒、其他原料白酒、土甜酒、复制酒、果木酒、汽酒、药酒等。《国家税务总局关于调味料酒征收消费税问题的通知》（国税函〔2008〕742号）中规定，调味料酒不征消费税。

《国家税务总局关于配制酒消费税适用税率问题的公告》（国家税务总局公告2011年第53号）规定，对以蒸馏酒或食用酒精为酒基，同时符合以下条件的配制酒，按消费税税率表"其他酒"10%适用税率征收消费税：a.具有国家相关部门批准的国食健字或卫食健字文号；b.酒精度低于38度（含）。文件同时规定，以发酵酒为酒基，酒精度低于20度（含）的配制酒，按"其他酒"10%适用税率征收消费税。其他配制酒，按白酒税率征收消费税。

（三）高档化妆品

根据财税〔2016〕103号文件规定，自2016年10月1日起，原"化妆品"税目改为"高档化妆品"税目。本税目征收范围包括高档美容、修饰类化妆品、高档护肤类化妆品和成套化妆品。高档美容、修饰类化妆品和高档护肤类化妆品是指生产（进口）环节销售（完税）价格（不含增值税）在10元/毫升（克）或15元/片（张）及以上的美容、修饰类化妆品和护肤类化妆品。

（四）贵重首饰及珠宝玉石

本税目征收范围包括：各种金银珠宝首饰和经采掘、打磨、加工的各种珠宝玉石。

（1）金银珠宝首饰包括：凡以金、银、白金、宝石、珍珠、钻石、翡翠、珊瑚、玛瑙等高贵稀有物质以及其他金属、人造宝石等制作的各种纯金银首饰及镶嵌首饰（含人造金银、合成金银首饰等）。

（2）珠宝玉石包括：钻石、珍珠、松石、青金石、欧泊石、橄榄石、长石、玉、石英、玉髓、石榴石、锆石、尖晶石、黄玉、碧玺、金绿玉、绿柱石、刚玉、琥珀、珊瑚、煤玉、龟甲、合成刚玉、合成宝石、双合石、玻璃仿制品。宝石坯是经采掘、打磨、初级加工的珠宝玉石半成品，因此，对宝石坯应按规定征收消费税。

（五）鞭炮、焰火

鞭炮又称爆竹，是用多层纸密裹火药，接以药引线制成的一种爆炸品。焰火是指烟火剂，一般系包扎品，内装药剂，点燃后烟火喷射，呈各种颜色，有的还变幻成各种景象，分平地小焰火和空中大焰火两类。鞭炮、焰火的征收范围包括各种鞭炮、焰火。通常分为13类，即喷花类、旋转类、旋转升空类、火箭类、吐珠类、线香类、小礼花类、烟雾类、造型玩具类、爆竹类、摩擦炮类、组合烟花类、礼花弹类。体育上用的发令纸、鞭炮引线，不按本税目征收。

（六）成品油

本税目包括汽油、柴油、石脑油、溶剂油、航空煤油、润滑油、燃料油7个子目。

1. 汽油

汽油是指用原油或其他原料加工生产的辛烷值不小于66的可用作汽油发动机燃料的各种轻质油。汽油分为车用汽油和航空汽油。以汽油、汽油组分调和生产的甲醇汽油、乙醇汽油也属于本税目征收范围。

2. 柴油

柴油是指用原油或其他原料加工生产的倾点或凝点在-50号至30号的可用作柴油发动机燃料的各种轻质油和以柴油组分为主、经调和精制可用作柴油发动机燃料的非标油。以柴油、柴油组分调和生产的生物柴油也属于本税目征收范围。

从2009年1月1日起,对同时符合下列条件的纯生物柴油免征消费税[《财政部 国家税务总局关于对利用废弃的动植物油生产纯生物柴油免征消费税的通知》(财税〔2010〕118号)]:

(1) 生产原料中废弃的动物油和植物油用量所占比重不低于70%。

(2) 生产的纯生物柴油符合国家《柴油机燃料调和用生物柴油(BD100)》标准。对不符合规定的生物柴油,或者以柴油、柴油组分调和生产的生物柴油照章征收消费税。

所称"废弃的动物油和植物油"的范围如下:

(1) 餐饮、食品加工单位及家庭产生的不允许食用的动植物油脂。主要包括泔水油、煎炸废弃油、地沟油和抽油烟机凝析油等。

(2) 利用动物屠宰分割和皮革加工修削的废弃物处理提炼的油脂,以及肉类加工过程中产生的非食用油脂。

(3) 食用油脂精炼加工过程中产生的脂肪酸、甘油酯及含少量杂质的混合物。主要包括酸化油、脂肪酸、棕榈酸化油、棕榈油脂肪酸、白土油及脱臭馏出物等。

(4) 在油料加工或油脂储存过程中产生的不符合食用标准的油脂。

3. 石脑油

石脑油又叫化工轻油,是以原油或其他原料加工生产的用于加工原料的轻质油。石脑油的征收范围包括除汽油、柴油、航空煤油、溶剂油以外的各种轻质油。非标汽油、重整生成油、拔头油、戊烷原料油、轻裂解料(减压柴油VGO和常压柴油AGO)、重裂解料、加氢裂化尾油、芳烃抽余油均属轻质油,属于石脑油征收范围。

4. 溶剂油

溶剂油是用原油或其他原料加工生产的用于涂料、油漆、食用油、印刷油墨、皮革、农药、橡胶、化妆品生产和机械清洗、胶黏行业的轻质油。橡胶填充油、溶剂油原料,属于溶剂油征收范围。

5. 航空煤油

航空煤油也叫喷气燃料,是用原油或其他原料加工生产的作喷气发动机和喷气推进系统燃料的各种轻质油。

6. 润滑油

润滑油是用原油或其他原料加工生产的用于内燃机、机械加工过程的润滑产品。润滑油分为矿物性润滑油、植物性润滑油、动物性润滑油和化工原料合成润滑油。润滑油的征收范围包括矿物性润滑油、矿物性润滑油基础油、植物性润滑油、动物性润滑油和化工原料合成润滑油。

7. 燃料油

燃料油也称重油、渣油,是用原油或其他原料加工生产,主要用作电厂发电、锅炉用燃料、加热炉燃料、冶金和其他工业炉燃料。蜡油、船用重油、常压重油、减压重油、180CTS燃料油、7号燃料油、糠醛油、工业燃料油、4~6号燃料油等油品的主要用途是作为燃料燃烧,属于燃料油征收范围。

根据《财政部　国家税务总局关于对成品油生产企业生产自用油免征消费税的通知》（财税〔2010〕98 号）规定，从 2009 年 1 月 1 日起，对成品油生产企业在生产成品的过程中，作为燃料、动力及原料消耗掉的自产成品油，免征消费税。对用于其他用途或直接对外销售的成品油照章征收消费税。

根据《国家税务总局关于催化料、焦化料征收消费税的公告》（国家税务总局公告 2012 年第 46 号）的规定，自 2012 年 11 月 1 日起，催化料、焦化料属于燃料油的征收范围，应当征收消费税。

（七）摩托车

摩托车的征收范围包括：

（1）轻便摩托车。最大设计车速不超过 50 千米/小时、发动机汽缸总工作容积不超过 50 毫升的两轮机动车。

（2）摩托车。最大设计车速超过 50 千米/小时、发动机汽缸总工作容积超过 50 毫升、空车重量不超过 400 千克（带驾驶室的正三轮车及特种车的空车重量不受此限）的两轮和三轮机动车。

（八）小汽车

汽车是指由动力驱动，具有 4 个或 4 个以上车轮的非轨道承载的车辆。

本税目征收范围包括含小汽车、中轻型商用客车、超豪华小汽车〔《财政部　国家税务总局关于对超豪华小汽车加征消费税有关事项的通知》（财税〔2016〕129 号）规定，自 2016 年 12 月 1 日起，增设此税目。

（1）小汽车。驾驶员座位在内最多不超过 9 个座位（含）的，在设计和技术特性上用于载运乘客和货物的各类乘用车。用排气量小于 1.5 升（含）的乘用车底盘（车架）改装、改制的车辆属于乘用车征收范围。用排气量大于 1.5 升的乘用车底盘（车架）或用中轻型商用客车底盘（车架）改装、改制的车辆属于中轻型商用客车征收范围。

对于购进乘用车或中轻型商用客车整车改装生产的汽车，应按规定征收消费税。

（2）中轻型商用客车。驾驶员座位在内的座位数在 10～23 座（含 23 座）的在设计和技术特性上用于载运乘客和货物的各类中轻型商用客车。车身长度大于 7 米（含），并且座位在 10～23 座（含）以下的商用客车，不属于中轻型商用客车征税范围，不征收消费税。含驾驶员人数（额定载客）为区间值的（如 8～10 人；17～26 人）小汽车，按其区间值下限人数确定征收范围。

（3）超豪华小汽车。为每辆零售价格 130 万元（不含增值税）及以上的乘用车和中轻型商用客车，即乘用车和中轻型商用客车子税目中的超豪华小汽车。

电动汽车、沙滩车、雪地车、卡丁车、高尔夫车不属于消费税征收范围，不征收消费税。企业购进货车或厢式货车改装生产的商务车、卫星通信车等专用汽车不属于消费税征税范围，不征收消费税。

（九）高尔夫球及球具

本税目征收范围包括高尔夫球、高尔夫球杆、高尔夫球包（袋）。高尔夫球杆的杆头、杆身和握把属于本税目的征收范围。

（十）高档手表

高档手表是指销售价格（不含增值税）每只在 10 000 元（含）以上的各类手表。本税目征收范围包括符合以上标准的各类手表。

（十一）游艇

本税目征收范围包括艇身长度大于 8 米（含）小于 90 米（含），内置发动机，可以在水上移动，一般为私人或团体购置，主要用于水上运动和休闲娱乐等非营利活动的各类机动艇。

（十二）木制一次性筷子

本税目征收范围包括各种规格的木制一次性筷子。未经打磨、倒角的木制一次性筷子属于本税目征税范围。

（十三）实木地板

本税目征收范围包括各类规格的实木地板、实木指接地板、实木复合地板及用于装饰墙壁、天棚的侧端面为榫、槽的实木装饰板。未经涂饰的素板属于本税目征税范围。

（十四）电池

电池是指一种将化学能、光能等直接转换为电能的装置，范围包括原电池、蓄电池、燃料电池、太阳能电池和其他电池。

1. 原电池

原电池又称一次电池，是指按不可以充电设计的电池。按照电极所含的活 4 物质分类，原电池包括锌原电池、锂原电池和其他原电池。

2. 蓄电池

蓄电池又称二次电池，是指按可充电、重复使用设计的电池，包括酸性蓄电池、碱性或其他非酸性蓄电池、氧化还原液流蓄电池和其他蓄电池。

3. 燃料电池

燃料电池是指通过一个电化学过程，将连续供应的反应物和氧化剂的化学能直接转换为电能的电化学发电装置。

4. 太阳能电池

太阳能电池是指将太阳光能转换成电能的装置，包括晶体硅太阳能电池、薄膜太阳能电池、化合物半导体太阳能电池等，但不包括用于太阳能发电储能用的蓄电池。

5. 其他电池

除原电池、蓄电池、燃料电池、太阳能电池以外的电池。

（十五）涂料

涂料是指涂于物体表面能形成具有保护、装饰或特殊性能的固态涂膜的一类液体或固体材料之总称。

二、税率

消费税的税率，有两种形式：一种是比例税率；另一种是定额税率，即单位税额。消费税税率形式的选择，主要是根据课税对象的具体情况来确定的，对一些供求基本平衡、价格差异不大、计量单位规范的消费品，选择计税简便的定额税率，如黄酒、啤酒、成品油等；对一些供求矛盾突出、价格差异较大、计量单位不规范的消费品，选择税价联动的比例税率，如烟、白酒、化妆品、鞭炮、焰火、贵重首饰及珠宝玉石、摩托车、小汽车等。一般情况下，对一种消费品只选择一种税率形式，但为了更有效地保全消费税税基，对一些应税消费品如卷烟、白酒，则采用了定额税率和比例税率双重征收形式。消费税税目税率（税额）表如表 3-1 所示。

表 3-1 消费税税目税率(税额)表

税目	税率
一、烟	
1.卷烟	
甲类卷烟 〔调拨价 70 元(不含增值税)/条以上(含 70 元)〕	56%加 0.003 元/支
(2)乙类卷烟〔调拨价 70 元(不含增值税)/条以下〕	36%加 0.003 元/支
(3)商业批发	11%加 0.005 元/支
2.雪茄烟	36%
3.烟丝	30%
二、酒	
1.白酒	20%加 0.5 元/500 克(或者 500 毫升)
2.黄酒	240 元/吨
3.啤酒	
(1)甲类啤酒	250 元/吨
(2)乙类啤酒	220 元/吨
4.其他酒	10%
三、高档化妆品	15%
四、贵重首饰及珠宝玉石	
1.金银首饰、铂金首饰和钻石及钻石饰品	5%
2.其他贵重首饰和珠宝玉石	10%
五、鞭炮、焰火	15%
六、成品油	
1.汽油	1.52 元/升
2.柴油	1.20 元/升
3.航空煤油	1.20 元/升
4.石脑油	1.52 元/升
5.溶剂油	1.52 元/升
6.润滑油	1.52 元/升
7.燃料油	1.20 元/升
七、摩托车	
1.气缸容量(排气量,下同)在 250 毫升(含 250 毫升)的	3%
2.气缸容量在 250 毫升以上的	10%
八、小汽车	
1.乘用车	
(1)气缸容量(排气量,下同)在 1.0 升(含 1.0 升)以下的	1%

（续表）

税目	税率
(2) 气缸容量在 1.0 升以上至 1.5 升(含 1.5 升)的	3%
(3) 气缸容量在 1.5 升以上至 2.0 升(含 2.0 升)的	5%
(4) 气缸容量在 2.0 升以上至 2.5 升(含 2.5 升)的	9%
(5) 气缸容量在 2.5 升以上至 3.0 升(含 3.0 升)的	12%
(6) 气缸容量在 3.0 升以上至 4.0 升(含 4.0 升)的	25%
(7) 气缸容量在 4.0 升以上的	40%
2. 中轻型商用客车	5%
3. 超豪华小汽车(零售环节)	10%
九、高尔夫球及球具	10%
十、高档手表	20%
十一、游艇	10%
十二、木制一次性筷子	5%
十三、实木地板	5%
十四、铅蓄电池	4%
十五、涂料	4%

消费税采用列举法按具体应税消费品设置税目税率,征税界限清楚,一般不易发生错用税率的情况。但是,存在下列情况时,应按适用税率中最高税率征税:a.纳税人经营不同税率的应税消费品,即生产销售两种税率以上的应税消费品时,应当分别核算不同税率应税消费品的销售额或销售数量,未分别核算的,按最高税率征税;b.纳税人将应税消费品与非应税消费品以及适用税率不同的应税消费品组成成套消费品销售的,应根据组合产制品的销售金额按应税消费品中适用最高税率的消费品税率征税。

税率关系到国家财政收入,也体现着纳税人的负担。因此,税率一旦确定就不能随意变动,以便使国家和纳税人在一定时期内都能做到心中有数。这样,既有利于国家有计划地安排财政收支,又方便企业对本身的发展进行较长期的规划。但是,税率确定后并不意味着长期不能调整,随着国民经济的发展变化,税率也应进行有升有降的调整,以适应变化了的情况。

三、适用税率的特殊规定

(1) 进口卷烟消费税适用比例税率按以下办法确定:

① 每标准条进口卷烟(200 支)确定消费税适用比例税率的价格=(关税完税价格+关税+消费税定额税率)÷(1-消费税税率)。其中,关税完税价格和关税为每标准条的关税完税价格及关税税额;消费税定额税率为每标准条(200 支)0.6 元(依据现行消费税定额税率折算而成);消费税税率固定为 36%。

② 每标准条进口卷烟(200 支)确定消费税适用比例税率的价格大于等于 70 元的,适用比例税率为 56%;每标准条进口卷烟(200 支)确定消费税适用比例税率的价格小于 70 元

的,适用比例税率为 36%。

非标准条包装卷烟应当折算成标准条包装卷烟的数量,以其实际销售收入计算确定其折算成标准条包装后的实际销售价格,并确定适用的比例税率。折算的实际销售价格高于计税价格的,应按照折算的实际销售价格确定适用比例税率;折算的实际销售价格低于计税价格的,应按照同牌号规格标准条包装卷烟的计税价格和适用税率征税。

非标准条包装卷烟是指每条包装多于或者少于 200 支的条包装卷烟。

(2) 根据《财政部　国家税务总局关于调整卷烟消费税的通知》(财税〔2015〕60 号),自 2015 年 5 月 10 日起,将卷烟批发环节从价税税率由 5% 提高至 11%,并按 0.005 元/支加征从量税。纳税人兼营卷烟批发和零售业务的,应当分别核算批发和零售环节的销售额、销售数量;未分别核算批发和零售环节销售额、销售数量的,按照全部销售额、销售数量计征批发环节消费税。

第四节　计税依据

一、计税方法

按照现行消费税法规定,消费税应纳税额的计算分为从价计征、从量计征和从价从量复合计征三种方法。

(一) 从价计征

在从价定率计算方法下,应纳税额等于应税消费品的销售额乘以适用税率,应纳税额的多少取决于应税消费品的销售额和适用税率两个因素。

1. 销售额的确定

销售额为纳税人销售应税消费品向购买方收取的全部价款和价外费用。销售是指有偿转让应税消费品的所有权;有偿是指从购买方取得货币、货物或者其他经济利益;价外费用是指价外向购买方收取的手续费、补贴、基金、集资费、返还利润、奖励费、违约金、滞纳金、延期付款利息、赔偿金、代收款项、代垫款项、包装费、包装物租金、储备费、优质费、运输装卸费以及其他各种性质的价外收费。但下列项目不包括在内。

1) 同时符合以下条件的代垫运输费用

(1) 承运部门的运输费用发票开具给购买方的。

(2) 纳税人将该项发票转交给购买方的。

2) 同时符合以下条件代为收取的政府性基金或者行政事业性收费

(1) 由国务院或者财政部批准设立的政府性基金,由国务院或者省级人民政府及其财政、价格主管部门批准设立的行政事业性收费。

(2) 收取时开具省级以上财政部门印制的财政票据。

(3) 所收款项全额上缴财政。

其他价外费用,无论是否属于纳税人的收入,均应并入销售额计算征税。

实行从价定率办法计算应纳税额的应税消费品连同包装销售的,无论包装是否单独计价,也不论在会计上如何核算,均应并入应税消费品的销售额中征收消费税。如果包装物不作价随同产品销售,而是收取押金,此项押金则不应并入应税消费品的销售额中征税。但对因逾期未收回的包装物不再退还的或者已收取的时间超过 12 个月的押金,应并入应税消费品的销售额,按照应税消费品的适用税率缴纳消费税。

对既作价随同应税消费品销售,又另外收取押金的包装物的押金,凡纳税人在规定的期限内没有退还的,均应并入应税消费品的销售额,按照应税消费品的适用税率缴纳消费税。

从 1995 年 6 月 1 日起,对销售啤酒、黄酒外的其他酒类产品而收取的包装物押金,无论是否返还以及会计上如何核算,均应并入当期销售额征税。

白酒生产企业向商业销售单位收取的"品牌使用费"是随着应税白酒的销售而向购货方收取的,属于应税白酒销售价款的组成部分,因此,不论企业采取何种方式或以何种名义收取价款,均应并入白酒的销售额中缴纳消费税。

纳税人销售的应税消费品,以外汇结算销售额的,其销售额的人民币折合率可以选择结算的当天或者当月 1 日的国家外汇牌价(原则上为中间价)。纳税人应在事先确定采取何种折合率,确定后 1 年内不得变更。

2. 含增值税销售额的换算

应税消费品在缴纳消费税的同时,与一般货物一样,还应缴纳增值税。按照《消费税暂行条例实施细则》的规定,应税消费品的销售额,不包括应向购货方收取的增值税税款。如果纳税人应税消费品的销售额中未扣除增值税税款或者因不得开具增值税专用发票而发生价款和增值税税款合并收取的,在计算消费税时,应将含增值税的销售额换算为不含增值税税款的销售额。其换算公式如下:

$$应税消费品的销售额＝含增值税的销售额÷(1＋增值税税率或征收率)$$

在使用换算公式时,应根据纳税人的具体情况分别使用增值税税率或征收率。如果消费税的纳税人同时又是增值税一般纳税人的,应适用 13% 的增值税税率;如果消费税的纳税人是增值税小规模纳税人的,应适用 3% 的征收率。

(二) 从量计征

在从量定额计算方法下,应纳税额等于应税消费品的销售数量乘以单位税额,应纳税额的多少取决于应税消费品的销售数量和单位税额两个因素。

1. 销售数量的确定

销售数量是指纳税人生产、加工和进口应税消费品的数量。具体规定为:

(1) 销售应税消费品的,为应税消费品的销售数量。

(2) 自产自用应税消费品的,为应税消费品的移送使用数量。

(3) 委托加工应税消费品的,为纳税人收回的应税消费品数量。

(4) 进口的应税消费品,为海关核定的应税消费品进口征税数量。

2. 计量单位的换算标准

《消费税暂行条例》规定,黄酒、啤酒是以吨为税额单位;汽油、柴油是以升为税额单位的。但是,考虑到在实际销售过程中,一些纳税人会把吨或升这两个计量单位混用,故规范了不同产品的计量单位,以准确计算应纳税额,吨与升两个计量单位的换算标准如表 3-2 所示。

表 3-2　吨、升换算表

序号	名称	计量单位的换算标准
1	黄酒	1 吨＝962 升
2	啤酒	1 吨＝988 升
3	汽油	1 吨＝1 388 升
4	柴油	1 吨＝1 176 升
5	航空煤油	1 吨＝1 246 升
6	石脑油	1 吨＝1 385 升
7	溶剂油	1 吨＝1 282 升
8	润滑油	1 吨＝1 126 升
9	燃料油	1 吨＝1 015 升

（三）从价从量复合计征

现行消费税的征税范围中,只有卷烟、白酒采用复合计征方法。应纳税额等于应税销售数量乘以定额税率再加上应税销售额乘以比例税率。

生产销售卷烟、白酒从量定额计税依据为实际销售数量。进口、委托加工、自产自用卷烟、白酒从量定额计税依据分别为海关核定的进口征税数量、委托方收回数量、移送使用数量。

二、计税依据的特殊规定

（一）自设非独立核算门市部销售应税消费品的计税规定

纳税人通过自设非独立核算门市部销售的自产应税消费品,应当按照门市部对外销售额或者销售数量征收消费税。

（二）应税消费品用于换取生产资料和消费资料,投资入股和抵偿债务的计税规定

纳税人用于换取生产资料和消费资料,投资入股和抵偿债务等方面的应税消费品,应当以纳税人同类应税消费品的最高销售价格作为计税依据计算消费税。

（三）卷烟计税价格的核定

自 2012 年 1 月 1 日起,卷烟消费税最低计税价格(以下简称计税价格)核定范围为卷烟生产企业在生产环节销售的所有牌号、规格的卷烟。

计税价格由国家税务总局按照卷烟批发环节销售价格扣除卷烟批发环节批发毛利核定并发布。计税价格的核定公式如下:

某牌号、规格卷烟计税价格＝批发环节销售价格×(1－适用批发毛利率)

未经国家税务总局核定计税价格的新牌号、新规格卷烟,生产企业应按卷烟调拨价格申报纳税。

已经国家税务总局核定计税价格的卷烟,生产企业实际销售价格高于计税价格的,按实际销售价格确定适用税率,计算应纳税款并申报纳税;实际销售价格低于计税价格的,按计税价格确定适用税率,计算应纳税款并申报纳税。

（四）白酒最低计税价格的核定

1. 核定范围

白酒生产企业销售给销售单位的白酒,生产企业消费税计税价格低于销售单位对外销售价格(不含增值税,下同)70%以下的,税务机关应核定消费税最低计税价格。自2015年6月1日起,纳税人将委托加工收回的白酒销售给销售单位,消费税计税价格低于销售单位对外销售价格(不含增值税)70%以下的,也应核定消费税最低计税价格。

销售单位是指销售公司、购销公司以及委托境内其他单位或个人包销本企业生产白酒的商业机构。销售公司、购销公司是指专门购进并销售白酒生产企业生产的白酒,并与该白酒生产企业存在关联性质。包销是指销售单位依据协定价格从白酒生产企业购进白酒,同时承担大部分包装材料等成本费用,并负责销售白酒。

白酒生产企业应将各种白酒的消费税计税价格和销售单位销售价格,按照规定的式样及要求,在主管税务机关规定的时限内填报。白酒消费税最低计税价格由白酒生产企业自行申报,税务机关核定。

主管税务机关应将白酒生产企业申报的销售给销售单位的消费税计税价格低于销售单位对外销售价格70%以下、年销售额1 000万元以上的各种白酒,按照规定的式样及要求,在规定的时限内逐级上报至国家税务总局。税务总局选择其中部分白酒核定消费税最低计税价格。

除税务总局已核定消费税最低计税价格的白酒外,其他按规定需要核定消费税最低计税价格的白酒,消费税最低计税价格由各省、自治区、直辖市和计划单列市国家税务局核定。

2. 核定标准

(1)白酒生产企业销售给销售单位的白酒,生产企业消费税计税价格高于销售单位对外销售价格70%(含70%)以上的,税务机关暂不核定消费税最低计税价格。

(2)白酒生产企业销售给销售单位的白酒,生产企业消费税计税价格低于销售单位对外销售价格70%以下的,消费税最低计税价格由税务机关根据生产规模、白酒品牌、利润水平等情况在销售单位对外销售价格50%～70%范围内自行核定。其中,生产规模较大,利润水平较高的企业生产的需要核定消费税最低计税价格的白酒,税务机关核价幅度原则上应选择在销售单位对外销售价格60%～70%范围内。

3. 重新核定

已核定最低计税价格的白酒,销售单位对外销售价格持续上涨或下降时间达到3个月以上、累计上涨或下降幅度在20%(含)以上的白酒,税务机关重新核定最低计税价格。

4. 计税价格的适用

已核定最低计税价格的白酒,生产企业实际销售价格高于消费税最低计税价格的,按实际销售价格申报纳税;实际销售价格低于消费税最低计税价格的,按最低计税价格申报纳税。

（五）金银首饰销售额的确定

对既销售金银首饰,又销售非金银首饰的生产、经营单位,应将两类商品划分清楚,分别核算销售额。凡划分不清楚或不能分别核算的,在生产环节销售的,一律从高适用税率征收消费税;在零售环节销售的,一律按金银首饰征收消费税。金银首饰与其他产品组成成套消费品销售的,应按销售额全额征收消费税。

金银首饰连同包装物销售的,无论包装是否单独计价,也无论会计上如何核算,均应并入金银首饰的销售额,计征消费税。

带料加工的金银首饰,应按受托方销售同类金银首饰的销售价格确定计税依据征收消费税。没有同类金银首饰销售价格的,按照组成计税价格计算纳税。

纳税采用以旧换新(含翻新改制)方式销售的金银首饰,应按实际收取的不含增值税的全部价款确定计税依据征收消费税。

第五节　应纳税额的计算

一、生产销售环节应纳消费税的计算

纳税人在生产销售环节应缴纳的消费税,包括直接对外销售应税消费品应缴纳的消费税和自产自用应税消费品应缴纳的消费税。

(一)直接对外销售应纳消费税的计算

直接对外销售应税消费品涉及三种计算方法。

1. 从价定率计算

在从价定率计算方法下,应纳消费税额等于销售额乘以适用税率。基本计算公式如下:

$$应纳税额＝应税消费品的销售额×比例税率$$

【例3-1】　某化妆品生产企业为增值税一般纳税人。2019年6月6日向某大型商场销售高档化妆品一批,开具增值税专用发票,取得不含增值税销售额100万元,增值税税额13万元;6月20日向某单位销售高档化妆品一批,开具普通发票,取得含增值税销售额226万元。计算该化妆品生产企业上述业务应缴纳的消费税额。

(高档化妆品适用消费税税率15%)。

(1) 化妆品的应税销售额＝100＋226÷(1＋13%)＝300(万元)

(2) 应缴纳的消费税额＝300×15%＝45(万元)

2. 从量定额计算

在从量定额计算方法下,应纳税额等于应税消费品的销售数量乘以单位税额。基本计算公式如下:

$$应纳税额＝应税消费品的销售数量×定额税率$$

【例3-2】　某啤酒厂2019年6月销售甲类啤酒1 000吨,取得不含增值税销售额100万元,增值税额13万元,另收取包装物押金23.4万元。计算6月该啤酒厂应纳消费税税额。

销售甲类啤酒,适用定额税率每吨250元。

$$应纳消费税额＝销售数量×定额税率＝1 000×250＝250 000(元)$$

3. 从价定率和从量定额复合计算

现行消费税的征税范围中,只有卷烟、白酒采用复合计算方法。基本计算公式如下:

$$\frac{应纳}{税额} = \frac{应税消费品}{的销售数量} \times \frac{定额}{税率} + \frac{应税}{销售额} \times \frac{比例}{税率}$$

【例3-3】 某白酒生产企业为增值税一般纳税人,2019年4月销售白酒50吨,取得不含增值税的销售额200万元。计算白酒企业4月应缴纳的消费税额。

白酒适用比例税率20%,定额税率每500克为0.5元。

应纳消费税额＝50×2 000×0.000 05+200×20%＝45(万元)

(二)自产自用应纳消费税的计算

所谓自产自用,就是纳税人生产应税消费品后,不是用于直接对外销售,而是用于自己连续生产应税消费品或用于其他方面。这种自产自用应税消费品形式,在实际经济活动中是很常见的,但也是在是否纳税或如何纳税上最容易出现问题的。例如,有的企业把自己生产的应税消费品,以福利或奖励等形式发给本厂职工,以为不是对外销售,不必计入销售额,无须纳税,这样就出现了漏缴税款的现象。因此,认真理解税法对自产自用应税消费品的有关规定就很有必要。

1. 用于连续生产应税消费品

纳税人自产自用的应税消费品,用于连续生产应税消费品的,不纳税。所谓"纳税人自产自用的应税消费品,用于连续生产应税消费品的"是指作为生产最终应税消费品的直接材料并构成最终产品实体的应税消费品。例如,卷烟厂生产出烟丝,再用生产出的烟丝连续生产卷烟,虽然烟丝是应税消费品,但用于连续生产卷烟的烟丝就不用缴纳消费税,只对生产销售的卷烟征收消费税。如果生产的烟丝直接用于销售,则烟丝需要缴纳消费税。税法规定对自产自用的应税消费品,用于连续生产应税消费品的不征税,体现了不重复课税原则。

2. 用于其他方面的应税消费品

纳税人自产自用的应税消费品,除用于连续生产应税消费品外,凡用于其他方面的,于移送使用时纳税。用于其他方面是指纳税人用于生产非应税消费品、在建工程、管理部门、非生产机构、提供劳务,以及用于馈赠、赞助、集资、广告、样品、职工福利、奖励等方面。所谓"用于生产非应税消费品",是指把自产的应税消费品用于生产《消费税暂行条例》税目、税率表所列15类产品以外的产品。

如原油加工厂用生产出的应税消费品汽油调和制成溶剂汽油,该溶剂汽油就属于非应税消费品,加工厂应就该自产自用行为缴纳消费税,但是不用缴纳增值税。所谓"用于在建工程"是指把自产的应税消费品用于本单位的各项建设工程。例如,石化工厂把自己生产的柴油用于本厂基建工程的车辆、设备使用。所谓"用于管理部门、非生产机构"是指把自己生产的应税消费品用于与本单位有隶属关系的管理部门或非生产机构。例如,汽车制造厂把生产出的小汽车提供给上级主管部门使用。所谓"用于馈赠、赞助、集资、广告、样品、职工福利、奖励"是指把自己生产的应税消费品无偿赠送给他人,或以资金的形式投资于外单位,或作为商品广告、经销样品,或以福利、奖励的形式发给职工。例如,小汽车生产企业把自己生产的小汽车赠送或赞助给小汽车拉力赛手使用,兼作商品广告;酒厂把生产的滋补药酒以福利的形式发给职工等。总之,企业自产的应税消费品虽然没有用于销售或连续生产应税消费品,但只要是用于税法所规定的范围的都要视同销售,依法缴纳消费税。

3.组成计税价格及税额的计算

纳税人自产自用的应税消费品,凡用于其他方面,应当纳税的,按照纳税人生产的同类消费品的销售价格计算纳税。同类消费品的销售价格是指纳税人当月销售的同类消费品的销售价格,如果当月同类消费品各期销售价格高低不同,应按销售数量加权平均计算。但销售的应税消费品有下列情况之一的,不得列入加权平均计算:

(1)销售价格明显偏低又无正当理由的。

(2)无销售价格的。

如果当月无销售或者当月未完结,应按照同类消费品上月或者最近月份的销售价格计算纳税。

没有同类消费品销售价格的,按照组成计税价格计算纳税。组成计税价格的计算公式如下:

实行从价定率办法计算纳税的组成计税价格计算公式:

$$组成计税价格=(成本+利润)÷(1-比例税率)$$
$$应纳税额=组成计税价格×比例税率$$

实行复合计税办法计算纳税的组成计税价格计算公式:

$$组成计税价格=(成本+利润+自产自用数量×定额税率)$$
$$÷(1-比例税率)$$
$$应纳税额=组成计税价格×比例税率+自产自用数量×定额税率$$

上述公式中所说的"成本"是指应税消费品的产品生产成本。

上述公式中所说的"利润"是指根据应税消费品的全国平均成本利润率计算的利润。应税消费品全国平均成本利润率由国家税务总局确定(见表3-3)。

表3-3 平均成本利润率表

货物名称	利润率	货物名称	利润率
1.甲类卷烟	10%	10.贵重首饰及珠宝玉石	6%
2.乙类卷烟	5%	11.摩托车	6%
3.雪茄烟	5%	12.高尔夫球及球具	10%
4.烟丝	5%	13.高档手表	20%
5.粮食白酒	10%	14.游艇	10%
6.薯类白酒	5%	15.木制一次性筷子	5%
7.其他酒	5%	16.实木地板	5%
8.高档化妆品	5%	17.乘用车	8%
9.鞭炮、焰火	5%	18.中轻型商用客车	5%

二、委托加工环节应税消费品应纳税额的计算

企业、单位或个人由于设备、技术、人力等方面的局限或其他方面的原因,常常要委托其他单位代为加工应税消费品,然后,将加工好的应税消费品收回,直接销售或自己使用。这

是生产应税消费品的另一种形式,也需要纳入征收消费税的范围。例如,某企业将购来的小客车底盘和零部件提供给某汽车改装厂,加工组装成小客车供自己使用,则加工、组装成的小客车就需要缴纳消费税。按照规定,委托加工的应税消费品,由受托方在向委托方交货时代收代缴税款。

（一）委托加工应税消费品的确定

委托加工的应税消费品是指由委托方提供原料和主要材料,受托方只收取加工费和代垫部分辅助材料加工的应税消费品。对于由受托方提供原材料生产的应税消费品,或者受托方先将原材料卖给委托方,然后接受加工的应税消费品,以及由受托方以委托方名义购进原材料生产的应税消费品,不论纳税人在财务上是否作销售处理,都不得作为委托加工应税消费品,而应当按照销售自制应税消费品缴纳消费税。

（二）代收代缴税款的规定

对于确实属于委托方提供原料和主要材料,受托方只收取加工费和代垫部分辅助材料加工的应税消费品,税法规定,由受托方在向委托方交货时代收代缴消费税。这样,受托方就是法定的代收代缴义务人。如果受托方对委托加工的应税消费品没有代收代缴或少代收代缴消费税,应按照《税收征收管理法》的规定,承担代收代缴的法律责任。因此,受托方必须严格履行代收代缴义务,正确计算和按时代缴税款。为了加强对受托方代收代缴税款的管理,委托个人（含个体工商户）加工的应税消费品,由委托方收回后缴纳消费税。

委托加工的应税消费品,受托方在交货时已代收代缴消费税,委托方将收回的应税消费品,以不高于受托方的计税价格出售的,为直接出售,不再缴纳消费税;委托方以高于受托方的计税价格出售的,不属于直接出售,需按照规定申报缴纳消费税,在计税时准予扣除受托方已代收代缴的消费税。

对于受托方没有按规定代收代缴税款的,不能因此免除委托方补缴税款的责任。在对委托方进行税务检查中,如果发现受其委托加工应税消费品的受托方没有代收代缴税款,则应按照《税收征收管理法》规定,对受托方处以代收代缴税款 50% 以上 3 倍以下的罚款;委托方要补缴税款,对委托方补征税款的计税依据是:如果在检查时,收回的应税消费品已经直接销售的,按销售额计税;收回的应税消费品尚未销售或不能直接销售的(如收回后用于连续生产等),按组成计税价格计税。组成计税价格的计算公式与下列"（三）"中的组成计税价格公式相同。

（三）组成计税价格及应纳税额的计算

委托加工的应税消费品,按照受托方的同类消费品的销售价格计算纳税,同类消费品的销售价格是指受托方(即代收代缴义务人)当月销售的同类消费品的销售价格,如果当月同类消费品各期销售价格高低不同,应按销售数量加权平均计算。但销售的应税消费品有下列情况之一的,不得列入加权平均计算:

（1）销售价格明显偏低又无正当理由的。

（2）无销售价格的。

如果当月无销售或者当月未完结,应按照同类消费品上月或最近月份的销售价格计算纳税。没有同类消费品销售价格的,按照组成计税价格计算纳税。组成计税价格的计算公式如下:

实行从价定率办法计算纳税的组成计税价格计算公式：

$$组成计税价格＝(材料成本＋加工费)÷(1－比例税率)$$

实行复合计税办法计算纳税的组成计税价格计算公式：

$$组成计税价格＝(材料成本＋加工费＋委托加工数量×定额税率)÷(1－比例税率)$$

上述组成计税价格公式中有两个重要的专用名词解释如下：

(1) 材料成本。按照《消费税暂行条例实施细则》的解释，"材料成本"是指委托方所提供加工材料的实际成本。委托加工应税消费品的纳税人，必须在委托加工合同上如实注明（或以其他方式提供）材料成本，凡未提供材料成本的，受托方所在地主管税务机关有权核定其材料成本。从这一条规定可以看出，税法对委托方提供原料和主要材料，并要以明确的方式如实提供材料成本，要求是很严格的，其目的就是防止假冒委托加工应税消费品或少报材料成本，逃避纳税的现象。

(2) 加工费。《消费税暂行条例实施细则》规定，"加工费"是指受托方加工应税消费品向委托方所收取的全部费用（包括代垫辅助材料的实际成本，不包括增值税税金），这是税法对受托方的要求。受托方必须如实提供向委托方收取的全部费用，这样才能既保证组成计税价格及代收代缴消费税准确地计算出来，也使受托方按加工费得以正确计算其应纳的增值税。

【例3-4】　某鞭炮企业2019年4月受托为某单位加工一批鞭炮，委托单位提供的原材料金额为60万元，收取委托单位不含增值税的加工费8万元，鞭炮企业无同类产品市场价格。计算鞭炮企业应代收代缴的消费税。

(1) 鞭炮的适用税率为15％。

(2) 组成计税价格＝(60＋8)÷(1－15％)＝80(万元)

(3) 应代收代缴消费税＝80×15％＝12(万元)

三、进口环节应纳消费税的计算

进口的应税消费品，于报关进口时缴纳消费税；进口的应税消费品的消费税由海关代征；进口的应税消费品，由进口人或者其代理人向报关地海关申报纳税；纳税人进口应税消费品，按照关税征收管理的相关规定，应当自海关填发海关进口消费税专用缴款书之日起15日内缴纳税款。1993年12月，国家税务总局、海关总署联合颁发的《关于对进口货物征收增值税、消费税有关问题的通知》规定，进口应税消费品的收货人或办理报关手续的单位和个人，为进口应税消费品消费税的纳税义务人。进口应税消费品消费税的税目、税率（税额），依照《消费税暂行条例》所附的《消费税税目税率（税额）表》执行。

纳税人进口应税消费品，按照组成计税价格和规定的税率计算应纳税额。计算方法如下：

(1) 从价定率计征应纳税额的计算。

实行从价定率办法计算纳税的组成计税价格计算公式：

$$组成计税价格＝(关税完税价格＋关税)÷(1－消费税比例税率)$$
$$应纳税额＝组成计税价格×消费税比例税率$$

公式中所称"关税完税价格"是指海关核定的关税计税价格。

（2）实行从量定额计征应纳税额的计算。

应纳税额的计算公式：

$$应纳税额＝应税消费品数量×消费税定额税率$$

（3）实行从价定率和从量定额复合计税办法应纳税额的计算。

应纳税额的计算公式：

$$组成计税价格＝（关税完税价格＋关税＋进口数量×消费税定额税率）$$
$$÷（1－消费税比例税率）$$
$$应纳税额＝组成计税价格×消费税税率＋应税消费品进口数量$$
$$×消费税定额税率$$

进口环节消费税除国务院另有规定者外，一律不得给予减税、免税。

四、已纳消费税扣除的计算

为了避免重复征税，现行消费税规定，将外购应税消费品和委托加工收回的应税消费品继续生产应税消费品销售的，可以将外购应税消费品和委托加工收回应税消费品已缴纳的消费税给予扣除。

（一）外购应税消费品已纳税款的扣除

1. 外购应税消费品连续生产应税消费品

由于某些应税消费品是用外购已缴纳消费税的应税消费品连续生产出来的，在对这些连续生产出来的应税消费品计算征税时，税法规定应按当期生产领用数量计算准予扣除外购的应税消费品已纳的消费税税款。扣除范围包括：

（1）外购已税烟丝生产的卷烟。

（2）外购已税高档化妆品生产的高档化妆品。

（3）外购已税珠宝玉石生产的贵重首饰及珠宝玉石。

（4）外购已税鞭炮焰火生产的鞭炮焰火。

（5）外购已税杆头、杆身和握把为原料生产的高尔夫球杆。

（6）外购已税木制一次性筷子为原料生产的木制一次性筷子。

（7）外购已税实木地板为原料生产的实木地板。

（8）对外购已税汽油、柴油、石脑油、燃料油、润滑油用于连续生产应税成品油。

上述当期准予扣除外购应税消费品已纳消费税税款的计算公式如下：

$$\frac{当期准予扣除的外购}{应税消费品已纳税款}＝\frac{当期准予扣除的外购}{应税消费品买价}×外购应税消费品适用税率$$

$$\frac{当期准予扣除的外购}{应税消费品买价}＝\frac{期初库存的外购}{应税消费品的买价}＋\frac{当期购进的应税}{消费品的买价}－\frac{期末库存的外购}{应税消费品的买价}$$

外购已税消费品的买价是指购货发票上注明的销售额（不包括增值税税款）。由于我国近期多次调整成品油消费税税率，纳税人外购应税油品连续生产应税成品油，应根据其取得的外购应税油品增值税专用发票开具时间来确定具体扣除金额，如果增值税专用发票开具时间为调整前，则按照调整前的成品油消费税税率计算扣除消费税；如果增值税专用发票开具时间为调整后,则按照调整后的成品油消费税税率计算扣除消费税。

另外,根据《葡萄酒消费税管理办法(试行)》的规定,自 2015 年 5 月 1 日起,从葡萄酒生产企业购进、进口葡萄酒连续生产应税葡萄酒的,准予从葡萄酒消费税应纳税额中扣除所耗用应税葡萄酒已纳消费税税款。如本期消费税应纳税额不足抵扣的,余额留待下期抵扣。

【例 3-5】 某卷烟生产企业,某月月初库存外购应税烟丝金额 50 万元,当月又外购应税烟丝金额 500 万元(不含增值税),月末库存烟丝金额 30 万元,其余被当月生产卷烟领用。请计算卷烟厂当月准许扣除的外购烟丝已缴纳的消费税税额。

(1) 烟丝适用的消费税税率为 30%。

(2) 当期准许扣除的外购烟丝买价=50+500-30=520(万元)

(3) 当月准许扣除的外购烟丝已缴纳的消费税税额=520×30%=156(万元)

需要说明的是纳税人用外购的已税珠宝玉石生产的改在零售环节征收消费税的金银首饰(镶嵌首饰),在计税时一律不得扣除外购珠宝玉石的已纳税款。

2. 外购应税消费品后销售

对自己不生产应税消费品,而只是购进后再销售应税消费品的工业企业,其销售的化妆品、护肤护发品、鞭炮焰火和珠宝玉石,凡不能构成最终消费品直接进入消费品市场,而需进一步生产加工、包装、贴标的或者组合的珠宝玉石、化妆品、酒、鞭炮焰火等,应当征收消费税,同时允许扣除上述外购应税消费品的已纳税款。

(二)委托加工收回的应税消费品已纳税款的扣除

委托加工的应税消费品因为已由受托方代收代缴消费税,因此,委托方收回货物后用于连续生产应税消费品的,其已纳税款准予按照规定从连续生产的应税消费品应纳消费税税额中抵扣。按照国家税务总局的规定,下列连续生产的应税消费品准予从应纳消费税税额中按当期生产领用数量计算扣除委托加工收回的应税消费品已纳消费税税款:

(1) 以委托加工收回的已税烟丝为原料生产的卷烟。

(2) 以委托加工收回的已税高档化妆品为原料生产的高档化妆品。

(3) 以委托加工收回的已税珠宝玉石为原料生产的贵重首饰及珠宝玉石。

(4) 以委托加工收回的已税鞭炮、焰火为原料生产的鞭炮、焰火。

(5) 以委托加工收回的已税杆头、杆身和握把为原料生产的高尔夫球杆。

(6) 以委托加工收回的已税木制一次性筷子为原料生产的木制一次性筷子。

(7) 以委托加工收回的已税实木地板为原料生产的实木地板。

(8) 以委托加工收回的已税汽油、柴油、石脑油、燃料油、润滑油用于连续生产应税成品油。

(9) 以委托加工收回的已税摩托车连续生产应税摩托车(如用外购两轮摩托车改装为三轮摩托车)。

上述当期准予扣除委托加工收回的应税消费品已纳消费税税款的计算公式如下:

$$\begin{array}{l}\text{当期准予扣除的委托加工}\\\text{应税消费品已纳税款}\end{array}=\begin{array}{l}\text{期初库存的委托加工}\\\text{应税消费品已纳税款}\end{array}+\begin{array}{l}\text{当期收回的委托加工}\\\text{应税消费品已纳税款}\end{array}-\begin{array}{l}\text{期末库存的委托加工}\\\text{应税消费品已纳税款}\end{array}$$

纳税人以进口、委托加工收回应税油品连续生产应税成品油,分别依据《海关进口消费税专用缴款书》《税收缴款书(代扣代收专用)》,按照现行政策规定计算扣除应税油品已纳消费税税款。

纳税人以外购、进口、委托加工收回的应税消费品(以下简称外购应税消费品)为原料连续生产应税消费品,准予按现行政策规定抵扣外购应税消费品已纳消费税税款。经主管税务机关核实上述外购应税消费品未缴纳消费税的,纳税人应将已抵扣的消费税税款,从核实当月允许抵扣的消费税中冲减。

需要说明的是,纳税人用委托加工收回的已税珠宝玉石生产的改在零售环节征收消费税的金银首饰,在计税时一律不得扣除委托加工收回的珠宝玉石的已纳消费税税款。

五、特殊环节应纳消费税的计算

(一) 卷烟批发环节应纳消费税的计算

为了适当增加财政收入,完善烟产品消费税制度,自 2009 年 5 月 1 日起,在卷烟批发环节加征一道从价税。自 2015 年 5 月 10 日起,卷烟批发环节税率又有调整。

(1) 纳税义务人:在中华人民共和国境内从事卷烟批发业务的单位和个人。纳税人销售给纳税人以外的单位和个人的卷烟于销售时纳税。纳税人之间销售的卷烟不缴纳消费税。

(2) 征收范围:纳税人批发销售的所有牌号规格的卷烟。

(3) 适用税率:从价税税率 11%,从量税税率 0.005 元/支。

(4) 计税依据:纳税人批发卷烟的销售额(不含增值税)、销售数量。

纳税人应将卷烟销售额与其他商品销售额分开核算,未分开核算的,一并征收消费税。

纳税人兼营卷烟批发和零售业务的,应当分别核算批发和零售环节的销售额、销售数量;未分别核算批发和零售环节销售额、销售数量的,按照全部销售额、销售数量计征批发环节消费税。

(5) 纳税义务发生时间:纳税人收讫销售款或者取得索取销售款凭据的当天。

(6) 纳税地点:卷烟批发企业的机构所在地,总机构与分支机构不在同一地区的,由总机构申报纳税。

(7) 卷烟消费税在生产和批发两个环节征收后,批发企业在计算纳税时不得扣除已含的生产环节的消费税税款。

(二) 超豪华小汽车零售环节应纳消费税的计算

为了引导合理消费,促进节能减排,自 2016 年 12 月 1 日起,在生产(进口)环节按现行税率征收消费税基础上,超豪华小汽车在零售环节加征一道消费税。

(1) 征税范围:每辆零售价格 130 万元(不含增值税)及以上的乘用车和中轻型商用客车,即乘用车和中轻型商用客车子税目中的超豪华小汽车。

(2) 纳税人:将超豪华小汽车销售给消费者的单位和个人为超豪华小汽车零售环节纳税人。

(3) 税率:税率为 10%。

(4) 应纳税额的计算:

$$应纳税额=零售环节销售额(不含增值税)×零售环节税率$$

国内汽车生产企业直接销售给消费者的超豪华小汽车,消费税税率按照生产环节税率和零售环节税率加总计算。其消费税应纳税额计算公式如下:

$$应纳税额＝销售额(不含增值税)×(生产环节税率＋零售环节税率)$$

六、消费税出口退税的计算

对纳税人出口应税消费品,免征消费税;国务院另有规定的除外。

（一）出口免税并退税

有出口经营权的外贸企业购进应税消费品直接出口,以及外贸企业受其他外贸企业委托代理出口应税消费品。外贸企业只有受其他外贸企业委托,代理出口应税消费品才可办理退税,外贸企业受其他企业(主要是非生产性的商贸企业)委托,代理出口应税消费品是不予退(免)税的。

属于从价定率计征消费税的,为已征且未在内销应税消费品应纳税额中抵扣的购进出口货物金额;属于从量定额计征消费税的,为已征且未在内销应税消费品应纳税额中抵扣的购进出口货物数量;属于复合计征消费税的,按从价定率和从量定额的计税依据分别确定。

$$\frac{消费税}{应退税额}=\frac{从价定率计征消费税}{的退税计税依据}×\frac{比例}{税率}+\frac{从量定额计征消费税}{的退税计税依据}×\frac{定额}{税率}$$

出口货物的消费税应退税额的计税依据,按购进出口货物的消费税专用缴款书和海关进口消费税专用缴款书确定。

（二）出口免税但不退税

有出口经营权的生产性企业自营出口或生产企业委托外贸企业代理出口自产的应税消费品,依据其实际出口数量免征消费税,不予办理退还消费税。免征消费税是指对生产性企业按其实际出口数量免征生产环节的消费税。不予办理退还消费税,因已免征生产环节的消费税,该应税消费品出口时,已不含有消费税,所以无须再办理退还消费税。

（三）出口不免税也不退税

除生产企业、外贸企业外的其他企业,具体是指一般商贸企业,这类企业委托外贸企业代理出口应税消费品一律不予退(免)税。

第六节 征 收 管 理

一、征税环节

目前,对消费税的征税分布于以下环节。

（一）对生产应税消费品在生产销售环节征税

生产应税消费品销售是消费税征收的主要环节,因为一般情况下,消费税具有单一环节征税的特点,对于大多数消费税应税商品而言,在生产销售环节征税以后,流通环节不用再缴纳消费税。纳税人生产应税消费品,除了直接对外销售应征收消费税外,如将生产的应税消费品换取生产资料、消费资料、投资入股、偿还债务，以及用于继续生产应税消费品以外的其他方面都应缴纳消费税。

另外，工业企业以外的单位和个人的下列行为视为应税消费品的生产行为，按规定征收消费税：

（1）将外购的消费税非应税产品以消费税应税产品对外销售的。

（2）将外购的消费税低税率应税产品以高税率应税产品对外销售的。

（二）对委托加工应税消费品在委托加工环节征税

委托加工应税消费品是指委托方提供原料和主要材料，受托方只收取加工费和代垫部分辅助材料加工的应税消费品。由受托方提供原材料或其他情形的一律不能视同加工应税消费品。委托加工的应税消费品收回后，再继续用于生产应税消费品销售且符合现行政策规定的，其加工环节缴纳的消费税款可以扣除。

（三）对进口应税消费品在进口环节征税

单位和个人进口属于消费税征税范围的货物，在进口环节要缴纳消费税。为了减少征税成本，进口环节缴纳的消费税由海关代征。

（四）对零售特定应税消费品在零售环节征税

经国务院批准，自 1995 年 1 月 1 日起，金银首饰消费税由生产销售环节征收改为零售环节征收。改在零售环节征收消费税的金银首饰仅限于金基、银基合金首饰以及金、银和金基、银基合金的镶嵌首饰，进口环节暂不征收，零售环节适用税率为 5%，在纳税人销售金银首饰、钻石及钻石饰品时征收。其计税依据是不含增值税的销售额。

（五）对移送使用应税消费品在移送使用环节征税

如果企业在生产经营的过程中，将应税消费品移送用于加工非应税消费品，则应对移送部分征收消费税。

（六）对批发卷烟在卷烟的批发环节征税

与其他消费税应税商品不同的是，卷烟除了在生产销售环节征收消费税外，还在批发环节征收一次。纳税人兼营卷烟批发和零售业务的，应当分别核算批发和零售环节的销售额、销售数量；未分别核算批发和零售环节销售额、销售数量的，按照全部销售额、销售数量计征批发环节消费税。纳税人销售给纳税人以外的单位和个人的卷烟于销售时纳税。纳税人之间销售的卷烟不缴纳消费税。卷烟批发企业的机构所在地，总机构与分支机构不在同一地区的，由总机构申报纳税。卷烟消费税在生产和批发两个环节征收后，批发企业在计算纳税时不得扣除已含的生产环节的消费税税款。

二、纳税义务发生时间

消费税纳税义务发生的时间，以货款结算方式或行为发生时间分别确定。

（1）纳税人销售的应税消费品，其纳税义务的发生时间为：

① 纳税人采取赊销和分期收款结算方式的，为书面合同约定的收款日期的当天，书面合同没有约定收款日期或者无书面合同的，为发出应税消费品的当天。

② 纳税人采取预收货款结算方式的，其纳税义务的发生时间，为发出应税消费品的当天。

③ 纳税人采取托收承付和委托银行收款方式销售的应税消费品，其纳税义务的发生时间，为发出应税消费品并办妥托收手续的当天。

④ 纳税人采取其他结算方式的,其纳税义务的发生时间,为收讫销售款或者取得索取销售款凭据的当天。

(2) 纳税人自产自用的应税消费品,其纳税义务的发生时间,为移送使用的当天。

(3) 纳税人委托加工的应税消费品,其纳税义务的发生时间,为纳税人提货的当天。

(4) 纳税人进口的应税消费品,其纳税义务的发生时间,为报关进口的当天。

三、纳税期限

按照《消费税暂行条例》规定,消费税的纳税期限分别为 1 日、3 日、5 日、10 日、15 日、1 个月或者 1 个季度。纳税人的具体纳税期限,由主管税务机关根据纳税人应纳税额的大小分别核定;不能按照固定期限纳税的,可以按次纳税。

纳税人以 1 个月或以 1 个季度为一期纳税的,自期满之日起 15 日内申报纳税;以 1 日、3 日、5 日、10 日或者 15 日为一期纳税的,自期满之日起 5 日内预缴税款,于次月 1 日起至 15 日内申报纳税并结清上月应纳税款。

纳税人进口应税消费品,应当自海关填发海关进口消费税专用缴款书之日起 15 日内缴纳税款。如果纳税人不能按照规定的纳税期限依法纳税,将按《税收征收管理法》的有关规定处理。

四、纳税地点

消费税具体纳税地点如下:

(1) 纳税人销售的应税消费品,以及自产自用的应税消费品,除国务院财政、税务主管部门另有规定外,应当向纳税人机构所在地或者居住地的主管税务机关申报纳税。

(2) 委托加工的应税消费品,除受托方为个人外,由受托方向机构所在地或者居住地的主管税务机关解缴消费税税款。

(3) 进口的应税消费品,由进口人或者其代理人向报关地海关申报纳税。

(4) 纳税人到外县(市)销售或者委托外县(市)代销自产应税消费品的,于应税消费品销售后,向机构所在地或者居住地主管税务机关申报纳税。纳税人的总机构与分支机构不在同一县(市),但在同一省(自治区、直辖市)范围内,经省(自治区、直辖市)财政厅(局)、国家税务局审批同意,可以由总机构汇总向总机构所在地的主管税务机关申报缴纳消费税。省(自治区、直辖市)财政厅(局)、国家税务局应将审批同意的结果,上报财政部、国家税务总局备案。

(5) 纳税人销售的应税消费品,因质量等原因发生退货的,其已缴纳的消费税税款可予以退还。纳税人办理退税手续时,应将开具的红字增值税发票、退税证明等资料报主管税务机关备案。主管税务机关核对无误后办理退税。

(6) 纳税人直接出口的应税消费品办理免税后,发生退关或者国外退货,复进口时已予以免税的,可暂不办理补税,待其转为国内销售的当月申报缴纳消费税。

五、关于消费税税款抵扣的管理

(1) 从商业企业购进应税消费品连续生产应税消费品,符合抵扣条件的,准予扣除外购应税消费品已纳消费税税款。

（2）主管税务机关对纳税人提供的消费税申报抵扣凭证上注明的货物，无法辨别销货方是否申报缴纳消费税的，可向销货方主管税务机关发函调查该笔销售业务缴纳消费税情况，销货方主管税务机关应认真核实并回函。经销货方主管税务机关回函确认已缴纳消费税的，可以受理纳税人的消费税抵扣申请，按规定抵扣外购项目的已纳消费税。

本 章 小 结

本章消费税法要求学生掌握消费税的纳税义务人、代缴义务人与 15 个税目、税率，掌握消费税的计税依据，掌握消费税应纳税额的计算，熟悉消费税的征收管理。

基 础 训 练

消费税纳税申报表

调整和完善消费税政策后，国家税务总局已对综合征管软件消费税申报表的部分栏目填报内容及栏目间逻辑关系进行了调整，请各省根据调整内容，及时修改印制消费税纳税申报表。消费税纳税申报表调整内容如下。

（一）修改消费税申报表第 5、6、7、8、9 栏内容

（1）将第 5 栏"当期准予扣除外购应税消费品买价"修改为"当期准予扣除外购应税消费品买价（数量）"。

（2）将第 6 栏"期初库存外购应税消费品买价"修改为"期初库存外购应税消费品买价（数量）"。

（3）将第 7 栏"当期购进外购应税消费品买价"修改为"当期购进外购应税消费品买价（数量）"。

（4）将第 8 栏"期末库存外购应税消费品买价"修改为"期末库存外购应税消费品买价（数量）"。

（5）将第 9 栏"外购应税消费品适用税率"修改为"外购应税消费品适用税率（单位税额）"。

（二）修改消费税纳税申报表第 10 栏内容

将第 10 栏"10＝5×9"修改为"10＝5×9 或 10＝5×9×（1－减征幅度）"。

填报第 10 栏时，准予抵扣项目无减税优惠的按 10＝5×9 的逻辑关系填报；准予抵扣项目有减税优惠的按 10＝5×9×（1－减征幅度）的逻辑关系填报。目前准予抵扣且有减税优惠的项目为石脑油、润滑油，减征幅度为 70%。

（三）修改消费税纳税申报表第 19 栏内容

将第 19 栏"19＝15－17＋20＋21＋22"修改为"19＝15－26－27"。

（四）关于第 26 栏填报问题

将第 26 栏调整为"26＝3×4 或 26＝3×4×减征幅度"。

全额免税的应税消费品按"26＝3×4"填报，减征税款的应税消费品按"26＝3×4×减征幅度"填报，目前有减税优惠的项目为石脑油、润滑油，润滑油、燃料油减征幅度为 70%。

消费税纳税申报表

填表日期：年　月　日

纳税编码：
纳税人识别号：
纳税人名称：　　　　　　　　　　　　　　　　　　　　　地　　址：
税款所属期：年　月　日至　年　月　日　　　　　　　　　联系电话：

应税消费品名称	适用税目	应税销售额（数量）	适用税率（单位税额）	当期准予扣除外购应税消费品买价（数量）				外购应税消费品适用税率（数量）
				合计	期初库存外购应税消费品买价（数量）	当期购进外购应税消费品买价（数量）	期末库存外购应税消费品买价（数量）	
1	2	3	4	5＝6＋7－8	6	7	8	9
合计								

应纳消费税		当期准予扣除外购应税消费品已纳税款	当期准予扣除委托加工应税消费品已纳税款			
本期	累计		合计	期初库存委托加工应税消费品已纳税款	当期收回委托加工应税消费品已纳税款	期末库存委托加工应税消费品已纳税款
15＝3×4－10 或 3×4－11 或 3×4－10－11	16	10＝5×9 或 10＝5×9×(1－征减幅度)	11＝12＋13－14	12	13	14

已纳消费税		本期应补（退）税金额			
本期	累计	合计	上期结算税额	补交本年度欠税	补交以前年度欠税
17	18	19＝15－26－27	20	21	22

截至上年底累计欠税额	本年度新增欠税额		减免税额	预缴税额	多缴税额
	本期	累计			
23	24	25	2b＝3×4×征减幅度	27	28

如纳税人填报，由纳税人填写以下各栏		如委托代理人填报，由代理人填写以下各栏		备注
会计主管：（签章）	纳税人（公章）	代理人名称	代理人（公章）	
		代理人地址		
		经办人	电话	
以下由税务机关填写				
收到申报表日期		接收入		

填表说明

1. 表中 2 栏"适用税目"必须按照《中华人民共和国消费税暂行条例》规定的税目填写。

2. 第 10 栏，准予抵扣项目无减税优惠的按 10＝5×9 的勾稽关系填报；准予抵扣项目有减税优惠的按 10＝5×9×（1－减征幅度）的勾稽关系填报。目前准予抵扣且有减税优惠的项目为石脑油、润滑油，减征幅度为 70%。

3. 第 26 栏，全额免税的应税消费品按"26＝3×4"填报，减征税款的应税消费品按"26＝3×4×减征幅度"填报，目前有减税优惠的项目为石脑油、润滑油、润滑油、燃料油减征幅度为 70%。

4. 本表一式三份，区（分）局、计征局、纳税人各一份。

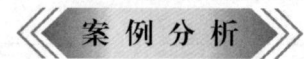

案 例 分 析

案例 1   **纳税人兼营不同税率的应税消费品的税收筹划**

2019 年 2 月，某化妆品厂将生产的化妆品、护肤护发品、小工艺品等组成成套化妆品销售。其每套化妆品由下列产品组成：化妆品包括一支口红 300 元；化妆工具及小工艺品 30 元、塑料包装盒 6 元。化妆品消费税税率为 15%，上述价格均不含税。

在现实经营活动中，很多工业企业销售产品时，为图方便而习惯采用"先组装后销售"的方式进行，人为地将低税率产品和非应税产品并入高税率产品一并计税，造成不必要的税负增加。如果企业根据上述规定，改为"工厂销售商店组装"方式，就可以大大降低消费税税收负担，增加企业经济收益。

方案一：组装后再销售方式，其应纳消费税为 50.40 元［（300＋30＋6）×15%］。

方案二：将上述产品先销售给商家，再由商家组装后对外销售，其应纳消费税为 45 元［300×15%］。

筹划结果：按工厂销售产品，商家组装方式，每套化妆品可节约消费税税额为 5.40 元。

提示：《消费税暂行条例》第三条规定："纳税人兼营不同税率的应税消费品，应当分别核算不同税率应税消费品的销售额、销售数量。未分别核算销售额、销售数量，或者将不同税率的应税消费品组成成套消费品销售的，从高适用税率。"

案例 2

公司向疫情防治定点医院捐赠一批中轻型商用客车用于防疫，可享受消费税优惠

我公司是一家汽车厂，近日拟向湖北省几家疫情防治定点医院捐赠一批中轻型商用客车用于防疫，请问如何享受消费税优惠？

根据《国家税务总局关于支持新型冠状病毒感染的肺炎疫情防控有关税收征收管理事项的公告》（国家税务总局公告 2020 年第 4 号）规定，纳税人按照《财政部　税务总局关于支持新型冠状病毒感染的肺炎疫情防控有关捐赠税收政策的公告》（财政部税务总局公告 2020 年第 9 号）规定享受消费税免税优惠的，自主进行消费税申报，填写消费税纳税申报表及《本期减（免）税额明细表》相应栏次，无需办理税收优惠备案，但应将相关证明材料留存备查。因此，如你公司向定点医院捐赠中轻型商用客车用于防疫，自主进行消费税免税申报即可享受免税优惠，不需要办理免税备案手续。需要提醒的是，你公司应将捐赠中轻型商用客车用于防疫的相关证明材料留存好，以备查验。

课后练习题

一、单选题

1. 下列应税消费品中,除了在生产销售环节征收消费税外,还应在批发环节征收消费税的是(　　)。

A. 卷烟　　　　　　　　　　　　　B. 超豪华小汽车

C. 高档手表　　　　　　　　　　　D. 高档化妆品

【正确答案】A

【答案解析】自 2009 年 5 月 1 日起,在卷烟批发环节加征一道从价消费税。

2. 下列单位中,属于消费税纳税人的是(　　)。

A. 受托加工化妆品的企业

B. 销售不含增值税零售价 120 万元小汽车的汽车 4S 店

C. 进口普通化妆品的外贸公司

D. 委托加工卷烟的企业

【正确答案】D

【答案解析】选项 A,受托加工化妆品的企业代收代缴消费税,不是消费税的纳税人;选项 B,销售不含增值税零售价 130 万元及以上的小汽车在零售环节缴纳消费税;选项 C,普通化妆品不属于消费税征收范围。

3. 企业生产销售的下列产品中,属于消费税征税范围的是(　　)。

A. 电动汽车　　　　　　　　　　　B. 体育用鞭炮药引线

C. 销售价格为 9 000 元的手表　　　D. 铅蓄电池

【正确答案】D

【答案解析】选项 A、B、C,电动汽车、体育用鞭炮药引线和价格低于 10 000 元的手表不属于消费税征税范围。

二、多选题

1. 实行从量定额和从价定率相结合计算应纳消费税的消费品有(　　)。

A. 啤酒　　　　　B. 黄酒　　　　　C. 白酒　　　　　D. 卷烟

【正确答案】CD

【答案解析】选项 C、D,白酒、卷烟复合计征消费税。

2. 下列各项关于从量计征消费税计税依据确定方法的表述中,正确的有(　　)。

A. 销售应税消费品的,为应税消费品的销售数量

B. 进口应税消费品的为海关核定的应税消费品数量

C. 以应税消费品投资入股的,为应税消费品移送使用数量

D. 委托加工应税消费品的,为加工完成的应税消费品数量

【正确答案】ABC

【答案解析】选项 D,委托加工应税消费品的,应该是纳税人收回的应税消费品数量。

3. 纳税人销售应税消费品收取的下列款项,应计入消费税计税依据的有(　　)。

A. 集资款　　　　　　　　　　　　B. 增值税销项税额

C. 未逾期的啤酒包装物押金　　　　　　　　D. 白酒品牌使用费

【正确答案】AD

【答案解析】集资款、白酒品牌使用费属于价外费用,要并入计税依据计算消费税。增值税销项税额不需要并入消费税的计税依据。啤酒从量计征消费税,包装物押金不计算消费税。

第四章　企业所得税法

 学习目标

1. 掌握企业所得税的纳税义务人、征税对象与税率
2. 掌握应纳税所得额的计算
3. 掌握资产的税务处理
4. 掌握企业所得税的税收优惠
5. 掌握企业所得税应纳税额的计算
6. 熟悉企业所得税的征收管理

第一节　企业所得税概述

一、企业所得税的概念

企业所得税是对我国境内的企业和其他取得收入的组织的生产经营所得和其他所得征收的所得税。其中,企业分为居民企业和非居民企业。居民企业是指依法在中国境内成立,或者依照外国(地区)法律成立但实际管理机构在中国境内的企业;非居民企业是指依照外国(地区)法律成立且实际管理机构不在中国境内,但在中国境内设立机构、场所的,或者在中国境内未设立机构、场所,但有来源于中国境内所得的外国企业。

二、纳税义务人

企业所得税的纳税义务人是指在中华人民共和国境内的企业和其他取得收入的组织。《中华人民共和国企业所得税法》(以下简称《企业所得税法》)第一条规定,除个人独资企业、合伙企业不适用企业所得税法外,凡在我国境内,企业和其他取得收入的组织(以下统称企业)为企业所得税的纳税人,依照本法规定缴纳企业所得税。

企业所得税的纳税人分为居民企业和非居民企业,根据国际上的通行做法,我国选择了地域管辖权和居民管辖权的双重管辖权标准,把企业分为居民企业和非居民企业,是为了更好地保障我国税收管辖权的有效行使,最大限度地维护我国的税收利益。

(一)居民企业

居民企业是指依法在中国境内成立,或者依照外国(地区)法律成立但实际管理机构在中国境内的企业。这里的企业包括国有企业、集体企业、私营企业、联营企业、股份制企业、外商投资企业、外国企业以及有生产、经营所得和其他所得的其他组织。其中,有生产经营

143

所得和其他所得的其他组织是指经国家有关部门批准,依法注册、登记的事业单位、社会团体等组织。其中,实际管理机构是指对企业的生产经营、人员、账务、财产等实施实质性全面管理和控制的机构。

（二）非居民企业

非居民企业是指依照外国(地区)法律成立且实际管理机构不在中国境内,但在中国境内设立机构、场所的,或者在中国境内未设立机构、场所,但有来源于中国境内所得的企业。上述所称机构、场所是指在中国境内从事生产经营活动的机构、场所,包括:

(1) 管理机构、营业机构、办事机构。

(2) 工厂、农场、开采自然资源的场所。

(3) 提供劳务的场所。

(4) 从事建筑、安装、装配、修理、勘探等工程作业的场所。

(5) 其他从事生产经营活动的机构、场所。

非居民企业委托营业代理人在中国境内从事生产经营活动的,包括委托单位或者个人经常代其签订合同,或者储存、交付货物等,该营业代理人视为非居民企业在中国境内设立的机构、场所。

三、征税对象

企业所得税的征税对象是指企业的生产经营所得、其他所得和清算所得。

（一）居民企业的征税对象

居民企业应就来源于中国境内、境外的所得作为征税对象。所得包括销售货物所得、提供劳务所得、转让财产所得、股息红利等权益性投资所得、利息所得、租金所得、特许权使用费所得、接受捐赠所得和其他所得。

（二）非居民企业的征税对象

非居民企业在中国境内设立机构、场所的,应当就其所设机构、场所取得的来源于中国境内的所得,以及发生在中国境外但与其所设机构、场所有实际联系的所得,缴纳企业所得税。非居民企业在中国境内未设立机构、场所的,或者虽设立机构、场所但取得的所得与其所设机构、场所没有实际联系的,应当就其来源于中国境内的所得缴纳企业所得税。上述所称实际联系是指非居民企业在中国境内设立的机构、场所拥有的据以取得所得的股权、债权,以及拥有、管理、控制据以取得所得的财产。

（三）所得来源的确定

根据不同种类的所得,来源于中国境内、境外的所得,按以下原则划分。

(1) 销售货物所得,按照交易活动发生地确定。

(2) 提供劳务所得,按照劳务发生地确定。

(3) 转让财产所得。

① 不动产转让所得按照不动产所在地确定。

② 动产转让所得按照转让动产的企业或者机构、场所所在地确定。

③ 权益性投资资产转让所得按照被投资企业所在地确定。

(4) 股息、红利等权益性投资所得,按照分配所得的企业所在地确定。

(5) 利息所得、租金所得、特许权使用费所得,按照负担、支付所得的企业或者机构、场所所在地确定,或者按照负担、支付所得的个人的住所地确定。

(6)其他所得,由国务院财政、税务主管部门确定。

四、税率

企业所得税税率是体现国家与企业分配关系的核心要素。企业所得税实行比例税率。比例税率简便易行,透明度高,不会因征税而改变企业间收入分配比例,有利于促进效率的提高。现行规定如下:

(1)基本税率为25%。适用于居民企业和在中国境内设有机构、场所且所得与机构、场所有关联的非居民企业。现行企业所得税基本税率设定为25%,既考虑了我国财政承受能力,又考虑了企业负担水平。

(2)低税率为20%。适用于在中国境内未设立机构、场所的,或者虽设立机构、场所但取得的所得与其所设机构、场所没有实际联系的非居民企业。但实际征税时适用10%的税率。

第二节　应纳税所得额

应纳税所得额是企业所得税的计税依据,按照企业所得税法的规定,应纳税所得额为企业每一个纳税年度的收入总额,减除不征税收入、免税收入、各项扣除以及允许弥补的以前年度亏损后的余额。基本公式如下:

$$\frac{\text{应纳税}}{\text{所得额}} = \frac{\text{收入}}{\text{总额}} - \frac{\text{不征税}}{\text{收入}} - \frac{\text{免税}}{\text{收入}} - \frac{\text{各项}}{\text{扣除}} - \frac{\text{允许弥补的}}{\text{以前年度亏损}}$$

企业应纳税所得额的计算以权责发生制为原则,属于当期的收入和费用,不论款项是否收付,均作为当期的收入和费用;不属于当期的收入和费用,即使款项已经在当期收付,均不作为当期的收入和费用。应纳税所得额的正确计算直接关系到国家财政收入和企业的税收负担,并且同成本、费用核算关系密切。因此,企业所得税法对应纳税所得额计算作了明确规定。

一、收入总额

企业的收入总额包括以货币形式和非货币形式从各种来源取得的收入,具体有:销售货物收入,提供劳务收入,转让财产收入,股息、红利等权益性投资收益,利息收入,租金收入,特许权使用费收入,接受捐赠收入,其他收入。

企业取得收入的货币形式,包括现金、存款、应收账款、应收票据、准备持有至到期的债券投资以及债务的豁免等;纳税人以非货币形式取得的收入,包括固定资产、生物资产、无形资产、股权投资、存货、不准备持有至到期的债券投资、劳务以及有关权益等,这些非货币资产应当按照公允价值确定收入额,公允价值是指按照市场价格确定的价值。收入的具体构成如下。

(一) 一般收入的确认

(1)销售货物收入是指企业销售商品、产品、原材料、包装物、低值易耗品以及其他存货取得的收入。

（2）提供劳务收入是指企业从事建筑安装、修理修配、交通运输、仓储租赁、金融保险、邮电通信、咨询经纪、文化体育、科学研究、技术服务、教育培训、餐饮住宿、中介代理、卫生保健、社区服务、旅游、娱乐、加工以及其他劳务服务活动取得的收入。

（3）转让财产收入是指企业转让固定资产、生物资产、无形资产、股权、债权等财产取得的收入。

企业转让股权收入，应于转让协议生效且完成股权变更手续时，确认收入的实现。转让股权收入扣除为取得该股权所发生的成本后，为股权转让所得。企业在计算股权转让所得时，不得扣除被投资企业未分配利润等股东留存收益中按该项股权所可能分配的金额。

被清算企业的股东分得的剩余资产的金额，其中相当于被清算企业累计未分配利润和累计盈余公积中按该股东所占股份比例计算的部分，应确认为股息所得；剩余资产减除股息所得后的余额，超过或低于股东投资成本的部分，应确认为股东的投资转让所得或损失。

投资企业从被投资企业撤回或减少投资，其取得的资产中，相当于初始出资的部分，应确认为投资收回；相当于被投资企业累计未分配利润和累计盈余公积按减少实收资本比例计算的部分，应确认为股息所得；其余部分确认为投资资产转让所得。

（4）股息、红利等权益性投资收益是指企业因权益性投资从被投资方取得的收入。股息、红利等权益性投资收益，除国务院财政、税务主管部门另有规定外，按照被投资方作出利润分配决定的日期确认收入的实现。

（5）利息收入是指企业将资金提供他人使用但不构成权益性投资，或者因他人占用本企业资金取得的收入，包括存款利息、贷款利息、债券利息、欠款利息等收入。利息收入，按照合同约定的债务人应付利息的日期确认收入的实现。

（6）租金收入是指企业提供固定资产、包装物或者其他有形资产的使用权取得的收入。租金收入，按照合同约定的承租人应付租金的日期确认收入的实现。其中，如果交易合同或协议中规定租赁期限跨年度，且租金提前一次性支付的，在租赁期内，分期均匀计入相关年度收入。

（7）特许权使用费收入是指企业提供专利权、非专利技术、商标权、著作权以及其他特许权的使用权取得的收入。特许权使用费收入，按照合同约定的特许权使用人应付特许权使用费的日期确认收入的实现。

（8）接受捐赠收入是指企业接受的来自其他企业、组织或者个人无偿给予的货币性资产、非货币性资产。接受捐赠收入，按照实际收到捐赠资产的日期确认收入的实现。

（9）其他收入是指企业取得的除以上收入外的其他收入，包括企业资产溢余收入、逾期未退包装物押金收入、确实无法偿付的应付款项、已作坏账损失处理后又收回的应收款项、债务重组收入、补贴收入、违约金收入、汇兑收益等。

（二）特殊收入的确认

（1）以分期收款方式销售货物的，按照合同约定的收款日期确认收入的实现。

（2）企业受托加工制造大型机械设备、船舶、飞机，以及从事建筑、安装、装配工程业务或者提供其他劳务等，持续时间超过 12 个月的，按照纳税年度内完工进度或者完成的工作量确认收入的实现。

（3）采取产品分成方式取得收入的，按照企业分得产品的日期确认收入的实现，其收入额按照产品的公允价值确定。

(4) 企业发生非货币性资产交换,以及将货物、财产、劳务用于捐赠、偿债、赞助、集资、广告、样品、职工福利或者利润分配等用途的,应当视同销售货物、转让财产或者提供劳务,但国务院财政、税务主管部门另有规定的除外。

(三) 处置资产收入的确认

(1) 企业发生下列情形的处置资产,除将资产转移至境外以外,由于资产所有权属在形式和实质上均不发生改变,可作为内部处置资产,不视同销售确认收入,相关资产的计税基础延续计算。

① 将资产用于生产、制造、加工另一产品。

② 改变资产形状、结构或性能。

③ 改变资产用途(如自建商品房转为自用或经营)。

④ 将资产在总机构及其分支机构之间转移。

⑤ 上述两种或两种以上情形的混合。

⑥ 其他不改变资产所有权属的用途。

(2) 企业将资产移送他人的下列情形,因资产所有权属已发生改变而不属于内部处置资产,应按规定视同销售确定收入。

① 用于市场推广或销售。

② 用于交际应酬。

③ 用于职工奖励或福利。

④ 用于股息分配。

⑤ 用于对外捐赠。

⑥ 其他改变资产所有权属的用途。

(3) 企业发生第(2)项规定情形时,属于企业自制的资产,应按企业同类资产同期对外销售价格确定销售收入;属于外购的资产,应按照被移送资产的公允价值确定销售收入。

(四) 相关收入实现的确认

除企业所得税法及实施条例前述收入的规定外,企业销售收入的确认,必须遵循权责发生制原则和实质重于形式原则。

(1) 企业销售商品同时满足下列条件的,应确认收入的实现:

① 商品销售合同已经签订,企业已将商品所有权相关的主要风险和报酬转移给购货方。

② 企业对已售出的商品既没有保留通常与所有权相联系的继续管理权,也没有实施有效控制。

③ 收入的金额能够可靠地计量。

④ 已发生或将发生的销售方的成本能够可靠地核算。

(2) 符合上款收入确认条件,采取下列商品销售方式的,应按以下规定确认收入实现时间:

① 销售商品采用托收承付方式的,在办妥托收手续时确认收入。

② 销售商品采取预收款方式的,在发出商品时确认收入。

③ 销售商品需要安装和检验的,在购买方接受商品以及安装和检验完毕时确认收入。

如果安装程序比较简单,可在发出商品时确认收入。

④ 销售商品采用支付手续费方式委托代销的,在收到代销清单时确认收入。

(3) 采用售后回购方式销售商品的,销售的商品按售价确认收入,回购的商品作为购进商品处理。有证据表明不符合销售收入确认条件的,如以销售商品方式进行融资,收到的款项应确认为负债,回购价格大于原售价的,差额应在回购期间确认为利息费用。

(4) 销售商品以旧换新的,销售商品应当按照销售商品收入确认条件确认收入,回收的商品作为购进商品处理。

(5) 企业为促进商品销售而在商品价格上给予的价格扣除属于商业折扣,商品销售涉及商业折扣的,应当按照扣除商业折扣后的金额确定销售商品收入金额。

债权人为鼓励债务人在规定的期限内付款而向债务人提供的债务扣除属于现金折扣,销售商品涉及现金折扣的,应当按扣除现金折扣前的金额确定销售商品收入金额,现金折扣在实际发生时作为财务费用扣除。

企业因售出商品的质量不合格等原因而在售价上给予的减让属于销售折让;企业因售出商品质量、品种不符合要求等原因而发生的退货属于销售退回。企业已经确认销售收入的售出商品发生销售折让和销售退回,应当在发生当期冲减当期销售商品收入。

(6) 企业在各个纳税期末,提供劳务交易的结果能够可靠估计的,应采用完工进度(完工百分比)法确认提供劳务收入。

① 提供劳务交易的结果能够可靠估计,是指同时满足下列条件:

A. 收入的金额能够可靠地计量。

B. 交易的完工进度能够可靠地确定。

C. 交易中已发生和将发生的成本能够可靠地核算。

② 企业提供劳务完工进度的确定,可选用下列方法:

A. 已完工作的测量。

B. 已提供劳务占劳务总量的比例。

C. 发生成本占总成本的比例。

③ 企业应按照从接受劳务方已收或应收的合同或协议价款确定劳务收入总额,根据纳税期末提供劳务收入总额乘以完工进度扣除以前纳税年度累计已确认提供劳务收入后的金额,确认为当期劳务收入;同时,按照提供劳务估计总成本乘以完工进度扣除以前纳税期间累计已确认劳务成本后的金额,结转为当期劳务成本。

④ 下列提供劳务满足收入确认条件的,应按规定确认收入:

A. 安装费。应根据安装完工进度确认收入。安装工作是商品销售附带条件的,安装费在确认商品销售实现时确认收入。

B. 宣传媒介的收费。应在相关的广告或商业行为出现于公众面前时确认收入。广告的制作费,应根据制作广告的完工进度确认收入。

C. 软件费。为特定客户开发软件的收费,应根据开发的完工进度确认收入。

D. 服务费。包含在商品售价内可区分的服务费,在提供服务的期间分期确认收入。

E. 艺术表演、招待宴会和其他特殊活动的收费。在相关活动发生时确认收入。收费涉及几项活动的,预收的款项应合理分配给每项活动,分别确认收入。

F. 会员费。申请入会或加入会员,只允许取得会籍,所有其他服务或商品都要另行收费的,在取得该会员费时确认收入。申请入会或加入会员后,会员在会员期内不再付费就可得到各种服务或商品,或者以低于非会员的价格销售商品或提供服务的,该会员费应在整个受益期内分期确认收入。

G. 特许权费。属于提供设备和其他有形资产的特许权费,在交付资产或转移资产所有权时确认收入;属于提供初始及后续服务的特许权费,在提供服务时确认收入。

H. 劳务费。长期为客户提供重复的劳务收取的劳务费,在相关劳务活动发生时确认收入。

(7) 企业以买一赠一等方式组合销售本企业商品的,不属于捐赠,应将总的销售金额按各项商品的公允价值的比例来分摊确认各项的销售收入。

(8) 企业取得财产(包括各类资产、股权、债权等)转让收入、债务重组收入、接受捐赠收入、无法偿付的应付款收入等,不论是以货币形式还是非货币形式体现,除另有规定外,均应一次性计入确认收入的年度计算缴纳企业所得税。

二、不征税收入和免税收入

国家为了扶持和鼓励某些特殊的纳税人和特定的项目,或者避免因征税影响企业的正常经营,对企业取得的某些收入予以不征税或免税的特殊政策,以减轻企业的负担,促进经济的协调发展。或准予抵扣应纳税所得额,或者是对专项用途的资金作为非税收入处理,减轻企业的税负,增加企业可用资金。

(一) 不征税收入

(1) 财政拨款。

(2) 依法收取并纳入财政管理的行政事业性收费、政府性基金。

(3) 国务院规定的其他不征税收入。

① 企业取得的各类财政性资金,除属于国家投资和资金使用后要求归还本金的以外,均应计入企业当年收入总额。国家投资是指国家以投资者身份投入企业并按有关规定相应增加企业实收资本(股本)的直接投资。

② 对企业取得的由国务院财政、税务主管部门规定专项用途并经国务院批准的财政性资金,准予作为不征税收入,在计算应纳税所得额时从收入总额中减除。

③ 纳入预算管理的事业单位、社会团体等组织按照核定的预算和经费报领关系收到的由财政部门或上级单位拨入的财政补助收入,准予作为不征税收入,在计算应纳税所得额时从收入总额中减除,但国务院和国务院财政、税务主管部门另有规定的除外。

(4) 专项用途财政性资金企业所得税处理的具体规定。

根据《关于专项用途财政性资金企业所得税处理的通知》(财税〔2011〕70 号)规定,自 2011 年 1 月 1 日起,企业取得的专项用途财政性资金企业所得税处理按以下规定执行:

(1) 企业从县级以上各级人民政府财政部门及其他部门取得的应计入收入总额的财政性资金,凡同时符合以下条件的,可以作为不征税收入,在计算应纳税所得额时从收入总额中减除:

① 企业能够提供规定资金专项用途的资金拨付文件。

② 财政部门或其他拨付资金的政府部门对该资金有专门的资金管理办法或具体管理要求。

③ 企业对该资金以及以该资金发生的支出单独进行核算。

（2）根据《企业所得税法实施条例》第二十八条的规定，上述不征税收入用于支出所形成的费用，不得在计算应纳税所得额时扣除；用于支出所形成的资产，其计算的折旧、摊销不得在计算应纳税所得额时扣除。

（3）企业将符合上述第（1）条规定条件的财政性资金作不征税收入处理后，在 5 年（60 个月）内未发生支出且未缴回财政部门或其他拨付资金的政府部门的部分，应计入取得该资金第六年的应税收入总额；计入应税收入总额的财政性资金发生的支出，允许在计算应纳税所得额时扣除。

另外，企业取得的不征税收入，应按照上述财税〔2011〕70 号通知的规定进行处理。凡未按照规定进行管理的，应作为企业应税收入计入应纳税所得额，依法缴纳企业所得税。

（二）免税收入

（1）国债利息收入。为鼓励企业积极购买国债，支援国家建设，税法规定，企业因购买国债所得的利息收入，免征企业所得税。

（2）符合条件的居民企业之间的股息、红利等权益性收益是指居民企业直接投资于其他居民企业取得的投资收益。

（3）在中国境内设立机构、场所的非居民企业从居民企业取得与该机构、场所有实际联系的股息、红利等权益性投资收益。该收益都不包括连续持有居民企业公开发行并上市流通的股票不足 12 个月取得的投资收益。

（4）符合条件的非营利组织的收入。符合条件的非营利组织是指：

① 依法履行非营利组织登记手续。

② 从事公益性或者非营利性活动。

③ 取得的收入除用于与该组织有关的、合理的支出外，全部用于登记核定或者章程规定的公益性或者非营利性事业。

④ 财产及其孳生息不用于分配。

⑤ 按照登记核定或者章程规定，该组织注销后的剩余财产用于公益性或者非营利性目的，或者由登记管理机关转赠给予该组织性质、宗旨相同的组织，并向社会公告。

⑥ 投入人对投入该组织的财产不保留或者享有任何财产权利。

⑦ 工作人员工资福利开支控制在规定的比例内，不变相分配该组织的财产。

⑧ 国务院财政、税务主管部门规定的其他条件。

《企业所得税法》第二十六条第（四）项所称符合条件的非营利组织的收入，不包括非营利组织从事营利性活动取得的收入，但国务院财政、税务主管部门另有规定的除外。

非营利组织的下列收入为免税收入：

（1）接受其他单位或者个人捐赠的收入。

（2）除《企业所得税法》第七条规定的财政拨款以外的其他政府补助收入，但不包括因政府购买服务取得的收入。

（3）按照省级以上民政、财政部门规定收取的会费。

（4）不征税收入和免税收入孳生的银行存款利息收入。

（5）财政部、国家税务总局规定的其他收入。

三、税前扣除原则和范围

（一）扣除项目的原则

企业申报的扣除项目和金额要真实、合法。所谓真实是指能提供证明有关支出确属已经实际发生；合法是指符合国家税法的规定，若其他法规规定与税收法规规定不一致，应以税收法规的规定为标准。除税收法规另有规定外，税前扣除一般应遵循以下原则：

（1）权责发生制原则是指企业费用应在发生的所属期扣除，而不是在实际支付时确认扣除。

（2）配比原则是指企业发生的费用应当与收入配比扣除。除特殊规定外，企业发生的费用不得提前或滞后申报扣除。

（3）相关性原则是指企业可扣除的费用从性质和根源上必须与取得应税收入直接相关。

（4）确定性原则是指企业可扣除的费用不论何时支付，其金额必须是确定的。

（5）合理性原则是指符合生产经营活动常规，应当计入当期损益或者有关资产成本的必要和正常的支出。

（二）扣除项目的范围

企业实际发生的与取得收入有关的、合理的支出，包括成本、费用、税金、损失和其他支出，准予在计算应纳税所得额时扣除。在实际中，计算应纳税所得额时还应注意三方面的内容：第一，企业发生的支出应当区分收益性支出和资本性支出。收益性支出在发生当期直接扣除；资本性支出应当分期扣除或者计入有关资产成本，不得在发生当期直接扣除。第二，企业的不征税收入用于支出所形成的费用或者财产，不得扣除或者计算对应的折旧、摊销扣除。第三，除企业所得税法和本条例另有规定外，企业实际发生的成本、费用、税金、损失和其他支出，不得重复扣除。

（1）成本是指企业在生产经营活动中发生的销售成本、销货成本、业务支出以及其他耗费，即企业销售商品（产品、材料、下脚料、废料、废旧物资等）、提供劳务、转让固定资产、无形资产（包括技术转让）的成本。

（2）费用是指企业每一个纳税年度为生产、经营商品和提供劳务等所发生的销售（经营）费用、管理费用和财务费用。已经计入成本的有关费用除外。

（3）税金是指企业发生的除企业所得税和允许抵扣的增值税以外的企业缴纳的各项税金及其附加，即企业按规定缴纳的消费税、城市维护建设税、关税、资源税、土地增值税、房产税、车船税、土地使用税、印花税、教育费附加等产品销售税金及附加。这些已纳税金准予税前扣除。准许扣除的税金有两种方式：一是在发生当期扣除；二是在发生当期计入相关资产的成本，在以后各期分摊扣除。

（4）损失是指企业在生产经营活动中发生的固定资产和存货的盘亏、毁损、报废损失，转让财产损失，呆账损失，坏账损失，自然灾害等不可抗力因素造成的损失以及其他损失。

（5）扣除的其他支出是指除成本、费用、税金、损失外，企业在生产经营活动中发生的与生产经营活动有关的、合理的支出。

（三）扣除项目及其标准

在计算应纳税所得额时，下列项目可按照实际发生额或规定的标准扣除。

1. 工资、薪金支出

(1) 企业发生的合理的工资、薪金支出准予据实扣除。工资、薪金支出是企业每一纳税年度支付给本企业任职或与其有雇佣关系的员工的所有现金或非现金形式的劳动报酬,包括基本工资、奖金、津贴、补贴、年终加薪、加班工资,以及与任职或者是受雇有关的其他支出。

2. 职工福利费、工会经费、职工教育经费

企业发生的职工福利费、工会经费、职工教育经费按标准扣除,未超过标准的按实际数扣除,超过标准的只能按标准扣除。

(1) 企业发生的职工福利费支出,不超过工资、薪金总额14%的部分准予扣除。

(2) 企业拨缴的工会经费,不超过工资、薪金总额2%的部分准予扣除。

(3) 除国务院财政、税务主管部门另有规定外,企业发生的职工教育经费支出,自2018年1月1日起不超过工资、薪金总额8%的部分,准予在计算企业所得税应纳税所得额时扣除;超过部分,准予在以后纳税年度结转扣除。

软件生产企业发生的职工教育经费中的职工培训费用,可以全额在企业所得税前扣除。软件生产企业应准确划分职工教育经费中的职工培训费支出,对于不能准确划分的,以及准确划分后职工教育经费中扣除职工培训费用的余额,一律按照工资、薪金总额8%的比例扣除。

核力发电企业为培养核电厂操纵员发生的培养费用,依据国家税务总局公告2014年第29号第三条规定,可作为企业的发电成本在税前扣除。企业应将核电厂操纵员培养费与员工的职工教育经费严格区分,单独核算,员工实际发生的职工教育经费支出不得计入核电厂操纵员培养费直接扣除。

上述计算职工福利费、工会经费、职工教育经费的工资、薪金总额是指企业按照上述第1条规定实际发放的工资、薪金总和,不包括企业的职工福利费、职工教育经费、工会经费以及养老保险费、医疗保险费、失业保险费、工伤保险费、生育保险费等社会保险费和住房公积金。属于国有性质的企业,其工资、薪金,不得超过政府有关部门给予的限定数额;超过部分,不得计入企业工资、薪金总额,也不得在计算企业应纳税所得额时扣除。

3. 社会保险费

(1) 企业依照国务院有关主管部门或者省级人民政府规定的范围和标准为职工缴纳的五险一金,即基本养老保险费、基本医疗保险费、失业保险费、工伤保险费、生育保险费等基本社会保险费和住房公积金,准予扣除。

(2) 企业为投资者或者职工支付的补充养老保险费、补充医疗保险费,在国务院财政、税务主管部门规定的范围和标准内,准予扣除。企业依照国家有关规定为特殊工种职工支付的人身安全保险费和符合国务院财政、税务主管部门规定可以扣除的商业保险费准予扣除。

(3) 企业参加财产保险,按照规定缴纳的保险费,准予扣除。企业为投资者或者职工支付的商业保险费,不得扣除。

4. 利息费用

企业在生产、经营活动中发生的利息费用,按下列规定扣除。

(1) 非金融企业向金融企业借款的利息支出、金融企业的各项存款利息支出和同业拆借利息支出、企业经批准发行债券的利息支出可据实扣除。

所谓金融企业是指各类银行、保险公司及经中国人民银行批准从事金融业务的非银行金融机构,包括国家专业银行、区域性银行、股份制银行、外资银行、中外合资银行以及其他

综合性银行;还包括全国性保险企业、区域性保险企业、股份制保险企业、中外合资保险企业以及其他专业性保险企业;城市、农村信用社、各类财务公司以及其他从事信托投资、租赁等业务的专业和综合性非银行金融机构。非金融企业是指除上述金融企业以外的所有企业、事业单位以及社会团体等企业或组织。

(2)非金融企业向非金融企业借款的利息支出,不超过按照金融企业同期同类贷款利率计算的数额的部分可据实扣除,超过部分不许扣除。

鉴于目前我国对金融企业利率要求的具体情况,企业在按照合同要求首次支付利息并进行税前扣除时,应提供金融企业的同期同类贷款利率情况说明,以证明其利息支出的合理性。

金融企业的同期同类贷款利率情况说明中,应包括在签订该借款合同当时,本省任何一家金融企业提供同期同类贷款利率情况。该金融企业应为经政府有关部门批准成立的可以从事贷款业务的企业,包括银行、财务公司、信托公司等金融机构。同期同类贷款利率是指在贷款期限、贷款金额、贷款担保以及企业信誉等条件基本相同下,金融企业提供贷款的利率。它既可以是金融企业公布的同期同类平均利率,也可以是金融企业对某些企业提供的实际贷款利率。

(3)关联企业利息费用的扣除。企业从其关联方接受的债权性投资与权益性投资的比例超过规定标准而发生的利息支出,不得在计算应纳税所得额时扣除。

① 在计算应纳税所得额时,企业实际支付给关联方的利息支出,不超过以下规定比例和税法及其实施条例有关规定计算的部分,准予扣除,超过的部分不得在发生当期和以后年度扣除。

企业实际支付给关联方的利息支出,除符合下面第②项规定外,其接受关联方债权性投资与其权益性投资比例为:金融企业 5∶1;其他企业 2∶1。

② 企业如果能够按照税法及其实施条例的有关规定提供相关资料,并证明相关交易活动符合独立交易原则的;或者该企业的实际税负不高于境内关联方的,其实际支付给境内关联方的利息支出,在计算应纳税所得额时准予扣除。

③ 企业同时从事金融业务和非金融业务,其实际支付给关联方的利息支出,应按照合理方法分开计算;没有按照合理方法分开计算的,一律按前述第①项有关其他企业的比例计算准予税前扣除的利息支出。

④ 企业自关联方取得的不符合规定的利息收入应按照有关规定缴纳企业所得税。

(4)企业向自然人借款的利息支出在企业所得税税前的扣除。

① 企业向股东或其他与企业有关联关系的自然人借款的利息支出,应根据《企业所得税法》第四十六条及《财政部　国家税务总局关于企业关联方利息支出税前扣除标准有关税收政策问题的通知》(财税〔2008〕121 号)规定的条件,计算企业所得税扣除额。

② 企业向除第①项规定以外的内部职工或其他人员借款的利息支出,其借款情况同时符合以下条件的,其利息支出在不超过按照金融企业同期同类贷款利率计算的数额的部分,准予扣除。

条件一:企业与个人之间的借贷是真实、合法、有效的,并且不具有非法集资目的或其他违反法律、法规的行为。

条件二:企业与个人之间签订了借款合同。

5.借款费用

（1）企业在生产经营活动中发生的合理的不需要资本化的借款费用，准予扣除。

（2）企业为购置、建造固定资产、无形资产和经过12个月以上的建造才能达到预定可销售状态的存货发生借款的，在有关资产购置、建造期间发生的合理的借款费用，应予以资本化，作为资本性支出计入有关资产的成本；有关资产交付使用后发生的借款利息，可在发生当期扣除。

（3）企业通过发行债券、取得贷款、吸收保户储金等方式融资而发生的合理的费用支出，符合资本化条件的，应计入相关资产成本；不符合资本化条件的，应作为财务费用，准予在企业所得税前据实扣除。

6.汇兑损失

企业在货币交易中，以及纳税年度终了时将人民币以外的货币性资产、负债按照期末即期人民币汇率中间价折算为人民币时产生的汇兑损失，除已经计入有关资产成本以及与向所有者进行利润分配相关的部分外，准予扣除。

7.业务招待费

（1）企业发生的与生产经营活动有关的业务招待费支出，按照发生额的60%扣除，但最高不得超过当年销售（营业）收入的5‰。

（2）对从事股权投资业务的企业（包括集团公司总部、创业投资企业等），其从被投资企业所分配的股息、红利以及股权转让收入，可以按规定的比例计算业务招待费扣除限额。

（3）企业在筹建期间，发生的与筹办活动有关的业务招待费支出，可按实际发生额的60%计入企业筹办费，并按有关规定在税前扣除。

8.广告费和业务宣传费

（1）企业发生的符合条件的广告费和业务宣传费支出，除国务院财政、税收主管部门另有规定外，不超过当年销售（营业）收入15%的部分，准予扣除；超过部分，准予结转以后纳税年度扣除。

（2）自2016年1月1日起至2020年12月31日止，对化妆品制造或销售、医药制造和饮料制造（不含酒类制造）企业发生的广告费和业务宣传费支出，不超过当年销售（营业）收入30%的部分，准予扣除；超过部分，准予在以后纳税年度结转扣除。

（3）对签订广告费和业务宣传费分摊协议（以下简称分摊协议）的关联企业，其中一方发生的不超过当年销售（营业）收入税前扣除限额比例内的广告费和业务宣传费支出可以在本企业扣除，也可以将其中的部分或全部按照分摊协议归集至另一方扣除。另一方在计算本企业广告费和业务宣传费支出企业所得税税前扣除限额时，可将按照上述办法归集至本企业的广告费和业务宣传费不计算在内。

（4）企业在筹建期间，发生的广告费和业务宣传费，可按实际发生额计入企业筹办费，可按上述规定在税前扣除。

（5）烟草企业的烟草广告费和业务宣传费支出，一律不得在计算应纳税所得额时扣除。

企业申报扣除的广告费支出应与赞助支出严格区分。企业申报扣除的广告费支出，必须符合下列条件：广告是通过工商部门批准的专门机构制作的；已实际支付费用，并已取得相应发票；通过一定的媒体传播。

9. 环境保护专项资金

企业依照法律、行政法规有关规定提取的用于环境保护、生态恢复等方面的专项资金，准予扣除。上述专项资金提取后改变用途的，不得扣除。

10. 保险费

企业参加财产保险，按照规定缴纳的保险费，准予扣除。

11. 租赁费

企业根据生产经营活动的需要租入固定资产支付的租赁费，按照以下方法扣除：

（1）以经营租赁方式租入固定资产发生的租赁费支出，按照租赁期限均匀扣除。经营性租赁是指所有权不转移的租赁。

（2）以融资租赁方式租入固定资产发生的租赁费支出，按照规定构成融资租入固定资产价值的部分应当提取折旧费用，分期扣除。融资租赁是指在实质上转移与一项资产所有权有关的全部风险和报酬的一种租赁。

12. 劳动保护费

企业发生的合理的劳动保护支出，准予扣除。自 2011 年 7 月 1 日起，企业根据其工作性质和特点，由企业统一制作并要求员工工作时统一着装所发生的工作服饰费用，根据《企业所得税法实施条例》第二十七条的规定，可以作为企业合理的支出给予税前扣除。

13. 公益性捐赠支出

公益性捐赠是指企业通过公益性社会团体或者县级（含县级）以上人民政府及其部门，用于《中华人民共和国公益事业捐赠法》规定的公益事业的捐赠。

企业发生的公益性捐赠支出，不超过年度利润总额 12% 的部分，准予扣除。超过年度利润总额 12% 的部分，准予以后 3 年内在计算应纳税所得额时结转扣除。年度利润总额是指企业依照国家统一会计制度的规定计算的年度会计利润。

企业发生的公益性捐赠支出未在当年税前扣除的部分，自 2017 年 1 月 1 日起准予向以后年度结转扣除，但结转年限自捐赠发生年度的次年起计算最长不得超过 3 年。企业在对公益性捐赠支出计算扣除时，应先扣除以前年度结转的捐赠支出，再扣除当年发生的捐赠支出。2016 年 9 月 1 日至 2016 年 12 月 31 日发生的公益性捐赠支出，未在 2016 年税前扣除的部分，可按上述规定执行。

（1）用于公益事业的捐赠支出是指《中华人民共和国公益事业捐赠法》规定的向公益事业的捐赠支出，具体范围包括：

① 救助灾害、救济贫困、扶助残疾人等困难的社会群体和个人的活动。

② 教育、科学、文化、卫生、体育事业。

③ 环境保护、社会公共设施建设。

④ 促进社会发展和进步的其他社会公共和福利事业。

企事业单位、社会团体以及其他组织捐赠住房作为廉租住房的视同公益性捐赠按上述规定执行。

（2）公益性社会团体是指同时符合下列条件的基金会、慈善组织等社会团体：

① 依法登记，具有法人资格。

② 以发展公益事业为宗旨，且不以营利为目的。

③ 全部资产及其增值为该法人所有。

④ 收益和营运结余主要用于符合该法人设立目的的事业。

⑤ 终止后的剩余财产不归属任何个人或者营利组织。

⑥ 不经营与其设立目的无关的业务。

⑦ 有健全的财务会计制度。

⑧ 捐赠者不以任何形式参与社会团体财产的分配。

⑨ 国务院财政、税务主管部门会同国务院民政部门等登记管理部门规定的其他条件。

(3) 公益性社会团体和县级以上人民政府及其组成部门和直属机构在接受捐赠时,捐赠资产的价值,按以下原则确认:

① 接受捐赠的货币性资产,应当按照实际收到的金额计算。

② 接受捐赠的非货币性资产,应当以其公允价值计算。捐赠方在向公益性社会团体和县级以上人民政府及其组成部门和直属机构捐赠时,应当提供注明捐赠非货币性资产公允价值的证明,如果不能提供上述证明,公益性社会团体和县级以上人民政府及其组成部门和直属机构不得向其开具公益性捐赠票据。

(4) 公益性社会团体和县级以上人民政府及其组成部门和直属机构在接受捐赠时,应按照行政管理级次分别使用由财政部或省、自治区、直辖市财政部门印制的公益性捐赠票据,并加盖本单位的印章;对个人索取捐赠票据的,应予以开具。

(5) 对符合条件的公益性群众团体,应按照管理权限,由财政部、国家税务总局和省、自治区、直辖市、计划单列市财政、税务部门分别每年联合公布名单。名单应当包括继续获得公益性捐赠税前扣除资格和新获得公益性捐赠税前扣除资格的群众团体,企业和个人在名单所属年度内向名单内的群众团体进行的公益性捐赠支出,可以按规定进行税前扣除。

(6) 对存在以下情形之一的公益性群众团体,应取消其公益性捐赠税前扣除资格:

① 前3年接受捐赠的总收入中用于公益事业的支出比例低于70%的。

② 在申请公益性捐赠税前扣除资格时有弄虚作假行为的。

③ 存在逃避缴纳税款行为或为他人逃避缴纳税款提供便利的。

④ 存在违反该组织章程的活动,或者接受的捐赠款项用于组织章程规定用途之外的支出等情况的。

⑤ 受到行政处罚的。

被取消公益性捐赠税前扣除资格的公益性群众团体,3年内不得重新申请公益性捐赠税前扣除资格。

(7) 对于通过公益性群众团体发生的公益性捐赠支出,主管税务机关应对照财政、税务部门联合发布的名单,接受捐赠的群众团体位于名单内,则企业或个人在名单所属年度发生的公益性捐赠支出可按规定进行税前扣除;接受捐赠的群众团体不在名单内,或虽在名单内但企业或个人发生的公益性捐赠支出不属于名单所属年度的,不得扣除。

14. 有关资产的费用

企业转让各类固定资产发生的费用,允许扣除。企业按规定计算的固定资产折旧费、无形资产和递延资产的摊销费,准予扣除。

15. 总机构分摊的费用

非居民企业在中国境内设立的机构、场所,就其中国境外总机构发生的与该机构、场所生产经营有关的费用,能够提供总机构出具的费用汇集范围、定额、分配依据和方法等证明文件,并合理分摊的,准予扣除。

16. 资产损失

企业当期发生的固定资产和流动资产盘亏、毁损净损失,由其提供清查盘存资料经主管税务机关审核后,准予扣除。

17. 依照有关法律、行政法规和国家有关税法规定准予扣除的其他项目

例如,会员费、合理的会议费、差旅费、违约金、诉讼费用等。

18. 手续费及佣金支出

(1) 企业发生的与生产经营有关的手续费及佣金支出,不超过以下规定计算限额以内的部分,准予扣除;超过部分,不得扣除。

① 保险企业:财产保险企业按当年全部保费收入扣除退保金等后余额的15%(含本数,下同)计算限额;人身保险企业按当年全部保费收入扣除退保金等后余额的10%计算限额。

② 其他企业:按与具有合法经营资格中介服务机构或个人(不含交易双方及其雇员、代理人和代表人等)所签订服务协议或合同确认的收入金额的5%计算限额。

(2) 企业应与具有合法经营资格的中介服务企业或个人签订代办协议或合同,并按国家有关规定支付手续费及佣金。除委托人代理外,企业以现金等非转账方式支付的手续费及佣金不得在税前扣除。企业为发行权益性证券支付给有关证券承销机构的手续费及佣金不得在税前扣除。

(3) 企业不得将手续费及佣金支出计入回扣、业务提成、返利、进场费等费用。

(4) 企业已计入固定资产、无形资产等相关资产的手续费及佣金支出,应当通过折旧、摊销等方式分期扣除,不得在发生当期直接扣除。

(5) 企业支付的手续费及佣金不得直接冲减服务协议或合同金额,并如实入账。

(6) 企业应当如实向当地主管税务机关提供当年手续费及佣金计算分配表和其他相关资料,并依法取得合法真实凭证。

(7) 电信企业在发展客户、拓展业务等过程中(如委托销售电话入网卡、电话充值卡等),需向经纪人、代办商支付手续费及佣金的,其实际发生的相关手续费及佣金支出,不超过企业当年收入总额5%的部分,准予在企业所得税前据实扣除。

(8) 从事代理服务、主营业务收入为手续费、佣金的企业(如证券、期货、保险代理等企业),其为取得该类收入而实际发生的营业成本(包括手续费及佣金支出),准予在企业所得税前据实扣除。

19. 可按实际会计处理确认的支出

根据《企业所得税法》第二十一条规定,企业依据财务会计制度规定,并实际在财务会计处理上已确认的支出,凡没有超过《企业所得税法》和有关税收法规规定的税前扣除范围和标准的,可按企业实际会计处理确认的支出,在企业所得税前扣除,计算其应纳税所得额。

20. 企业维简费支出

企业实际发生的维简费支出,属于收益性支出的,可作为当期费用税前扣除;属于资本性支出的,应计入有关资产成本,并按《企业所得税法》规定计提折旧或摊销费用在税前扣除。

自2013年1月1日起,除煤矿企业继续执行《国家税务总局关于煤矿企业维简费和高危行业企业安全生产费用企业所得税税前扣除问题的公告》(国家税务总局公告2011年第

26号)外,其他企业按以下规定执行。

(1)企业按照有关规定预提的维简费,不得在当期税前扣除。

(2)本规定实施前,企业按照有关规定提取且已在当期税前扣除的维简费,按以下规定处理:

① 尚未使用的维简费,并未作纳税调整的,可不作纳税调整,应首先抵减2013年实际发生的维简费,仍有余额的,继续抵减以后年度实际发生的维简费,至余额为零时,企业方可按收益性支出、资本性支出各自的规定处理;已作纳税调整的,不再调回,直接按收益性支出、资本性支出各自的规定处理。

② 已用于资产投资并形成相关资产全部成本的,该资产提取的折旧或费用摊销额,不得税前扣除;已用于资产投资并形成相关资产部分成本的,该资产提取的折旧或费用摊销额中与该部分成本对应的部分,不得税前扣除;已税前扣除的,应调整作为2013年度应纳税所得额。

21. 企业参与政府统一组织的棚户区改造支出

(1)企业参与政府统一组织的工矿(含中央下放煤矿)棚户区改造、林区棚户区改造、垦区危房改造并同时符合一定条件的棚户区改造支出,准予在企业所得税前扣除。

(2)同时符合一定条件的棚户区改造支出是指同时满足以下条件的棚户区改造支出:

① 棚户区位于远离城镇、交通不便,市政公用、教育医疗等社会公共服务缺乏城镇依托的独立矿区、林区或垦区。

② 该独立矿区、林区或垦区不具备商业性房地产开发条件。

③ 棚户区市政排水、给水、供电、供暖、供气、垃圾处理、绿化、消防等市政服务或公共配套设施不齐全。

④ 棚户区房屋集中连片户数不低于50户,其中,实际在该棚户区居住且在本地区无其他住房的职工(含离退休职工)户数占总户数的比例不低于75%。

⑤ 棚户区房屋按照《房屋完损等级评定标准》和《危险房屋鉴定标准》评定属于危险房屋、严重损坏房屋的套内面积不低于该片棚户区建筑面积的25%。

⑥ 棚户区改造已纳入地方政府保障性安居工程建设规划和年度计划,并由地方政府牵头按照保障性住房标准组织实施;异地建设的,原棚户区土地由地方政府统一规划使用或者按规定实行土地复垦、生态恢复。

(3)在企业所得税年度纳税申报时,企业应向主管税务机关提供其棚户区改造支出同时符合上述第(2)条规定条件的书面说明材料。

22. 金融企业涉农贷款和中小企业贷款损失准备金税前扣除

自2014年1月1日起至2018年12月31日,金融企业涉农贷款和中小企业贷款损失准备金企业所得税税前扣除按以下规定处理。

(1)金融企业根据《贷款风险分类指引》(银监发〔2007〕54号),对其涉农贷款和中小企业贷款进行风险分类后,按照以下比例计提的贷款损失准备金,准予在计算应纳税所得额时扣除:

① 关注类贷款,计提比例为2%。

② 次级类贷款,计提比例为25%。

③ 可疑类贷款,计提比例为50%。

④ 损失类贷款,计提比例为100%。

(2) 涉农贷款是指《涉农贷款专项统计制度》(银发〔2007〕246 号)统计的以下贷款：

① 农户贷款是指金融企业发放给农户的所有贷款。农户贷款的判定应以贷款发放时的承贷主体是否属于农户为准。农户是指长期(1 年以上)居住在乡镇(不包括城关镇)行政管理区域内的住户，还包括长期居住在城关镇所辖行政村范围内的住户和户口不在本地而在本地居住 1 年以上的住户，国有农场的职工和农村个体工商户。位于乡镇(不包括城关镇)行政管理区域内和在城关镇所辖行政村范围内的国有经济的机关、团体、学校、企事业单位的集体户；有本地户口，但举家外出谋生 1 年以上的住户，无论是否保留承包耕地均不属于农户。农户以户为统计单位，既可以从事农业生产经营，也可以从事非农业生产经营。

② 农村企业及各类组织贷款是指金融企业发放给注册地位于农村区域的企业及各类组织的所有贷款。农村区域是指除地级以上城市的城市行政区及其市辖建制镇之外的区域。

(3) 中小企业贷款是指金融企业对年销售额和资产总额均不超过 2 亿元的企业的贷款。

(4) 金融企业发生的符合条件的涉农贷款和中小企业贷款损失，应先冲减已在税前扣除的贷款损失准备金，不足冲减部分可据实在计算应纳税所得额时扣除。

23. 金融企业贷款损失准备金企业所得税税前扣除有关政策

自 2014 年 1 月 1 日起至 2018 年 12 月 31 日，金融企业贷款(涉农贷款和中小企业贷款除外)损失准备金企业所得税税前扣除按以下规定处理。

(1) 准予税前提取贷款损失准备金的贷款资产范围包括：

① 贷款(含抵押、质押、担保等贷款)。

② 银行卡透支、贴现、信用垫款(含银行承兑汇票垫款、信用证垫款、担保垫款等)、进出口押汇、同业拆出、应收融资租赁款等各项具有贷款特征的风险资产。

③ 由金融企业转贷并承担对外还款责任的国外贷款，包括国际金融组织贷款、外国买方信贷、外国政府贷款、日本国际协力银行不附条件贷款和外国政府混合贷款等资产。

(2) 金融企业准予当年税前扣除的贷款损失准备金计算公式如下：

$$\text{准予当年税前扣除的贷款损失准备金} = \text{本年年末准予提取贷款损失准备金的贷款资产余额} \times 1\% - \text{截至上年年末已在税前扣除的贷款损失准备金的余额}$$

金融企业按上述公式计算的数额如为负数，应当相应调增当年应纳税所得额。

(3) 金融企业的委托贷款、代理贷款、国债投资、应收股利、上交央行准备金以及金融企业剥离的债权和股权、应收财政贴息、央行款项等不承担风险和损失的资产，不得提取贷款损失准备金在税前扣除。

(4) 金融企业发生的符合条件的贷款损失，应先冲减已在税前扣除的贷款损失准备金，不足冲减部分可据实在计算当年应纳税所得额时扣除。

四、不得扣除的项目

在计算应纳税所得额时，下列支出不得扣除：

(1) 向投资者支付的股息、红利等权益性投资收益款项。

(2) 企业所得税税款。

(3) 税收滞纳金是指纳税人违反税收法规，被税务机关处以的滞纳金。

（4）罚金、罚款和被没收财物的损失是指纳税人违反国家有关法律、法规规定,被有关部门处以的罚款,以及被司法机关处以的罚金和被没收财物。

（5）超过规定标准的捐赠支出。

（6）赞助支出是指企业发生的与生产经营活动无关的各种非广告性质支出。

（7）未经核定的准备金支出是指不符合国务院财政、税务主管部门规定的各项资产减值准备、风险准备等准备金支出。

（8）企业之间支付的管理费、企业内营业机构之间支付的租金和特许权使用费,以及非银行企业内营业机构之间支付的利息,不得扣除。

（9）与取得收入无关的其他支出。

五、亏损弥补

（1）亏损是指企业依照《企业所得税法》及其实施条例的规定,将每一纳税年度的收入总额减除不征税收入、免税收入和各项扣除后小于零的数额。税法规定,企业某一纳税年度发生的亏损可以用下一年度的所得弥补,下一年度的所得不足以弥补的,可以逐年延续弥补,但最长不得超过 5 年。而且,企业在汇总计算缴纳企业所得税其境外营业机构的亏损不得抵减境内营业机构的盈利。

（2）自 2018 年 1 月 1 日起,当年具备高新技术企业或科技型中小企业资格（以下统称资格）的企业,其具备资格年度之前 5 个年度发生的尚未弥补完的亏损,准予结转以后年度弥补,最长结转年限由 5 年延长至 10 年。

上述所称高新技术企业是指按照《科技部 财政部 国家税务总局关于修订印发〈高新技术企业认定管理办法〉的通知》（国科发火〔2016〕32 号）规定认定的高新技术企业;所称科技型中小企业是指按照《科技部 财政部 国家税务总局关于印发〈科技型中小企业评价办法〉的通知》（国科发政〔2017〕115 号）规定取得科技型中小企业登记编号的企业。

（3）企业筹办期间不计算为亏损年度,企业自开始生产经营的年度,为开始计算企业损益的年度。企业从事生产经营之前进行筹办活动期间发生筹办费用支出,不得计算为当期的亏损,企业可以在开始经营之日的当年一次性扣除,也可以按照新税法有关长期待摊费用的处理规定处理,但一经选定,不得改变。

（4）税务机关对企业以前年度纳税情况进行检查时调增的应纳税所得额,凡企业以前年度发生亏损且该亏损属于企业所得税法规定允许弥补的,应允许调增的应纳税所得额弥补该亏损。弥补该亏损后仍有余额的,按照企业所得税法规定计算缴纳企业所得税。对检查调增的应纳税所得额应根据其情节,依照《税收征收管理法》有关规定进行处理或处罚。

上述规定自 2010 年 12 月 1 日开始执行。以前（含 2008 年度之前）没有处理的事项,按本规定执行。

（5）对企业发现以前年度实际发生的、按照税收规定应在企业所得税前扣除而未扣除或者少扣除的支出,企业作出专项申报及说明后,准予追补至该项目发生年度计算扣除,但追补确认期限不得超过 5 年。

企业由于上述原因多缴的企业所得税税款,可以在追补确认年度企业所得税应纳税款中抵扣,不足抵扣的,可以向以后年度递延抵扣或申请退税。

亏损企业追补确认以前年度未在企业所得税前扣除的支出,或盈利企业经过追补确认后出现亏损的,应首先调整该项支出所属年度的亏损额,然后再按照弥补亏损的原则计算以后年度多缴的企业所得税款,并按前款规定处理。

第三节 税 收 优 惠

税收优惠是指国家对某一部分特定企业和课税对象给予减轻或免除税收负担的一种措施。税法规定的企业所得税的税收优惠方式包括免税、减税、加计扣除、加速折旧、减计收入、税额抵免等。

一、免征与减征优惠

企业的下列所得,可以免征、减征企业所得税。企业如果从事国家限制和禁止发展的项目,不得享受企业所得税优惠。

（一）从事农、林、牧、渔业项目的所得

企业从事农、林、牧、渔业项目的所得,包括免征和减征两部分。

1. 企业从事下列项目的所得,免征企业所得税

(1) 蔬菜、谷物、薯类、油料、豆类、棉花、麻类、糖料、水果、坚果的种植。

(2) 农作物新品种的选育。

(3) 中药材的种植。

(4) 林木的培育和种植。

(5) 牲畜、家禽的饲养。

(6) 林产品的采集。

(7) 灌溉、农产品初加工、兽医、农技推广、农机作业和维修等农、林、牧、渔服务业项目。

(8) 远洋捕捞。

2. 企业从事下列项目的所得,减半征收企业所得税

(1) 花卉、茶以及其他饮料作物和香料作物的种植。

(2) 海水养殖、内陆养殖。

（二）从事国家重点扶持的公共基础设施项目投资经营的所得

企业所得税法所称国家重点扶持的公共基础设施项目是指《公共基础设施项目企业所得税优惠目录》规定的港口码头、机场、铁路、公路、电力、水利等项目。

(1) 企业从事国家重点扶持的公共基础设施项目的投资经营的所得,自项目取得第一笔生产经营收入所属纳税年度起,第一年至第三年免征企业所得税,第四年至第六年减半征收企业所得税。

(2) 企业承包经营、承包建设和内部自建自用本条规定的项目,不得享受本条规定的企业所得税优惠。

(3) 企业投资经营符合《公共基础设施项目企业所得税优惠目录》规定条件和标准的公共基础设施项目,采用一次核准、分批次(如码头、泊位、航站楼、跑道、路段、发电机组等)建设的,凡同时符合以下条件的,可按每一批次为单位计算所得,并享受企业所得税"三免三减半"优惠:

① 不同批次在空间上相互独立。

② 每一批次自身具备取得收入的功能。

③ 以每一批次为单位进行会计核算,单独计算所得,并合理分摊期间费用。

(三) 从事符合条件的环境保护、节能节水项目的所得

环境保护、节能节水项目的所得,自项目取得第一笔生产经营收入所属纳税年度起,第一年至第三年免征企业所得税,第四年至第六年减半征收企业所得税。

符合条件的环境保护、节能节水项目,包括公共污水处理、公共垃圾处理、沼气综合开发利用、节能减排技术改造、海水淡化等。项目的具体条件和范围由国务院财政、税务主管部门商国务院有关部门制定,报国务院批准后公布施行。

但是以上规定享受减免税优惠的项目,在减免税期限内转让的,受让方自受让之日起,可以在剩余期限内享受规定的减免税优惠;减免税期限届满后转让的,受让方不得就该项目重复享受减免税优惠。

(四) 符合条件的技术转让所得

(1) 企业所得税法所称符合条件的技术转让所得免征、减征企业所得税是指一个纳税年度内,居民企业转让技术所有权所得不超过 500 万元的部分,免征企业所得税;超过 500 万元的部分,减半征收企业所得税。

(2) 技术转让的范围,包括居民企业转让专利技术、计算机软件著作权、集成电路布图设计权、植物新品种、生物医药新品种、5 年(含)以上非独占许可使用权,以及财政部和国家税务总局确定的其他技术。

(3) 符合条件的技术转让所得的计算方法:

技术转让所得＝技术转让收入－技术转让成本－相关税费

或技术转让所得＝技术转让收入－无形资产摊销费用－相关税费－应分摊期间费用

① 技术转让收入是指当事人履行技术转让合同后获得的价款,不包括销售或转让设备、仪器、零部件、原材料等非技术性收入。不属于与技术转让项目密不可分的技术咨询、技术服务、技术培训等收入,不得计入技术转让收入。

可以计入技术转让收入的技术咨询、技术服务、技术培训收入是指转让方为使受让方掌握所转让的技术投入使用、实现产业化而提供的必要的技术咨询、技术服务、技术培训所产生的收入,并应同时符合以下条件:

A. 在技术转让合同中约定的与该技术转让相关的技术咨询、技术服务、技术培训。

B. 技术咨询、技术服务、技术培训收入与该技术转让项目收入一并收取价款。

② 技术转让成本是指转让的无形资产的净值,即该无形资产的计税基础减除在资产使用期间按照规定计算的摊销扣除额后的余额。

③ 相关税费是指技术转让过程中实际发生的有关税费,包括除企业所得税和允许抵扣的增值税以外的各项税金及其附加、合同签订费用、律师费等相关费用及其他支出。

(4) 享受减免企业所得税优惠的技术转让应符合以下条件:

① 享受优惠的技术转让主体是企业所得税法规定的居民企业。

② 技术转让属于财政部、国家税务总局规定的范围。

③ 境内技术转让经省级以上科技部门认定。

④ 向境外转让技术经省级以上商务部门认定。

⑤ 国务院税务主管部门规定的其他条件。

（5）技术转让应签订技术转让合同。其中，境内的技术转让须经省级以上（含省级）科技部门认定登记，跨境的技术转让须经省级以上（含省级）商务部门认定登记，涉及财政经费支持的技术转让，需经省级以上（含省级）科技部门审批。

（6）居民企业技术出口应由有关部门按照商务部、科技部发布的《中国禁止出口限制出口技术目录》（商务部、科技部令 2008 年第 12 号）进行审查。居民企业取得禁止出口和限制出口技术转让所得，不享受技术转让减免企业所得税优惠政策。

（7）居民企业从直接或间接持有股权之和达到 100% 的关联方取得的技术转让所得，不享受技术转让减免企业所得税优惠政策。

（8）享受技术转让所得减免企业所得税优惠的企业，应单独计算技术转让所得，并合理分摊企业的期间费用；没有单独计算的，不得享受技术转让所得企业所得税优惠。

（9）企业发生技术转让，应在纳税年度终了后至报送年度纳税申报表以前，向主管税务机关办理减免税备案手续。

二、高新技术企业优惠

（一）高新技术企业的优惠税率

国家需要重点扶持的高新技术企业减按 15% 的税率征收企业所得税。国家需要重点扶持的高新技术企业是指拥有核心自主知识产权，并同时符合下列条件的企业。

（1）企业申请认定时须注册成立 1 年以上。

（2）企业通过自主研发、受让、受赠、并购等方式，获得对其主要产品（服务）在技术上发挥核心支持作用的知识产权的所有权。

（3）对企业主要产品（服务）发挥核心支持作用的技术属于《国家重点支持的高新技术领域》规定的范围。

（4）企业从事研发和相关技术创新活动的科技人员占企业当年职工总数的比例不低于 10%。

（5）企业近 3 个会计年度（实际经营期不满 3 年的按实际经营时间计算，下同）的研究开发费用总额占同期销售收入总额的比例符合如下要求：

① 最近 1 年销售收入小于 5 000 万元（含）的企业，比例不低于 5%。

② 最近 1 年销售收入在 5 000 万元至 2 亿元（含）的企业，比例不低于 4%。

③ 最近 1 年销售收入在 2 亿元以上的企业，比例不低于 3%。

其中，企业在中国境内发生的研究开发费用总额占全部研究开发费用总额的比例不低于 60%。

（6）近 1 年高新技术产品（服务）收入占企业同期总收入的比例不低于 60%。

（7）企业创新能力评价应达到相应要求。

（8）企业申请认定前 1 年内未发生重大安全、重大质量事故或严重环境违法行为。

（二）高新技术企业境外所得适用税率及税收抵免规定

根据财税〔2011〕47 号规定，自 2010 年 1 月 1 日起，高新技术企业境外所得适用税率及税收抵免有关问题按以下规定执行：

以境内、境外全部生产经营活动有关的研究开发费用总额、总收入、销售收入总额、高新技术产品(服务)收入等指标申请并经认定的高新技术企业,其来源于境外的所得可以享受高新技术企业所得税优惠政策,即对其来源于境外所得可以按照15%的优惠税率缴纳企业所得税,在计算境外抵免限额时,可按照15%的优惠税率计算境内外应纳税总额。

(三)高新技术企业资格复审期间企业所得税预缴规定

根据国家税务总局公告2011年第4号规定,高新技术企业资格复审结果公示之前企业所得税预缴按以下规定执行:

高新技术企业应在资格期满前3个月内提出复审申请,在通过复审之前,在其高新技术企业资格有效期内,其当年企业所得税暂按15%的税率预缴。

(四)取消高新技术企业资格的情况

已认定的高新技术企业有下列行为之一的,由认定机构取消其高新技术企业资格。

(1)在申请认定过程中存在严重弄虚作假行为的。

(2)发生重大安全、重大质量事故或有严重环境违法行为的。

(3)未按期报告与认定条件有关重大变化情况,或累计2年未填报年度发展情况报表的。

对被取消高新技术企业资格的企业,由认定机构通知税务机关按《税收征收管理法》及有关规定,追缴其自发生上述行为之日所属年度起已享受的高新技术企业税收优惠。

三、技术先进型服务企业优惠

(一)技术先进型服务企业的优惠税率

自2017年1月1日起,在全国范围内对经认定的技术先进型服务企业,减按15%的税率征收企业所得税。

(二)技术先进型服务企业的条件

享受符合规定的企业所得税优惠政策的技术先进型服务企业必须同时符合以下条件:

(1)在中国境内(不包括港、澳、台地区)注册的法人企业。

(2)从事《技术先进型服务业务认定范围(试行)》中的一种或多种技术先进型服务业务,采用先进技术或具备较强的研发能力。

(3)具有大专以上学历的员工占企业职工总数的50%以上。

(4)从事《技术先进型服务业务认定范围(试行)》中的技术先进型服务业务取得的收入占企业当年总收入的50%以上。

(5)从事离岸服务外包业务取得的收入不低于企业当年总收入的35%。

从事离岸服务外包业务取得的收入是指企业根据境外单位与其签订的委托合同,由本企业或其直接转包的企业为境外单位提供《技术先进型服务业务认定范围(试行)》中所规定的信息技术外包服务(ITO)、技术性业务流程外包服务(BPO)和技术性知识流程外包服务(KPO),而从上述境外单位取得的收入。

(三)技术先进型服务企业的认定管理

(1)省级科技部门会同本级商务、财政、税务和发展改革部门根据规定制定本省(自治区、直辖市、计划单列市)技术先进型服务企业认定管理办法,并负责本地区技术先进型服务企业的认定管理工作。各省(自治区、直辖市、计划单列市)技术先进型服务企业认定管理办法应报科技部、商务部、财政部、税务总局和国家发展改革委备案。

（2）符合条件的技术先进型服务企业应向所在省级科技部门提出申请，由省级科技部门会同本级商务、财政、税务和发展改革部门联合评审后发文认定，并将认定企业名单及有关情况通过科技部"全国技术先进型服务企业业务办理管理平台"备案，科技部与商务部、财政部、税务总局和国家发展改革委共享备案信息。符合条件的技术先进型服务企业须在商务部"服务贸易统计监测管理信息系统（服务外包信息管理应用）"中填报企业基本信息，按时报送数据。

（3）经认定的技术先进型服务企业，持相关认定文件向所在地主管税务机关办理享受《国务院关于促进外资增长若干措施的通知》第一条规定的企业所得税优惠政策事宜。享受企业所得税优惠的技术先进型服务企业条件发生变化的，应当自发生变化之日起15日内向主管税务机关报告；不再符合享受税收优惠条件的，应当依法履行纳税义务。主管税务机关在执行税收优惠政策过程中，发现企业不具备技术先进型服务企业资格的，应提请认定机构复核。复核后确认不符合认定条件的，应取消企业享受税收优惠政策的资格。

（4）省级科技、商务、财政、税务和发展改革部门对经认定并享受税收优惠政策的技术先进型服务企业应做好跟踪管理，对变更经营范围、合并、分立、转业、迁移的企业，如不再符合认定条件，应及时取消其享受税收优惠政策的资格。

（5）省级财政、税务、商务、科技和发展改革部门要认真贯彻落实各项规定，在认定工作中对内外资企业一视同仁，平等对待，切实做好沟通与协作工作。在政策实施过程中发现问题，要及时反映上报财政部、税务总局、商务部、科技部和国家发展改革委。

（6）省级科技、商务、财政、税务和发展改革部门及其工作人员在认定技术先进型服务企业工作中，存在违法违纪行为的，按照《中华人民共和国公务员法》《中华人民共和国行政监察法》等国家有关规定追究相应责任；涉嫌犯罪的，移送司法机关处理。

四、小型微利企业优惠

（一）小型微利企业认定

小型微利企业减按20%的税率征收企业所得税。小型微利企业的条件如下：

（1）工业企业，年度应纳税所得额不超过50万元，从业人数不超过100人，资产总额不超过3000万元。

（2）其他企业，年度应纳税所得额不超过50万元，从业人数不超过80人，资产总额不超过1000万元。

从业人数，包括与企业建立劳动关系的职工人数和企业接受的劳务派遣用工人数。

从业人数和资产总额指标，应按企业全年的季度平均值确定。具体计算公式如下：

$$季度平均值＝（季初值＋季末值）÷2$$
$$全年季度平均值＝全年各季度平均值之和÷4$$

年度中间开业或者终止经营活动的，以其实际经营期作为一个纳税年度确定上述相关指标。

小型微利企业是指企业的全部生产经营活动产生的所得均负有我国企业所得税纳税义务的企业。仅就来源于我国所得负有我国纳税义务的非居民企业，不适用上述规定。

（二）小型微利企业 2018 年 1 月 1 日至 2020 年 12 月 31 日优惠政策

（1）自 2018 年 1 月 1 日至 2020 年 12 月 31 日，符合条件的小型微利企业，无论采取查账征收方式还是核定征收方式，其年应纳税所得额低于 100 万元（含 100 万元，下同）的，均可以享受财税〔2018〕77 号文件规定的所得减按 50％计入应纳税所得额，按 20％的税率计算缴纳企业所得税的政策（以下简称减半征税政策）。

企业本年度第一季度预缴企业所得税时，如未完成上一纳税年度汇算清缴，无法判断上一纳税年度是否符合小型微利企业条件的，可暂按企业上一纳税年度第四季度的预缴申报情况判别。

（2）符合条件的小型微利企业，在预缴和年度汇算清缴企业所得税时，通过填写纳税申报表的相关内容，即可享受减半征税政策。

（3）符合条件的小型微利企业，统一实行按季度预缴企业所得税。

（4）本年度企业预缴企业所得税时，按照以下规定享受减半征税政策：

① 查账征收企业。上一纳税年度为符合条件的小型微利企业，分别按照以下规定处理：

A. 按照实际利润额预缴的，预缴时本年度累计实际利润额不超过 100 万元的，可以享受减半征税政策。

B. 按照上一纳税年度应纳税所得额平均额预缴的，预缴时可以享受减半征税政策。

② 核定应税所得率征收企业。上一纳税年度为符合条件的小型微利企业，预缴时本年度累计应纳税所得额不超过 100 万元的，可以享受减半征税政策。

③ 核定应纳所得税额征收企业。根据减半征税政策规定需要调减定额的，由主管税务机关按照程序调整，依照原办法征收。

④ 上一纳税年度为不符合小型微利企业条件的企业，预计本年度符合条件的，预缴时本年度累计实际利润额或者累计应纳税所得额不超过 100 万元的，可以享受减半征税政策。

⑤ 本年度新成立的企业，预计本年度符合小型微利企业条件的，预缴时本年度累计实际利润额或者累计应纳税所得额不超过 100 万元的，可以享受减半征税政策。

（5）企业预缴时享受了减半征税政策，年度汇算清缴时不符合小型微利企业条件的，应当按照规定补缴税款。

（6）按照规定小型微利企业 2018 年度第一季度预缴时应享受未享受减半征税政策而多预缴的企业所得税，在以后季度应预缴的企业所得税税款中抵减。

（7）《国家税务总局关于贯彻落实扩大小型微利企业所得税优惠政策范围有关征管问题的公告》（国家税务总局公告 2017 年第 23 号）在 2017 年度企业所得税汇算清缴结束后废止。

（三）小型微利企业 2019 年 1 月 1 日至 2021 年 12 月 31 日优惠政策

对小型微利企业年应纳税所得额不超过 100 万元的部分，减按 25％计入应纳税所得额，按 20％的税率缴纳企业所得税；对年应纳税所得额超过 100 万元但不超过 300 万元的部分，减按 50％计入应纳税所得额，按 20％的税率缴纳企业所得税。

上述小型微利企业是指从事国家非限制和禁止行业，且同时符合年度应纳税所得额不超过 300 万元、从业人数不超过 300 人、资产总额不超过 5 000 万元等三个条件的企业。

从业人数，包括与企业建立劳动关系的职工人数和企业接受的劳务派遣用工人数。所称从业人数和资产总额指标，应按企业全年的季度平均值确定。具体计算公式如下：

$$季度平均值＝(季初值＋季末值)÷2$$
$$全年季度平均值＝全年各季度平均值之和÷4$$

年度中间开业或者终止经营活动的,以其实际经营期作为一个纳税年度确定上述相关指标。

五、加计扣除优惠

加计扣除是指对企业支出项目按规定的比例给予税前扣除的基础上再给予追加扣除。加计扣除优惠包括以下四项内容。

(一)一般企业研究开发费

研究开发费,自 2018 年至 2020 年 12 月 31 日,未形成无形资产计入当期损益的,在按照规定据实扣除的基础上,再按照研究开发费用的 75％加计扣除;形成无形资产的,按照无形资产成本的 175％摊销。

从 2017 年 1 月 1 日起,可以加计扣除的研究开发费按下列相关规定执行。

1. 人员人工费用

人员人工费用是指直接从事研发活动人员的工资薪金、基本养老保险费、基本医疗保险费、失业保险费、工伤保险费、生育保险费和住房公积金,以及外聘研发人员的劳务费用。

(1) 直接从事研发活动人员包括研究人员、技术人员、辅助人员。研究人员是指主要从事研究开发项目的专业人员;技术人员是指具有工程技术、自然科学和生命科学中一个或一个以上领域的技术知识和经验,在研究人员指导下参与研发工作的人员;辅助人员是指参与研究开发活动的技工。外聘研发人员是指与本企业或劳务派遣企业签订劳务用工协议(合同)和临时聘用的研究人员、技术人员、辅助人员。

接受劳务派遣的企业按照协议(合同)约定支付给劳务派遣企业,且由劳务派遣企业实际支付给外聘研发人员的工资、薪金等费用,属于外聘研发人员的劳务费用。

(2) 工资、薪金包括按规定可以在税前扣除的对研发人员股权激励的支出。

(3) 直接从事研发活动的人员、外聘研发人员同时从事非研发活动的,企业应对其人员活动情况作必要记录,并将其实际发生的相关费用按实际工时占比等合理方法在研发费用和生产经营费用间分配,未分配的不得加计扣除。

2. 直接投入费用

直接投入费用是指研发活动直接消耗的材料、燃料和动力费用;用于中间试验和产品试制的模具、工艺装备开发及制造费,不构成固定资产的样品、样机及一般测试手段购置费,试制产品的检验费;用于研发活动的仪器、设备的运行维护、调整、检验、维修等费用,以及通过经营租赁方式租入的用于研发活动的仪器、设备租赁费。

(1) 以经营租赁方式租入的用于研发活动的仪器、设备,同时用于非研发活动的,企业应对其仪器设备使用情况作必要记录,并将其实际发生的租赁费按实际工时占比等合理方法在研发费用和生产经营费用间分配,未分配的不得加计扣除。

(2) 企业研发活动直接形成产品或作为组成部分形成的产品对外销售的,研发费用中对应的材料费用不得加计扣除。

产品销售与对应的材料费用发生在不同纳税年度且材料费用已计入研发费用的,可在销售当年以对应的材料费用发生额直接冲减当年的研发费用,不足冲减的,结转以后年度继续冲减。

3. 折旧费用

折旧费用是指用于研发活动的仪器、设备的折旧费。

(1) 用于研发活动的仪器、设备,同时用于非研发活动的,企业应对其仪器、设备使用情况作必要记录,并将其实际发生的折旧费按实际工时占比等合理方法在研发费用和生产经营费用间分配,未分配的不得加计扣除。

(2) 企业用于研发活动的仪器、设备,符合税法规定且选择加速折旧优惠政策的,在享受研发费用税前加计扣除政策时,就税前扣除的折旧部分计算加计扣除。

4. 无形资产摊销费用

无形资产摊销费用是指用于研发活动的软件、专利权、非专利技术(包括许可证、专有技术、设计和计算方法等)的摊销费用。

(1) 用于研发活动的无形资产,同时用于非研发活动的,企业应对其无形资产使用情况作必要记录,并将其实际发生的摊销费按实际工时占比等合理方法在研发费用和生产经营费用间分配,未分配的不得加计扣除。

(2) 用于研发活动的无形资产,符合税法规定且选择缩短摊销年限的,在享受研发费用税前加计扣除政策时,就税前扣除的摊销部分计算加计扣除。

5. 新产品设计费、新工艺规程制定费、新药研制的临床试验费、勘探开发技术的现场试验费

它是指企业在新产品设计、新工艺规程制定、新药研制的临床试验、勘探开发技术的现场试验过程中发生的与开展该项活动有关的各类费用。

6. 其他相关费用

其他相关费用是指与研发活动直接相关的其他费用,如技术图书资料费、资料翻译费、专家咨询费、高新科技研发保险费,研发成果的检索、分析、评议、论证、鉴定、评审、评估、验收费用,知识产权的申请费、注册费、代理费,差旅费、会议费,职工福利费、补充养老保险费、补充医疗保险费。

此类费用总额不得超过可加计扣除研发费用总额的10%。

7. 其他事项

(1) 企业取得的政府补助,会计处理时采用直接冲减研发费用方法且税务处理时未将其确认为应税收入的,应按冲减后的余额计算加计扣除金额。

(2) 企业取得研发过程中形成的下脚料、残次品、中间试制品等特殊收入,在计算确认收入当年的加计扣除研发费用时,应从已归集研发费用中扣减该特殊收入,不足扣减的,加计扣除研发费用按零计算。

(3) 企业开展研发活动中实际发生的研发费用形成无形资产的,其资本化的时点与会计处理保持一致。

(4) 失败的研发活动所发生的研发费用可享受税前加计扣除政策。

(5) 国家税务总局公告2015年第97号第三条所称"研发活动发生费用"是指委托方实际支付给受托方的费用。无论委托方是否享受研发费用税前加计扣除政策,受托方均不得加计扣除。

委托方委托关联方开展研发活动的,受托方需向委托方提供研发过程中实际发生的研发项目费用支出明细情况。

8. 执行时间和适用对象

上述规定适用于 2017 年度及以后年度汇算清缴。以前年度已经进行税务处理的不再调整。涉及追溯享受优惠政策情形的,按照规定执行。以下(二)科技型中小企业研发费用加计扣除事项按上述规定执行。

(二)科技型中小企业研究开发费用

(1)科技型中小企业开展研发活动中实际发生的研发费用,未形成无形资产计入当期损益的,在按规定据实扣除的基础上,在 2017 年 1 月 1 日至 2019 年 12 月 31 日期间,再按照实际发生额的 75％ 在税前加计扣除;形成无形资产的,在上述期间按照无形资产成本的 175％ 在税前摊销。根据财税〔2018〕99 号文,该研发费用加计扣除政策适用时限延长至 2020 年 12 月 31 日。

(2)科技型中小企业享受研发费用税前加计扣除政策的其他政策口径按照《财政部 国家税务总局 科技部关于完善研究开发费用税前加计扣除政策的通知》(财税〔2015〕119 号)规定执行。

(3)科技型中小企业条件和管理办法由科技部、财政部和国家税务总局另行发布。科技、财政和税务部门应建立信息共享机制,及时共享科技型中小企业的相关信息,加强协调配合,保障优惠政策落实到位。

(三)企业委托境外研究开发费用与税前加计扣除

按照《财政部 税务总局 科技部关于企业委托境外研究开发费用税前加计扣除有关政策问题的通知》(财税〔2018〕64 号)文件的规定,企业委托境外的研发费用按照费用实际发生额的 80％ 计入委托方的委托境外研发费用,不超过境内符合条件的研发费用 2/3 的部分,可以按规定在企业所得税前加计扣除。

(四)企业安置残疾人员所支付的工资

企业安置残疾人员所支付工资费用的加计扣除是指企业安置残疾人员的,在按照支付给残疾职工工资据实扣除的基础上,按照支付给残疾职工工资的 100％ 加计扣除。残疾人员的范围适用《中华人民共和国残疾人保障法》的有关规定。企业安置国家鼓励安置的其他就业人员所支付的工资的加计扣除办法,由国务院另行规定。

六、创投企业优惠

创业投资企业从事国家需要重点扶持和鼓励的创业投资,可以按投资额的一定比例抵扣应纳税所得额。

创投企业优惠是指创业投资企业采取股权投资方式直接投资于初创科技型企业满 2 年的,可以按照其投资额的 70％ 在股权持有满 2 年的当年抵扣该创业投资企业的应纳税所得额;当年不足抵扣的,可以在以后纳税年度结转抵扣。

七、加速折旧优惠

(一)可以加速折旧的固定资产

企业的固定资产由于技术进步等原因,确需加速折旧的,可以缩短折旧年限或者采取加速折旧的方法。可采用以上折旧方法的固定资产是指:

(1)由于技术进步,产品更新换代较快的固定资产。

(2) 常年处于强震动、高腐蚀状态的固定资产。

采取缩短折旧年限方法的，最低折旧年限不得低于规定折旧年限的60%；采取加速折旧方法的，可以采取双倍余额递减法或者年数总和法。

(二) 生物药品制造等六个行业加速折旧规定

依据财税〔2014〕75号文件，对有关固定资产加速折旧企业所得税政策问题规定如下：

(1) 对生物药品制造业，专用设备制造业，铁路、船舶、航空航天和其他运输设备制造业，计算机、通信和其他电子设备制造业，仪器仪表制造业，信息传输、软件和信息技术服务业等六个行业的企业2014年1月1日后新购进的固定资产，可缩短折旧年限或采取加速折旧的方法。

对上述六个行业的小型微利企业2014年1月1日后新购进的研发和生产经营共用的仪器、设备，单位价值不超过100万元的，允许一次性计入当期成本费用在计算应纳税所得额时扣除，不再分年度计算折旧；单位价值超过100万元的，可缩短折旧年限或采取加速折旧的方法。

(2) 对所有行业企业2014年1月1日后新购进的专门用于研发的仪器、设备，单位价值不超过100万元的，允许一次性计入当期成本费用在计算应纳税所得额时扣除，不再分年度计算折旧；单位价值超过100万元的，可缩短折旧年限或采取加速折旧的方法。

(3) 对所有行业企业持有的单位价值不超过5 000元的固定资产，允许一次性计入当期成本费用在计算应纳税所得额时扣除，不再分年度计算折旧。

(4) 企业按上述第(1)条、第(2)条规定缩短折旧年限的，对其购置的新固定资产，最低折旧年限不得低于《企业所得税法实施条例》规定的折旧年限的60%；企业购置已使用过的固定资产，其最低折旧年限不得低于《企业所得税法实施条例》规定的最低折旧年限减去已使用年限后剩余年限的60%。采取加速折旧方法的，可采取双倍余额递减法或者年数总和法。第(1)～(3)条规定之外的企业固定资产加速折旧所得税处理问题，继续按照企业所得税法及其实施条例和现行税收政策规定执行。

(三) 轻工、纺织、机械、汽车四个领域重点行业加速折旧规定

(1) 对轻工、纺织、机械、汽车四个领域重点行业(以下简称四个领域重点行业)企业2015年1月1日后新购进的固定资产(包括自行建造，下同)，允许缩短折旧年限或采取加速折旧方法。

四个领域重点行业企业是指以上述行业业务为主营业务，其固定资产投入使用当年的主营业务收入占企业收入总额50%(不含)以上的企业。所称收入总额是指企业所得税法第六条规定的收入总额。

(2) 对四个领域重点行业小型微利企业2015年1月1日后新购进的研发和生产经营共用的仪器、设备，单位价值不超过100万元(含)的，允许在计算应纳税所得额时一次性全额扣除；单位价值超过100万元的，允许缩短折旧年限或采取加速折旧方法。

(3) 企业按第(1)、第(2)条规定缩短折旧年限的，对其购置的新固定资产，最低折旧年限不得低于《企业所得税法实施条例》第六十条规定的折旧年限的60%；对其购置的已使用过的固定资产，最低折旧年限不得低于实施条例规定的最低折旧年限减去已使用年限后剩余年限的60%。最低折旧年限一经确定，不得改变。

(4) 企业按上述第(1)、第(2)条规定采取加速折旧方法的，可以采用双倍余额递减法或者年数总和法。加速折旧方法一经确定,不得改变。

（四）设备、器具等固定资产一次性扣除规定

企业在 2018 年 1 月 1 日至 2020 年 12 月 31 日期间新购进的设备、器具(指除房屋、建筑物以外的固定资产),单位价值不超过 500 万元的,允许一次性计入当期成本费用在计算应纳税所得额时扣除,不再分年度计算折旧;单位价值超过 500 万元的,仍按《企业所得税法实施条例》《财政部　国家税务总局关于完善固定资产加速折旧企业所得税政策的通知》(财税〔2014〕75 号)《财政部　国家税务总局关于进一步完善固定资产加速折旧企业所得税政策的通知》(财税〔2015〕106 号)等相关规定执行。

八、减计收入优惠

企业综合利用资源,生产符合国家产业政策规定的产品所取得的收入,可以在计算应纳税所得额时减计收入。

综合利用资源是指企业以《资源综合利用企业所得税优惠目录》规定的资源作为主要原材料,生产国家非限制和禁止并符合国家和行业相关标准的产品取得的收入,减按 90% 计入收入总额。

上述所称原材料占生产产品材料的比例不得低于《资源综合利用企业所得税优惠目录》规定的标准。

九、税额抵免优惠

税额抵免是指企业购置并实际使用《环境保护专用设备企业所得税优惠目录(2017 年版)》《节能节水专用设备企业所得税优惠目录(2017 年版)》和《安全生产专用设备企业所得税优惠目录》规定的环境保护、节能节水、安全生产等专用设备的,该专用设备的投资额的 10% 可以从企业当年的应纳税额中抵免;当年不足抵免的,可以在以后 5 个纳税年度结转抵免。

享受前款规定的企业所得税优惠的企业,应当实际购置并自身实际投入使用前款规定的专用设备;企业购置上述专用设备在 5 年内转让、出租的,应当停止享受企业所得税优惠,并补缴已经抵免的企业所得税税款。转让的受让方可以按照该专用设备投资额的 10% 抵免当年企业所得税应纳税额;当年应纳税额不足抵免的,可以在以后 5 个纳税年度结转抵免。

企业所得税优惠目录,由国务院财政、税务主管部门商国务院有关部门制定,报国务院批准后公布施行。

企业同时从事适用不同企业所得税待遇的项目的,其优惠项目应当单独计算所得,并合理分摊企业的期间费用;没有单独计算的,不得享受企业所得税优惠。

自 2009 年 1 月 1 日起,增值税一般纳税人购进固定资产发生的进项税额可从其销项税额中抵扣。如增值税进项税额允许抵扣,其专用设备投资额不再包括增值税进项税额;如增值税进项税额不允许抵扣,其专用设备投资额应为增值税专用发票上注明的价税合计金额。企业购买专用设备取得普通发票的,其专用设备投资额为普通发票上注明的金额。

十、民族自治地方的优惠

民族自治地方的自治机关对本民族自治地方的企业应缴纳的企业所得税中属于地方分享的部分,可以决定减征或者免征。自治州、自治县决定减征或者免征的,须报省、自治区、直辖市人民政府批准。

　　企业所得税法所称民族自治地方是指依照《中华人民共和国民族区域自治法》的规定，实行民族区域自治的自治区、自治州、自治县。对民族自治地方内国家限制和禁止行业的企业，不得减征或者免征企业所得税。

　　民族自治地方在新《企业所得税法》实施前已经按照《财政部　国家税务总局　海关总署关于西部大开发税收优惠政策问题的通知》(财税〔2001〕202号)第二条第2款有关减免税规定批准享受减免企业所得税(包括减免中央分享企业所得税的部分)的，自2008年1月1日起计算，对减免税期限在5年以内(含5年)的，继续执行至期满后停止；减免税期限超过5年的，从第6年起按新《企业所得税法》第二十九条规定执行。

十一、非居民企业优惠

　　非居民企业按10％的税率征收企业所得税。这里的非居民企业是指在中国境内未设立机构、场所的，或者虽设立机构、场所但取得的所得与其所设机构、场所没有实际联系的企业。该类非居民企业取得下列所得免征企业所得税。

　　(1)外国政府向中国政府提供贷款取得的利息所得。

　　(2)国际金融组织向中国政府和居民企业提供优惠贷款取得的利息所得。

　　(3)经国务院批准的其他所得。

十二、特殊行业优惠

(一)鼓励软件产业和集成电路产业发展

　　为进一步鼓励软件产业和集成电路产业发展，财税〔2012〕27号文件规定了相应的企业所得税优惠政策。

　　(1)集成电路线宽小于0.8微米(含)的集成电路生产企业，经认定后，在2017年12月31日前自获利年度起计算优惠期，第一年至第二年免征企业所得税，第三年至第五年按照25％的法定税率减半征收企业所得税，并享受至期满为止。

　　(2)集成电路线宽小于0.25微米或投资额超过80亿元的集成电路生产企业，经认定后，减按15％的税率征收企业所得税，其中经营期在15年以上的，在2017年12月31日前自获利年度起计算优惠期，第一年至第五年免征企业所得税，第六年至第十年按照25％的法定税率减半征收企业所得税，并享受至期满为止。

　　(3)我国境内新办的集成电路设计企业和符合条件的软件企业，经认定后，在2017年12月31日前自获利年度起计算优惠期，第一年至第二年免征企业所得税，第三年至第五年按照25％的法定税率减半征收企业所得税，并享受至期满为止。

　　软件企业所得税优惠政策适用于经认定并实行查账征收方式的软件企业。所称经认定是指经国家规定的软件企业认定机构按照软件企业认定管理的有关规定进行认定并取得软件企业认定证书。

　　软件企业的获利年度是指软件企业开始生产经营后，第一个应纳税所得额大于零的纳税年度，包括对企业所得税实行核定征收方式的纳税年度。软件企业享受定期减免税优惠的期限应当连续计算，不得因中间发生亏损或其他原因而间断。

　　(4)国家规划布局内的重点软件企业和集成电路设计企业，如当年未享受免税优惠的，可减按 10% 的税率征收企业所得税。

（5）2018 年 1 月 1 日后新设立的集成电路线宽小于 130 纳米，且经营期限在 10 年以上的集成电路生产企业或项目，第一年和第二年免征企业所得税、第三年至第五年按 25% 法定税率减半征收，享受至期满为止。

（6）2018 年 1 月 1 日后新设的集成电路线宽小于 65 纳米或投资额超过 150 亿元，且经营期在 15 年以上的集成电路生产企业或项目，第一年至第五年免征企业所得税、第六年至第十年按 25% 法定税率减半征收，享受至期满为止。

（7）享受上述第（5）条和第（6）条优惠的集成电路生产企业，优惠期自企业获利年度起算；按集成电路生产项目享受上述第（5）条和第（6）条优惠的，优惠期自项目取得第一笔生产经营收入所属纳税年度起算。

（8）2017 年 12 月 31 日前设立但未获利的集成电路线宽小于 0.25 微米或投资超过 80 亿元，且经营期在 15 年以上的集成电路生产企业，自获利年度起享受五免五减半的优惠待遇，按 25% 法定税率减半征收并享受至期满为止。

（9）2017 年 12 月 31 日前设立但未获利的集成电路线宽小于 0.8 微米（含）的集成电路生产企业，自获利年度起享受两免三减半的优惠待遇，按 25% 法定税率减半征收并享受至期满为止。

（二）鼓励证券投资基金发展

（1）对证券投资基金从证券市场中取得的收入，包括买卖股票、债券的差价收入，股权的股息、红利收入，债券的利息收入及其他收入，暂不征收企业所得税。

（2）对投资者从证券投资基金分配中取得的收入，暂不征收企业所得税。

（3）对证券投资基金管理人运用基金买卖股票、债券的差价收入，暂不征收企业所得税。

（三）节能服务公司的优惠政策

自 2011 年 1 月 1 日起，对符合条件的节能服务公司实施合同能源管理项目，符合企业所得税税法有关规定的，自项目取得第一笔生产经营收入所属纳税年度起，第一年至第三年免征企业所得税，第四年至第六年按照 25% 的法定税率减半征收企业所得税。

（四）电网企业电网新建项目

根据《企业所得税法》及其实施条例的有关规定，居民企业从事符合《公共基础设施项目企业所得税优惠目录（2008 年版）》规定条件和标准的电网（输变电设施）的新建项目，可依法享受"三免三减半"的企业所得税优惠政策。基于企业电网新建项目的核算特点，暂以资产比例法，即以企业新增输变电固定资产原值占企业总输变电固定资产原值的比例，合理计算电网新建项目的应纳税所得额，并据此享受"三免三减半"的企业所得税优惠政策。

十三、其他优惠

（一）西部大开发的税收优惠

1. 适用范围

适用范围包括重庆市、四川省、贵州省、云南省、西藏自治区、陕西省、甘肃省、宁夏回族自治区、青海省、新疆维吾尔自治区、新疆生产建设兵团、内蒙古自治区和广西壮族自治区（上述地区统称西部地区）。湖南省湘西土家族苗族自治州、湖北省恩施土家族苗族自治州、吉林省延边朝鲜族自治州、江西省赣州市,可以比照西部地区的税收优惠政策执行。

2. 具体内容

(1)对设在西部地区国家鼓励类产业企业,在2011年1月1日至2020年12月31日期间,减按15%的税率征收企业所得税。

国家鼓励类产业企业是指以《产业结构调整指导目录》(2005年版)中规定的产业项目为主营业务,其主营业务收入占企业总收入70%以上的企业。

(2)对西部地区2010年12月31日前新办的,根据《财政部 国家税务总局 海关总署关于西部大开发税收优惠政策问题的通知》(财税〔2001〕202号)规定,可以享受企业所得税"两免三减半"的交通、电力、水利、广播电视企业,其享受的企业所得税"两免三减半"优惠可以继续享受到期满为止。

(3)对在西部地区新办交通、电力、水利、邮政、广播电视企业,上述项目业务收入占企业总收入70%以上的,可以享受企业所得税如下优惠政策:内资企业自开始生产经营之日起,第一年至第二年免征企业所得税,第三年至第五年减半征收企业所得税。

新办交通企业是指投资新办从事公路、铁路、航空、港口、码头运营和管道运输的企业。新办电力企业是指投资新办从事电力运营的企业。新办水利企业是指投资新办从事江河湖泊综合治理、防洪除涝、灌溉、供水、水资源保护、水力发电、水土保持、河道疏浚、河海堤防建设等开发水利、防治水害的企业。新办邮政企业是指投资新办从事邮政运营的企业。新办广播电视企业是指投资新办从事广播电视运营的企业。

上述企业同时符合本规定条件的,第三年至第五年减半征收企业所得税时,按15%税率计算出应纳所得税额后减半执行。

上述所称企业是指投资主体自建、运营上述项目的企业,单纯承揽上述项目建设的施工企业不得享受2年免征、3年减半征收企业所得税的政策。

对实行汇总(合并)纳税企业,应当将西部地区的成员企业与西部地区以外的成员企业分开,分别汇总(合并)申报纳税,分别适用税率。

(4)赣州市执行西部大开发政策的规定。

2012年1月1日至2020年12月31日,对设在赣州市的鼓励类产业的内资企业和外商投资企业减按15%的税率征收企业所得税。

鼓励类产业的内资企业是指以《产业结构调整指导目录》中规定的鼓励类产业项目为主营业务,且其主营业务收入占企业收入总额70%以上的企业。

鼓励类产业的外商投资企业是指以《外商投资产业指导目录》中规定的鼓励类项目和《中西部地区外商投资优势产业目录》中规定的江西省产业项目为主营业务,且其主营业务收入占企业收入总额70%以上的企业。

(二)其他事项

(1)享受企业所得税过渡优惠政策的企业,应按照新税法和实施条例中有关收入和扣除的规定计算应纳税所得额。

(2)企业所得税过渡优惠政策与新税法及实施条例规定的优惠政策存在交叉的,由企业选择最优惠的政策执行,不得叠加享受,且一经选择,不得改变。

(3)法律设置的发展对外经济合作和技术交流的特定地区内,以及国务院已规定执行上述地区特殊政策的地区内新设立的国家需要重点扶持的高新技术企业,可以享受过渡性税收优惠,具体办法由国务院规定。

(4) 国家已确定的其他鼓励类企业,可以按照国务院规定享受减免税优惠。

(5) 对企业取得的 2009 年及以后年度发行的地方政府债券利息所得,免征企业所得税。地方政府债券是指经国务院批准,以省、自治区、直辖市和计划单列市政府为发行和偿还主体的债券。

第四节 应纳税额的计算

一、居民企业应纳税额的计算

居民企业应缴纳所得税额等于应纳税所得额乘以适用税率,基本计算公式如下:

$$应纳税额=应纳税所得额 \times 适用税率-减免税额-抵免税额$$

根据计算公式可以看出,应纳税额的多少,取决于应纳税所得额和适用税率两个因素。在实际过程中,应纳税所得额的计算一般有两种方法。

(一) 直接计算法

在直接计算法下,企业每一纳税年度的收入总额减除不征税收入、免税收入、各项扣除以及允许弥补的以前年度亏损后的余额为应纳税所得额。计算公式与前述相同,即为:

$$应纳税所得额=收入总额-不征税收入-免税收入-各项扣除金额-允许弥补的以前年度亏损$$

(二) 间接计算法

在间接计算法下,是在会计利润总额的基础上加或减按照税法规定调整的项目金额后,即为应纳税所得额。计算公式如下:

$$应纳税所得额=会计利润总额 \pm 纳税调整项目金额$$

纳税调整项目金额包括两方面的内容:一是税收规定范围与会计规定不一致的应予以调整的金额;二是税法规定扣除标准与会计规定不一致的应予以调整的金额。

【例 4-1】 某企业为居民企业,2019 年发生经营业务如下:

(1) 取得产品销售收入 4 000 万元。

(2) 发生产品销售成本 2 600 万元。

(3) 发生销售费用 770 万元(其中广告费 650 万元);管理费用 480 万元(其中业务招待费 25 万元);财务费用 60 万元。

(4) 销售税金 160 万元(含增值税 120 万元)。

(5) 营业外收入 80 万元,营业外支出 50 万元(含通过公益性社会团体向贫困山区捐款 30 万元,支付税收滞纳金 6 万元)。

(6) 计入成本、费用中的实发工资总额 200 万元,拨缴职工工会经费 5 万元,发生职工福利费 31 万元,发生职工教育经费 7 万元。

要求:计算该企业 2019 年度实际应纳的企业所得税。

(1) 会计利润总额=4 000+80-2 600-770-480-60-40-50=80(万元)

(2) 广告费和业务宣传费调增所得额=650-4 000×15%=650-600=50(万元)

(3) 业务招待费调增所得额＝25－25×60％＝25－15＝10（万元）

4 000×5‰＝20（万元）＞25×60％＝15（万元）

(4) 捐赠支出应调增所得额＝30－80×12％＝20.4（万元）

(5) 工会经费应调增所得额＝5－200×2％＝1（万元）

(6) 职工福利费应调增所得额＝31－200×14％＝3（万元）

(7) 职工教育经费扣除限额＝200×8％＝16（万元）

实际发生额小于扣除限额，不作纳税调整。

(8) 应纳税所得额＝80＋50＋10＋20.4＋6＋1＋3＝170.4（万元）

(9) 2019 年应缴企业所得税＝170.4×25％＝42.6（万元）

【例 4-2】 某科技型中小企业，职工 90 人，资产总额 2 800 万元。2019 年度生产经营业务如下：

(1) 取得产品销售收入 3 000 万元、国债利息收入 20 万元。

(2) 与产品销售收入配比的成本 2 200 万元。

(3) 发生销售费用 252 万元、管理费用 390 万元（其中业务招待费 28 万元、新产品研发费用 120 万元）。

(4) 向非金融企业借款 200 万元，支付年利息费用 18 万元（注：金融企业同期同类借款年利息率为 6％）。

(5) 企业所得税前准许扣除的税金及附加 32 万元。

(6) 10 月购进符合《环境保护专用设备企业所得税优惠目录》的专用设备，取得增值税专用发票注明金额 30 万元、增值税进项税额 3.9 万元，该设备当月投入使用。

(7) 计入成本、费用中的实发工资总额 200 万元，拨缴职工工会经费 4 万元，发生职工福利费 35 万元，发生职工教育经费 10 万元。

要求：计算该企业 2018 年度应纳的企业所得税。

(1) 会计利润总额＝3 000＋20－2 200－252－390－18－32＝128（万元）

(2) 国债利息收入免征企业所得税，应调减所得额 20 万元

(3) 业务招待费应调增所得额＝28－15＝13（万元）

28×60％（万元）＝16.8（万元）＞3 000×5‰＝15（万元）

(4) 新产品研发费用应调减所得额＝120×75％＝90（万元）

(5) 利息费用支出应调增所得额＝18－200×6％＝6（万元）

(6) 工会经费应调增所得额＝4－200×2％＝0

(7) 职工福利费应调增所得额＝35－200×14％＝7（万元）

(8) 职工教育经费扣除限额＝200×8％＝16（万元）

职工教育经费实际发生额小于扣除限额，不用作纳税调整。

(9) 应纳税所得额＝128－20＋13－90＋6＋7＝44（万元）

(10) 该企业 2019 年度应缴企业所得税＝44×50％×20％－30×10％＝1.4（万元）

二、居民企业核定征收应纳税额的计算

为了加强企业所得税征收管理，规范核定征收企业所得税工作，保障国家税款及时足额入库，维护纳税人合法权益，根据《企业所得税法》及其实施条例、《税收征收管理法》及其实

施细则的有关规定,核定征收企业所得税的有关规定如下。

(一)核定征收企业所得税的范围

核定征收办法适用于居民企业纳税人,纳税人具有下列情形之一的,核定征收企业所得税:

(1)依照法律、行政法规的规定可以不设置账簿的。

(2)依照法律、行政法规的规定应当设置但未设置账簿的。

(3)擅自销毁账簿或者拒不提供纳税资料的。

(4)虽设置账簿,但账目混乱或者成本资料、收入凭证、费用凭证残缺不全,难以查账的。

(5)发生纳税义务,未按照规定的期限办理纳税申报,经税务机关责令限期申报,逾期仍不申报的。

(6)申报的计税依据明显偏低,又无正当理由的。

特殊行业、特殊类型的纳税人和一定规模以上的纳税人不适用核定征收办法。上述特定纳税人由国家税务总局另行明确。

根据国家税务总局公告 2012 年第 27 号规定,自 2012 年 1 月 1 日起,专门从事股权(股票)投资业务的企业,不得核定征收企业所得税。

对依法按核定应税所得率方式核定征收企业所得税的企业,取得的转让股权(股票)收入等转让财产收入,应全额计入应税收入额,按照主营项目(业务)确定适用的应税所得率计算征税;若主营项目(业务)发生变化,应在当年汇算清缴时,按照变化后的主营项目(业务)重新确定适用的应税所得率计算征税。

(二)核定征收的办法

税务机关应根据纳税人具体情况,对核定征收企业所得税的纳税人,核定应税所得率或者核定应纳所得税额。

1.具有下列情形之一的,核定其应税所得率

(1)能正确核算(查实)收入总额,但不能正确核算(查实)成本费用总额的。

(2)能正确核算(查实)成本费用总额,但不能正确核算(查实)收入总额的。

(3)通过合理方法,能计算和推定纳税人收入总额或成本费用总额的。

纳税人不属于以上情形的,核定其应纳所得税额。

2.税务机关采用下列方法核定征收企业所得税

(1)参照当地同类行业或者类似行业中经营规模和收入水平相近的纳税人的税负水平核定。

(2)按照应税收入额或成本费用支出额定率核定。

(3)按照耗用的原材料、燃料、动力等推算或测算核定。

(4)按照其他合理方法核定。

采用前款所列一种方法不足以正确核定应纳税所得额或应纳税额的,可以同时采用两种以上的方法核定。采用两种以上方法测算的应纳税额不一致时,可按测算的应纳税额从高核定。

采用应税所得率方式核定征收企业所得税的,应纳所得税额计算公式如下:

$$应纳所得税额=应纳税所得额×适用税率$$
$$应纳税所得额=应税收入额×应税所得率$$

或： 应纳税所得额＝成本(费用)支出额÷(1－应税所得率)×应税所得率

实行应税所得率方式核定征收企业所得税的纳税人,经营多业的,无论其经营项目是否单独核算,均由税务机关根据其主营项目确定适用的应税所得率。

主营项目应为纳税人所有经营项目中,收入总额或者成本(费用)支出额或者耗用原材料、燃料、动力数量所占比重最大的项目。

应税所得率按表4-1规定的幅度标准确定。

表4-1　应税所得率的幅度标准单位

行业	应税所得率	行业	应税所得率
农、林、牧、渔业	3%～10%	建筑业	8%～20%
制造业	5%～15%	饮食业	8%～25%
批发和零售贸易业	4%～15%	娱乐业	15%～30%
交通运输业	7%～15%	其他行业	10%～30%

纳税人的生产经营范围、主营业务发生重大变化,或者应纳税所得额或应纳税额增减变化达到20%的,应及时向税务机关申报调整已确定的应纳税额或应税所得率。

(三)核定征收企业所得税的管理

(1)主管税务机关应及时向纳税人送达《企业所得税核定征收鉴定表》,及时完成对其核定征收企业所得税的鉴定工作。

纳税人应在收到《企业所得税核定征收鉴定表》后10个工作日内,填好该表并报送主管税务机关。《企业所得税核定征收鉴定表》一式三联,主管税务机关和县税务机关各执一联,另一联送达纳税人执行。主管税务机关还可根据实际工作需要,适当增加联次备用。

纳税人收到《企业所得税核定征收鉴定表》后,未在规定期限内填列、报送的,税务机关视同纳税人已经报送,按上述程序进行复核认定。

(2)纳税人实行核定应税所得率方式的,按下列规定申报纳税：

① 主管税务机关根据纳税人应纳税额的大小确定纳税人按月或者按季预缴,年终汇算清缴。预缴方法一经确定,一个纳税年度内不得改变。

② 纳税人应依照确定的应税所得率计算纳税期间实际应缴纳的税额,进行预缴。按实际数额预缴有困难的,经主管税务机关同意,可按上一年度应纳税额的1/12或1/4预缴,或者按经主管税务机关认可的其他方法预缴。

③ 纳税人预缴税款或年终进行汇算清缴时,应按规定填写《中华人民共和国企业所得税月(季)度预缴纳税申报表(B类)》,在规定的纳税申报时限内报送主管税务机关。

(3)纳税人实行核定应纳所得税额方式的,按下列规定申报纳税：

① 纳税人在应纳所得税额尚未确定之前,可暂按上年度应纳所得税额的1/12或1/4预缴,或者按经主管税务机关认可的其他方法,按月或按季分期预缴。

② 在应纳所得税额确定以后,减除当年已预缴的所得税额,余额按剩余月份或季度均分,以此确定以后各月或各季的应纳税额,由纳税人按月或按季填写《中华人民共和国企业所得税月(季)度预缴纳税申报表(B类)》,在规定的纳税申报期限内进行纳税申报。

③ 纳税人年度终了后,在规定的时限内按照实际经营额或实际应纳税额向税务机关申

报纳税。申报额超过核定经营额或应纳税额的,按申报额缴纳税款;申报额低于核定经营额或应纳税额的,按核定经营额或应纳税额缴纳税款。

（4）对违反核定征收规定的行为,按照《税收征收管理法》及其实施细则的有关规定处理。

三、非居民企业应纳税额的计算

对于在中国境内未设立机构、场所的,或者虽设立机构、场所但取得的所得与其所设机构、场所没有实际联系的非居民企业的所得,按照下列方法计算应纳税所得额:

（1）股息、红利等权益性投资收益和利息、租金、特许权使用费所得,以收入全额为应纳税所得额。

营业税改征增值税试点中的非居民企业,应以不含增值税的收入全额作为应纳税所得额。

（2）转让财产所得,以收入全额减除财产净值后的余额为应纳税所得额。

财产净值是指财产的计税基础减除已经按照规定扣除的折旧、折耗、摊销、准备金等后的余额。

《企业所得税法》第十九条第二项规定的转让财产所得包含转让股权等权益衍生投资资产（以下称股权）所得。股权转让收入减除股权净值后的余额为股权转让所得应纳税所得额。

股权转让收入是指股权转让人转让股权所收取的对价,包括货币形式和非货币形式的各种收入。

股权净值是指取得该股权的计税基础。股权的计税基础是股权转让人投资入股时向中国居民企业实际支付的出资成本,或购买该项股权时向该股权的原转让人实际支付的股权受让成本。股权在持有期间发生减值或者增值,按照国务院财政、税务主管部门规定可以确认损益的,股权净值应进行相应调整。企业在计算股权转让所得时,不得扣除被投资企业未分配利润等股东留存收益中按该项股权所可能分配的金额。

多次投资或收购的同项股权被部分转让的,从该项股权全部成本中按照转让比例计算确定被转让股权对应的成本。

（3）其他所得,参照前两项规定的方法计算应纳税所得额。

（4）扣缴企业所得税应纳税额计算。

$$扣缴企业所得税应纳税额＝应纳税所得额×实际征收率$$

① 扣缴义务人扣缴企业所得税的,应当按照扣缴义务发生之日人民币汇率中间价折合成人民币,计算非居民企业应纳税所得额。扣缴义务发生之日为相关款项实际支付或者到期应支付之日。

② 取得收入的非居民企业在主管税务机关责令限期缴纳税款前自行申报缴纳应源泉扣缴税款的,应当按照填开税收缴款书之日前1日人民币汇率中间价折合成人民币,计算非居民企业应纳税所得额。

③ 主管税务机关责令取得收入的非居民企业限期缴纳应源泉扣缴税款的,应当按照主管税务机关作出限期缴税决定之日前1日人民币汇率中间价折合成人民币,计算非居民企业应纳税所得额。

四、非居民企业所得税核定征收办法

非居民企业因会计账簿不健全,资料残缺难以查账,或者其他原因不能准确计算并据实申报其应纳税所得额的,税务机关有权采取以下方法核定其应纳税所得额。

(1) 按收入总额核定应纳税所得额:适用于能够正确核算收入或通过合理方法推定收入总额,但不能正确核算成本费用的非居民企业。计算公式如下:

$$应纳税所得额＝收入总额×经税务机关核定的利润率$$

(2) 按成本费用核定应纳税所得额:适用于能够正确核算成本费用,但不能正确核算收入总额的非居民企业。计算公式如下:

$$应纳税所得额＝成本费用总额÷(1－经税务机关核定的利润率)×经税务机关核定的利润率$$

(3) 按经费支出换算收入核定应纳税所得额:适用于能够正确核算经费支出总额,但不能正确核算收入总额和成本费用的非居民企业。计算公式如下:

$$应纳税所得额＝经费支出总额÷(1－经税务机关核定的利润率)×经税务机关核定的利润率$$

(4) 税务机关可按照以下标准确定非居民企业的利润率:

① 从事承包工程作业、设计和咨询劳务的,利润率为 15%～30%。

② 从事管理服务的,利润率为 30%～50%。

③ 从事其他劳务或劳务以外经营活动的,利润率不低于 15%。

税务机关有根据认为非居民企业的实际利润率明显高于上述标准的,可以按照比上述标准更高的利润率核定其应纳税所得额。

(5) 非居民企业与中国居民企业签订机器设备或货物销售合同,同时提供设备安装、装配、技术培训、指导、监督服务等劳务,其销售货物合同中未列明提供上述劳务服务收费金额,或者计价不合理的,主管税务机关可以根据实际情况,参照相同或相近业务的计价标准核定劳务收入。无参照标准的,以不低于销售货物合同总价款的 10% 为原则,确定非居民企业的劳务收入。

五、房地产开发企业所得税预缴税款的处理

(1) 房地产开发企业按当年实际利润据实分季(或月)预缴企业所得税的,对开发、建造的住宅、商业用房以及其他建筑物、附着物、配套设施等开发产品,在未完工前采取预售方式销售取得的预售收入,按照规定的预计利润率分季(或月)计算出预计利润额,计入利润总额预缴,开发产品完工、结算计税成本后按照实际利润再行调整。

(2) 房地产开发企业按当年实际利润据实预缴企业所得税的,对开发、建造的住宅、商业用房以及其他建筑物、附着物、配套设施等开发产品,在未完工前采取预售方式销售取得的预售收入,按照规定的预计利润率分季(或月)计算出预计利润额,填报在《中华人民共和国企业所得税月(季)度预缴纳税申报表(A类)》(国税函〔2008〕44 号文件附件 1)第 4 行"利润总额"内。

(3) 房地产开发企业对经济适用房项目的预售收入进行初始纳税申报时,必须附送有关部门批准经济适用房项目开发、销售的文件以及其他相关证明材料。凡不符合规定或未附送有关部门的批准文件以及其他相关证明材料的,一律按销售非经济适用房的规定执行。

第五节　征收管理

一、纳税地点

（1）除税收法律、行政法规另有规定外，居民企业以企业登记注册地为纳税地点；但登记注册地在境外的，以实际管理机构所在地为纳税地点。企业注册登记地是指企业依照国家有关规定登记注册的住所地。

（2）居民企业在中国境内设立不具有法人资格的营业机构的，应当汇总计算并缴纳企业所得税。企业汇总计算并缴纳企业所得税时，应当统一核算应纳税所得额，具体办法由国务院财政、税务主管部门另行制定。

（3）非居民企业在中国境内设立机构、场所的，应当就其所设机构、场所取得的来源于中国境内的所得，以及发生在中国境外但与其所设机构、场所有实际联系的所得，以机构、场所所在地为纳税地点。非居民企业在中国境内设立两个或者两个以上机构、场所的，经税务机关审核批准，可以选择由其主要机构、场所汇总缴纳企业所得税。非居民企业经批准汇总缴纳企业所得税后，需要增设、合并、迁移、关闭机构、场所或者停止机构、场所业务的，应当事先由负责汇总申报缴纳企业所得税的主要机构、场所向其所在地税务机关报告；需要变更汇总缴纳企业所得税的主要机构、场所的，依照前款规定办理。

（4）非居民企业在中国境内未设立机构、场所的，或者虽设立机构、场所但取得的所得与其所设机构、场所没有实际联系的所得，以扣缴义务人所在地为纳税地点。

（5）除国务院另有规定外，企业之间不得合并缴纳企业所得税。

二、纳税期限

企业所得税按年计征，分月或者分季预缴，年终汇算清缴，多退少补。

企业所得税的纳税年度，自公历1月1日起至12月31日止。企业在一个纳税年度的中间开业，或者由于合并、关闭等原因终止经营活动，使该纳税年度的实际经营期不足12个月的，应当以其实际经营期为一个纳税年度。企业清算时，应当以清算期间作为一个纳税年度。

自年度终了之日起5个月内，向税务机关报送年度企业所得税纳税申报表，并汇算清缴，结清应缴应退税款。

企业在年度中间终止经营活动的，应当自实际经营终止之日起60日内，向税务机关办理当期企业所得税汇算清缴。

三、纳税申报

按月或按季预缴的，应当自月份或者季度终了之日起15日内，向税务机关报送预缴企业所得税纳税申报表，预缴税款。

企业在报送企业所得税纳税申报表时，应当按照规定附送财务会计报告和其他有关资料。

企业应当在办理注销登记前,就其清算所得向税务机关申报并依法缴纳企业所得税。

依照企业所得税法缴纳的企业所得税,以人民币计算。所得以人民币以外的货币计算的,应当折合成人民币计算并缴纳税款。

企业在纳税年度内无论盈利或者亏损,都应当依照《企业所得税法》第五十四条规定的期限,向税务机关报送预缴企业所得税纳税申报表、年度企业所得税纳税申报表、财务会计报告和税务机关规定应当报送的其他有关资料。

四、源泉扣缴

(一)扣缴义务人

(1)对非居民企业在中国境内未设立机构、场所的,或者虽设立机构、场所但取得的所得与其所设机构、场所没有实际联系的所得应缴纳的所得税,实行源泉扣缴,以支付人为扣缴义务人。税款由扣缴义务人在每次支付或者到期应支付时,从支付或者到期应支付的款项中扣缴。

上述所称支付人是指依照有关法律规定或者合同约定对非居民企业直接负有支付相关款项义务的单位或者个人。

上述所称支付,包括现金支付、汇拨支付、转账支付和权益兑价支付等货币支付和非货币支付。

上述所称到期应支付的款项是指支付人按照权责发生制原则应当计入相关成本、费用的应付款项。

(2)对非居民企业在中国境内取得工程作业和劳务所得应缴纳的所得税,税务机关可以指定工程价款或者劳务费的支付人为扣缴义务人。

(二)扣缴方法

(1)扣缴义务人扣缴税款时,按非居民企业计算方法计算税款。

(2)应当扣缴的所得税,扣缴义务人未依法扣缴或者无法履行扣缴义务的,由企业在所得发生地缴纳。企业未依法缴纳的,税务机关可以从该企业在中国境内其他收入项目的支付人应付的款项中,追缴该企业的应纳税款。

上述所称所得发生地是指依照实施条例第七条规定的原则确定的所得发生地。在中国境内存在多处所得发生地的,由企业选择其中之一申报缴纳企业所得税。

上述所称该企业在中国境内其他收入是指该企业在中国境内取得的其他各种来源的收入。

(3)税务机关在追缴该企业应纳税款时,应当将追缴理由、追缴数额、缴纳期限和缴纳方式等告知该企业。

(4)扣缴义务人每次代扣的税款,应当自代扣之日起7日内缴入国库,并向所在地的税务机关报送扣缴企业所得税报告表。

五、跨地区经营汇总纳税企业所得税征收管理

(一)基本原则和适用范围

1. 基本原则

属于中央与地方共享范围的跨省市总分机构企业缴纳的企业所得税,按照统一规范、兼

顾总机构和分支机构所在地利益的原则,实行"统一计算、分级管理、就地预缴、汇总清算、财政调库"的处理办法,总分机构统一计算的当期应纳税额的地方分享部分中,25%由总机构所在地分享,50%由各分支机构所在地分享,25%按一定比例在各地间进行分配。

统一计算是指居民企业应统一计算包括各个不具有法人资格营业机构在内的企业全部应纳税所得额、应纳税额。总机构和分支机构适用税率不一致的,应分别按适用税率计算应纳所得税额。

分级管理是指居民企业总机构、分支机构,分别由所在地主管税务机关属地进行监督和管理。

就地预缴是指居民企业总机构、分支机构,应按本办法规定的比例分别就地按月或者按季向所在地主管税务机关申报、预缴企业所得税。

汇总清算是指在年度终了后,总分机构企业根据统一计算的年度应纳税所得额、应纳所得税额,抵减总机构、分支机构当年已就地分期预缴的企业所得税款后,多退少补。

财政调库是指财政部定期将缴入中央总金库的跨省市总分机构企业所得税待分配收入,按照核定的系数调整至地方国库。

2. 适用范围

跨省市总分机构企业是指跨省(自治区、直辖市和计划单列市,下同)设立不具有法人资格分支机构的居民企业。

总机构和具有主体生产经营职能的二级分支机构就地预缴企业所得税。

按照现行财政体制的规定,国有邮政企业(包括中国邮政集团公司及其控股公司和直属单位)、中国工商银行股份有限公司、中国农业银行股份有限公司、中国银行股份有限公司、国家开发银行股份有限公司、中国农业发展银行、中国进出口银行、中国投资有限责任公司、中国建设银行股份有限公司、中国建银投资有限责任公司、中国信达资产管理股份有限公司、中国石油天然气股份有限公司、中国石油化工股份有限公司、海洋石油天然气企业(包括中国海洋石油总公司、中海石油(中国)有限公司、中海油田服务股份有限公司、海洋石油工程股份有限公司)、中国长江电力股份有限公司等企业总分机构缴纳的企业所得税(包括滞纳金、罚款收入)为中央收入,全额上缴中央国库,不实行本办法。

(二)税款预缴

由总机构统一计算企业应纳税所得额和应纳所得税额,并分别由总机构、分支机构按月或按季就地预缴。

1. 分支机构分摊预缴税款

总机构在每月或每季终了之日起 10 日内,按照上年度各省市分支机构的营业收入、职工薪酬和资产总额三个因素,将统一计算的企业当期应纳税额的 50%在各分支机构之间进行分摊(总机构所在省市同时设有分支机构的,同样按三个因素分摊),各分支机构根据分摊税款就地办理缴库,所缴纳税款收入由中央与分支机构所在地按 60:40 分享。分摊时三个因素权重依次为 0.35、0.35 和 0.3。当年新设立的分支机构第二年起参与分摊;当年撤销的分支机构自办理注销税务登记之日起不参与分摊。

分支机构营业收入是指分支机构销售商品、提供劳务、让渡资产使用权等日常经营活动实现的全部收入。其中,生产经营企业分支机构营业收入是指生产经营企业分支机构销售商品、提供劳务、让渡资产使用权等取得的全部收入;金融企业分支机构营业收入是指金融企业分支机构取得的利息、手续费、佣金等全部收入；保险企业分支机构营业收入是指保险企业分支机构取得的保费等全部收入。

分支机构职工薪酬是指分支机构为获得职工提供的服务而给予职工的各种形式的报酬以及其他相关支出。

分支机构资产总额是指分支机构在 12 月 31 日拥有或者控制的资产合计额。

各分支机构分摊预缴额按下列公式计算：

$$某分支机构分摊税款＝所有分支机构分摊税款总额×该分支机构分摊比例$$

其中：

$$所有分支机构分摊税款总额＝汇总纳税企业当期应纳所得税额×50\%$$

$$\begin{aligned}该分支机构分摊比例＝&\left(\frac{该分支机构营业收入}{各分支机构营业收入之和}\right)×0.35+\left(\frac{该分支机构职工薪酬}{各分支机构职工薪酬之和}\right)\\ &×0.35+\left(\frac{该分支机构资产总额}{各分支机构资产总额之和}\right)×0.30\end{aligned}$$

以上公式中，分支机构仅指需要参与就地预缴的分支机构。

2. 总机构就地预缴税款

总机构应将统一计算的企业当期应纳税额的 25%，就地办理缴库，所缴纳税款收入由中央与总机构所在地按 60∶40 分享。

3. 总机构预缴中央国库税款

总机构应将统一计算的企业当期应纳税额的剩余 25%，就地全额缴中央国库，所缴纳税款收入 60% 为中央收入，40% 由财政部按照 2004—2006 年各省市 3 年实际分享企业所得税占地方分享总额的比例定期向各省市分配。

（三）汇总清算

企业总机构汇总计算企业年度应纳所得税额，扣除总机构和各境内分支机构已预缴的税款，计算出应补应退税款，分别由总机构和各分支机构（不包括当年已办理注销税务登记的分支机构）就地办理税款缴库或退库。

（1）补缴的税款按照预缴的分配比例，50% 由各分支机构就地办理缴库，所缴纳税款收入由中央与分支机构所在地按 60∶40 分享；25% 由总机构就地办理缴库，所缴纳税款收入由中央与总机构所在地按 60∶40 分享；其余 25% 部分就地全额缴入中央国库，所缴纳税款收入中 60% 为中央收入，40% 由财政部按照 2004—2006 年各省市 3 年实际分享企业所得税占地方分享总额的比例定期向各省市分配。

（2）多缴的税款按照预缴的分配比例，50% 由各分支机构就地办理退库，所退税款由中央与分支机构所在地按 60∶40 分担；25% 由总机构就地办理退库，所退税款由中央与总机构所在地按 60∶40 分担；其余 25% 部分就地从中央国库退库，其中 60% 从中央级 1010442 项"总机构汇算清缴所得税"下有关科目退付，40% 从中央级 1010443 项"企业所得税待分配收入"下有关科目退付。

六、合伙企业所得税的征收管理

自 2008 年 1 月 1 日起，合伙企业缴纳的所得税按下列规定处理，此前规定与下列规定有抵触的,以下列规定为准。

（一）合伙企业以每一个合伙人为纳税义务人

合伙企业合伙人是自然人的,缴纳个人所得税;合伙人是法人和其他组织的,缴纳企业所得税。

（二）合伙企业生产经营所得和其他所得采取先分后税的原则

具体应纳税所得额的计算按照《关于个人独资企业和合伙企业投资者征收个人所得税的规定》(财税〔2000〕91号)及《财政部　国家税务总局关于调整个体工商户个人独资企业和合伙企业个人所得税税前扣除标准有关问题的通知》(财税〔2008〕65号)的有关规定执行。

前款所称生产经营所得和其他所得,包括合伙企业分配给所有合伙人的所得和企业当年留存的所得(利润)。

（三）合伙企业的合伙人按照下列原则确定应纳税所得额

(1)合伙企业的合伙人以合伙企业的生产经营所得和其他所得,按照合伙协议约定的分配比例确定应纳税所得额。

(2)合伙协议未约定或者约定不明确的,以全部生产经营所得和其他所得,按照合伙人协商决定的分配比例确定应纳税所得额。

(3)协商不成的,以全部生产经营所得和其他所得,按照合伙人实缴出资比例确定应纳税所得额。

(4)无法确定出资比例的,以全部生产经营所得和其他所得,按照合伙人数量平均计算每个合伙人的应纳税所得额。

合伙协议不得约定将全部利润分配给部分合伙人。

（四）亏损抵减

合伙企业的合伙人是法人和其他组织的,合伙人在计算其缴纳企业所得税时,不得用合伙企业的亏损抵减其盈利。

本 章 小 结

本章企业所得税法要求学生掌握居民企业、非居民企业的概念,掌握企业所得税纳税义务人、征税对象与税率,掌握应纳税所得额的计算,熟悉资产的税务处理,掌握企业所得税税收优惠,掌握应纳税额的计算,掌握企业所得税的征收管理。

基 础 训 练

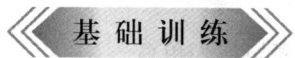

企业所得税纳税申报表

国家税务总局关于修订企业所得税年度纳税申报表有关问题的公告

为贯彻落实《中华人民共和国企业所得税法》及有关税收政策,进一步优化纳税申报,现将修订企业所得税年度纳税申报表有关问题公告如下:

一、对《中华人民共和国企业所得税年度纳税申报表(A类,2017年版)》部分表单和填报说明进行修订,修订后的部分表单和填报说明详见附件。

（一）对《企业所得税年度纳税申报表填报表单》《企业所得税年度纳税申报基础信息表》（A000000）、《纳税调整项目明细表》（A105000）、《广告费和业务宣传费跨年度纳税调整明细表》（A105060）、《捐赠支出及纳税调整明细表》（A105070）、《免税、减计收入及加计扣除优惠明细表》（A107010）、《符合条件的居民企业之间的股息、红利等权益性投资收益优惠明细表》（A107011）、《减免所得税优惠明细表》（A107040）的表单样式及填报说明进行修订。

（二）对《中华人民共和国企业所得税年度纳税申报表（A类）》（A100000）、《资产折旧、摊销及纳税调整明细表》（A105080）、《企业所得税弥补亏损明细表》（A106000）、《所得减免优惠明细表》（A107020）、《境外所得纳税调整后所得明细表》（A108010）的填报说明进行修订。

二、企业申报享受研发费用加计扣除政策时，按照《国家税务总局关于发布修订后的〈企业所得税优惠政策事项办理办法〉的公告》（国家税务总局公告2018年第23号）的规定执行，不再填报《研发项目可加计扣除研究开发费用情况归集表》和报送"研发支出"辅助账汇总表》。《"研发支出"辅助账汇总表》由企业留存备查。

三、本公告适用于2019年度及以后年度企业所得税汇算清缴申报。《国家税务总局关于发布〈中华人民共和国企业所得税年度纳税申报表（A类，2017年版）〉的公告》（国家税务总局公告2017年第54号）、《国家税务总局关于修订〈中华人民共和国企业所得税年度纳税申报表（A类，2017年版）〉部分表单样式及填报说明的公告》（国家税务总局公告2018年第57号）、《国家税务总局关于修订〈中华人民共和国企业所得税月（季）度预缴纳税申报表（A类，2018年版）〉等部分表单样式及填报说明的公告》（国家税务总局公告2019年第3号）中的上述表单和填报说明同时废止。《国家税务总局关于企业研究开发费用税前加计扣除政策有关问题的公告》（国家税务总局公告2015年第97号）第五条中"并在报送《年度财务会计报告》的同时随附注一并报送主管税务机关"的规定和第六条第一项、附件6《研发项目可加计扣除研究开发费用情况归集表》同时废止。

特此公告。

国家税务总局

2019年12月9日

附件

企业所得税纳税申报表：

1. 企业所得税年度纳税申报表填报表单

2. A000000 企业所得税年度纳税申报基础信息表

3. A105000 纳税调整项目明细表

4. A105060 广告费和业务宣传费等跨年度纳税调整明细表

5. A105070 捐赠支出及纳税调整明细表

6. A107010 免税、减计收入及加计扣除优惠明细表

7. A107011 符合条件的居民企业之间的股息、红利等权益性投资收益优惠明细表

8. A107040 减免所得税优惠明细表

企业所得税年度纳税申报表填报表单

表单编号	表单名称	是否填报
A000000	企业所得税年度纳税申报基础信息表	✓
A100000	中华人民共和国企业所得税年度纳税申报表（A类）	✓
A101010	一般企业收入明细表	☐
A101020	金融企业收入明细表	☐
A102010	一般企业成本支出明细表	☐
A102020	金融企业支出明细表	☐
A103000	事业单位、民间非营利组织收入、支出明细表	☐
A104000	期间费用明细表	☐
A105000	纳税调整项目明细表	☐
A105010	视同销售和房地产开发企业特定业务纳税调整明细表	☐
A105020	未按权责发生制确认收入纳税调整明细表	☐
A105030	投资收益纳税调整明细表	☐
A105040	专项用途财政性资金纳税调整明细表	☐
A105050	职工薪酬支出及纳税调整明细表	☐
A105060	广告费和业务宣传费等跨年度纳税调整明细表	☐
A105070	捐赠支出及纳税调整明细表	☐
A105080	资产折旧、摊销及纳税调整明细表	☐
A105090	资产损失税前扣除及纳税调整明细表	☐
A105100	企业重组及递延纳税事项纳税调整明细表	☐
A105110	政策性搬迁纳税调整明细表	☐
A105120	特殊行业准备金及纳税调整明细表	☐
A106000	企业所得税弥补亏损明细表	☐
A107010	免税、减计收入及加计扣除优惠明细表	☐
A107011	符合条件的居民企业之间的股息、红利等权益性投资收益优惠明细表	☐
A107012	研发费用加计扣除优惠明细表	☐
A107020	所得减免优惠明细表	☐
A107030	抵扣应纳税所得额明细表	☐
A107040	减免所得税优惠明细表	☐
A107041	高新技术企业优惠情况及明细表	☐
A107042	软件、集成电路企业优惠情况及明细表	☐
A107050	税额抵免优惠明细表	☐
A108000	境外所得税收抵免明细表	☐
A108010	境外所得纳税调整后所得明细表	☐
A108020	境外分支机构弥补亏损明细表	☐
A108030	跨年度结转抵免境外所得税明细表	☐
A109000	跨地区经营汇总纳税企业年度分摊企业所得税明细表	☐
A109010	企业所得税汇总纳税分支机构所得税分配表	☐
说明：企业应当根据实际情况选择需要填报的表单。		

A000000 企业所得税年度纳税申报基础信息表

基本经营情况(必填项目)				
101 纳税申报企业类型(填写代码)		102 分支机构就地纳税比例(%)		
103 资产总额(填写平均值,单位:万元)		104 从业人数(填写平均值,单位:人)		
105 所属国民经济行业(填写代码)		106 从事国家限制或禁止行业		□是□否
107 适用会计准则或会计制度(填写代码)		108 采用一般企业财务报表格式(2019年版)		□是□否
109 小型微利企业	□是□否	110 上市公司	是(□境内□境外)□否	
有关涉税事项情况(存在或者发生下列事项时必填)				
201 从事股权投资业务	□是	202 存在境外关联交易		□是
203 选择采用的境外所得抵免方式	□分国(地区)不分项□不分国(地区)不分项			
204 有限合伙制创业投资企业的法人合伙人	□是	205 创业投资企业		□是
206 技术先进型服务企业类型(填写代码)		207 非营利组织		□是
208 软件、集成电路企业类型(填写代码)		209 集成电路生产项目类型		□130纳米□65纳米
210 科技型中小企业	210-1 年(申报所属期年度)入库编号1		210-2 入库时间1	
	210-3 年(所属期下一年度)入库编号2		210-4 入库时间2	
211 高新技术企业申报所属期年度有效的高新技术企业证书	211-1 证书编号1		211-2 发证时间1	
	211-3 证书编号2		211-4 发证时间2	
212 重组事项税务处理方式	□一般性□特殊性	213 重组交易类型(填写代码)		
214 重组当事方类型(填写代码)		215 政策性搬迁开始时间		年月
216 发生政策性搬迁且停止生产经营无所得年度	□是	217 政策性搬迁损失分期扣除年度		□是
218 发生非货币性资产对外投资递延纳税事项	□是	219 非货币性资产对外投资转让所得递延纳税年度		□是
220 发生技术成果投资入股递延纳税事项	□是	221 技术成果投资入股递延纳税年度		□是
222 发生资产(股权)划转特殊性税务处理事项	□是	223 债务重组所得递延纳税年度		□是

主要股东及分红情况(必填项目)					
股东名称	证件种类	证件号码	投资比例(%)	当年(决议日)分配的股息、红利等权益性投资收益金额	国籍(注册地址)
其余股东合计	—	—			—

A105000 纳税调整项目明细表

行次	项目	账载金额	税收金额	调增金额	调减金额
		1	2	3	4
1	一、收入类调整项目(2+3+…8+10+11)	＊	＊		
2	（一）视同销售收入(填写 A105010)	＊			＊
3	（二）未按权责发生制原则确认的收入(填写 A105020)				
4	（三）投资收益(填写 A105030)				
5	（四）按权益法核算长期股权投资对初始投资成本调整确认收益	＊	＊	＊	
6	（五）交易性金融资产初始投资调整	＊	＊		＊
7	（六）公允价值变动净损益		＊		
8	（七）不征税收入	＊	＊		
9	其中:专项用途财政性资金(填写 A105040)	＊	＊		
10	（八）销售折扣、折让和退回				
11	（九）其他				
12	二、扣除类调整项目(13+14+…24+26+27+28+29+30)	＊	＊		
13	（一）视同销售成本(填写 A105010)	＊		＊	
14	（二）职工薪酬(填写 A105050)				
15	（三）业务招待费支出				＊
16	（四）广告费和业务宣传费支出(填写 A105060)	＊	＊		
17	（五）捐赠支出(填写 A105070)				
18	（六）利息支出				
19	（七）罚金、罚款和被没收财物的损失		＊		＊
20	（八）税收滞纳金、加收利息		＊		＊
21	（九）赞助支出		＊		＊
22	（十）与未实现融资收益相关在当期确认的财务费用				
23	（十一）佣金和手续费支出(保险企业填写 A105060)				
24	（十二）不征税收入用于支出所形成的费用	＊	＊		＊
25	其中:专项用途财政性资金用于支出所形成的费用(填写 A105040)	＊	＊		＊
26	（十三）跨期扣除项目				
27	（十四）与取得收入无关的支出		＊		＊
28	（十五）境外所得分摊的共同支出	＊	＊		＊
29	（十六）党组织工作经费				
30	（十七）其他				
31	三、资产类调整项目(32+33+34+35)	＊	＊		
32	（一）资产折旧、摊销(填写 A105080)				
33	（二）资产减值准备金		＊		

(续表)

行次	项目	账载金额 1	税收金额 2	调增金额 3	调减金额 4
34	（三）资产损失（填写 A105090）				
35	（四）其他				
36	四、特殊事项调整项目(37＋38＋…＋43)	＊	＊		
37	（一）企业重组及递延纳税事项（填写 A105100）				
38	（二）政策性搬迁（填写 A105110）	＊	＊		
39	（三）特殊行业准备金（填写 A105120）				
40	（四）房地产开发企业特定业务计算的纳税调整额（填写 A105010）	＊			
41	（五）合伙企业法人合伙人应分得的应纳税所得额				
42	（六）发行永续债利息支出				
43	（七）其他	＊	＊		
44	五、特别纳税调整应税所得	＊	＊		
45	六、其他	＊	＊		
46	合计(1＋12＋31＋36＋44＋45)	＊	＊		

A105060 广告费和业务宣传费等跨年度纳税调整明细表

行次	项目	广告费和 业务宣传费 1	保险企业手续 费及佣金支出 2
1	一、本年支出		
2	减：不允许扣除的支出		
3	二、本年符合条件的支出(1−2)		
4	三、本年计算扣除限额的基数		
5	乘：税收规定扣除率		
6	四、本企业计算的扣除限额(4×5)		
7	五、本年结转以后年度扣除额 (3＞6,本行＝3−6;3≤6,本行＝0)		
8	加：以前年度累计结转扣除额		
9	减：本年扣除的以前年度结转额 ［3＞6,本行＝0;3≤6,本行＝8 与(6−3)孰小值］		
10	六、按照分摊协议归集至其他关联方的金额(10≤3 与 6 孰小值)		＊
11	按照分摊协议从其他关联方归集至本企业的金额		＊
12	七、本年支出纳税调整金额 (3＞6,本行＝2＋3−6＋10−11;3≤6,本行＝2＋10−11−9)		
13	八、累计结转以后年度扣除额(7＋8−9)		

A105070 捐赠支出及纳税调整明细表

行次	项目	账载金额	以前年度结转可扣除的捐赠额	按税收规定计算的扣除限额	税收金额	纳税调增金额	纳税调减金额	可结转以后年度扣除的捐赠额
		1	2	3	4	5	6	7
1	一、非公益性捐赠		＊	＊	＊		＊	＊
2	二、全额扣除的公益性捐赠		＊	＊		＊	＊	＊
3	其中:扶贫捐赠		＊	＊		＊	＊	＊
4	三、限额扣除的公益性捐赠(5＋6＋7＋8)							
5	前三年度(年)	＊		＊	＊	＊		＊
6	前二年度(年)	＊		＊	＊	＊		
7	前一年度(年)	＊		＊	＊	＊		
8	本年(年)		＊				＊	
9	合计(1＋2＋4)							
附列资料	2015年度至本年发生的公益性扶贫捐赠合计金额		＊	＊		＊	＊	＊

A107010 免税、减计收入及加计扣除优惠明细表

行次	项目	金额
1	一、免税收入(2＋3＋9＋…＋16)	
2	(一)国债利息收入免征企业所得税	
3	(二)符合条件的居民企业之间的股息、红利等权益性投资收益免征企业所得税(4＋5＋6＋7＋8)	
4	1.一般股息红利等权益性投资收益免征企业所得税(填写A107011)	
5	2.内地居民企业通过沪港通投资且连续持有H股满12个月取得的股息红利所得免征企业所得税(填写A107011)	
6	3.内地居民企业通过深港通投资且连续持有H股满12个月取得的股息红利所得免征企业所得税(填写A107011)	
7	4.居民企业持有创新企业CDR取得的股息红利所得免征企业所得税(填写A107011)	
8	5.符合条件的永续债利息收入免征企业所得税(填写A107011)	
9	(三)符合条件的非营利组织的收入免征企业所得税	

（续表）

行次	项目	金额
10	（四）中国清洁发展机制基金取得的收入免征企业所得税	
11	（五）投资者从证券投资基金分配中取得的收入免征企业所得税	
12	（六）取得的地方政府债券利息收入免征企业所得税	
13	（七）中国保险保障基金有限责任公司取得的保险保障基金等收入免征企业所得税	
14	（八）中国奥委会取得北京冬奥组委支付的收入免征企业所得税	
15	（九）中国残奥委会取得北京冬奥组委分期支付的收入免征企业所得税	
16	（十）其他	
17	二、减计收入(18＋19＋23＋24)	
18	（一）综合利用资源生产产品取得的收入在计算应纳税所得额时减计收入	
19	（二）金融、保险等机构取得的涉农利息、保费减计收入(20＋21＋22)	
20	1. 金融机构取得的涉农贷款利息收入在计算应纳税所得额时减计收入	
21	2. 保险机构取得的涉农保费收入在计算应纳税所得额时减计收入	
22	3. 小额贷款公司取得的农户小额贷款利息收入在计算应纳税所得额时减计收入	
23	（三）取得铁路债券利息收入减半征收企业所得税	
24	（四）其他(24.1＋24.2)	
24.1	1. 取得的社区家庭服务收入在计算应纳税所得额时减计收入	
24.2	2. 其他	
25	三、加计扣除(26＋27＋28＋29＋30)	
26	（一）开发新技术、新产品、新工艺发生的研究开发费用加计扣除(填写 A107012)	
27	（二）科技型中小企业开发新技术、新产品、新工艺发生的研究开发费用加计扣除(填写 A107012)	
28	（三）企业为获得创新性、创意性、突破性的产品进行创意设计活动而发生的相关费用加计扣除	
29	（四）安置残疾人员所支付的工资加计扣除	
30	（五）其他	
31	合计(1＋17＋25)	

A107011 符合条件的居民企业之间的股息、红利等权益性投资收益优惠明细表

行次	被投资企业	被投资企业统一社会信用代码(纳税人识别号)	投资性质	投资成本	投资比例	被投资企业利润分配确认金额		被投资企业清算确认金额			撤回或减少投资确认金额						合计
						被投资企业做出利润分配或转股决定时间	依决定归属于本公司的股息、红利等权益性投资收益金额	分得的被投资企业清算剩余资产	被清算企业累计未分配利润和累计盈余公积应享有部分	应确认股息所得	从被投资企业撤回或减少投资取得的资产	减少投资比例	收回初始投资成本	取得资产中超过收回初始投资成本部分	撤回或减少投资应享有被投资企业计未分配利润和累计盈余公积计盈余公积部分	应确认的股息所得	
	1	2	3	4	5	6	7	8	9	10(8与9孰小)	11	12	13(4×12)	14(11−13)	15	16(14与15孰小)	17(7+10+16)
1																	
2																	
3																	
4																	
5																	
6																	
7																	
8	合计																
9	其中:直接投资或非H股票投资																
10	股票投资—沪港通H股																
11	股票投资—深港通H股																
12	创新企业CDR																
13	永续债																

A107040 减免所得税优惠明细表

行次	项目	金额
1	一、符合条件的小型微利企业减免企业所得税	
2	二、国家需要重点扶持的高新技术企业减按15％的税率征收企业所得税(填写A107041)	
3	三、经济特区和上海浦东新区新设立的高新技术企业在区内取得的所得定期减免企业所得税(填写A107041)	
4	四、受灾地区农村信用社免征企业所得税	＊
5	五、动漫企业自主开发、生产动漫产品定期减免企业所得税	
6	六、线宽小于0.8微米(含)的集成电路生产企业减免企业所得税(填写A107042)	
7	七、线宽小于0.25微米的集成电路生产企业减按15％税率征收企业所得税(填写A107042)	
8	八、投资额超过80亿元的集成电路生产企业减按15％税率征收企业所得税(填写A107042)	
9	九、线宽小于0.25微米的集成电路生产企业减免企业所得税(填写A107042)	
10	十、投资额超过80亿元的集成电路生产企业减免企业所得税(填写A107042)	
11	十一、新办集成电路设计企业减免企业所得税(填写A107042)	
12	十二、国家规划布局内集成电路设计企业可减按10％的税率征收企业所得税(填写A107042)	
13	十三、符合条件的软件企业减免企业所得税(填写A107042)	
14	十四、国家规划布局内重点软件企业可减按10％的税率征收企业所得税(填写A107042)	
15	十五、符合条件的集成电路封装、测试企业定期减免企业所得税(填写A107042)	
16	十六、符合条件的集成电路关键专用材料生产企业、集成电路专用设备生产企业定期减免企业所得税(填写A107042)	
17	十七、经营性文化事业单位转制为企业的免征企业所得税	
18	十八、符合条件的生产和装配伤残人员专门用品企业免征企业所得税	
19	十九、技术先进型服务企业(服务外包类)减按15％的税率征收企业所得税	
20	二十、技术先进型服务企业(服务贸易类)减按15％的税率征收企业所得税	
21	二十一、设在西部地区的鼓励类产业企业减按15％的税率征收企业所得税	
22	二十二、新疆困难地区新办企业定期减免企业所得税	
23	二十三、新疆喀什、霍尔果斯特殊经济开发区新办企业定期免征企业所得税	
24	二十四、广东横琴、福建平潭、深圳前海等地区的鼓励类产业企业减按15％税率征收企业所得税	
25	二十五、北京冬奥组委、北京冬奥会测试赛赛事组委会免征企业所得税	
26	二十六、线宽小于130纳米的集成电路生产企业减免企业所得税(填写A107042)	
27	二十七、线宽小于65纳米或投资额超过150亿元的集成电路生产企业减免企业所得税(填写A107042)	
28	二十八、其他(28.1+28.2+28.3)	
28.1	(一)从事污染治理的第三方企业减按15％的税率征收企业所得税	
28.2	(二)其他1	
28.3	(三)其他2	
29	二十九、减:项目所得额按法定税率减半征收企业所得税叠加享受减免税优惠	

（续表）

行次	项目	金额
30	三十、支持和促进重点群体创业就业企业限额减征企业所得税(30.1＋30.2)	
30.1	（一）企业招用建档立卡贫困人口就业扣减企业所得税	
30.2	（二）企业招用登记失业半年以上人员就业扣减企业所得税	
31	三十一、扶持自主就业退役士兵创业就业企业限额减征企业所得税	
32	三十二、民族自治地方的自治机关对本民族自治地方的企业应缴纳的企业所得税中属于地方分享的部分减征或免征(□免征□减征:减征幅度____%)	
33	合计(1＋2＋…＋28－29＋30＋31＋32)	

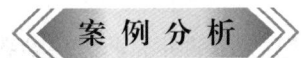

案 例 分 析

公益性捐赠的税收筹划

某有限责任公司董事长2019年5月打算以公司的名义通过某慈善总会向西部农村义务教育捐赠400万元,预计2019年利润总额3 000万元,该董事长可获得红利300万元,按照规定,公司捐赠的扣除限额为360万元(3 000×12%),剩余40万元捐赠支出很可能不允许税前扣除,额外增加企业所得税10万元。如果该董事长以公司名义捐赠360万元,以个人名义从红利所得中捐赠40万元,按照个人所得税法的规定,个人通过非营利的社会团体和国家机关向农村义务教育的捐赠,准予在缴纳个人所得税前的所得额中全额扣除。

由于企业所得税法设定了公益性捐赠的扣除比例,不少企业以公司名义捐赠得少,而以投资者个人名义捐赠得多,这是一种理性的做法。从股东利益出发,企业限定捐赠金额是必要的,作为补充举措,大股东以个人名义追加捐赠,这样既表达了爱心,又减轻了税负,是理性的商业与带有感情色彩捐赠的最好结合。

课后练习题

一、单选题

1. 企业在境内发生处置资产的下列情形中,应视同销售确认企业所得税应税收入的是( )。

　A. 将资产用于职工奖励或福利　　　　B. 将资产用于加工另一种产品

　C. 将资产用于在总分支机构之间转移　　D. 将资产用于结构或性能改变

【正确答案】A

【答案解析】BCD项均未发生所有权转移

2. 根据企业所得税法的规定,下列关于企业所得税扣除项目的说法中,不正确的是( )。

　A. 企业为投资者或者职工支付的商业保险费,准予扣除

　B. 企业经营租赁方式租入机器设备的租赁费,按照租赁期限均匀扣除

　C. 工资薪金总额不包括企业的职工福利费、职工教育经费、工会经费以及养老保险费、

　　　医疗保险等社会保险费

　　D. 企业转让固定资产发生的费用,允许扣除

　　【正确答案】A

　　【答案解析】企业为投资者或者职工支付的商业保险费,不得扣除。但是,企业依照国家有关规定为特殊工种职工支付的人身安全保险费可在税前扣除。

　　3. 依据企业所得税相关规定,下列保险费用中,不能在税前扣除的是( )。

　　A. 企业为职工支付的家庭财产保险

　　B. 企业参加运输保险支付的保险费

　　C. 企业为投资者支付的合理的补充养老保险费

　　D. 企业依照国家有关规定为特殊工种职工支付的人身安全保险费

　　【正确答案】A

　　【答案解析】选项A,企业为职工支付的补充养老保险费、补充医疗保险费,可以分别在不超过职工工资总额5%以内的部分,在计算应纳税所得额时准予扣除;但除企业为特殊工种职工支付的人身安全保险费和国务院财政、税务主管部门规定可以扣除的其他商业保险费外,企业为职工支付的商业保险费,不得扣除。

二、多选题

　　1. 居民企业发生的下列支出中,可在企业所得税税前扣除的有( )。

　　A. 逾期归还银行贷款的罚息

　　B. 企业内营业机构之间支付的租金

　　C. 未能形成无形资产的研究开发费用

　　D. 以经营租赁方式租入固定资产的租金

　　【正确答案】ACD

　　【答案解析】企业内营业机构之间支付的租金不得税前扣除。

　　2. 下列支出中,作为长期待摊费用核算的有( )。

　　A. 租入固定资产的改建支出

　　B. 固定资产的大修理支出

　　C. 已足额提取折旧的固定资产的改建支出

　　D. 接受捐赠固定资产改建支出

　　【正确答案】ABC

　　【答案解析】选项A、B、C,作为长期待摊费用核算,但是在其他应当作为长期待摊费用的支出中不包括接受捐赠固定资产改建支出。

　　3. 依据企业所得税的相关规定,下列资产中,可采用加速折旧方法的有( )

　　A. 常年处于强震动状态的固定资产

　　B. 常年处于高腐蚀状态的固定资产

　　C. 单独估价作为固定资产入账的土地

　　D. 由于技术进步,产品更新换代较快的固定资产

　　【正确答案】ABD

　　【答案解析】可以加速折旧的固定资产:①由于技术进步,产品更新换代较快的固定资产;②常年处于强震动、高腐蚀状态的固定资产。

第五章 个人所得税法

学习目标

1. 掌握个人所得税纳税义务人与征税范围
2. 掌握个人所得税税率与应纳税所得额的确定
3. 掌握个人所得税税收优惠
4. 掌握居民个人综合所得应纳税额的计算
6. 熟悉非居民个人应纳税额的计算
7. 掌握其他税目应纳税额的计算
8. 熟悉个人所得税的征收管理

第一节 个人所得税概述

一、个人所得税的概念

个人所得税法是指国家制定的用于调整个人所得税征收与缴纳之间权利及义务关系的法律规范。个人所得税的基本规范是 1980 年 9 月 10 日第五届全国人民代表大会第三次会议制定的《中华人民共和国个人所得税法》(以下简称《个人所得税法》),多年来通过了七次修改,目前适用的是 2018 年 8 月 31 日,由第十三届全国人民代表大会常务委员会第五次会议修改通过并公布的,自 2019 年 1 月 1 日起施行。

个人所得税是主要以自然人取得的各类应税所得为征税对象而征收的一种所得税,是政府利用税收对个人收入进行调节的一种手段。个人所得税的纳税人不仅包括个人还包括具有自然人性质的企业。从世界范围看个人所得税的税制模式有三种:分类征收制、综合征收制与混合征收制。分类征收制,就是将纳税人不同来源、性质的所得项目,分别规定不同的税率征税;综合征收制,是对纳税人全年的各项所得加以汇总,就其总额进行征税;混合征收制,是对纳税人不同来源、性质的所得先分别按照不同的税率征税,然后将全年的各项所得进行汇总征税。三种不同的征收模式各有其优缺点。目前,我国个人所得税已初步建立分类与综合相结合的征收模式,即混合征收制。个人所得税在组织财政收入、提高公民纳税意识,尤其在调节个人收入分配差距方面具有重要作用。

二、纳税义务人

个人所得税的纳税义务人,包括中国公民、个体工商业户、个人独资企业、合伙企业投资

者、在中国有所得的外籍人员(包括无国籍人员,下同)和中国香港、澳门、台湾同胞。上述纳税义务人依据住所和居住时间两个标准,区分为居民个人和非居民个人,分别承担不同的纳税义务。

(一) 居民个人

居民个人负有无限纳税义务。其所取得的应纳税所得,无论是来源于中国境内还是中国境外任何地方,都要在中国缴纳个人所得税。根据《个人所得税法》规定,居民个人是指在中国境内有住所,或者无住所而一个纳税年度在中国境内居住累计满183天的个人。在中国境内有住所的个人是指因户籍、家庭、经济利益关系,而在中国境内习惯性居住的个人。这里所说的习惯性居住,是判定纳税义务人属于居民个人还是非居民个人的一个重要依据。它是指个人因学习、工作、探亲等原因消除之后,没有理由在其他地方继续居留时,所要回到的地方,而不是指实际居住或在某一个特定时期内的居住地。一个纳税人因学习、工作、探亲、旅游等原因,原来是在中国境外居住,但是在这些原因消除之后,如果必须回到中国境内居住的,则中国为该人的习惯性居住地。尽管该纳税义务人在一个纳税年度内,甚至连续几个纳税年度,都未在中国境内居住过1天,他仍然是中国的居民个人,应就其来自全球的应纳税所得,向中国缴纳个人所得税。一个纳税年度在境内居住累计满183天是指在一个纳税年度(即公历1月1日起至12月31日止,下同)内,在中国境内居住累计满183天。在计算居住天数时,按其一个纳税年度内在境内的实际居住时间确定,取消了原有的临时离境规定。即境内无住所的某人在一个纳税年度内无论出境多少次,只要在我国境内累计住满183天,就可判定为我国的居民个人。综上可知,个人所得税的居民个人包括以下两类:

(1) 在中国境内定居的中国公民和外国侨民。但不包括虽具有中国国籍,却并没有在中国大陆定居,而是侨居海外的华侨和居住在中国香港、中国澳门、中国台湾的同胞。

(2) 从1月1日起至12月31日止,在中国境内累计居住满183天的外国人、海外侨胞和中国香港、澳门、台湾同胞。例如,一个外籍人员从2018年10月起到中国境内的公司任职,在2019年纳税年度内,虽然曾多次离境回国,但由于该外籍个人在我国境内的居住停留时间累计达206天,已经超过了一个纳税年度内在境内累计居住满183天的标准。因此,该纳税义务人应为居民个人。

(二) 非居民个人

非居民个人是指不符合居民个人判定标准(条件)的纳税义务人,非居民个人,承担有限纳税义务,即仅就其来源于中国境内的所得,向中国缴纳个人所得税。《个人所得税法》规定,非居民个人是"在中国境内无住所又不居住,或者无住所而一个纳税年度内在境内居住累计不满183天的个人"。也就是说,非居民个人是指习惯性居住地不在中国境内,而且不在中国居住;或者在一个纳税年度内,在中国境内居住累计不满183天的个人。在现实生活中,习惯性居住地不在中国境内的个人,只有外籍人员、华侨或香港、澳门和台湾同胞。因此,非居民个人,实际上只能是在一个纳税年度中,没有在中国境内居住,或者在中国境内居住天数累计不满183天的外籍人员、华侨或中国香港、澳门、台湾同胞。

自2004年7月1日起,对境内居住的天数和境内实际工作期间按以下规定为准。

1. 判定纳税义务时如何计算在中国境内居住的天数

对在中国境内无住所的个人,需要计算确定其在中国境内实际累计居住天数,以便依照税法和协定或安排的规定判定其在华负有何种纳税义务时,均应以该个人实际在华逗留天数计算。上述个人入境、离境、往返或多次往返境内外的当日,均按1天计算其在华实际逗留天数。

2. 个人入、离境当日及在中国境内实际工作期间的判定

对在中国境内、境外机构同时担任职务或仅在境外机构任职的境内无住所个人,在按《国家税务总局关于在中国境内无住所的个人计算缴纳个人所得税若干具体问题的通知》(国税函发〔1995〕125号)第一条的规定计算其境内工作期间时,对其入境、离境、往返或多次往返境内外的当日,均按半天计算为在华实际工作天数。

三、征税范围

居民个人取得下列第(一)项至第(四)项所得(以下称综合所得),按纳税年度合并计算个人所得税;非居民个人取得下列第(一)项至第(四)项所得,按月或者按次分项计算个人所得税。纳税人取得下列第(五)项至第(九)项所得,分别计算个人所得税。

(一)工资、薪金所得

工资、薪金所得是指个人因任职或者受雇而取得的工资、薪金、奖金、年终加薪、劳动分红、津贴、补贴以及与任职或者受雇有关的其他所得。

1. 工资、薪金所得涵盖范围

一般来说,工资、薪金所得属于非独立个人劳动所得。所谓非独立个人劳动是指个人所从事的是由他人指定、安排并接受管理的劳动,工作或服务于公司、工厂、行政事业单位的人员(私营企业主除外)均为非独立劳动者。他们从上述单位取得的劳动报酬,是以工资、薪金的形式体现的。

除工资、薪金以外,奖金、年终加薪、劳动分红、津贴、补贴也被确定为工资、薪金范畴。其中,年终加薪、劳动分红不分种类和取得情况,一律按工资、薪金所得课税。奖金是指所有具有工资性质的奖金,免税奖金的范围在税法中另有规定。此外,还有一些所得的发放被视为取得工资、薪金所得的情形。例如,公司职工取得的用于购买企业国有股权的劳动分红,按"工资、薪金所得"项目计征个人所得税;出租汽车经营单位对出租车驾驶员采取单车承包或承租方式运营,出租车驾驶员从事客货营运取得的收入,按工资、薪金所得征税。

2. 个人取得的津贴、补贴,不计入工资、薪金所得的项目

根据我国目前个人收入的构成情况,规定对于一些不属于工资、薪金性质的补贴、津贴或者不属于纳税人本人工资、薪金所得项目的收入,不予征税。这些项目包括:

(1)独生子女补贴。

(2)执行公务员工资制度未纳入基本工资总额的补贴、津贴差额和家属成员的副食品补贴。

(3)托儿补助费。

(4)差旅费津贴、误餐补助。其中,误餐补助是指按照财政部规定,个人因公在城区、郊区工作,不能在工作单位或返回就餐的,根据实际误餐顿数,按规定的标准领取的误餐费。注意:单位以误餐补助名义发给职工的补助、津贴不能包括在内。

(5)外国来华留学生,领取的生活津贴费、奖学金,不属于工资、薪金范畴,不征个人所得税。

3. 军队干部取得的补贴、津贴中有八项不计入工资、薪金所得项目征税

(1) 政府特殊津贴。

(2) 福利补助。

(3) 夫妻分居补助费。

(4) 随军家属无工作生活困难补助。

(5) 独生子女保健费。

(6) 子女保教补助费。

(7) 机关在职军以上干部公勤费(保姆费)。

(8) 军粮差价补贴。

4. 军队干部取得的暂不征税的补贴、津贴

(1) 军人职业津贴。

(2) 军队设立的艰苦地区补助。

(3) 专业性补助。

(4) 基层军官岗位津贴(营连排长岗位津贴)。

(5) 伙食补贴。

(二) 劳务报酬所得

劳务报酬所得是指个人独立从事各种非雇佣的各种劳务所取得的所得。内容如下:

(1) 设计是指按照客户的要求,代为制定工程、工艺等各类设计业务。

(2) 装潢是指接受委托,对物体进行装饰、修饰,使之美观或具有特定用途的作业。

(3) 安装是指按照客户要求,对各种机器、设备的装配、安置,以及与机器、设备相连的附属设施的装设和被安装机器设备的绝缘、防腐、保温、油漆等工程作业。

(4) 制图是指受托按实物或设想物体的形象,依体积、面积、距离等,用一定比例绘制成平面图、立体图、透视图等的业务。

(5) 化验是指受托用物理或化学的方法,检验物质的成分和性质等业务。

(6) 测试是指利用仪器仪表或其他手段代客对物品的性能和质量进行检测试验的业务。

(7) 医疗是指从事各种病情诊断、治疗等医护业务。

(8) 法律是指受托担任辩护律师、法律顾问,撰写辩护词、起诉书等法律文书的业务。

(9) 会计是指受托从事会计核算的业务。

(10) 咨询是指对客户提出的政治、经济、科技、法律、会计、文化等方面的问题进行解答、说明的业务。

(11) 讲学是指应邀(聘)进行讲课、作报告、介绍情况等业务。

(12) 翻译是指受托从事中、外语言或文字的翻译(包括笔译和口译)的业务。

(13) 审稿是指对文字作品或图形作品进行审查、核对的业务。

(14) 书画是指按客户要求,或自行从事书法、绘画、题词等业务。

(15) 雕刻是指代客镌刻图章、牌匾、碑、玉器、雕塑等业务。

(16) 影视是指应邀或应聘在电影、电视节目中出任演员,或担任导演、音响、化妆、道具、制作、摄影等与拍摄影视节目有关的业务。

(17) 录音是指用录音器械代客录制各种音响带的业务,或者应邀演讲、演唱、采访而被

录音的服务。

（18）录像是指用录像器械代客录制各种图像、节目的业务，或者应邀表演、采访被录像的业务。

（19）演出是指参加戏剧、音乐、舞蹈、曲艺等文艺演出活动的业务。

（20）表演是指从事杂技、体育、武术、健美、时装、气功以及其他技巧性表演活动的业务。

（21）广告是指利用图书、报纸、杂志、广播、电视、电影、招贴、路牌、橱窗、霓虹灯、灯箱、墙面及其他载体，为介绍商品、经营服务项目、文体节目或通告、声明等事项，所做的宣传和提供相关服务的业务。

（22）展览是指举办或参加书画展、影展、盆景展、邮展、个人收藏品展、花鸟虫鱼展等各种展示活动的业务。

（23）技术服务是指利用一技之长而进行技术指导、提供技术帮助的业务。

（24）介绍服务是指介绍供求双方商谈，或者介绍产品、经营服务项目等服务的业务。

（25）经纪服务是指经纪人通过居间介绍，促成各种交易和提供劳务等服务的业务。

（26）代办服务是指代委托人办理受托范围内的各项事宜的业务。

（27）其他劳务是指上述列举的26项劳务项目之外的各种劳务。

自2004年1月20日起，对商品营销活动中，企业和单位对其营销业绩突出的非雇员以培训班、研讨会、工作考察等名义组织旅游活动，通过免收差旅费、旅游费对个人实行的营销业绩奖励（包括实物、有价证券等），应根据所发生费用的全额作为该营销人员当期的劳务收入，按照"劳务报酬所得"项目征收个人所得税，并由提供上述费用的企业和单位代扣代缴。

在实际操作过程中，还可能出现难以判定一项所得是属于工资、薪金所得，还是属于劳务报酬所得的情况。这两者的区别在于：工资、薪金所得是属于非独立个人劳务活动，即在机关、团体、学校、部队、企业、事业单位及其他组织中任职、受雇而得到的报酬；而劳务报酬所得，则是个人独立从事各种技艺、提供各项劳务取得的报酬。

注意：个人由于担任董事职务所取得的董事费收入，属于劳务报酬所得性质，按照劳务报酬所得项目征收个人所得税，但仅适用于个人担任公司董事、监事，且不在公司任职、受雇的情形。个人在公司（包括关联公司）任职、受雇，同时兼任董事、监事的，应将董事费、监事费与个人工资收入合并，统一按工资、薪金所得项目缴纳个人所得税。

（三）稿酬所得

稿酬所得是指个人因其作品以图书、报刊形式出版、发表而取得的所得。将稿酬所得独立划归一个征税项目，而对不以图书、报刊形式出版、发表的翻译、审稿、书画所得归为劳务报酬所得，主要是考虑了出版、发表作品的特殊性。第一，它是一种依靠较高智力创作的精神产品；第二，它具有普遍性；第三，它与社会主义精神文明和物质文明密切相关；第四，它的报酬相对偏低。因此，稿酬所得应当与一般劳务报酬相区别，并给予适当优惠照顾。

（四）特许权使用费所得

特许权使用费所得是指个人提供专利权、商标权、著作权、非专利技术以及其他特许权的使用权取得的所得。提供著作权的使用权取得的所得，不包括稿酬所得。

专利权是由国家专利主管机关依法授予专利申请人或其权利继承人在一定期间内实施其发明创造的专有权。对于专利权，许多国家只将提供他人使用取得的所得，列入特许权使用费,而将转让专利权所得列为资本利得税的征税对象。我国没有开征资本利得税,故将个人提供和转让专利权取得的所得,都列入特许权使用费所得征收个人所得税。

商标权,即商标注册人享有的商标专用权。著作权,即版权,是作者依法对文学、艺术和科学作品享有的专有权。个人提供或转让商标权、著作权、专有技术或技术秘密、技术诀窍取得的所得,应当依法缴纳个人所得税。

(五) 经营所得

(1) 个体工商户从事生产、经营活动取得的所得,个人独资企业投资人、合伙企业的个人合伙人来源于境内注册的个人独资企业、合伙企业生产、经营的所得。个体工商户以业主为个人所得税纳税义务人。

(2) 个人依法从事办学、医疗、咨询以及其他有偿服务活动取得的所得。

(3) 个人对企业、事业单位承包经营、承租经营以及转包、转租取得的所得。对企事业单位的承包经营、承租经营所得是指个人承包经营或承租经营以及转包、转租取得的所得。承包项目可分多种,如生产经营、采购、销售、建筑安装等各种承包。转包包括全部转包或部分转包。

(4) 个人从事其他生产、经营活动取得的所得。

例如,个人因从事彩票代销业务而取得的所得;或者从事个体出租车运营的出租车驾驶员取得的收入,都应按照"经营所得"项目计征个人所得税。这里所说的从事个体出租车运营,包括:出租车属个人所有,但挂靠出租汽车经营单位或企事业单位,驾驶员向挂靠单位缴纳管理费的,或出租汽车经营单位将出租车所有权转移给驾驶员的。

注意:个体工商户和从事生产、经营的个人,取得与生产、经营活动无关的其他各项应税所得,应分别按照其他应税项目的有关规定,计算征收个人所得税。如取得银行存款的利息所得,对外投资取得的股息所得,应按"股息、利息、红利"税目的规定单独计征个人所得税。个人独资企业、合伙企业的个人投资者以企业资金为本人、家庭成员及其相关人员支付与企业生产经营无关的消费性支出及购买汽车、住房等财产性支出,视为企业对个人投资者利润分配,并入投资者个人的生产经营所得,依照"经营所得"项目计征个人所得税。

(六) 利息、股息、红利所得

利息、股息、红利所得是指个人拥有债权、股权而取得的利息、股息、红利所得。利息是指个人拥有债权而取得的利息,包括存款利息、贷款利息和各种债券的利息。按税法规定,个人取得的利息所得,除国债和国家发行的金融债券利息外,应当依法缴纳个人所得税。股息、红利是指个人拥有股权取得的股息、红利。按照一定的比率对每股发给的息金叫股息;公司、企业应分配的利润,按股份分配的叫红利。股息、红利所得,除另有规定外,都应当缴纳个人所得税。

除个人独资企业、合伙企业以外的其他企业的个人投资者,以企业资金为本人、家庭成员及其相关人员支付与企业生产经营无关的消费性支出及购买汽车、住房等财产性支出,视为企业对个人投资者的红利分配,依照"利息、股息、红利所得"项目计征个人所得税。企业的上述支出不允许在所得税前扣除。

纳税年度内个人投资者从其投资企业(个人独资企业、合伙企业除外)借款,在该纳税年度终了后既不归还又未用于企业生产经营的,其未归还的借款可视为企业对个人投资者的红利分配,依照"利息、股息、红利所得"项目计征个人所得税。

(七) 财产租赁所得

财产租赁所得是指个人出租不动产、机器设备、车船以及其他财产取得的所得。

个人取得的财产转租收入，属于"财产租赁所得"的征税范围，由财产转租人缴纳个人所得税。

(八) 财产转让所得

财产转让所得是指个人转让有价证券、股权、合伙企业中的财产份额、不动产、机器设备、车船以及其他财产取得的所得。

在现实生活中，个人进行的财产转让主要是个人财产所有权的转让。财产转让实际上是一种买卖行为，当事人双方通过签订、履行财产转让合同，形成财产买卖的法律关系，使出让财产的个人从对方取得价款(收入)或其他经济利益。财产转让所得因其性质的特殊性，需要单独列举项目征税。对个人取得的各项财产转让所得，除股票转让所得外，都要征收个人所得税。具体规定如下。

1. 股票转让所得

对股票转让所得暂不征收个人所得税。

2. 量化资产股份转让

集体所有制企业在改制为股份合作制企业时，对职工个人以股份形式取得的拥有所有权的企业量化资产，暂缓征收个人所得税；待个人将股份转让时，就其转让收入额，减除个人取得该股份时实际支付的费用支出和合理转让费用后的余额，按"财产转让所得"项目计征个人所得税。

(九) 偶然所得

偶然所得是指个人得奖、中奖、中彩以及其他偶然性质的所得。偶然所得应缴纳的个人所得税税款，一律由发奖单位或机构代扣代缴。

个人取得的所得，难以界定应纳税所得项目的，由国务院税务主管部门确定。

四、所得来源地的确定

除国务院财政、税务主管部门另有规定外，下列所得，不论支付地点是否在中国境内，均为来源于中国境内的所得：

(1) 因任职、受雇、履约等而在中国境内提供劳务取得的所得。

(2) 将财产出租给承租人在中国境内使用而取得的所得。

(3) 转让中国境内的不动产等财产或者在中国境内转让其他财产取得的所得。

(4) 许可各种特许权在中国境内使用而取得的所得。

(5) 从中国境内企业、事业单位、其他组织以及居民个人取得的利息、股息、红利所得。

在中国境内无住所的个人，在中国境内居住累计满183天的，年度连续不满6年的，其来源于中国境外的所得，经向主管税务机关备案，其来源于中国境外且由境外单位或者个人支付的所得，免予缴纳个人所得税；在中国境内居住累计满183天的任一年度中有一次离境超过30天的，其在中国境内居住累计满183天的，年度的连续年限重新起算。

在中国境内无住所，但是在一个纳税年度中在中国境内居住累计不超过90日的个人，其来源于中国境内的所得，由境外雇主支付并且不由该雇主在中国境内的机构、场所负担的部分，免予缴纳个人所得税。例如，外国来华工作人员，在我国服务而取得的工资、薪金，不论是我方支付、外国支付、我方和外国共同支付，均属于来源于中国的所得，除少数人员可以享受免税优惠外（见本章第三节），其他均应按规定征收个人所得税。但对在中国境内连续居住不超过 90 天的，可只就我方支付的工资、薪金部分计算纳税，对外国支付的工资、薪金部分免予征税。并且，外国来华工作人员，由外国派出单位发给包干款项，其中包括个人工资、公用经费（邮电费、办公费、广告费、业务上往来必要的交际费）、生活津贴费（住房费、差旅费），凡对上述所得能够划分清楚的，可只就工资、薪金所得部分按照规定征收个人所得税。

第二节　税率和应纳税所得额的计算

一、税率

（一）综合所得适用税率

综合所得适用七级超额累进税率，税率为 3%～45%（见表 5-1）。

表 5-1　综合所得个人所得税税率表

级数	全年应纳税所得额	税率（%）
1	不超过 36 000 元的	3
2	超过 36 000 元至 144 000 元的部分	10
3	超过 144 000 元至 300 000 元的部分	20
4	超过 300 000 元至 420 000 元的部分	25
5	超过 420 000 元至 660 000 元的部分	30
6	超过 660 000 元至 960 000 元的部分	35
7	超过 960 000 元的部分	45

注 1：本表所称全年应纳税所得额是指依照税法的规定，居民个人取得综合所得以每一纳税年度收入额减除费用 6 万元以及专项扣除、专项附加扣除和依法确定的其他扣除后的余额。

注 2：非居民个人取得工资、薪金所得，劳务报酬所得，稿酬所得和特许权使用费所得，依照本表按月换算后计算应纳税额。

居民个人每一纳税年度内取得综合所得包括：工资、薪金所得，劳务报酬所得，稿酬所得和特许权使用费所得。

（二）经营所得适用五级超额累进税率，税率为 5%～35%（见表 5-2）

表 5-2　经营所得个人所得税税率表

级数	全年应纳税所得额	税率（%）
1	不超过 30 000 元的	5
2	超过 30 000 元至 90 000 元的部分	10
3	超过 90 000 元至 300 000 元的部分	20
4	超过 300 000 元至 500 000 元的部分	30
5	超过 500 000 元的部分	35

注：本表所称全年应纳税所得额是指依照《个人所得税法》第六条的规定，以每一纳税年度的收入总额减除成本、费用以及损失后的余额。

这里值得注意的是,由于目前实行承包(租)经营的形式较多,分配方式也不相同,因此,承包、承租人按照承包、承租经营合同(协议)规定取得所得的适用税率也不一致。

(1) 承包、承租人对企业经营成果不拥有所有权,仅是按合同(协议)规定取得一定所得的,其所得按"工资、薪金"所得项目征税,纳入年度综合所得适用3%～45%的七级超额累进税率(见表5-1)。

(2) 承包、承租人按合同(协议)的规定只向发包、出租方缴纳一定费用后,企业经营成果归其所有的,承包、承租人取得的所得,按对企事业单位的承包经营、承租经营所得项目,适用5%～35%的五级超额累进税率征税(见表5-2)。

(三) 其他所得适用税率

利息、股息、红利所得,财产租赁所得,财产转让所得和偶然所得,适用税率为20%的比例税率。

二、应纳税所得额的规定

由于个人所得税的应税项目不同,并且取得某项所得所需费用也不相同,因此,计算个人应纳税所得额,需按不同应税项目分项计算。以某项应税项目的收入额减去税法规定的该项目费用减除标准后的余额,为该应税项目应纳税所得额。两个以上的个人共同取得同一项目收入的,应当对每个人取得的收入分别按照个人所得税法的规定计算纳税。

(一) 每次收入的确定

《个人所得税法》对纳税义务人的征税方法有三种:一是按年计征,如经营所得,居民个人取得的综合所得;二是按月计征,如非居民个人取得的工资、薪金所得;三是按次计征,如利息、股息、红利所得,财产租赁所得,偶然所得和非居民个人取得的劳务报酬所得,稿酬所得,特许权使用费所得等六项。在按次征收情况下,由于扣除费用依据每次应纳税所得额的大小,分别规定了定额和定率两种标准。因此,无论是从正确贯彻税法的立法精神、维护纳税义务人的合法权益方面来看,还是从避免税收漏洞、防止税款流失、保证国家税收收入方面来看,如何准确划分"次",都是十分重要的。前述六个项目的"次",《个人所得税法实施条例》中作出了明确规定。具体是:

(1) 非居民个人取得劳务报酬所得、稿酬所得、特许权使用费所得,根据不同所得项目的特点,分别规定为:

① 属于一次性收入的,以取得该项收入为一次。

就劳务报酬所得来看,从事设计、安装、装潢、制图、化验、测试等劳务,往往是接受客户的委托,按照客户的要求,完成一次劳务后取得收入。因此,它属于只有一次性的收入,应以每次提供劳务取得的收入为一次。但需要注意的是,如果一次性劳务报酬收入以分月支付方式取得的,就适用同一事项连续取得收入,以1个月内取得的收入为一次的规定。

就稿酬来看,以每次出版、发表取得的收入为一次,不论出版单位是预付还是分笔支付稿酬,或者加印该作品后再付稿酬,均应合并其稿酬所得按一次计征个人所得税。具体又可细分为:同一作品再版取得的所得,应视作另一次稿酬所得计征个人所得税。同一作品先在报刊上连载,然后再出版,或先出版,再在报刊上连载的,应视为两次稿酬所得征税。即连载作为一次,出版作为另一次。同一作品在报刊上连载取得收入的,以连载完成后取得的所有收入合并为一次,计征个人所得税。同一作品在出版和发表时,以预付稿酬或分次支付稿酬等形式取得的稿酬收入,应合并计算为一次。同一作品出版、发表后,因添加印数而追加稿酬的,应与以前出版、发表时取得的稿酬合并计算为一次,计征个人所得税。在两处或两处以上出版、发表或再版同一作品而取得稿酬所得,则可分别各处取得的所得或再版所得按分次所得计征个人所得税。作者去世后,对取得其遗作稿酬的个人,按稿酬所得征收个人所得税。

就特许权使用费来看,以某项使用权的一次转让所取得的收入为一次。一个非居民个人,可能不仅拥有一项特许权利,每一项特许权的使用权也可能不止一次地向我国境内提供。因此,对特许权使用费所得的"次"的界定,明确为每一项使用权的每次转让所取得的收入为一次。如果该次转让取得的收入是分笔支付的,则应各笔收入相加为一次的收入,计征个人所得税。

② 属于同一事项连续取得收入的,以 1 个月内取得的收入为一次。例如,某外籍歌手(非居民个人)与一卡拉 OK 厅签约,在一定时期内每天到卡拉 OK 厅演唱一次,每次演出后付酬 500 元。在计算其劳务报酬所得时,应视为同一事项的连续性收入,以其 1 个月内取得的收入为一次计征个人所得税,而不能以每天取得的收入为一次。

（2）财产租赁所得,以 1 个月内取得的收入为一次。

（3）利息、股息、红利所得,以支付利息、股息、红利时取得的收入为一次。

（4）偶然所得,以每次收入为一次。

（二）应纳税所得额和费用减除标准

（1）居民个人取得综合所得,以每年收入额减除费用 60 000 元以及专项扣除、专项附加扣除和依法确定的其他扣除后的余额,为应纳税所得额。

① 专项扣除,包括居民个人按照国家规定的范围和标准缴纳的基本养老保险、基本医疗保险、失业保险等社会保险费和住房公积金等。

② 专项附加扣除,包括子女教育、继续教育、大病医疗、住房贷款利息或者住房租金、赡养老人等支出,具体范围、标准和实施步骤由国务院确定,并报全国人民代表大会常务委员会备案。

③ 依法确定的其他扣除,包括个人缴付符合国家规定的企业年金、职业年金,个人购买符合国家规定的商业健康保险、税收递延型商业养老保险的支出,以及国务院规定可以扣除的其他项目。

④ 专项扣除、专项附加扣除和依法确定的其他扣除,以居民个人一个纳税年度的应纳税所得额为限额,一个纳税年度扣除不完的,不结转以后年度扣除。

（2）非居民个人的工资、薪金所得,以每月收入额减除费用 5 000 元后的余额为应纳税所得额;劳务报酬所得、稿酬所得、特许权使用费所得,以每次收入额为应纳税所得额。

（3）经营所得,以每一纳税年度的收入总额减除成本、费用以及损失后的余额,为应纳税所得额。

所称成本、费用是指生产、经营活动中发生的各项直接支出和分配计入成本的间接费用以及销售费用、管理费用、财务费用;所称损失是指生产、经营活动中发生的固定资产和存货的盘亏、毁损、报废损失,转让财产损失,坏账损失,自然灾害等不可抗力因素造成的损失以及其他损失。

取得经营所得的个人,没有综合所得的,计算其每一纳税年度的应纳税所得额时,应当减除费用 60 000 元、专项扣除、专项附加扣除以及依法确定的其他扣除。专项附加扣除在办理汇算清缴时减除。

在个人税收递延型商业养老保险试点区域内,取得个体工商户生产经营所得、对企事业单位的承包承租经营所得的个体工商户业主、个人独资企业投资者、合伙企业自然人、合伙人和承包承租经营者,其缴纳的税收递延型商业养老保险保费准于在申报扣除当年计算应纳税所得额时予以限额据实扣除,扣除限额按照不超过当年应税收入的6%和12 000元孰低办法确定。

从事生产、经营活动,未提供完整、准确的纳税资料,不能正确计算应纳税所得额的,由主管税务机关核定应纳税所得额或者应纳税额。

个人独资企业的投资者以全部生产经营所得为应纳税所得额;合伙企业的投资者按照合伙企业的全部生产经营所得和合伙协议约定的分配比例,确定应纳税所得额,合伙协议没有约定分配比例的,以全部生产经营所得和合伙人数量平均计算每个投资者的应纳税所得额。

上述所称生产经营所得,包括企业分配给投资者个人的所得和企业当年留存的所得(利润)。

对个体工商户业主、个人独资企业和合伙企业自然人投资者的生产经营所得依法计征个人所得税时,个体工商户业主、个人独资企业和合伙企业是自然人投资者本人的费用扣除标准统一确定为60 000元/年(5 000元/月)。

对企事业单位的承包经营、承租经营所得,以每一纳税年度的收入总额,减除必要费用后的余额,为应纳税所得额。每一纳税年度的收入总额是指纳税义务人按照承包经营、承租经营合同规定分得的经营利润和工资、薪金性质的所得;所说的减除必要费用是指按年减除60 000元。

(4)财产租赁所得,每次收入不超过4 000元的,减除费用800元;4 000元以上的,减除20%的费用,其余额为应纳税所得额。

(5)财产转让所得,以转让财产的收入额减除财产原值和合理费用后的余额,为应纳税所得额。财产原值,是指:

① 有价证券,为买入价以及买入时按照规定缴纳的有关费用。

② 建筑物,为建造费或者购进价格以及其他有关费用。

③ 土地使用权,为取得土地使用权所支付的金额、开发土地的费用以及其他有关费用。

④ 机器设备、车船,为购进价格、运输费、安装费以及其他有关费用。

⑤ 其他财产,参照以上方法确定。

纳税义务人未提供完整、准确的财产原值凭证,不能正确计算财产原值的,由主管税务机关核定其财产原值。

合理费用是指卖出财产时按照规定支付的有关费用。

(6)利息、股息、红利所得和偶然所得,以每次收入额为应纳税所得额。

(7)专项附加扣除标准。

专项附加扣除是本次税法修订引入新的费用扣除标准,遵循公平合理、利于民生、简便易行的原则,目前包含了子女教育、继续教育、大病医疗、住房贷款利息、住房租金、赡养老人六项支出,并将根据教育、医疗、住房、养老等民生支出变化情况,适时调整专项附加扣除的范围和标准。取得综合所得和经营所得的居民个人可以享受专项附加扣除。

① 子女教育。

纳税人年满 3 岁的子女接受学前教育和学历教育的相关支出,按照每个子女每月 1 000 元(每年 12 000 元)的标准定额扣除。

学前教育包括年满 3 岁至小学入学前教育;学历教育包括义务教育(小学、初中教育)、高中阶段教育(普通高中、中等职业、技工教育)、高等教育(大学专科、大学本科、硕士研究生、博士研究生教育)。

父母可以选择由其中一方按扣除标准的 100% 扣除,也可以选择由双方分别按扣除标准的 50% 扣除,具体扣除方式在一个纳税年度内不能变更。

纳税人子女在中国境外接受教育的,纳税人应当留存境外学校录取通知书、留学签证等相关教育的证明资料备查。

② 继续教育。

纳税人在中国境内接受学历(学位)继续教育的支出,在学历(学位)教育期间按照每月 400 元(每年 4 800 元)定额扣除。同一学历(学位)继续教育的扣除期限不能超过 48 个月 (4 年)。纳税人接受技能人员职业资格继续教育、专业技术人员职业资格继续教育支出,在取得相关证书的当年,按照 3 600 元定额扣除。

个人接受本科及以下学历(学位)继续教育,符合税法规定扣除条件的,可以选择由其父母扣除,也可以选择由本人扣除。

纳税人接受技能人员职业资格继续教育、专业技术人员职业资格继续教育的,应当留存相关证书等资料备查。

③ 大病医疗。

在一个纳税度内,纳税人发生的与基本医保相关的医药费用支出,扣除医保报销后个人负担(指医保目录范围内的自付部分)累计超过 15 000 元的部分,由纳税人在办理年度汇算清缴时,在 80 000 元限额内据实扣除。

纳税人发生的医药费用支出可以选择由本人或者其配偶扣除;未成年子女发生的医药费用支出可以选择由其父母一方扣除。纳税人及其配偶、未成年子女发生的医药费用支出,应按前述规定分别计算扣除额。

纳税人应当留存医药服务收费及医保报销相关票据原件(或复印件)等资料备查。医疗保障部门应当向患者提供在医疗保障信息系统记录的本人年度医药费用信息查询服务。

④ 住房贷款利息。

纳税人本人或配偶,单独或共同使用商业银行或住房公积金个人住房贷款,为本人或其配偶购买中国境内住房,发生的首套住房贷款利息支出,在实际发生贷款利息的年度,按照每月 1 000 元(每年 12 000 元)的标准定额扣除,扣除期限最长不超过 240 个月(20 年)。纳税人只能享受一套首套住房贷款利息扣除。

所称首套住房贷款是指购买住房享受首套住房贷款利率的住房贷款。经夫妻双方约定,可以选择由其中一方扣除,具体扣除方式在确定后,一个纳税年度内不得变更。

夫妻双方婚前分别购买住房发生的首套住房贷款,其贷款利息支出,婚后可以选择其中一套购买的住房,由购买方按扣除标准的 100% 扣除,也可以由夫妻双方对各自购买的住房分别按扣除标准的 50% 扣除,具体扣除方式在一个纳税年度内不能变更,纳税人应当留存住房贷款合同、贷款还款支出凭证备查。

⑤ 住房租金。

纳税人在主要工作城市没有自有住房而发生的住房租金支出,可以按照以下标准定额扣除:

直辖市、省会(首府)城市、计划单列市以及国务院确定的其他城市,扣除标准为每月1 500元(每年18 000元)。除上述所列城市外,市辖区户籍人口超过100万的城市,扣除标准为每月1 100元(每年13 200元);市辖区户籍人口不超过100万的城市,扣除标准为每月800元(每年9 600元)。

市辖区户籍人口,以国家统计局公布的数据为准。

所称主要工作城市是指纳税人任职受雇的直辖市、计划单列市、副省级城市、地级市(地区、州、盟)全部行政区域范围;纳税人无任职受雇单位的,为受理其综合所得汇算清缴的税务机关所在城市。

夫妻双方主要工作城市相同的,只能由一方扣除住房租金支出。住房租金支出由签订租赁住房合同的承租人扣除。

纳税人及其配偶在一个纳税年度内不得同时分别享受住房贷款利息专项附加扣除和住房租金专项附加扣除。

纳税人应当留存住房租赁合同、协议等有关资料备查。

⑥ 赡养老人。

纳税人赡养一位及以上被赡养人的赡养支出,统一按以下标准等额扣除:

纳税人为独生子女的,按照每月2 000元(每年24 000元)的标准定额扣除;纳税人为非独生子女的,由其与兄弟姐妹分摊每月2 000元(每年24 000元)的扣除额度,每人分摊的额度最高不得超过每月1 000元(每年12 000元)。可以由赡养人均摊或者约定分摊,也可以由被赡养人指定分摊。约定或者指定分摊的须签订书面分摊协议,指定分摊优于约定分摊。具体分摊方式和额度在一个纳税年度内不得变更。

所称被赡养人是指年满60岁的父母,以及子女均已去世的年满60岁的祖父母、外祖父母。

(三)应纳税所得额的其他规定

(1)劳务报酬所得、稿酬所得、特许权使用费所得以收入减除20%的费用后的余额为收入额。稿酬所得的收入额减按70%计算。个人兼有不同的劳务报酬所得,应当分别减除费用,计算缴纳个人所得税。

(2)个人将其所得对教育、扶贫、济困等公益慈善事业进行捐赠,捐赠额未超过纳税人申报的应纳税所得额30%的部分,可以从其应纳税所得额中扣除;国务院规定对公益慈善事业捐赠实行全额税前扣除的,从其规定。

所称个人将其所得对教育、扶贫、济困等公益慈善事业进行捐赠,是指个人将其所得通过中国境内的公益性社会组织、国家机关向教育、扶贫、济困等公益慈善事业的捐赠;所称应纳税所得额是指计算扣除捐赠额之前的应纳税所得额。

(3)个人所得的形式,包括现金、实物、有价证券和其他形式的经济利益;所得为实物的,应当按照取得的凭证上所注明的价格计算应纳税所得额,无凭证的实物或者凭证上所注明的价格明显偏低的,参照市场价格核定应纳税所得额;所得为有价证券的,根据票面价格和市场价格核定应纳税所得额;所得为其他形式的经济利益的,参照市场价格核定应纳税所得额。

（4）居民个人从中国境外取得的所得，可以从其应纳税额中抵免已在境外缴纳的个人所得税税额，但抵免额不得超过该纳税人境外所得依照本法规定计算的应纳税额。

（5）所得为人民币以外货币的，按照办理纳税申报或者扣缴申报的上1月最后1日人民币汇率中间价，折合成人民币计算应纳税所得额。年度终了后办理汇算清缴的，对已经按月、按季或者按次预缴税款的人民币以外货币所得，不再重新折算；对应当补缴税款的所得部分，按照上一纳税年度最后1日人民币汇率中间价，折合成人民币计算应纳税所得额。

（6）对个人从事技术转让、提供劳务等过程中所支付的中介费，如能提供有效、合法凭证的，允许从其所得中扣除。

第三节　税　收　优　惠

《个人所得税法》及其实施条例以及财政部、国家税务总局的若干规定等，都对个人所得项目给予了减税免税的优惠。

一、免征个人所得税的优惠

（1）省级人民政府、国务院部委和中国人民解放军军以上单位，以及外国组织颁发（颁布）的科学、教育、技术、文化、卫生、体育、环境保护等方面的奖金（奖学金）。

（2）国债和国家发行的金融债券利息。

（3）按照国家统一规定发给的补贴、津贴是指按照国务院规定发给的政府特殊津贴、院士津贴，以及国务院规定免予缴纳个人所得税的其他补贴、津贴。

（4）福利费、抚恤金、救济金。福利费是指根据国家有关规定，从企业、事业单位、国家机关、社会团体提留的福利费或者工会经费中支付给个人的生活补助费；救济金是指各级人民政府民政部门支付给个人的生活困难补助费。

（5）保险赔款。

（6）军人的转业费、复员费。对退役士兵按照《退役士兵安置条例》的规定，取得的一次性退役金以及地方政府发放的一次性经济补助，免征个人所得税。

（7）按照国家统一规定发给干部、职工的安家费、退职费、退休工资、离休工资、离休生活补助费。

（8）依照我国有关法律规定应予免税的各国驻华使馆、领事馆的外交代表、领事官员和其他人员的所得。

（9）中国政府参加的国际公约以及签订的协议中规定免税的所得。

（10）对乡、镇（含乡、镇）以上人民政府或经县（含县）以上人民政府主管部门批准成立的有机构、有章程的见义勇为基金或者类似性质组织，奖励见义勇为者的奖金或奖品，经主管税务机关核准，免征个人所得税。

（11）企业和个人按照省级以上人民政府规定的比例缴付的住房公积金、医疗保险金、基本养老保险金、失业保险金，允许在个人应纳税所得额中扣除，免予征收个人所得税。超过规定的比例缴付的部分并入个人当期的工资、薪金收入，计征个人所得税。

个人领取原提存的住房公积金、医疗保险金、基本养老保险金时,免予征收个人所得税。

对按照国家或省级地方政府规定的比例缴付的住房公积金、医疗保险金、基本养老保险金和失业保险金存入银行个人账户所取得的利息收入,免征个人所得税。

(12) 对个人取得的教育储蓄存款利息所得以及国务院财政部门确定的其他专项储蓄存款或者储蓄性专项基金存款的利息所得,免征个人所得税。自 2008 年 10 月 9 日起,对居民储蓄存款利息,暂免征收个人所得税。

(13) 储蓄机构内从事代扣代缴工作的办税人员取得的扣缴利息税手续费所得,免征个人所得税。

(14) 生育妇女按照县级以上人民政府根据国家有关规定制定的生育保险办法,取得的生育津贴、生育医疗费或其他属于生育保险性质的津贴、补贴,免征个人所得税。

(15) 对工伤职工及其近亲属按照《工伤保险条例》规定取得的工伤保险待遇,免征个人所得税。工伤保险待遇,包括工伤职工按照该条例规定取得的一次性伤残补助金、伤残津贴、一次性工伤医疗补助金、一次性伤残就业补助金、工伤医疗待遇、住院伙食补助费、外地就医交通食宿费用、工伤康复费用、辅助器具费用、生活护理费等,以及职工因工死亡,其近亲属按照该条例规定取得的丧葬补助金、供养亲属抚恤金和一次性工亡补助金等。

(16) 对个体工商户或个人,以及个人独资企业和合伙企业从事种植业、养殖业、饲养业和捕捞业(以下简称"四业"),取得的"四业"所得暂不征收个人所得税。

(17) 个人举报、协查各种违法、犯罪行为而获得的奖金。

(18) 个人办理代扣代缴税款手续,按规定取得的扣缴手续费。

(19) 个人转让自用达 5 年以上并且是唯一的家庭居住用房取得的所得。

(20) 对按《国务院关于高级专家离休退休若干问题的暂行规定》和《国务院办公厅关于杰出高级专家暂缓离休审批问题的通知》精神,达到离休、退休年龄,但确因工作需要,适当延长离休、退休年龄的高级专家,其在延长离休、退休期间的工资、薪金所得,视同退休工资、离休工资免征个人所得税。

① 延长离休、退休年龄的高级专家是指:

A. 享受国家发放的政府特殊津贴的专家、学者。

B. 中国科学院、中国工程院院士。

② 高级专家延长离休、退休期间取得的工资、薪金所得,其免征个人所得税政策口径按下列标准执行:

A. 对高级专家从其劳动人事关系所在单位取得的,单位按国家有关规定向职工统一发放的工资、薪金、奖金、津贴、补贴等收入,视同离休、退休工资,免征个人所得税。

B. 除上述第 A 项所述收入以外各种名目的津补贴收入等,以及高级专家从其劳动人事关系所在单位之外的其他地方取得的培训费、讲课费、顾问费、稿酬等各种收入,依法计征个人所得税。

高级专家从两处以上取得应税工资、薪金所得以及具有税法规定应当自行纳税申报的其他情形的,应在税法规定的期限内自行向主管税务机关办理纳税申报。

(21) 外籍个人从外商投资企业取得的股息、红利所得。

(22) 凡符合下列条件之一的外籍专家取得的工资、薪金所得可免征个人所得税:

① 根据世界银行专项贷款协议由世界银行直接派往我国工作的外国专家。

② 联合国组织直接派往我国工作的专家。

③ 为联合国援助项目来华工作的专家。

④ 援助国派往我国专为该国无偿援助项目工作的专家,除工资、薪金外,其取得的生活津贴也免税。

⑤ 根据两国政府签订文化交流项目来华工作 2 年以内的文教专家,其工资、薪金所得由该国负担的。此外,外国来华文教专家,在我国服务期间,由我方发工资、薪金,并对其住房、使用汽车、医疗实行免费"三包",可只就工资、薪金所得按照税法规定征收个人所得税;对我方免费提供的住房、使用汽车、医疗,可免予计算纳税。

⑥ 根据我国大专院校国际交流项目来华工作 2 年以内的文教专家,其工资、薪金所得由该国负担的。

⑦ 通过民间科研协定来华工作的专家,其工资、薪金所得由该国政府机构负担的。

(23) 股权分置改革中非流通股股东通过对价方式向流通股股东支付的股份、现金等收入,暂免征收流通股股东应缴纳的个人所得税。

(24) 对被拆迁人按照国家有关城镇房屋拆迁管理办法规定的标准取得的拆迁补偿款(含因棚户区改造而取得的拆迁补偿款),免征个人所得税。

(25) 对个人投资者从投保基金公司取得的行政和解金,暂免征收个人所得税。

(26) 对个人转让上市公司股票取得的所得暂免征收个人所得税。

(27) 个人从公开发行和转让市场取得的上市公司股票,持股期限超过 1 年的,股息红利所得暂免征收个人所得税。个人从公开发行和转让市场取得的上市公司股票,持股期限在 1 个月以内(含 1 个月)的,其股息红利所得全额计入应纳税所得额;持股期限在 1 个月以上至 1 年(含 1 年)的,暂减按 50% 计入应纳税所得额;上述所得统一适用 20% 的税率计征个人所得税。

(28) 个人取得的下列中奖所得,暂免征收个人所得税:

① 单张有奖发票奖金所得不超过 800 元(含 800 元)的,暂免征收个人所得税;个人取得单张有奖发票奖金所得超过 800 元的,其金额按照个人所得税法规定的"偶然所得"项目征收个人所得税。

② 购买社会福利有奖募捐奖券、体育彩票一次中奖收入不超过 10 000 元的暂免征收个人所得税,对一次中奖收入超过 10 000 元的,应按税法规定全额征税。

(29) 乡镇企业的职工和农民取得的青苗补偿费,属种植业的收益范围,同时,也属经济损失的补偿性收入,暂不征收个人所得税。

(30) 对由亚洲开发银行支付给我国公民或国民(包括为亚行执行任务的专家)的薪金和津贴,凡经亚洲开发银行确认这些人员为亚洲开发银行雇员或执行项目专家的,其取得的符合我国税法规定的有关薪金和津贴等报酬,免征个人所得税。

(31) 自原油期货对外开放之日起,境外个人投资者投资中国境内原油期货取得的所得,3 年内暂免征收个人所得税。

(32) 自 2018 年 1 月 1 日至 2020 年 12 月 31 日,对易地扶贫搬迁贫困人口按规定取得的住房建设补助资金、拆旧复垦奖励资金等与易地扶贫搬迁相关的货币化补偿和易地扶贫搬迁安置住房(以下简称安置住房),免征个人所得税。

(33) 经国务院财政部门批准免税的所得。

二、减征个人所得税的优惠

有下列情形之一的,可以减征个人所得税,具体幅度和期限,由省、自治区、直辖市人民政府规定,并报同级人民代表大会常务委员会备案:

(1)残疾、孤老人员和烈属的所得。

(2)因严重自然灾害造成重大损失的。

(3)国务院可以规定其他减税情形,报全国人民代表大会常务委员会备案。

第四节　应纳税额的计算

一、居民个人综合所得应纳税额的计算

首先,工资、薪金所得全额计入收入额;而劳务报酬所得、特许权使用费所得的收入额为实际取得劳务报酬、特许权使用费收入的80%;此外,稿酬所得的收入额在扣除20%费用基础上,再减按70%计算,即稿酬所得的收入额为实际取得稿酬收入的56%。

其次,居民个人的综合所得,以每一纳税年度的收入额减除费用6万元以及专项扣除、专项附加扣除和依法确定的其他扣除后的余额,为应纳税所得额。

居民个人综合所得应纳税额的计算公式如下:

应纳税额＝∑(每一级数的全年应纳税所得额×对应级数的适用税率)

　　　　＝∑[每一级数(全年收入额－60 000元－专项扣除－享受的专项附加扣除－享受的其他扣除)×对应级数的适用税率]

这里需要说明的是,由于居民个人的全年综合所得在计算应纳个人所得税额时,适用的是超额累进税率,所以,计算比较繁琐。运用速算扣除数计算法,可以简化计算过程。速算扣除数是指在采用超额累进税率征税的情况下,根据超额累进税率表中划分的应纳税所得额级距和税率,先用全额累进方法计算出税额,再减去用超额累进方法计算的应征税额以后的差额。当超额累进税率表中的级距和税率确定以后,各级速算扣除数也固定不变,成为计算应纳税额时的常数。虽然税法中没有提供含有速算扣除数的税率表,但我们可以利用上述原理整理出包含有速算扣除数的居民个人全年综合所得税税率表(见表5-3)。

表5-3　综合所得个人所得税税率表(含速算扣除数)

级数	全年应纳税所得额	税率(%)	速算扣除数(元)
1	不超过36 000元的	3	0
2	超过36 000元至144 000元的部分	10	2 520
3	超过144 000元至300 000元的部分	20	16 920
4	超过300 000元至420 000元的部分	25	31 920
5	超过420 000元至660 000元的部分	30	52 920
6	超过660 000元至960 000元的部分	35	85 920
7	超过960 000元的部分	45	181 920

这样,居民个人综合所得应纳税额的计算公式如下:

应纳税额＝全年应纳税所得额×适用税率－速算扣除数

　　　＝(全年收入额－60 000元－社保、住房公积金费用－享受的专项附加扣除－享受的其他扣除)
　　　　×适用税率－速算扣除数

【例5-1】 假定某居民个人纳税人2019年扣除"五险一金"后共取得含税工资收入8万元,除住房贷款专项附加扣除外,该纳税人不享受其余专项附加扣除和税法规定的其他扣除。计算其当年应纳个人所得税税额。

(1) 全年应纳税所得额＝80 000－60 000－12 000＝8 000(元)

(2) 应纳税额＝8 000×3％－0＝240(元)

二、非居民个人取得工资、薪金所得,劳务报酬所得,稿酬所得和特许权使用费所得应纳税额的计算

首先需要明确的是:同居民个人取得的劳务报酬所得、稿酬所得和特许权使用费所得一样,非居民个人取得的这些项目的所得同样适用劳务报酬所得、稿酬所得、特许权使用费所得以收入减除20％的费用后的余额为收入额;稿酬所得的收入额减按70％计算的规定。

非居民个人的工资、薪金所得,以每月收入额减除费用5 000元后的余额为应纳税所得额;劳务报酬所得、稿酬所得、特许权使用费所得,以每次收入额为应纳税所得额。

前面提到非居民个人取得工资、薪金所得,劳务报酬所得,稿酬所得和特许权使用费所得,依照表5-1按月换算后计算应纳税额。因此,非居民个人从我国境内取得这些所得时,适用的税率如表5-4所示。

表5-4 　非居民个人工资、薪金所得,劳务报酬所得,稿酬所得,特许权使用费所得适用税率表

级数	应纳税所得额	税率(％)	速算扣除数(元)
1	不超过3 000元的	3	0
2	超过3 000元至12 000元的部分	10	210
3	超过12 000元至25 000元的部分	20	1 410
4	超过25 000元至35 000元的部分	25	2 660
5	超过35 000元至55 000元的部分	30	4 410
6	超过55 000元至80 000元的部分	35	7 160
7	超过80 000元的部分	45	15 160

【例5-2】 假定某外商投资企业中工作的英国专家(假设为非居民纳税人),2019年2月取得由该企业发放的含税工资收入10 400元人民币,此外还从别处取得劳务报酬5 000元人民币。请计算当月其应纳个人所得税税额。

(1) 该非居民个人当月工资、薪金所得应纳税额＝(10 400－5 000)×10％－210
　　　　　　　　　　　　　　　　　　＝330(元)

(2) 该非居民个人当月劳务报酬所得应纳税额＝5 000×(1－20％)×10％－210
　　　　　　　　　　　　　　　　　　＝190(元)

三、经营所得应纳税额的计算

经营所得应纳税额的计算公式如下：

$$应纳税额＝全年应纳税所得额×适用税率－速算扣除数$$

或：

$$＝（全年收入总额－成本、费用以及损失）×适用税率－速算扣除数$$

同居民个人综合所得应纳税额的计算一样，利用税法中给出的经营所得税税率表，换算得到包含速算扣除数的经营所得适用税率表（见表5-5）。

表5-5 经营所得个人所得税税率表（含速算扣除数）

级数	全年应纳税所得额	税率（%）	速算扣除数（元）
1	不超过30 000元的	5	0
2	超过30 000元至90 000元的部分	10	1 500
3	超过90 000元至300 000元的部分	20	10 500
4	超过300 000元至500 000元的部分	30	40 500
5	起过500 000元的部分	35	65 500

（一）个体工商户应纳税额的计算

个体工商户应纳税所得额的计算，以权责发生制为原则，属于当期的收入和费用，不论款项是否收付，均作为当期的收入和费用；不属于当期的收入和费用，即使款项已经在当期收付，均不作为当期收入和费用。财政部、国家税务总局另有规定的除外。基本规定如下。

1. 计税基本规定

（1）个体工商户的生产、经营所得，以每一纳税年度的收入总额，减除成本、费用、税金、损失、其他支出以及允许弥补的以前年度亏损后的余额，为应纳税所得额。

（2）个体工商户从事生产经营以及与生产经营有关的活动（以下简称生产经营）取得的货币形式和非货币形式的各项收入，为收入总额，包括销售货物收入、提供劳务收入、转让财产收入、利息收入、租金收入、接受捐赠收入、其他收入。

前款所称其他收入包括个体工商户资产溢余收入、逾期1年以上的未退包装物押金收入、确实无法偿付的应付款项、已作坏账损失处理后又收回的应收款项、债务重组收入、补贴收入、违约金收入、汇兑收益等。

（3）成本是指个体工商户在生产经营活动中发生的销售成本、销货成本、业务支出以及其他耗费。

（4）费用是指个体工商户在生产经营活动中发生的销售费用、管理费用和财务费用，已经计入成本的有关费用除外。

（5）税金是指个体工商户在生产经营活动中发生的除个人所得税和允许抵扣的增值税以外的各项税金及其附加。

（6）损失是指个体工商户在生产经营活动中发生的固定资产和存货的盘亏、毁损、报废损失，转让财产损失，坏账损失，自然灾害等不可抗力因素造成的损失以及其他损失。

个体工商户发生的损失，减除责任人赔偿和保险赔款后的余额，参照财政部、国家税务总局有关企业资产损失税前扣除的规定扣除。

个体工商户已经作为损失处理的资产,在以后纳税年度又全部收回或者部分收回时,应当计入收回当期的收入。

(7) 其他支出是指除成本、费用、税金、损失外,个体工商户在生产经营活动中发生的与生产经营活动有关的、合理的支出。

(8) 个体工商户发生的支出应当区分收益性支出和资本性支出。收益性支出在发生当期直接扣除;资本性支出应当分期扣除或者计入有关资产成本,不得在发生当期直接扣除。

所称支出是指与取得收入直接相关的支出。

除税收法律法规另有规定外,个体工商户实际发生的成本、费用、税金、损失和其他支出,不得重复扣除。

(9) 个体工商户下列支出不得扣除:

个人所得税税款;税收滞纳金;罚金、罚款和被没收财物的损失;不符合扣除规定的捐赠支出;赞助支出;用于个人和家庭的支出;与取得生产经营收入无关的其他支出;国家税务总局规定不准扣除的支出。

(10) 个体工商户生产经营活动中,应当分别核算生产经营费用和个人、家庭费用。对于生产经营与个人、家庭生活混用难以分清的费用,其 40% 视为与生产经营有关费用,准予扣除。

(11) 个体工商户纳税年度发生的亏损,准予向以后年度结转,用以后年度的生产经营所得弥补,但结转年限最长不得超过 5 年。

(12) 个体工商户使用或者销售存货,按照规定计算的存货成本,准予在计算应纳税所得额时扣除。

(13) 个体工商户转让资产,该项资产的净值,准予在计算应纳税所得额时扣除。

(14) 本办法所称亏损是指个体工商户依照本办法规定计算的应纳税所得额小于 0 的数额。

(15) 个体工商户与企业联营而分得的利润,按利息、股息、红利所得项目征收个人所得税。

(16) 个体工商户和从事生产、经营的个人,取得与生产、经营活动无关的各项应税所得,应按规定分别计算征收个人所得税。

2. 扣除项目及标准

(1) 个体工商户实际支付给从业人员的、合理的工资薪金支出,准予扣除。

个体工商户业主的费用扣除标准,确定为 60 000 元/年。

个体工商户业主的工资、薪金支出不得税前扣除。

(2) 个体工商户按照国务院有关主管部门或者省级人民政府规定的范围和标准为其业主和从业人员缴纳的基本养老保险费、基本医疗保险费、失业保险费、生育保险费、工伤保险费和住房公积金,准予扣除。

个体工商户为从业人员缴纳的补充养老保险费、补充医疗保险费,分别在不超过从业人员工资总额 5% 标准内的部分据实扣除;超过部分,不得扣除。

个体工商户业主本人缴纳的补充养老保险费、补充医疗保险费,以当地(地级市)上年度社会平均工资的 3 倍为计算基数,分别在不超过该计算基数 5% 标准内的部分据实扣除;超过部分,不得扣除。

(3) 除个体工商户依照国家有关规定为特殊工种从业人员支付的人身安全保险费和财

政部、国家税务总局规定可以扣除的其他商业保险费外,个体工商户业主本人或者为从业人员支付的商业保险费,不得扣除。

(4) 个体工商户在生产经营活动中发生的合理的不需要资本化的借款费用,准予扣除。

个体工商户为购置、建造固定资产、无形资产和经过 12 个月以上的建造才能达到预定可销售状态的存货发生借款的,在有关资产购置、建造期间发生的合理的借款费用,应当作为资本性支出计入有关资产的成本,并依照本办法的规定扣除。

(5) 个体工商户在生产经营活动中发生的下列利息支出,准予扣除:

向金融企业借款的利息支出;向非金融企业和个人借款的利息支出,不超过按照金融企业同期同类贷款利率计算的数额的部分。

(6) 个体工商户在货币交易中,以及纳税年度终了时将人民币以外的货币性资产、负债按照期末即期人民币汇率中间价折算为人民币时产生的汇兑损失,除已经计入有关资产成本部分外,准予扣除。

(7) 个体工商户向当地工会组织拨缴的工会经费、实际发生的职工福利费支出,职工教育经费支出分别在工资、薪金总额的 2%、14%、2.5% 的标准内据实扣除。

工资、薪金总额是指允许在当期税前扣除的工资、薪金支出数额。

职工教育经费的实际发生数额超出规定比例当期不能扣除的数额,准予在以后纳税年度结转扣除。

个体工商户业主本人向当地工会组织缴纳的工会经费、实际发生的职工福利费支出、职工教育经费支出,以当地(地级市)上年度社会平均工资的 3 倍为计算基数,在本条第一款规定比例内据实扣除。

(8) 个体工商户发生的与生产经营活动有关的业务招待费,按照实际发生额的 60% 扣除,但最高不得超过当年销售(营业)收入的 5‰。

业主自申请营业执照之日起至开始生产经营之日止所发生的业务招待费,按照实际发生额的 60% 计入个体工商户的开办费。

(9) 个体工商户每一纳税年度发生的与其生产经营活动直接相关的广告费和业务宣传费不超过当年销售(营业)收入 15% 的部分,可以据实扣除;超过部分,准予在以后纳税年度结转扣除。

(10) 个体工商户代其从业人员或者他人负担的税款,不得税前扣除。

(11) 个体工商户按照规定缴纳的摊位费、行政性收费、协会会费等,按实际发生数额扣除。

(12) 个体工商户根据生产经营活动的需要租入固定资产支付的租赁费,按照以下方法扣除:以经营租赁方式租入固定资产发生的租赁费支出,按照租赁期限均匀扣除;以融资租赁方式租入固定资产发生的租赁费支出,按照规定构成融资租入固定资产价值的部分应当提取折旧费用,分期扣除。

(13) 个体工商户参加财产保险,按照规定缴纳的保险费,准予扣除。

(14) 个体工商户发生的合理的劳动保护支出,准予扣除。

(15) 个体工商户自申请营业执照之日起至开始生产经营之日止所发生的符合规定的费用,除为取得固定资产、无形资产的支出,以及应计入资产价值的汇兑损益、利息支出外,作为开办费,个体工商户可以选择在开始生产经营的当年一次性扣除,也可自生产经营月份起在不短于 3 年期限内摊销扣除,但一经选定,不得改变。

开始生产经营之日为个体工商户取得第一笔销售(营业)收入的日期。

(16) 个体工商户通过公益性社会团体或者县级以上人民政府及其部门,用于《中华人民共和国公益事业捐赠法》规定的公益事业的捐赠,捐赠额不超过其应纳税所得额 30%的部分可以据实扣除。

财政部、国家税务总局规定可以全额在税前扣除的捐赠支出项目,按有关规定执行。

个体工商户直接对受益人的捐赠不得扣除。

公益性社会团体的认定,按照财政部、国家税务总局、民政部有关规定执行。

(17) 所称赞助支出是指个体工商户发生的与生产经营活动无关的各种非广告性质支出。

(18) 个体工商户研究开发新产品、新技术、新工艺所发生的开发费用,以及研究开发新产品、新技术而购置单台价值在 10 万元以下的测试仪器和试验性装置的购置费准予直接扣除;单台价值在 10 万元以上(含 10 万元)的测试仪器和试验性装置,按固定资产管理,不得在当期直接扣除。

(二) 个人独资企业和合伙企业应纳税额的计算

对个人独资企业和合伙企业生产经营所得,其个人所得税应纳税额的计算有以下两种方法。

第一种:查账征税。

(1) 自 2019 年 1 月 1 日起,个人独资企业和合伙企业投资者的生产经营所得依法计征个人所得税时,个人独资企业和合伙企业投资者本人的费用扣除标准统一确定为 60 000 元/年,即 5 000 元/月。投资者的工资不得在税前扣除。

(2) 投资者及其家庭发生的生活费用不允许在税前扣除。投资者及其家庭发生的生活费用与企业生产经营费用混合在一起,并且难以划分的,全部视为投资者个人及其家庭发生的生活费用,不允许在税前扣除。

(3) 企业生产经营和投资者及其家庭生活共用的固定资产,难以划分的,由主管税务机关根据企业的生产经营类型、规模等具体情况,核定准予在税前扣除的折旧费用的数额或比例。

(4) 企业向其从业人员实际支付的合理的工资、薪金支出,允许在税前据实扣除。

(5) 企业拨缴的工会经费、发生的职工福利费、职工教育经费支出分别在工资、薪金总额 2%、14%、2.5%的标准内据实扣除。

(6) 每一纳税年度发生的广告费和业务宣传费用不超过当年销售(营业)收入 15%的部分,可据实扣除;超过部分,准予在以后纳税年度结转扣除。

(7) 每一纳税年度发生的与其生产经营业务直接相关的业务招待费支出,按照发生额的 60%扣除,但最高不得超过当年销售(营业)收入的 5‰。

(8) 企业计提的各种准备金不得扣除。

(9) 投资者兴办两个或两个以上企业,并且企业性质全部是独资的,年度终了后,汇算清缴时,应纳税款的计算按以下方法进行:汇总其投资兴办的所有企业的经营所得作为应纳税所得额,以此确定适用税率,计算出全年经营所得的应纳税额,再根据每个企业的经营所得占所有企业经营所得的比例,分别计算出每个企业的应纳税额和应补缴税额。

（10）投资者兴办两个或两个以上企业的，根据前述规定准予扣除的个人费用，由投资者选择在其中一个企业的生产经营所得中扣除。

（11）企业的年度亏损，允许用本企业下一年度的生产经营所得弥补，下一年度所得不足弥补的，允许逐年延续弥补，但最长不得超过 5 年。投资者兴办两个或两个以上企业的，企业的年度经营亏损不能跨企业弥补。

（12）投资者来源于中国境外的生产经营所得，已在境外缴纳所得税的，可以按照个人所得税法的有关规定计算扣除已在境外缴纳的所得税。

第二种：核定征收。

核定征收方式，包括定额征收、核定应税所得率征收以及其他合理的征收方式。

（1）有下列情形之一的，主管税务机关应采取核定征收方式征收个人所得税：

① 企业依照国家有关规定应当设置但未设置账簿的。

② 企业虽设置账簿，但账目混乱或者成本资料、收入凭证、费用凭证残缺不全，难以查账的。

③ 纳税人发生纳税义务，未按照规定的期限办理纳税申报，经税务机关责令限期申报，逾期仍不申报的。

（2）实行核定应税所得率征收方式的，应纳所得税额的计算公式如下：

$$应纳所得税额＝应纳税所得额×适用税率$$
$$应纳税所得额＝收入总额×应税所得率$$
或
$$＝成本费用支出额÷(1－应税所得率)×应税所得率$$

应税所得率应按规定的标准执行（见表 5-6）。

表 5-6　个人所得税核定征收应税所得率表

行业	应税所得率	行业	应税所得率
工业、交通运输业、商业	5%～20%	娱乐业	20%～40%
建筑业、房地产开发业	7%～20%	其他行业	10%～30%
饮食服务业	7%～25%		

企业经营多业的，无论其经营项目是否单独核算，均应根据其主营项目确定其适用的应税所得率。

（3）实行核定征税的投资者，不能享受个人所得税的优惠政策。

（4）实行查账征税方式的个人独资企业和合伙企业改为核定征税方式后，在查账征税方式下认定的年度经营亏损未弥补完的部分，不得再继续弥补。

（5）个体工商户、个人独资企业和合伙企业因在纳税年度中间开业、合并、注销及其他原因，导致该纳税年度的实际经营期不足 1 年的，对个体工商户业主、个人独资企业投资者与合伙企业自然人和合伙人的生产经营所得计算个人所得税时，以其实际经营期为一个纳税年度。投资者本人的费用扣除标准，应按照其实际经营月份数，以每月 5 000 元的减除标准确定。计算公式如下：

$$应纳税所得额＝该年度收入总额－成本、费用及损失－当年投资者本人的费用扣除额$$
$$当年投资者本人的费用扣除额＝月减除费用(5 000 元/月)×当年实际经营月份数$$
$$应纳税额＝应纳税所得额×税率－速算扣除数$$

此外,无论是查账征收的,还是核定征税的个人独资企业和合伙企业,税法规定:

(1) 个人独资企业和合伙企业对外投资分回的利息或者股息、红利,不并入企业的收入,而应单独作为投资者个人取得的利息、股息、红利所得,按"利息、股息、红利所得"应税项目计算缴纳个人所得税。以合伙企业名义对外投资分回利息或者股息、红利的,应按个人独资企业的投资者以全部生产经营所得为应纳税所得额;合伙企业的投资者按照合伙企业的全部生产经营所得和合伙协议约定的分配比例确定应纳税所得额,合伙协议没有约定分配比例的,以全部生产经营所得和合伙人数量平均计算每个投资者的应纳税所得额的规定,确定各个投资者的利息、股息、红利所得,分别按"利息、股息、红利所得"应税项目计算缴纳个人所得税。

(2) 残疾人员投资兴办或参与投资兴办个人独资企业和合伙企业的,残疾人员取得的经营所得,符合各省、自治区、直辖市人民政府规定的减征个人所得税条件的,经本人申请、主管税务机关审核批准,可按各省、自治区、直辖市人民政府规定减征的范围和幅度,减征个人所得税。

(3) 企业进行清算时,投资者应当在注销工商登记之前,向主管税务机关结清有关税务事宜。企业的清算所得应当视为年度生产经营所得,由投资者依法缴纳个人所得税。

所称清算所得是指企业清算时的全部资产或者财产的公允价值扣除各项清算费用、损失、负债、以前年度留存的利润后,超过实缴资本的部分。

(4) 企业在纳税年度的中间开业,或者由于合并、关闭等原因,使该纳税年度的实际经营期不足 12 个月的,应当以其实际经营期为一个纳税年度。

四、财产租赁所得应纳税额的计算

(一) 应纳税所得额

财产租赁所得一般以个人每次取得的收入,定额或定率减除规定费用后的余额为应纳税所得额。每次收入不超过 4 000 元,定额减除费用 800 元;每次收入在 4 000 元以上,定率减除 20% 的费用。财产租赁所得以 1 个月内取得的收入为一次。

在确定财产租赁的应纳税所得额时,纳税人在出租财产过程中缴纳的税金和教育费附加,可持完税(缴款)凭证,从其财产租赁收入中扣除。准予扣除的项目除了规定费用和有关税、费外,还准予扣除能够提供有效、准确凭证,证明由纳税人负担的该出租财产实际开支的修缮费用。允许扣除的修缮费用,以每次 800 元为限。一次扣除不完的,准予在下一次继续扣除,直到扣完为止。

个人出租财产取得的财产租赁收入,在计算缴纳个人所得税时,应依次扣除以下费用:

(1) 财产租赁过程中缴纳的税金和国家能源交通重点建设基金、国家预算调节基金、教育费附加。

(2) 由纳税人负担的该出租财产实际开支的修缮费用。

(3) 税法规定的费用扣除标准。

应纳税所得额的计算公式为:

(1) 每次(月)收入不超过 4 000 元的:

应纳税所得额＝每次(月)收入额－准予扣除项目－修缮费用(800 元为限)－800 元

（2）每次（月）收入超过 4 000 元的：

应纳税所得额＝［每次（月）收入额－准予扣除项目－修缮费用（800 元为限）］×（1－20％）

（二）个人房屋转租应纳税额的计算

个人将承租房屋转租取得的租金收入，属于个人所得税应税所得，应按"财产租赁所得"项目计算缴纳个人所得税。

具体规定为：

（1）取得转租收入的个人向房屋出租方支付的租金，凭房屋租赁合同和合法支付凭据允许在计算个人所得税时，从该项转租收入中扣除。

（2）有关财产租赁所得个人所得税前扣除税费的扣除次序调整为：

① 财产租赁过程中缴纳的税费。

② 向出租方支付的租金。

③ 由纳税人负担的租赁财产实际开支的修缮费用。

④ 税法规定的费用扣除标准。

（三）应纳税额的计算方法

财产租赁所得适用 20％的比例税率。但对个人按市场价格出租的居民住房取得的所得，自 2001 年 1 月 1 日起暂减按 10％的税率征收个人所得税。其应纳税额的计算公式如下：

应纳税额＝应纳税所得额×适用税率

【例 5-3】　张某于 2019 年 2 月将其自有的面积为 100 平方米的公寓按市场价出租给王二居住。张某每月取得租金收入 4 500 元，全年租金收入 54 000 元。计算张某全年租金收入应缴纳的个人所得税（不考虑其他税费）。

财产租赁收入以每月内取得的收入为一次，按市场价出租给个人居住适用 10％的税率，因此，张某每月及全年应纳税额为：

（1）每月应纳税额＝4 500×（1－20％）×10％＝360（元）

（2）全年应纳税额＝360×12＝4 320（元）

本例在计算个人所得税时未考虑其他税、费。如果对租金收入计征增值税、城市维护建设税、房产税和教育费附加等，还应将其从税前的收入中先扣除后再计算应缴纳的个人所得税。

假定［例 5-3］中，当年 3 月因下水道堵塞找人修理，发生修理费用 1 000 元，有维修部门的正式收据，则 3 月和 4 月的应纳税额为：

（1）3 月应纳税额＝（4 500－800－800）×10％＝290（元）

（2）4 月应纳税额＝（4 500－200）×（1－20％）×10％＝344（元）

在实际征税过程中，有时会出现财产租赁所得的纳税人不明确的情况。对此，在确定财产租赁所得纳税人时，应以产权凭证为依据。无产权凭证的，由主管税务机关根据实际情况确定纳税人。如果产权所有人死亡，在未办理产权继承手续期间，该财产出租且有租金收入的，以领取租金收入的个人为纳税人。

五、财产转让所得应纳税额的计算

（一）一般情况下财产转让所得应纳税额的计算

财产转让所得应纳税额的计算公式如下：

$$应纳税额＝应纳税所得额×适用税率＝（收入总额－财产原值－合理税费）×20\%$$

（二）个人住房转让所得应纳税额的计算

自 2006 年 8 月 1 日起,个人转让住房所得应纳个人所得税的计算具体规定如下:

(1) 以实际成交价格为转让收入。纳税人申报的住房成交价格明显低于市场价格且无正当理由的,征收机关依法有权根据有关信息核定其转让收入,但必须保证各税种计税价格一致。

(2) 纳税人可凭原购房合同、发票等有效凭证,经税务机关审核后,允许从其转让收入中减除房屋原值、转让住房过程中缴纳的税金及有关合理费用。

(3) 纳税人未提供完整、准确的房屋原值凭证,不能正确计算房屋原值和应纳税额的,税务机关可根据《税收征收管理法》第三十五条的规定,对其实行核定征税,即按纳入住房转让收入的一定比例核定应纳个人所得税额。具体比例由省级地方税务局或者省级地方税务局授权的地市级地方税务局根据纳税人出售住房的所处区域、地理位置、建造时间、房屋类型、住房平均价格水平等因素,在住房转让收入 1‰～3‰ 的幅度内确定。

(4) 关于个人转让离婚析产房屋的征税问题。

① 通过离婚析产的方式分割房屋产权是夫妻双方对共同共有财产的处置,个人因离婚办理房屋产权过户手续,不征收个人所得税。

② 个人转让离婚析产房屋所取得的收入,允许扣除其相应的财产原值和合理费用后,余额按照规定的税率缴纳个人所得税;其相应的财产原值,为房屋初次购置全部原值和相关税费之和乘以转让者占房屋所有权的比例。

③ 个人转让离婚析产房屋所取得的收入,符合家庭生活自用 5 年以上唯一住房的,可以申请免征个人所得税,其购置时间按照个人购买住房以取得的房屋产权证或契税完税证明上注明的时间作为其购买房屋的时间执行。对于纳税人申报时,同时出具房屋产权证和契税完税证明且两者所注明的时间不一致的,按照"孰先"的原则确定购买房屋的时间。即房屋产权证上注明的时间早于契税完税证明上注明的时间的,以房屋产权证注明的时间为购买房屋的时间;契税完税证明上注明的时间早于房屋产权证上注明的时间的,以契税完税证明上注明的时间为购买房屋的时间。

（三）个人转让股权应纳税额的计算

为加强股权转让所得个人所得税征收管理,规范税务机关、纳税人和扣缴义务人征纳行为,维护纳税人合法权益,自 2015 年 1 月 1 日起,按照国家税务总局发布的《股权转让所得个人所得税管理办法(试行)》计算个人转让股权应纳税额。

1. 基本概念

股权是指自然人股东(以下简称个人)投资于在中国境内成立的企业或组织(以下统称被投资企业,不包括个人独资企业和合伙企业)的股权或股份。

股权转让是指个人将股权转让给其他个人或法人的行为,包括以下情形:

(1) 出售股权。

(2) 公司回购股权。

(3) 发行人首次公开发行新股时,被投资企业股东将其持有的股份以公开发行方式一并向投资者发售。

(4) 股权被司法或行政机关强制过户。

（5）以股权对外投资或进行其他非货币性交易。

（6）以股权抵偿债务。

（7）其他股权转移行为。

个人转让股权,以股权转让收入减除股权原值和合理费用后的余额为应纳税所得额,按"财产转让所得"缴纳个人所得税。合理费用是指股权转让时按照规定支付的有关税费。

个人股权转让所得个人所得税,以股权转让方为纳税人,以受让方为扣缴义务人。

扣缴义务人应于股权转让相关协议签订后 5 个工作日内,将股权转让的有关情况报告主管税务机关。

2. 股权转让收入的确认

股权转让收入是指转让方因股权转让而获得的现金、实物、有价证券和其他形式的经济利益。

转让方取得与股权转让相关的各种款项,包括违约金、补偿金以及其他名目的款项、资产、权益等,均应当并入股权转让收入。

纳税人按照合同约定,在满足约定条件后取得的后续收入,应当作为股权转让收入。

股权转让收入应当按照公平交易原则确定。

符合下列情形之一的,主管税务机关可以核定股权转让收入:

（1）申报的股权转让收入明显偏低且无正当理由的。

（2）未按照规定期限办理纳税申报,经税务机关责令限期申报,逾期仍不申报的。

（3）转让方无法提供或拒不提供股权转让收入的有关资料。

（4）其他应核定股权转让收入的情形。

符合下列情形之一,视为股权转让收入明显偏低:

（1）申报的股权转让收入低于股权对应的净资产份额的。其中,被投资企业拥有土地使用权、房屋、房地产企业未销售房产、知识产权、探矿权、采矿权、股权等资产的,申报的股权转让收入低于股权对应的净资产公允价值份额的。

（2）申报的股权转让收入低于初始投资成本或低于取得该股权所支付的价款及相关税费的。

（3）申报的股权转让收入低于相同或类似条件下同一企业同一股东或其他股东股权转让收入的。

（4）申报的股权转让收入低于相同或类似条件下同类行业的企业股权转让收入的。

（5）不具合理性的无偿让渡股权或股份。

（6）主管税务机关认定的其他情形。

符合下列条件之一的股权转让收入明显偏低,视为有正当理由:

（1）能出具有效文件,证明被投资企业因国家政策调整,生产经营受到重大影响,导致低价转让股权。

（2）继承或将股权转让给其能提供具有法律效力身份关系证明的配偶、父母、子女、祖父母、外祖父母、孙子女、外孙子女、兄弟姐妹以及对转让人承担直接抚养或赡养义务的抚养人或者赡养人。

（3）相关法律、政府文件或企业章程规定,并有相关资料充分证明转让价格合理且真实的本企业员工持有的不能对外转让股权的内部转让。

(4) 股权转让双方能够提供有效证据证明其合理性的其他合理情形。

主管税务机关应依次按照下列方法核定股权转让收入：

(1) 净资产核定法。

股权转让收入按照每股净资产或股权对应的净资产份额核定。

被投资企业的土地使用权、房屋、房地产企业未销售房产、知识产权、探矿权、采矿权、股权等资产占企业总资产比例超过 20％的，主管税务机关可参照纳税人提供的具有法定资质的中介机构出具的资产评估报告核定股权转让收入。6 个月内再次发生股权转让且被投资企业净资产未发生重大变化的，主管税务机关可参照上一次股权转让时被投资企业的资产评估报告核定此次股权转让收入。

(2) 类比法。

① 参照相同或类似条件下同一企业同一股东或其他股东股权转让收入核定。

② 参照相同或类似条件下同类行业企业股权转让收入核定。

③ 其他合理方法。

主管税务机关采用以上方法核定股权转让收入存在困难的，可以采取其他合理方法核定。

3. 股权原值的确认

个人转让股权的原值依照以下方法确认：

(1) 以现金出资方式取得的股权，按照实际支付的价款与取得股权直接相关的合理税费之和确认股权原值。

(2) 以非货币性资产出资方式取得的股权，按照税务机关认可或核定的投资入股时非货币性资产价格与取得股权直接相关的合理税费之和确认股权原值。

(3) 通过无偿让渡方式取得股权，具备"继承或将股权转让给其能提供具有法律效力身份关系证明的配偶、父母、子女、祖父母、外祖父母、孙子女、外孙子女、兄弟姐妹以及对转让人承担直接抚养或者赡养义务的抚养人或者赡养人"情形的，按取得股权发生的合理税费与原持有人的股权原值之和确认股权原值。

(4) 被投资企业以资本公积、盈余公积、未分配利润转增股本，个人股东已依法缴纳个人所得税的，以转增额和相关税费之和确认其新转增股本的股权原值。

(5) 除以上情形外，由主管税务机关按照避免重复征收个人所得税的原则合理确认股权原值。

股权转让人已被主管税务机关核定股权转让收入并依法征收个人所得税的，该股权受让人的股权原值以取得股权时发生的合理税费与股权转让人被主管税务机关核定的股权转让收入之和确认。

个人转让股权未提供完整、准确的股权原值凭证，不能正确计算股权原值的，由主管税务机关核定其股权原值。对个人多次取得同一被投资企业股权的，转让部分股权时，采用"加权平均法"确定其股权原值。

(四) 个人转让债券类债权时原值的确定

转让债券类债权，采用"加权平均法"确定其应予减除的财产原值和合理费用。即以纳税人购进的同一种类债券买入价和买进过程中缴纳的税费总和，除以纳税人购进的该种类债券数量之和，乘以纳税人卖出的该种类债券数量，再加上卖出的该种类债券过程中缴纳的税费。

六、利息、股息、红利所得和偶然所得应纳税额的计算

利息、股息、红利所得和偶然所得应纳税额的计算公式如下:

$$应纳税额＝应纳税所得额×适用税率＝每次收入额×20\%$$

第五节 征 收 管 理

个人所得税的纳税办法,全国通用实行的有自行申报纳税和全员全额扣缴申报纳税两种。此外,《税收征收管理法》还对无法查账征收的纳税人规定了核定征收的方式,但由于核定征收由各地税务局依据自身情况制定当地的细则,因此本书就此部分内容不作详述。

一、自行申报纳税

自行申报纳税是指由纳税人自行在税法规定的纳税期限内,向税务机关申报取得的应税所得项目和数额,如实填写个人所得税纳税申报表,并按照税法规定计算应纳税额,据此缴纳个人所得税的一种方法。

(一) 有下列情形之一的,纳税人应当依法办理纳税申报

(1) 取得综合所得需要办理汇算清缴。

(2) 取得应税所得没有扣缴义务人。

(3) 取得应税所得,扣缴义务人未扣缴税款。

(4) 取得境外所得。

(5) 因移居境外注销中国户籍。

(6) 非居民个人在中国境内从两处以上取得工资、薪金所得。

(7) 国务院规定的其他情形。

(二) 取得综合所得需要办理汇算清缴的纳税申报

取得综合所得且符合下列情形之一的纳税人,应当依法办理汇算清缴:

(1) 从两处以上取得综合所得,且综合所得年收入额减除专项扣除后的余额超过6万元。

(2) 取得劳务报酬所得、稿酬所得、特许权使用费所得中一项或者多项所得,且综合所得年收入额减除专项扣除的余额超过6万元。

(3) 纳税年度内预缴税额低于应纳税额。

(4) 纳税人申请退税。

需要办理汇算清缴的纳税人,应当在取得所得的次年3月1日至6月30日内,向任职、受雇单位所在地主管税务机关办理纳税申报,并报送《个人所得税年度自行纳税申报表》。纳税人有两处以上任职、受雇单位的,选择向其中一处任职、受雇单位所在地主管税务机关办理纳税申报;纳税人没有任职、受雇单位的,向户籍所在地或经常居住地主管税务机关办理纳税申报。

纳税人办理综合所得汇算清缴,应当准备与收入、专项扣除、专项附加扣除、依法确定的

其他扣除、捐赠、享受税收优惠等相关的资料,并按规定留存备查或报送。

纳税人办理汇算清缴退税或者扣缴义务人为纳税人办理汇算清缴退税的,税务机关审核后,按照国库管理的有关规定办理退税。纳税人申请退税时提供的汇算清缴信息有错误的,税务机关应当告知其更正;纳税人更正的,税务机关应当及时办理退税。纳税人申请退税,应当提供其在中国境内开设的银行账户,并在汇算清缴地就地办理税款退库。

(三) 取得经营所得的纳税申报

个体工商户业主、个人独资企业投资者、合伙企业个人合伙人、承包承租经营者个人以及其他从事生产、经营活动的个人取得经营所得,包括以下情形:

(1) 个体工商户从事生产、经营活动取得的所得,个人独资企业投资人、合伙企业的个人合伙人来源于境内注册的个人独资企业、合伙企业生产、经营的所得。

(2) 个人依法从事办学、医疗、咨询以及其他有偿服务活动取得的所得。

(3) 个人对企业、事业单位承包经营、承租经营以及转包、转租取得的所得。

(4) 个人从事其他生产、经营活动取得的所得。

纳税人取得经营所得,按年计算个人所得税,由纳税人在月度或季度终了后 15 日内,向经营管理所在地主管税务机关办理预缴纳税申报,并报送《个人所得税经营所得纳税申报表(A 表)》。在取得所得的次年 3 月 31 日前,向经营管理所在地主管税务机关办理汇算清缴,并报送《个人所得税经营所得纳税申报表(B 表)》;从两处以上取得经营所得的,选择向其中一处经营管理所在地主管税务机关办理年度汇总申报,并报送《个人所得税经营所得纳税申报表(C 表)》。

(四) 取得应税所得,扣缴义务人未扣缴税款的纳税申报

纳税人取得应税所得,扣缴义务人未扣缴税款的,应当区别以下情形办理纳税申报:

(1) 居民个人取得综合所得的,且符合前述第(一)项所述情形的,应当依法办理汇算清缴。

(2) 非居民个人取得工资、薪金所得,劳务报酬所得,稿酬所得,特许权使用费所得的,应当在取得所得的次年 6 月 30 日前,向扣缴义务人所在地主管税务机关办理纳税申报,并报送《个人所得税自行纳税申报表(A 表)》。有两个以上扣缴义务人均未扣缴税款的,选择向其中一处扣缴义务人所在地主管税务机关办理纳税申报。

非居民个人在次年 6 月 30 日前离境(临时离境除外)的,应当在离境前办理纳税申报。

(3) 纳税人取得利息、股息、红利所得,财产租赁所得,财产转让所得和偶然所得的,应当在取得所得的次年 6 月 30 日前,按相关规定向主管税务机关办理纳税申报,并报送《个人所得税自行纳税申报表(A 表)》。

税务机关通知限期缴纳的,纳税人应当按照期限缴纳税款。

纳税人取得应税所得没有扣缴义务人的,应当在取得所得的次月 15 日内向税务机关报送纳税申报表,并缴纳税款。

(五) 非居民个人在中国境内从两处以上取得工资、薪金所得的

应当在取得所得的次月 15 日内,向其中一处任职、受雇单位所在地主管税务机关办理纳税申报,并报送《个人所得税自行纳税申报表(A 表)》。

(六) 纳税申报方式

纳税人可以采用远程办税端、邮寄等方式申报,也可以直接到主管税务机关申报。

（七）其他有关问题

（1）纳税人办理自行纳税申报时,应当一并报送税务机关要求报送的其他有关资料。首次申报或者个人基础信息发生变化的,还应报送《个人所得税基础信息表（B表）》。

（2）纳税人在办理纳税申报时需要享受税收协定待遇的,按照享受税收协定待遇有关办法办理。

二、全员全额扣缴申报纳税

税法规定,扣缴义务人向个人支付应税款项时,应当依照《个人所得税法》规定预扣或者代扣税款,按时缴库,并专项记载备查。

全员全额扣缴申报是指扣缴义务人应当在代扣税款的次月15日内,向主管税务机关报送其支付所得的所有个人的有关信息、支付所得数额、扣除事项和数额、扣缴税款的具体数额和总额以及其他相关涉税信息资料。这种方法,有利于控制税源、防止漏税和逃税。

根据《个人所得税法》及其实施条例、《税收征收管理法》及其实施细则的有关规定,国家税务总局制定下发了《个人所得税扣缴申报管理办法（试行）》（以下简称《管理办法》）。自2019年1月1日起执行的《管理办法》,对扣缴义务人和代扣预扣税款的范围、不同项目所得扣缴方法、扣缴义务人的义务及应承担的责任等内容作了明确规定。

（一）扣缴义务人和代扣预扣税款的范围

（1）扣缴义务人是指向个人支付所得的单位或者个人。

所称支付,包括现金支付、汇拨支付、转账支付和以有价证券、实物以及其他形式的支付。

（2）实行个人所得税全员全额扣缴申报的应税所得包括:

① 工资、薪金所得。

② 劳务报酬所得。

③ 稿酬所得。

④ 特许权使用费所得。

⑤ 利息、股息、红利所得。

⑥ 财产租赁所得。

⑦ 财产转让所得。

⑧ 偶然所得。

扣缴义务人应当依法办理全员全额扣缴申报。

（二）不同项目所得扣缴方法

（1）扣缴义务人向居民个人支付工资、薪金所得时,应当按照累计预扣法计算预扣税款,并按月办理扣缴申报。

累计预扣法是指扣缴义务人在一个纳税年度内预扣预缴税款时,以纳税人在本单位截至当前月份工资、薪金所得累计收入减除累计免税收入、累计减除费用、累计专项扣除、累计专项附加扣除和累计依法确定的其他扣除后的余额为累计预扣预缴应纳税所得额,计算累计应预扣预缴税额,再减除累计减免税额和累计已预扣预缴税额,其余额为本期应预扣预缴税额。余额为负值时,暂不退税。纳税年度终了后余额仍为负值时,由纳税人通过办理综合所得年度汇算清缴,税款多退少补。

具体计算公式如下:

本期应预扣预缴税额＝（累计预扣预缴应纳税所得额×预扣率－速算扣除数）

－累计减免税额－累计已预扣预缴税额

累计预扣预缴应纳税所得额＝累计收入－累计免税收入－累计减除费用－累计专项扣除

－累计专项附加扣除－累计依法确定的其他扣除

其中，累计减除费用，按照 5 000 元/月乘以纳税人当年截至本月在本单位的任职受雇月份数计算。

（三）扣缴义务人责任与义务

（1）支付工资、薪金所得的扣缴义务人应当于年度终了后 2 个月内，向纳税人提供其个人所得和已扣缴税款等信息。纳税人年度中间需要提供上述信息的，扣缴义务人应当提供。

纳税人取得除工资、薪金所得以外的其他所得，扣缴义务人应当在扣缴税款后，及时向纳税人提供其个人所得和已扣缴税款等信息。

（2）扣缴义务人应当按照纳税人提供的信息计算税款、办理扣缴申报，不得擅自更改纳税人提供的信息。

扣缴义务人发现纳税人提供的信息与实际情况不符的，可以要求纳税人修改。纳税人拒绝修改的，扣缴义务人应当报告税务机关，税务机关应当及时处理。

纳税人发现扣缴义务人提供或者扣缴申报的个人信息、支付所得、扣缴税款等信息与实际情况不符的，有权要求扣缴义务人修改。扣缴义务人拒绝修改的，纳税人应当报告税务机关，税务机关应当及时处理。

（3）扣缴义务人对纳税人提供的《个人所得税专项附加扣除信息表》，应当按照规定妥善保存备查。

（4）扣缴义务人应当依法对纳税人报送的专项附加扣除等相关涉税信息和资料保密。

（5）对扣缴义务人按照规定扣缴的税款，按年给 2% 的手续费。不包括税务机关、司法机关等查补或者责令补扣的税款。

扣缴义务人领取的扣缴手续费可用于提升办税能力、奖励办税人员。

（6）扣缴义务人依法履行代扣代缴义务，纳税人不得拒绝。纳税人拒绝的，扣缴义务人应当及时报告税务机关。

（7）扣缴义务人有未按照规定向税务机关报送资料和信息、未按照纳税人提供信息虚报虚扣专项附加扣除、应扣未扣税款、不缴或少缴已扣税款、借用或冒用他人身份等行为的，依照《税收征收管理法》等相关法律、行政法规处理。

（四）代扣代缴期限

扣缴义务人每月或者每次预扣、代扣的税款，应当在次月 15 日内缴入国库，并向税务机关报送《个人所得税扣缴申报表》。

扣缴义务人首次向纳税人支付所得时，应当按照纳税人提供的纳税人识别号等基础信息，填写《个人所得税基础信息表（A 表）》，并于次月扣缴申报时向税务机关报送。

扣缴义务人对纳税人向其报告的相关基础信息变化情况，应当于次月扣缴申报时向税务机关报送。

三、专项附加扣除的操作办法

为了规范个人所得税专项附加扣除行为，切实维护纳税人合法权益，根据新修改的《个人所得税法》及其实施条例、《税收征收管理法》及其实施细则、《国务院关于印发个人所得税专项附加扣除暂行办法的通知》(国发〔2018〕41号)的规定,国家税务总局制定了《专项附加扣除操作办法》,自2019年1月1日起施行。纳税人享受子女教育、继续教育、大病医疗、住房贷款利息或者住房租金、赡养老人专项附加扣除的,依照该办法规定办理。

(一)享受扣除及办理时间

(1)纳税人享受符合规定的专项附加扣除的计算时间分别为:

① 子女教育。学前教育阶段,为子女年满3周岁当月至小学入学前1个月。学历教育,为子女接受全日制学历教育入学的当月至全日制学历教育结束的当月。

② 继续教育。学历(学位)继续教育,为在中国境内接受学历(学位)继续教育入学的当月至学历(学位)继续教育结束的当月,同一学历(学位)继续教育的扣除期限最长不得超过48个月。技能人员职业资格继续教育、专业技术人员职业资格继续教育,为取得相关证书的当年。

③ 大病医疗。为医疗保障信息系统记录的医药费用实际支出的当年。

④ 住房贷款利息。为贷款合同约定开始还款的当月至贷款全部归还或贷款合同终止的当月,扣除期限最长不得超过240个月。

⑤ 住房租金。为租赁合同(协议)约定的房屋租赁期开始的当月至租赁期结束的当月。提前终止合同(协议)的,以实际租赁期限为准。

⑥ 赡养老人。为被赡养人年满60周岁的当月至赡养义务终止的年末。

上述规定的学历教育和学历(学位)继续教育的期间,包含因病或其他非主观原因休学但学籍继续保留的休学期间,以及施教机构按规定组织实施的寒暑假等假期。

(2)享受子女教育、继续教育、住房贷款利息或者住房租金、赡养老人专项附加扣除的纳税人,自符合条件开始,可以向支付工资、薪金所得的扣缴义务人提供上述专项附加扣除有关信息,由扣缴义务人在预扣预缴税款时,按其在本单位本年可享受的累计扣除额办理扣除;也可以在次年3月1日至6月30日内,向汇缴地主管税务机关办理汇算清缴申报时扣除。

纳税人同时从两处以上取得工资、薪金所得,并由扣缴义务人办理上述专项附加扣除的,对同一专项附加扣除项目,一个纳税年度内,纳税人只能选择从其中一处扣除。

享受大病医疗专项附加扣除的纳税人,由其在次年3月1日至6月30日内,自行向汇缴地主管税务机关办理汇算清缴申报时扣除。

(3)扣缴义务人办理工资、薪金所得预扣预缴税款时,应当根据纳税人报送的《个人所得税专项附加扣除信息表》(以下简称《扣除信息表》)为纳税人办理专项附加扣除。

纳税人年度中间更换工作单位的,在原单位任职、受雇期间已享受的专项附加扣除法金额,不得在新任职、受雇单位扣除。原扣缴义务人应当自纳税人离职不再发放工资、薪金所得的当月起,停止为其办理专项附加扣除。

(4)纳税人未取得工资、薪金所得,仅取得劳务报酬所得、稿酬所得、特许权使用费所得需要享受专项附加扣除的,应当在次年3月1日至6月30日内,自行向汇缴地主管税务机关报送《扣除信息表》,并在办理汇算清缴申报时扣除。

(5)一个纳税年度内,纳税人在扣缴义务人预扣预缴税款环节未享受或未足额享受专项附加扣除的,可以在当年内向支付工资、薪金的扣缴义务人申请在剩余月份发放工资、薪金时补充扣除,也可以在次年3月1日至6月30日内,向汇缴地主管税务机关办理汇算清缴时申报扣除。

(二) 报送信息及留存备查资料

(1) 纳税人选择在扣缴义务人发放工资、薪金所得时享受专项附加扣除的,首次享受时应当填写并向扣缴义务人报送《扣除信息表》;纳税年度中间相关信息发生变化的,纳税人应当更新《扣除信息表》相应栏次,并及时报送给扣缴义务人。

更换工作单位的纳税人,需要由新任职、受雇扣缴义务人办理专项附加扣除的,应当在入职的当月,填写并向扣缴义务人报送《扣除信息表》。

(2) 纳税人次年需要由扣缴义务人继续办理专项附加扣除的,应当于每年12月份对次年享受专项附加扣除的内容进行确认,并报送至扣缴义务人。纳税人未及时确认的,扣缴义务人于次年1月起暂停扣除,待纳税人确认后再行办理专项附加扣除。

扣缴义务人应当将纳税人报送的专项附加扣除信息,在次月办理扣缴申报时一并报送至主管税务机关。

(3) 纳税人选择在汇算清缴申报时享受专项附加扣除的,应当填写并向汇缴地主管税务机关报送《扣除信息表》。

(4) 纳税人将需要享受的专项附加扣除项目信息填报至《扣除信息表》相应栏次。填报要素完整的,扣缴义务人或者主管税务机关应当受理;填报要素不完整的,扣缴义务人或者主管税务机关应当及时告知纳税人补正或重新填报。纳税人未补正或重新填报的,暂不办理相关专项附加扣除,待纳税人补正或重新填报后再行办理。

(5) 纳税人享受子女教育专项附加扣除,应当填报配偶及子女的姓名、身份证件类型及号码、子女当前受教育阶段及起止时间、子女就读学校以及本人与配偶之间扣除分配比例等信息。

纳税人需要留存备查资料包括:子女在境外接受教育的,应当留存境外学校录取通知书、留学签证等境外教育佐证资料。

(6) 纳税人享受继续教育专项附加扣除,接受学历(学位)继续教育的,应当填报教育起止时间、教育阶段等信息;接受技能人员或者专业技术人员职业资格继续教育的,应当填报证书名称、证书编号、发证机关、发证(批准)时间等信息。

纳税人需要留存备查资料包括:纳税人接受技能人员职业资格继续教育、专业技术人员职业资格继续教育的,应当留存职业资格相关证书等资料。

(7) 纳税人享受住房贷款利息专项附加扣除,应当填报住房权属信息、住房坐落地址、贷款方式、贷款银行、贷款合同编号、贷款期限、首次还款日期等信息;纳税人有配偶的,填写配偶姓名、身份证件类型及号码。

纳税人需要留存备查资料包括:住房贷款合同、贷款还款支出凭证等资料。

(8) 纳税人享受住房租金专项附加扣除,应当填报主要工作城市、租赁住房坐落地址、出租人姓名及身份证件类型和号码或者出租方单位名称及纳税人识别号(社会统一信用代码)、租赁起止时间等信息;纳税人有配偶的,填写配偶姓名、身份证件类型及号码。

纳税人需要留存备查资料包括:住房租赁合同或协议等资料。

(9) 纳税人享受赡养老人专项附加扣除,应当填报纳税人是否为独生子女、月扣除金额、被赡养人姓名及身份证件类型和号码、与纳税人关系;有共同赡养人的,需填报分摊方式、共同赡养人姓名及身份证件类型和号码等信息。

纳税人需要留存备查资料包括：约定或指定分摊的书面分摊协议等资料。

（10）纳税人享受大病医疗专项附加扣除，应当填报患者姓名、身份证件类型及号码、与纳税人的关系、与基本医保相关的医药费用总金额、医保目录范围内个人负担的自付金额等信息。

纳税人需要留存备查资料包括：大病患者医药服务收费及医保报销相关票据原件或复印件，或者医疗保障部门出具的纳税年度医药费用清单等资料。

（11）纳税人应当对报送的专项附加扣除信息的真实性、准确性、完整性负责。

（三）信息报送方式

（1）纳税人可以通过远程办税端、电子或者纸质报表等方式，向扣缴义务人或者主管税务机关报送个人专项附加扣除信息。

（2）纳税人选择纳税年度内由扣缴义务人办理专项附加扣除的，按下列规定办理：

① 纳税人通过远程办税端选择扣缴义务人并报送专项附加扣除信息的，扣缴义务人根据接收的扣除信息办理扣除。

② 纳税人通过填写电子或者纸质《扣除信息表》直接报送扣缴义务人的，扣缴义务人将相关信息导入或者录入扣缴端软件，并在次月办理扣缴申报时提交给主管税务机关。《扣除信息表》应当一式两份，纳税人和扣缴义务人签字（章）后分别留存备查。

（3）纳税人选择年度终了后办理汇算清缴申报时享受专项附加扣除的，既可以通过远程办税端报送专项附加扣除信息，也可以将电子或者纸质《扣除信息表》（一式两份）报送给汇缴地主管税务机关。

报送电子《扣除信息表》的，主管税务机关受理打印，交由纳税人签字后，一份由纳税人留存备查，一份由税务机关留存；报送纸质《扣除信息表》的，纳税人签字确认、主管税务机关受理签章后，一份退还纳税人留存备查，一份由税务机关留存。

（4）扣缴义务人和税务机关应当告知纳税人办理专项附加扣除的方式和渠道，鼓励并引导纳税人采用远程办税端报送信息。

四、反避税规定

（一）有下列情形之一的，税务机关有权按照合理方法进行纳税调整

（1）个人与其关联方之间的业务往来不符合独立交易原则而减少本人或者其关联方应纳税额，且无正当理由。

（2）居民个人控制的，或者居民个人和居民企业共同控制的设立在实际税负明显偏低的国家（地区）的企业，无合理经营需要，应当归属于居民个人的利润不作分配或者减少分配。

（3）个人实施其他不具有合理商业目的的安排而获取不当税收利益。

（二）补税及加征利息

（1）税务机关依照前述规定情形作出纳税调整，需要补征税款的，应当补征税款，并依法加收利息。

（2）依法加征的利息，应当按照税款所属纳税申报期最后1日中国人民银行公布的与补税期间同期的人民币贷款基准利率计算，自税款纳税申报期满次日起至补缴税款期限届满之日止按日加收。纳税人在补缴税款期限届满前补缴税款的，利息加收至补缴税款之日。

五、自然人纳税识别号的规定

（1）自然人纳税人识别号，是自然人纳税人办理各类涉税事项的唯一代码标识。

（2）有中国公民身份号码的，以其中国公民身份号码作为纳税人识别号；没有中国公民身份号码的，由税务机关赋予其纳税人识别号。

（3）纳税人首次办理涉税事项时，应当向税务机关或者扣缴义务人出示有效身份证件，并报送相关基础信息。

（4）税务机关应当在赋予自然人纳税人识别号后告知或者通过扣缴义务人告知纳税人其纳税人识别号，并为自然人纳税人查询本人纳税人识别号提供便利。

（5）自然人纳税人办理纳税申报、税款缴纳、申请退税、开具完税凭证、纳税查询等涉税事项时应当向税务机关或扣缴义务人提供纳税人识别号。

（6）上述所称"有效身份证件"是指：

① 纳税人为中国公民且持有有效《中华人民共和国居民身份证》（以下简称"居民身份证"）的，为居民身份证。

② 纳税人为华侨且没有居民身份证的，为有效的《中华人民共和国护照》和华侨身份证明。

③ 纳税人为港澳居民的，为有效的《港澳居民来往内地通行证》或《中华人民共和国港澳居民居住证》。

④ 纳税人为台湾居民的，为有效的《台湾居民来往大陆通行证》或《中华人民共和国台湾居民居住证》。

⑤ 纳税人为持有有效《中华人民共和国外国人永久居留身份证》（以下简称永久居留证）的外籍个人的，为永久居留证和外国护照；未持有永久居留证但持有有效《中华人民共和国外国人工作许可证》（以下简称工作许可证）的，为工作许可证和外国护照；其他外籍个人，为有效的外国护照。

本 章 小 结

本章个人所得税法要求学生掌握居民个人、非居民个人的概念，掌握个人所得税纳税义务人、征税对象，掌握税率与应纳税所得额的确定，掌握个人所得税税收优惠，掌握居民个人综合所得应纳税额的计算，熟悉非居民个人应纳税额的计算，掌握其他税目应纳税额的计算，熟悉个人所得税的征收管理。

基 础 训 练

个人所得税纳税申报表

为配合个人所得税制度改革，进一步落实国务院减征便民要求，优化纳税服务，国家税务总局决定将个人所得《税收完税证明》（文书式）调整为《纳税记录》。

（1）从2019年1月1日起，纳税人申请开具税款所属期为2019年1月1日（含）以后的个人所得税缴（退）税情况证明的，税务机关不再开具《税收完税证明》（文书式），调整为开具

《纳税记录》(具体内容及式样见附件);纳税人申请开具税款所属期为 2018 年 12 月 31 日(含)以前个人所得税缴(退)税情况证明的,税务机关继续开具《税收完税证明》(文书式)。

(2) 纳税人 2019 年 1 月 1 日以后取得应税所得并由扣缴义务人向税务机关办理了全员全额扣缴申报,或根据税法规定自行向税务机关办理纳税申报的,不论是否实际缴纳税款,均可以申请开具《纳税记录》。

(3) 纳税人可以通过电子税务局、手机 APP 申请开具本人的个人所得税《纳税记录》,也可到办税服务厅申请开具。

(4) 纳税人可以委托他人持下列证件和资料到办税服务厅代为开具个人所得税《纳税记录》:

① 委托人及受托人有效身份证件原件。

② 委托人书面授权资料。

(5) 纳税人对个人所得税《纳税记录》存在异议的,可以向该项记录中列明的税务机关申请核实。

(6) 税务机关提供个人所得税《纳税记录》的验证服务,支持通过电子税务局、手机 APP 等方式进行验证。具体验证方法见个人所得税《纳税记录》中的相关说明。

附件 1

个人所得税年度自行纳税申报表(A 表)

(仅取得境内综合所得年度汇算适用)

税款所属期: 年 月 日至 年 月 日
纳税人姓名:
纳税人识别号:□□□□□□□□□□□□□□□□□-□□　　　　金额单位:人民币元(列至角分)

基本情况					
手机号码		电子邮箱		邮政编码	□□□□□□
联系地址	省(区、市)市区(县)街道(乡、镇)				
纳税地点(单选)					
1. 有任职受雇单位的,需选本项并填写"任职受雇单位信息":			□任职受雇单位所在地		
任职受雇单位信息	名称				
	纳税人识别号		□□□□□□□□□□□□□□□□□□		
2. 没有任职受雇单位的,可以从本栏次选择一地:			□户籍所在地□经常居住地		
户籍所在地/经常居住地	省(区、市)市区(县)街道(乡、镇)				
申报类型(单选)					
□首次申报　　　　□更正申报					
综合所得个人所得税计算					

项目	行次	金额
一、收入合计(第 1 行=第 2 行+第 3 行+第 4 行+第 5 行)	1	
(一)工资、薪金	2	

（续表）

项目	行次	金额
（二）劳务报酬	3	
（三）稿酬	4	
（四）特许权使用费	5	
二、费用合计［第6行＝（第3行＋第4行＋第5行）×20％］	6	
三、免税收入合计（第7行＝第8行＋第9行）	7	
（一）稿酬所得免税部分［第8行＝第4行×（1－20％）×30％］	8	
（二）其他免税收入（附报《个人所得税减免税事项报告表》）	9	
四、减除费用	10	
五、专项扣除合计（第11行＝第12行＋第13行＋第14行＋第15行）	11	
（一）基本养老保险费	12	
（二）基本医疗保险费	13	
（三）失业保险费	14	
（四）住房公积金	15	
六、专项附加扣除合计（附报《个人所得税专项附加扣除信息表》） （第16行＝第17行＋第18行＋第19行＋第20行＋第21行＋第22行）	16	
（一）子女教育	17	
（二）继续教育	18	
（三）大病医疗	19	
（四）住房贷款利息	20	
（五）住房租金	21	
（六）赡养老人	22	
七、其他扣除合计（第23行＝第24行＋第25行＋第26行＋第27行＋第28行）	23	
（一）年金	24	
（二）商业健康保险（附报《商业健康保险税前扣除情况明细表》）	25	
（三）税延养老保险（附报《个人税收递延型商业养老保险税前扣除情况明细表》）	26	
（四）允许扣除的税费	27	
（五）其他	28	
八、准予扣除的捐赠额（附报《个人所得税公益慈善事业捐赠扣除明细表》）	29	
九、应纳税所得额 （第30行＝第1行－第6行－第7行－第10行－第11行－第16行－第23行－第29行）	30	
十、税率（％）	31	
十一、速算扣除数	32	
十二、应纳税额（第33行＝第30行×第31行－第32行）	33	

（续表）

全年一次性奖金个人所得税计算 （无住所居民个人预判为非居民个人取得的数月奖金，选择按全年一次性奖金计税的填写本部分）		
一、全年一次性奖金收入	34	
二、准予扣除的捐赠额（附报《个人所得税公益慈善事业捐赠扣除明细表》）	35	
三、税率（%）	36	
四、速算扣除数	37	
五、应纳税额［第38行＝（第34行－第35行）×第36行－第37行］	38	
税额调整		
一、综合所得收入调整额（需在"备注"栏说明调整具体原因、计算方式等）	39	
二、应纳税额调整额	40	
应补/退个人所得税计算		
一、应纳税额合计（第41行＝第33行＋第38行＋第40行）	41	
二、减免税额（附报《个人所得税减免税事项报告表》）	42	
三、已缴税额	43	
四、应补/退税额（第44行＝第41行－第42行－第43行）	44	
无住所个人附报信息		
纳税年度内在中国境内居住天数	已在中国境内居住年数	
退税申请 （应补/退税额小于0的填写本部分）		
□申请退税（需填写"开户银行名称""开户银行省份""银行账号"）□放弃退税		
开户银行名称	开户银行省份	
银行账号		
备注		
谨声明：本表是根据国家税收法律法规及相关规定填报的，本人对填报内容（附带资料）的真实性、可靠性、完整性负责。 纳税人签字： 年 月 日		
经办人签字： 经办人身份证件类型： 经办人身份证件号码： 代理机构签章： 代理机构统一社会信用代码：	受理人： 受理税务机关（章）： 受理日期： 年 月 日	

国家税务总局监制

个人所得税年度自行纳税申报表(简易版)

(纳税年度:20____年)

一、填表须知

填写本表前,请仔细阅读以下内容:
1. 如果您年综合所得收入额不超过6万元且在纳税年度内未取得境外所得的,可以填写本表;
2. 您可以在纳税年度的次年3月1日至5月31日使用本表办理汇算清缴申报,并在该期限内申请退税;
3. 建议您下载并登录个人所得税APP,或者直接登录税务机关官方网站在线办理汇算清缴申报,体验更加便捷的申报方式;
4. 如果您对于申报填写的内容有疑问,您可以参考相关办税指引,咨询您的扣缴单位、专业人士,或者拨打12366纳税服务热线;
5. 以纸质方式报送本表的,建议通过计算机填写打印,一式两份,纳税人、税务机关各留存一份。

二、个人基本情况

1. 姓名	
2. 公民身份号码/纳税人识别号	□□□□□□□□□□□□□□□□□-□□(无校验码不填后两位)
说明:有中国公民身份号码的,填写中华人民共和国居民身份证上载明的"公民身份号码";没有中国公民身份号码的,填写税务机关赋予的纳税人识别号。	
3. 手机号码	□□□□□□□□□□□
提示:中国境内有效手机号码,请准确填写,以方便与您联系。	
4. 电子邮箱	
5. 联系地址	省(区、市)市区(县)街道(乡、镇)
提示:能够接收信件的有效通讯地址。	
6. 邮政编码	□□□□□□

三、纳税地点(单选)

1. 有任职受雇单位的,需选本项并填写"任职受雇单位信息":		□任职受雇单位所在地
任职受雇单位信息	名称	
	纳税人识别号	□□□□□□□□□□□□□□□□□□
2. 没有任职受雇单位的,可以从本栏次选择一地:		□户籍所在地□经常居住地
户籍所在地/经常居住地		省(区、市)市区(县)街道(乡、镇)

四、申报类型

请您选择本次申报类型,未曾办理过年度汇算申报,勾选"首次申报";已办理过年度汇算申报,但有误需要更正的,勾选"更正申报":

□首次申报□更正申报

五、纳税情况

已缴税额	□□,□□□.□□(元)
纳税年度内取得综合所得时,扣缴义务人预扣预缴以及个人自行申报缴纳的个人所得税。	

六、退税申请

1. 是否申请退税？	□申请退税〔选择此项的,填写个人账户信息〕□放弃退税
2. 个人账户信息	开户银行名称:开户银行省份: 银行账号:
说明:开户银行名称填写居民个人在中国境内开立银行账户的银行名称。	

七、备注

如果您有需要特别说明或者税务机关要求说明的事项,请在本栏填写。

八、承诺及申报受理

谨声明: 　1. 本人纳税年度内取得的综合所得收入额合计不超过 6 万元。 　2. 本表是根据国家税收法律法规及相关规定填报的,本人对填报内容(附带资料)的真实性、可靠性、完整性负责。 　　　　　　　　　　　　　　　　　　　　纳税人签名: 年 月 日

经办人签字: 经办人身份证件类型: 经办人身份证件号码: 代理机构签章: 代理机构统一社会信用代码:	受理人: 受理税务机关(章): 受理日期: 年 月 日

附件2

个人所得税年度自行纳税申报表(B表)

(居民个人取得境外所得适用)

税款所属期: 年 月 日至 年 月 日

纳税人姓名:

纳税人识别号:□□□□□□□□□□□□□□□□□-□□   金额单位:人民币元(列至角分)

基本情况					
手机号码		电子邮箱		邮政编码	□□□□□□
联系地址	省(区、市)市区(县)街道(乡、镇)				
纳税地点(单选)					
1. 有任职受雇单位的,需选本项并填写"任职受雇单位信息":			□任职受雇单位所在地		
任职受雇单位信息	名称				
	纳税人识别号				
2. 没有任职受雇单位的,可以从本栏次选择一地:			□户籍所在地□经常居住地		
户籍所在地/经常居住地	省(区、市)市区(县)街道(乡、镇)				
申报类型(单选)					
□首次申报□更正申报					
综合所得个人所得税计算					

项目	行次	金额
一、境内收入合计(第1行=第2行+第3行+第4行+第5行)	1	
(一)工资、薪金	2	
(二)劳务报酬	3	
(三)稿酬	4	
(四)特许权使用费	5	
二、境外收入合计(附报《境外所得个人所得税抵免明细表》) (第6行=第7行+第8行+第9行+第10行)	6	
(一)工资、薪金	7	
(二)劳务报酬	8	
(三)稿酬	9	
(四)特许权使用费	10	
三、费用合计[第11行=(第3行+第4行+第5行+第8行+第9行+第10行)×20%]	11	
四、免税收入合计(第12行=第13行+第14行)	12	
(一)稿酬所得免税部分[第13行=(第4行+第9行)×(1-20%)×30%]	13	
(二)其他免税收入(附报《个人所得税减免税事项报告表》)	14	
五、减除费用	15	
六、专项扣除合计(第16行=第17行+第18行+第19行+第20行)	16	
(一)基本养老保险费	17	

（续表）

项目	行次	金额
（二）基本医疗保险费	18	
（三）失业保险费	19	
（四）住房公积金	20	
七、专项附加扣除合计(附报《个人所得税专项附加扣除信息表》) （第21行＝第22行＋第23行＋第24行＋第25行＋第26行＋第27行）	21	
（一）子女教育	22	
（二）继续教育	23	
（三）大病医疗	24	
（四）住房贷款利息	25	
（五）住房租金	26	
（六）赡养老人	27	
八、其他扣除合计(第28行＝第29行＋第30行＋第31行＋第32行＋第33行)	28	
（一）年金	29	
（二）商业健康保险(附报《商业健康保险税前扣除情况明细表》)	30	
（三）税延养老保险(附报《个人税收递延型商业养老保险税前扣除情况明细表》)	31	
（四）允许扣除的税费	32	
（五）其他	33	
九、准予扣除的捐赠额(附报《个人所得税公益慈善事业捐赠扣除明细表》)	34	
十、应纳税所得额 （第35行＝第1行＋第6行－第11行－第12行－第15行－第16行－第21行－第28行－第34行）	35	
十一、税率(%)	36	
十二、速算扣除数	37	
十三、应纳税额(第38行＝第35行×第36行－第37行)	38	

<table>
<tr><td colspan="4" align="center">除综合所得外其他境外所得个人所得税计算
（无相应所得不填本部分,有相应所得另需附报《境外所得个人所得税抵免明细表》）</td></tr>
<tr><td rowspan="6">一、经营所得</td><td>（一）经营所得应纳税所得额（第39行＝第40行＋第41行）</td><td>39</td><td></td></tr>
<tr><td>其中:境内经营所得应纳税所得额</td><td>40</td><td></td></tr>
<tr><td>境外经营所得应纳税所得额</td><td>41</td><td></td></tr>
<tr><td>（二）税率(%)</td><td>42</td><td></td></tr>
<tr><td>（三）速算扣除数</td><td>43</td><td></td></tr>
<tr><td>（四）应纳税额（第44行＝第39行×第42行－第43行）</td><td>44</td><td></td></tr>
<tr><td rowspan="3">二、利息、
股息、
红利所得</td><td>（一）境外利息、股息、红利所得应纳税所得额</td><td>45</td><td></td></tr>
<tr><td>（二）税率(%)</td><td>46</td><td></td></tr>
<tr><td>（三）应纳税额（第47行＝第45行×第46行）</td><td>47</td><td></td></tr>
</table>

（续表）

三、财产租赁所得	（一）境外财产租赁所得应纳税所得额	48	
	（二）税率（%）	49	
	（三）应纳税额（第50行＝第48行×第49行）	50	
四、财产转让所得	（一）境外财产转让所得应纳税所得额	51	
	（二）税率（%）	52	
	（三）应纳税额（第53行＝第51行×第52行）	53	
五、偶然所得	（一）境外偶然所得应纳税所得额	54	
	（二）税率（%）	55	
	（三）应纳税额（第56行＝第54行×第55行）	56	
六、其他所得	（一）其他境内、境外所得应纳税所得额合计（需在"备注"栏说明具体项目）	57	
	（二）应纳税额	58	
股权激励个人所得税计算 （无境外股权激励所得不填本部分，有相应所得另需附报《境外所得个人所得税抵免明细表》）			
一、境内、境外单独计税的股权激励收入合计		59	
二、税率（%）		60	
三、速算扣除数		61	
四、应纳税额（第62行＝第59行×第60行－第61行）		62	
全年一次性奖金个人所得税计算 （无住所个人预判为非居民个人取得的数月奖金，选择按全年一次性奖金计税的填写本部分）			
一、全年一次性奖金收入		63	
二、准予扣除的捐赠额（附报《个人所得税公益慈善事业捐赠扣除明细表》）		64	
三、税率（%）		65	
四、速算扣除数		66	
五、应纳税额［第67行＝（第63行－第64行）×第65行－第66行］		67	
税额调整			
一、综合所得收入调整额（需在"备注"栏说明调整具体原因、计算方法等）		68	
二、应纳税额调整额		69	
应补/退个人所得税计算			
一、应纳税额合计 （第70行＝第38行＋第44行＋第47行＋第50行＋第53行＋第56行＋第58行＋第62行＋第67行＋第69行）		70	
二、减免税额（附报《个人所得税减免税事项报告表》）		71	
三、已缴税额（境内）		72	
其中：境外所得境内支付部分已缴税额		73	
境外所得境外支付部分预缴税额		74	
四、境外所得已纳所得税抵免额（附报《境外所得个人所得税抵免明细表》）		75	
五、应补/退税额（第76行＝第70行－第71行－第72行－第75行）		76	

(续表)

无住所个人附报信息			
纳税年度内在中国境内居住天数		已在中国境内居住年数	
退税申请 (应补/退税额小于 0 的填写本部分)			
□申请退税(需填写"开户银行名称""开户银行省份""银行账号")□放弃退税			
开户银行名称		开户银行省份	
银行账号			
备注			

谨声明:本表是根据国家税收法律法规及相关规定填报的,本人对填报内容(附带资料)的真实性、可靠性、完整性负责。

纳税人签字: 年 月 日

经办人签字: 经办人身份证件类型: 经办人身份证件号码: 代理机构签章: 代理机构统一社会信用代码:	受理人: 受理税务机关(章): 受理日期: 年 月 日

国家税务总局监制

境外所得个人所得税抵免明细表

税款所属期： 年 月 日至 年 月 日

纳税人姓名：

纳税人识别号：□□□□□□□□□□□□□□□□□□-□□　　　　　　金额单位:人民币元(列至角分)

			本期境外所得抵免限额计算					
列次			A	B	C	D	E	
项目		行次	金额					
国家(地区)		1	境内	境外			合计	
一、综合所得	(一) 收入	2						
	其中:工资、薪金	3						
	劳务报酬	4						
	稿酬	5						
	特许权使用费	6						
	(二) 费用	7						
	(三) 收入额	8						
	(四) 应纳税额	9	—	—	—	—		
	(五) 减免税额	10	—	—	—	—		
	(六) 抵免限额	11	—					
二、经营所得	(一) 收入总额	12						
	(二) 成本费用	13	—					
	(三) 应纳税所得额	14						
	(四) 应纳税额	15	—	—	—	—		
	(五) 减免税额	16	—	—	—	—		
	(六) 抵免限额	17	—					
三、利息、股息、红利所得	(一) 应纳税所得额	18						
	(二) 应纳税额	19	—					
	(三) 减免税额	20	—					
	(四) 抵免限额	21	—					
四、财产租赁所得	(一) 应纳税所得额	22						
	(二) 应纳税额	23	—					
	(三) 减免税额	24	—					
	(四) 抵免限额	25	—					
五、财产转让所得	(一) 收入	26						
	(二) 财产原值	27	—					
	(三) 合理税费	28	—					
	(四) 应纳税所得额	29	—					
	(五) 应纳税额	30	—					
	(六) 减免税额	31	—					
	(七) 抵免限额	32	—					

国家(地区)		1	境内	境外			合计
六、偶然所得	(一)应纳税所得额	33	—				
	(二)应纳税额	34	—				
	(三)减免税额	35	—				
	(四)抵免限额	36	—				
七、股权激励	(一)应纳税所得额	37					
	(二)应纳税额	38	—	—	—	—	
	(三)减免税额	39	—				
	(四)抵免限额	40	—				
八、其他境内、境外所得	(一)应纳税所得额	41					
	(二)应纳税额	42					
	(三)减免税额	43					
	(四)抵免限额	44	—				
九、本年可抵免限额合计 (第45行=第11行+第17行+第21行+第25行+第32行+第36行+第40行+第44行)		45	—				
本期实际可抵免额计算							
一、以前年度结转抵免额 (第46行=第47行+第48行+第49行+第50行+第51行)		46	—				
其中:前5年		47	—				
前4年		48	—				
前3年		49	—				
前2年		50	—				
前1年		51	—				
二、本年境外已纳税额		52	—				
其中:享受税收饶让抵免税额(视同境外已纳)		53	—				
三、本年抵免额(境外所得已纳所得税抵免额)		54	—				
四、可结转以后年度抵免额 (第55行=第56行+第57行+第58行+第59行+第60行)		55	—				—
其中:前4年		56	—				—
前3年		57	—				—
前2年		58	—				—
前1年		59	—				—
本年		60	—				—

（续表）

备注

谨声明：本表是根据国家税收法律法规及相关规定填报的，本人对填报内容（附带资料）的真实性、可靠性、完整性负责。

纳税人签字： 年 月 日

经办人签字： 经办人身份证件类型： 经办人身份证件号码： 代理机构签章： 代理机构统一社会信用代码：	受理人： 受理税务机关（章）： 受理日期： 年 月 日

国家税务总局监制

附件 3

个人所得税经营所得纳税申报表（A 表）

税款所属期： 年 月 日至 年 月 日

纳税人姓名：

纳税人识别号：□□□□□□□□□□□□□□□□□□ 金额单位：人民币元（列至角分）

被投资单位信息		
名称		
纳税人识别号（统一社会信用代码）	□□□□□□□□□□□□□□□□□□	
征收方式（单选）		
□查账征收（据实预缴）□查账征收（按上年应纳税所得额预缴）□核定应税所得率征收□核定应纳税所得额征收□税务机关认可的其他方式		
个人所得税计算		

项目	行次	金额/比例
一、收入总额	1	
二、成本费用	2	
三、利润总额（第 3 行＝第 1 行－第 2 行）	3	
四、弥补以前年度亏损	4	
五、应税所得率（%）	5	
六、合伙企业个人合伙人分配比例（%）	6	
七、允许扣除的个人费用及其他扣除（第 7 行＝第 8 行＋第 9 行＋第 14 行）	7	
（一）投资者减除费用	8	
（二）专项扣除（第 9 行＝第 10 行＋第 11 行＋第 12 行＋第 13 行）	9	
1. 基本养老保险费	10	
2. 基本医疗保险费	11	
3. 失业保险费	12	
4. 住房公积金	13	
（三）依法确定的其他扣除（第 14 行＝第 15 行＋第 16 行＋第 17 行）	14	
1.	15	
2.	16	
3.	17	
八、准予扣除的捐赠额（附报《个人所得税公益慈善事业捐赠扣除明细表》）	18	
九、应纳税所得额	19	
十、税率（%）	20	
十一、速算扣除数	21	
十二、应纳税额（第 22 行＝第 19 行×第 20 行－第 21 行）	22	

（续表）

项目	行次	金额/比例
十三、减免税额（附报《个人所得税减免税事项报告表》）	23	
十四、已缴税额	24	
十五、应补/退税额（第25行＝第22行－第23行－第24行）	25	
备注		

谨声明：本表是根据国家税收法律法规及相关规定填报的，本人对填报内容（附带资料）的真实性、可靠性、完整性负责。

纳税人签字： 年 月 日

经办人签字： 经办人身份证件类型： 经办人身份证件号码： 代理机构签章： 代理机构统一社会信用代码：	受理人： 受理税务机关（章）： 受理日期： 年 月 日

国家税务总局监制

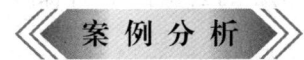

发票报销中隐藏的个人所得税

某公司项目组在项目实施期间的费用支出主要包括人员食宿费、设备使用费、交通费和场地租赁费等，由于项目在外地，而且交易对象较为多元，有法人，也有自然人等，因此许多费用支出无法取得真实票据，因此出现了用交通费、油料费顶替拍摄费用的情况。报销拍摄费用的交通费和油料费主要用于临时聘用人员的劳务报酬支出，目的在于不和临时雇佣人员签订劳务合同，减少个税等方面的麻烦。

北京市地税局稽查局在专项检查中，检查组从调取该公司 2019 年度电子账中，发现该公司费用中交通费、油料费所占比重很大，且与公司的主营业务不符。根据账务信息，检查组审阅了该公司 2 年的凭证，进一步发现该企业报销的过路过桥费、油料费、停车费发票，数量大且票面金额小。通过与公司自有交通工具比对，和正常的消耗严重不匹配。经初步分析，该企业可能存在个人拿发票报销计入费用，隐瞒个人所得税收入的问题。

税局取得了项目实施时发放劳务报酬的记录，确认了以报销油料费方式支付劳务报酬的具体金额，共涉及问题发票 900 张，总金额 700 万元。最终该企业补缴个人所得税 100 余万元，税务机关对该企业未按照规定代扣代缴个人所得税行为处以 1 倍罚款。目前税款、罚款总计 200 余万元均已足额入库。

(1) 根据《个人所得税法》及《税收征收管理法》的相关规定，公司支付给临时聘用人员的劳务费应履行代扣代缴义务。

(2) 本案中，检查组在前期对同类企业收入成本配比进行了相关调查准备，了解到该类企业的设备、人力成本应该占比较大，并横向对比了同类企业的经营方式，最终发现企业存在隐瞒个人所得税的嫌疑。

"以票控税"成为我国特有的制度。特别是"金税三期"系统上线后，税务机关的计算、对比、比较效率借助数据库大大提高，稽查水平进一步提升，我国的企业税务系统和操作流程已经逐步走向完善，因此企业为了更好地规避税务风险，就要从宏观的角度出发，整体全面地看待税收政策和相关法律法规的调整和改进，合理利用税收优惠政策促进企业成长和发展。

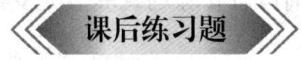

一、单选题

1. 国内某大学教授取得的下列所得中，免于征收个人所得税的是(   )。

A. 因任某高校兼职教授取得的课酬

B. 按规定取得原提存的住房公积金

C. 因拥有持有期不足 1 年的某上市公司股票取得的股息

D. 被学校评为校级优秀教师获得的奖金

【正确答案】B

【答案解析】个人领取原提存的住房公积金、医疗保险金、基本养老保险金时,免予征收个人所得税。

2. 对个人代销彩票取得的所得计征个人所得税时,适用的所得项目是(   )。

A. 劳务报酬所得

B. 工资、薪金所得

C. 对企事业单位的承包经营、承租经营所得

D. 经营所得

【正确答案】D

【答案解析】个人因从事彩票代销业务而取得的所得,按"经营所得"缴纳个人所得税。

二、多选题

1. 下列各项中,应当按照工资、薪金所得项目征收个人所得税的有(   )。

A. 劳动分红   B. 独生子女补贴

C. 差旅费津贴   D. 超过规定标准的误餐费

【正确答案】AD

【答案解析】选项B、C,独生子女补贴、差旅费津贴不属于纳税人本人工资、薪金所得项目的收入,不予征税。

2. 下列个人收入,属于纳税人应按"劳务报酬"所得缴纳个人所得税的有(   )。

A. 张某办理内退手续后,在其他单位重新就业取得的收入

B. 王某由任职单位派遣到外商投资企业担任总经理取得的收入

C. 陈某为供货方介绍业务,从供货方取得的佣金

D. 演员江某外地演出取得由当地主办方支付的演出费

【正确答案】CD

【答案解析】选项A、B,按照"工资、薪金所得"项目计征个人所得税。

3. 下列关于个人所得税专项附加扣除的说法中,正确的有(   )。

A. 子女教育支出按照子女数量扣除

B. 赡养老人支出按照被赡养人老人数量扣除

C. 大病医疗支出实行限额扣除

D. 大病医疗支出只能在汇算清缴时扣除

【正确答案】ACD

【答案解析】选项B,确定税前可以扣除的赡养老人支出时不考虑被赡养人的数量。

第六章 城市维护建设税法和烟叶税法

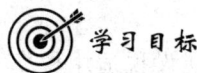学习目标

1. 掌握城市维护建设税、教育费附加、地方教育附加的纳税义务人与税率、应纳税额的计算、税收优惠和征收管理
2. 掌握烟叶税的纳税义务人和征税范围、税率、应纳税额的计算、征收管理

第一节 城市维护建设税法

城市维护建设税法是指国家制定的用于调整城市维护建设税征收与缴纳权利及义务关系的法律规范。城市维护建设税是对从事工商经营,缴纳增值税、消费税的单位和个人征收的一种附加税。

城市维护建设税的特点主要有以下几个方面:首先,是税款专款专用,所征税款要求保证用于城市公用事业和公共设施的维护和建设。其次,属于一种附加税,城市维护建设税是以纳税人实际缴纳的增值税、消费税税额为计税依据,随增值税、消费税同时征收,其本身没有特定的课税对象,其征管方法也完全比照增值税、消费税的有关规定办理。最后,根据城镇规模及其维护建设资金需要设计不同比例税率。

城市维护建设税的征收首先弥补了城市维护建设资金的不足,以增值税、消费税为代表的流转税是我国的主体税种,城市维护建设税以增值税、消费税应纳税额作为计税依据,保证了税源的充足,对补充城市维护建设资金的不足发生了积极的作用;它同时调动了地方政府进行城市维护和建设的积极性,城市维护建设税专项保证用于城市的公用事业和公共设施的维护建设,具体使用由地方人民政府确定,充分调动了地方政府协税护税征税的积极性。

一、纳税义务人与征税范围

城市维护建设税是对从事经营活动,缴纳增值税、消费税的单位和个人征收的一种税。城市维护建设税的纳税义务人是指负有缴纳增值税、消费税义务的单位和个人,包括国有企业、集体企业、私营企业、股份制企业、其他企业和行政单位、事业单位、军事单位、社会团体、其他单位,以及个体工商户及其他个人。

城市维护建设税的代扣代缴、代收代缴,比照增值税、消费税的有关规定办理。增值税、消费税的代扣代缴、代收代缴义务人同时也是城市维护建设税的代扣代缴、代收代缴义务人。

二、税率、计税依据和应纳税额的计算

(一) 税率

城市维护建设税的税率是指纳税人应缴纳的城市维护建设税税额与纳税人实际缴纳的增值税、消费税税额之间的比率。城市维护建设税按纳税人所在地的不同,设置了三档地区差别比例税率:

(1) 纳税人所在地为市区的,税率为7%。

(2) 纳税人所在地为县城、镇的,税率为5%。撤县建市后,城市维护建设税适用税率为7%。

(3) 纳税人所在地不在市区、县城或者镇的,税率为1%;开采海洋石油资源的中外合作油(气)田所在地在海上,其城市维护建设税适用1%的税率。

城市维护建设税的适用税率,应当按纳税人所在地的规定税率执行。但是,对下列两种情况,可按缴纳增值税、消费税所在地的规定税率就地缴纳城市维护建设税:

(1) 由受托方代扣代缴、代收代缴增值税、消费税的单位和个人,其代扣代缴、代收代缴的城市维护建设税按受托方所在地适用税率执行。

(2) 流动经营等无固定纳税地点的单位和个人,在经营地缴纳增值税、消费税的,其城市维护建设税的缴纳按经营地适用税率执行。

(二) 计税依据

城市维护建设税的计税依据是指纳税人实际缴纳的增值税、消费税税额。纳税人违反增值税、消费税有关税法而加收的滞纳金和罚款,是税务机关对纳税人违法行为的经济制裁,不作为城市维护建设税的计税依据;但纳税人在被查补增值税、消费税和被处以罚款时,应同时对其偷漏的城市维护建设税进行补税、征收滞纳金、并处罚款。

城市维护建设税以增值税、消费税税额为计税依据并同时征收,如果要免征或者减征增值税、消费税,也就要同时免征或者减征城市维护建设税。但对出口产品退还增值税、消费税的,不退还已缴纳的城市维护建设税。

(三) 应纳税额的计算

城市维护建设税纳税人的应纳税额大小是由纳税人实际缴纳的增值税、消费税税额决定的,其计算公式如下:

$$应纳税额 = 纳税人实际缴纳的增值税、消费税税额 × 适用税率$$

【例 6-1】 A企业位于市区,该企业2019年3月实际缴纳增值税100 000元,缴纳消费税80 000元。计算该企业应纳的城市维护建设税税额。

$$应纳城市维护建设税税额 = (实际缴纳的增值税 + 实际缴纳的消费税) × 适用税率$$
$$= (100\,000 + 80\,000) × 7\% = 180\,000 × 7\% = 12\,600(元)$$

三、税收优惠和征收管理

(一) 税收优惠

城市维护建设税原则上不单独减免,但因城市维护建设税又具附加税性质,当主税发生减免时,城市维护建设税相应发生税收减免。城市维护建设税的税收减免具体有以下几种

情况：

（1）城市维护建设税按减免后实际缴纳的增值税、消费税税额计征，即随增值税、消费税的减免而减免。

（2）对于因减免税而需进行增值税、消费税退库的，城市维护建设税也可同时退库。

（3）海关对进口产品代征的增值税、消费税，不征收城市维护建设税。

（4）对增值税、消费税实行先征后返、先征后退、即征即退办法的，除另有规定外，对随增值税、消费税附征的城市维护建设税和教育费附加，一律不退（返）还。

（5）为支持国家重大水利工程建设，对国家重大水利工程建设基金免征城市维护建设税。

（6）对实行增值税期末留抵退税的纳税人，允许其从城市维护建设税、教育费附加和地方教育附加的计税（征）依据中扣除退还的增值税税额。

（二）征收管理

1. 纳税环节

城市维护建设税的纳税环节，实际就是纳税人缴纳增值税、消费税的环节。纳税人只要发生增值税、消费税的纳税义务，就要在同样的环节，分别计算缴纳城市维护建设税。

2. 纳税地点

城市维护建设税以纳税人实际缴纳的增值税、消费税税额为计税依据，分别与增值税、消费税同时缴纳。所以，纳税人缴纳增值税、消费税的地点，就是该纳税人缴纳城市维护建设税的地点。但是，属于下列情况的，纳税地点为：

（1）代扣代缴、代收代缴增值税、消费税的单位和个人，同时也是城市维护建设税的代扣代缴、代收代缴义务人，其城市维护建设税的纳税地点在代扣代收地。

（2）跨省开采的油田，下属生产单位与核算单位不在一个省内的，其生产的原油，在油井所在地缴纳增值税，其应纳税款由核算单位按照各油井的产量和规定税率，计算汇拨各油井缴纳。所以，各油井应纳的城市维护建设税，应由核算单位计算，随同增值税一并汇拨油井所在地，由油井在缴纳增值税的同时，一并缴纳城市维护建设税。

（3）纳税人跨地区提供建筑服务、销售和出租不动产的，应在建筑服务发生地、不动产所在地预缴增值税时，以预缴增值税税额为计税依据，并按预缴增值税所在地的城市维护建设税适用税率和教育费附加征收率就地计算缴纳城市维护建设税和教育费附加。

预缴增值税的纳税人在其机构所在地申报缴纳增值税时，以其实际缴纳的增值税税额为计税依据，并按机构所在地的城市维护建设税适用税率和教育费附加征收率就地计算缴纳城市维护建设税和教育费附加。

（4）对流动经营等无固定纳税地点的单位和个人，应随同增值税、消费税在经营地按适用税率缴纳。

3. 纳税期限

由于城市维护建设税是由纳税人在缴纳增值税、消费税时同时缴纳的，所以其纳税期限分别与增值税、消费税的纳税期限一致。根据增值税法和消费税法规定，增值税、消费税的纳税期限分别为 1 日、3 日、5 日、10 日、15 日或者 1 个月。增值税、消费税的纳税人的具体纳税期限，由主管税务机关根据纳税人应纳税额大小分别核定；不能按照固定期限纳税的，可以按次纳税。

第二节 烟叶税法

烟叶税是以纳税人收购烟叶的收购金额为计税依据征收的一种税。

一、纳税义务人和征税范围

(一) 纳税义务人

在中华人民共和国境内依照《中华人民共和国烟叶税暂行条例》(以下简称《烟叶税暂行条例》)的规定收购烟叶的单位为烟叶税的纳税人。

(二) 征税范围

烟叶税的征税范围是指晾晒烟叶、烤烟叶。

二、税率和应纳税额的计算

(一) 税率

烟叶税实行比例税率,税率为20%。烟叶税实行全国统一的税率。

(二) 应纳税额的计算

烟叶税的应纳税额按照纳税人收购烟叶实际支付的价款总额乘以税率计算,计算公式如下:

$$应纳税额＝实际支付价款×税率$$

纳税人收购烟叶实际支付的价款总额包括纳税人支付给烟叶生产销售单位和个人的烟叶收购价款和价外补贴。其中,价外补贴统一按烟叶收购价款的10%计算。

$$收购金额＝实际支付价款×(1＋10\%)$$

【例6-2】 A烟草公司系增值税一般纳税人,2019年3月收购烟叶80 000千克,烟叶收购价格10元/千克,总计800 000元,货款已全部支付。请计算该烟草公司3月收购烟叶应缴纳的烟叶税。

$$应缴纳烟叶税＝800\,000×(1＋10\%)×20\%＝176\,000(元)$$

三、征收管理

烟叶税的征收管理,依照《税收征收管理法》及《烟叶税暂行条例》的有关规定执行。

(一) 纳税义务发生时间

烟叶税的纳税义务发生时间为纳税人收购烟叶的当日。收购烟叶的当日是指纳税人向烟叶销售者付讫收购烟叶款项或者开具收购烟叶凭据的当日。

(二) 纳税地点

纳税人收购烟叶,应当向烟叶收购地的主管税务机关申报缴纳烟叶税纳税。

(三) 纳税期限

烟叶税按月计征,纳税人应当于纳税义务发生月终了之日起15日内申报并缴纳税款。

第三节　教育费附加和地方教育附加

教育费附加和地方教育附加是对缴纳增值税、消费税的单位和个人,就其实际缴纳的税额为计算依据征收的一种附加费。

一、教育费附加和地方教育附加的征收范围及计征依据

教育费附加和地方教育附加对缴纳增值税、消费税的单位和个人征收,以其实际缴纳的增值税、消费税税款为计征依据,分别与增值税、消费税同时缴纳。

二、教育费附加和地方教育附加计征比率

现行教育费附加征收比率为3‰,地方教育附加征收率从2010年起统一为2‰。

三、教育费附加和地方教育附加的计算

教育费附加和地方教育附加的计算公式如下:

应纳教育费附加或地方教育附加=实际缴纳的增值税、消费税×征收比率(3‰或2‰)

【例6-3】　A企业2019年5月实际缴纳增值税80 000元,缴纳消费税50 000元。计算该企业应缴纳的教育费附加和地方教育附加。

$$应纳教育费附加=(实际缴纳的增值税+实际缴纳的消费税)×征收比率$$
$$=(80\,000+50\,000)×3‰=130\,000×3‰=3\,900(元)$$
$$应纳地方教育附加=(实际缴纳的增值税+实际缴纳的消费税)×征收比率$$
$$=(80\,000+50\,000)×2‰=130\,000×2‰=2\,600(元)$$

四、教育费附加和地方教育附加的减免规定

(1)对海关进口的产品征收的增值税、消费税,不征收教育费附加。

(2)对由于减免增值税、消费税而发生退税的,可同时退还已征收的教育费附加。但对出口产品退还增值税、消费税的,不退还已征的教育费附加。

(3)对国家重大水利工程建设基金免征教育费附加。

(4)自2016年2月1日起,按月纳税的月销售额或营业额不超过10万元(按季度纳税的季度销售额或营业额不超过30万元)的缴纳义务人,免征教育费附加、地方教育附加。

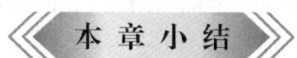

本 章 小 结

本章城市维护建设税法和烟叶税法要求学生掌握城市维护建设税、教育费附加、地方教育附加的纳税义务人与税率、应纳税额的计算;掌握烟叶税的纳税义务人和征税范围、税率、应纳税额的计算、征收管理。

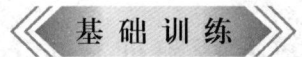

基 础 训 练

城市维护建设税　教育费附加　地方教育附加申报表

城市维护建设税　教育费附加　地方教育附加申报表

税款所属期限：自 年 月 日至 年 月 日

纳税人识别号（统一社会信用代码）：□□□□□□□□□□□□□□□□□□

纳税人名称：　　　　　　　　　　　　　　　　　　　金额单位：人民币元（列至角分）

本期是否适用增值税小规模纳税人减征政策（减免性质代码__城市维护建设税：07049901，减免性质代码__教育费附加：61049901，减免性质代码__地方教育附加：99049901）					□是□否	减征比例__城市维护建设税（%）					
						减征比例__教育费附加（%）					
						减征比例__地方教育附加（%）					
税（费）种	计税（费）依据					税率（征收率）	本期应纳税（费）额	本期减免税（费）额		本期增值税小规模纳税人减征额	本期已缴税（费）额	本期应补（退）税（费）额
	增值税		消费税	营业税	合计			减免性质代码	减免税（费）额			
	一般增值税	免抵税额										
	1	2	3	4	5＝1＋2＋3＋4	6	7＝5×6	8	9	10	11	12＝7－9－10－11
城市维护建设税												
教育费附加												
地方教育附加												
———												
合计			—		—							

谨声明：本纳税申报表是根据国家税收法律法规及相关规定填报的，是真实的、可靠的、完整的。

　　　　　　　　　　　　　　　　　　　　　　　纳税人（签章）： 年 月 日

经办人： 经办人身份证号： 代理机构签章： 代理机构统一社会信用代码：	受理人： 受理税务机关（章）： 受理日期： 年 月 日

填表说明

1. "纳税人识别号（统一社会信用代码）"，填报税务机关核发的纳税人识别号或有关部门核发的统一社会信用代码。"纳税人名称"，填报营业执照、税务登记证等证件载明的纳税人名称。

2. "本期是否适用增值税小规模纳税人减征政策（减免性质代码__城市维护建设税：07049901，减免性质代码__教育费附加：61049901，减免性质代码__地方教育附加：99049901）"：纳税人自增值税一般纳税人按规定转登记为小规模纳税人的，自成为小规模纳税人的当月起适用减征优惠。增值税小规模纳税人按规定登记为一般纳税人的，自一般纳税人生效之日起不再适用减征优惠;增值税年应税销售额超过小规模纳税人标准应当登记为一般纳税人而未登记,经税务机关通知,逾期仍不办理登记的,自逾期次月起不再适用减征优惠。纳税人本期适用增值税小规模纳税人减征政策的,勾选"是";否则,勾选"否"。

3. "减征比例(%)",当地省级政府根据财税〔2019〕13 号文件确定的减征比例,系统自动带出。

4. 第 1 栏"一般增值税",填写本期缴纳的一般增值税税额。

5. 第 2 栏"免抵税额",填写增值税免抵税额。

6. 第 3 栏"消费税",填写本期缴纳的消费税税额。

7. 第 4 栏"营业税",填写本期补缴以前年度的营业税税额,其附加不适用减征规定。

8. 第 5 栏"合计",反映本期缴纳的增值税、消费税、营业税税额合计。

9. 第 6 栏"税率(征收率)",填写城市维护建设税、教育费附加、地方教育附加的税率或征收率。

10. 第 7 栏"本期应纳税(费)额",反映本期按适用税率(征收)计算缴纳的应纳税额。计算公式为:7=5×6。

11. 第 8 栏"减免性质代码",该项按照国家税务总局制定下发的最新《减免税政策代码目录》中的最细项减免性质代码填写。有减免税情况的必填。

12. 第 9 栏"减免税(费)额",反映本期减免的税额。

13. 第 10 栏"本期增值税小规模纳税人减征额",反映符合条件的增值税小规模纳税人减征的税额。计算公式为:10=(7-9)×减征比例。

14. 第 11 栏"本期已缴税(费)额",填写本期应纳税(费)额中已经缴纳的部分。

15. 第 12 栏"本期应补(退)税额",计算公式为:12=7-9-10-11。

16. 本表一式两份,一份纳税人留存,一份税务机关留存。

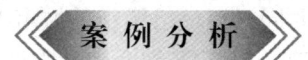

案 例 分 析

城市维护建设税的计税依据

某市甲企业,经营汽车配件的批发、零售。2019 年 12 月 27 日,该市税务机关对该中心进行专项稽查,发现该中心营业地点在城郊结合部,自 2019 年缴纳增值税 20 万元,而城市维护建设税一直按郊区适用税率 5%申报缴纳,已缴纳城市维护建设税 1 万元。为此,税务稽查人员到有关部门调查了解,确认该中心营业所在地点属市区范围,应按 7%的税率申报缴纳城市维护建设税。

《中华人民共和国城市维护建设税暂行条例》第四条规定:"纳税人所在地在市区的,税率为 7%;纳税人所在地在县城、镇的,税率为 5%。"该商贸中心被税务机关确认所在地点在市区范围,应适用 7%的税率计算城市维护建设税。因此,以该中心计缴的增值税为计税依据,计算出 2019 年少缴城市维护建设税 4 000 元,应予以补缴。

客观上,此案的形成是由于该中心的地理位置处于城郊结合部,使其能在纳税申报时采用就低不就高的办法少缴城市维护建设税;主观上还是因纳税人纳税意识淡薄造成的。

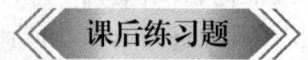
课后练习题

一、单选题

1. 企业缴纳的下列税额中,应作为城市维护建设税计税依据的是( )。

A. 消费税税额　　　B. 房产税税额　　　C. 城镇土地使用税税额　　　D. 关税税额

【正确答案】A

【答案解析】城市维护建设税的计税依据是纳税人实际缴纳的增值税、消费税税额。

2. 位于市区的某企业 2019 年 3 月份共缴纳增值税、消费税和关税 562 万元,其中关税 102 万元、进口环节缴纳的增值税和消费税 260 万元。该企业 3 月份应缴纳的城市维护建设税为( )万元。

A. 14　　　　　　B. 18.2　　　　　　C. 32.2　　　　　　D. 39.34

【正确答案】A

【答案解析】关税以及进口环节的增值税和消费税不属于城市维护建设税的计税依据,应缴纳的城市维护建设税＝(562－102－260)×7％＝14(万元)

3. 下列关于烟叶税的说法中,错误的是( )。

A. 烟叶税的纳税人为销售烟叶的单位和个人

B. 烟叶税的征税范围为晾晒烟叶、烤烟叶

C. 纳税人收购烟叶,应当向烟叶收购地的主管税务机关申报纳税

D. 纳税人应当自纳税义务发生月终了之日起 15 日内申报并缴纳税款

【正确答案】A

【答案解析】烟叶税的纳税人为在我国境内收购烟叶的单位,因此选项 A 错误。

二、多选题

1. 下列关于城市维护建设税计税依据的表述中,正确的有( )。

A. 对出口产品退还增值税的,同时退还已缴纳的城市维护建设税

B. 纳税人违反增值税法规定被加收的滞纳金应计入城市维护建设税的计税依据

C. 纳税人被查补消费税时应同时对查补的消费税补缴城市维护建设税

D. 经国家税务局正式审批的当期免抵的增值税税额应计入城市维护建设税的计税依据

【正确答案】CD

【答案解析】城市维护建设税进口不征,出口不退;纳税人违反"两税"有关规定而加收的滞纳金和罚款,不作为城市维护建设税的计税依据。

2. 某纳税人按税法规定增值税先征后返。其城市维护建设税的处理办法有( )。

A. 缴纳增值税同时缴纳城市维护建设税

B. 返还增值税同时返还城市维护建设税

C. 缴增值税时,按比例返还已缴城市维护建设税

D. 返还增值税时不返还城市维护建设税

【正确答案】AD

【答案解析】对"两税"实行先征后返、先征后退、即征即退办法的,除另有规定外,对随"两税"附征的城市维护建设税和教育费附加,一律不予退(返)还。

第七章 关税法和船舶吨税法

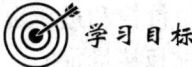 学习目标

1. 掌握关税的征税对象与纳税义务人、税目与税率、应纳税额的计算、税收优惠
2. 掌握船舶吨税的纳税义务人、税目与税率、应纳税额的计算、税收优惠

第一节 征税对象与纳税义务人

关税法是指国家制定的调整关税征收与缴纳权利义务关系的法律规范。

一、征税对象

关税是依法对进出境货物、物品征收的一种税。所谓"境"是指关境,又称"海关境域"或"关税领域",是国家《海关法》全面实施的领域。通常情况下,一国关境与国境是一致的,包括国家全部的领土、领海、领空。但当某一国家在国境内设立了自由港、自由贸易区等,这些区域就进出口关税而言处在关境之外,这时,该国家的关境小于国境。

关税的征税对象是准许进出境的货物和物品。货物是指贸易性商品;物品指入境旅客随身携带的行李物品、个人邮递物品、各种运输工具上的服务人员携带进口的自用物品、馈赠物品以及其他方式进境的个人物品。

二、纳税义务人

进口货物的收货人、出口货物的发货人、进出境物品的所有人,是关税的纳税义务人。进出口货物的收、发货人是依法取得对外贸易经营权,并进口或者出口货物的法人或者其他社会团体。进出境物品的所有人包括该物品的所有人和推定为所有人的人。一般情况下,对于携带进境的物品,推定其携带人为所有人;对分离运输的行李,推定相应的进出境旅客为所有人;对以邮递方式进境的物品,推定其收件人为所有人;以邮递或其他运输方式出境的物品,推定其寄件人或托运人为所有人。

第二节 关 税 税 率

一、进口关税税率

按征收关税的标准,进口关税可以分成从价税、从量税、复合税、选择税、滑准税。

（1）从价税。从价税是一种最常用的关税计税标准。它是以货物的价格或者价值为征税标准，以应征税额占货物价格或者价值的百分比为税率，价格越高，税额越高。货物进口时，以此税率和海关审定的实际进口货物完税价格相乘计算应征税额。目前，我国海关计征关税标准主要是从价税。

（2）从量税。从量税是以货物的数量、重量、体积、容量等计量单位为计税标准，以每计量单位货物的应征税额为税率。我国目前对原油、啤酒和胶卷等进口商品征收从量税。

（3）复合税。复合税又称混合税，即订立从价、从量两种税率，随着完税价格和进口数量而变化，征收时两种税率合并计征。它是对某种进口货物混合使用从价税和从量税的一种关税计征标准。我国目前仅对录像机、放像机、摄像机、数字照相机和摄录一体机等进口商品征收复合税。

（4）选择税。选择税是对一种进口商品同时定有从价税和从量税两种税率，但征税时选择其税额较高的一种征税。

（5）滑准税。滑准税是根据货物的不同价格适用不同税率的一类特殊的从价关税。它是一种关税税率随进口货物价格由高至低而由低至高设置计征关税的方法。简单地讲，就是进口货物的价格越高，其进口关税税率越低，进口商品的价格越低，其进口关税税率越高。滑准税的特点是可保持实行滑准税商品的国内市场价格的相对稳定，而不受国际市场价格波动的影响。

二、出口关税税率

我国出口税则为一栏税率，即出口税率。国家仅对少数资源性产品及易于竞相杀价、盲目进口、需要规范出口秩序的半制成品征收出口关税。

三、特别关税

特别关税包括报复性关税、反倾销税与反补贴税、保障性关税。征收特别关税的货物，适用国别、税率、期限和征收办法，由国务院关税税则委员会决定，海关总署负责实施。

四、税率的运用

进出口货物，应当依照税则规定的归类原则归入合适的税号，并按照适用的税率征税。对税率的运用作出了明确规定，具体如下：

（1）进出口货物，应当适用海关接受该货物申报进口或者出口之日实施的税率。

（2）进口货物到达前，经海关核准先行申报的，应当适用装载该货物的运输工具申报进境之日实施的税率。

（3）进口转关运输货物，应当适用指运地海关接受该货物申报进口之日实施的税率；货物运抵指运地前，经海关核准先行申报的，应当适用装载该货物的运输工具抵达指运地之日实施的税率。

（4）出口转关运输货物，应当适用启运地海关接受该货物申报出口之日实施的税率。

（5）经海关批准，实行集中申报的进出口货物，应当适用每次货物进出口时海关接受该货物申报之日实施的税率。

（6）因超过规定期限未申报而由海关依法变卖的进口货物，其税款计征应当适用装载该货物的运输工具申报进境之日实施的税率。

（7）因纳税义务人违反规定需要追征税款的进出口货物，应当适用违反规定的行为发生之日实施的税率；行为发生之日不能确定的，适用海关发现该行为之日实施的税率。

（8）已申报进境并放行的保税货物、减免税货物、租赁货物或者已申报进出境并放行的暂时进出境货物，有下列情形之一需缴纳税款的，应当适用海关接受纳税义务人再次填写报关单申报办理纳税及有关手续之日实施的税率：

① 保税货物经批准不复运出境的。

② 保税仓储货物转入国内市场销售的。

③ 减免税货物经批准转让或者移作他用的。

④ 可暂不缴纳税款的暂时进出境货物，经批准不复运出境或者进境的。

⑤ 租赁进口货物，分期缴纳税款的。

（9）补征和退还进出口货物关税，应当按照前述规定确定适用的税率。

第三节　完税价格与应纳税额的计算

一、原产地规定

确定进境货物原产国的主要原因之一，是便于正确运用进口税则的各栏税率，对产自不同国家或地区的进口货物适用不同的关税税率。我国原产地规定基本上采用了"全部产地生产标准""实质性加工标准"两种国际上通用的原产地标准。除此以外，还有其他标准。

（一）全部产地生产标准

全部产地生产标准是指进口货物"完全在一个国家内生产或制造"，生产国或制造国即为该货物的原产国。完全在一国生产或制造的进口货物包括：

（1）在该国领土或领海内开采的矿产品。

（2）在该国领土上收获或采集的植物产品。

（3）在该国领土上出生或由该国饲养的活动物及从其所得产品。

（4）在该国领土上狩猎或捕猎所得的产品。

（5）在该国的船只上卸下的海洋捕捞物，以及由该国船只在海上取得的其他产品。

（6）在该国加工船加工上述第（5）项所列物品所得的产品。

（7）在该国收集的只适用于作再加工制造的废碎料和废旧物品。

（8）在该国完全使用上述（1）～（7）项所列产品加工成的制成品。

（二）实质性加工标准

实质性加工标准是适用于确定有两个或两个以上国家参与生产的产品的原产国的标准，其基本含义是：经过几个国家加工、制造的进口货物，以最后一个对货物进行经济上可以视为实质性加工的国家作为有关货物的原产国。"实质性加工"是指产品加工后，在进出口税则中四位数税号一级的税则归类已经有了改变，或者加工增值部分所占新产品总值的比例已超过30%及以上的。

（三）其他标准

对机器、仪器、器材或车辆所用零件、部件、配件、备件及工具，如与主件同时进口且数量合理的,其原产地按主件的原产地确定,分别进口的则按各自的原产地确定。

二、关税完税价格

《海关法》规定,进出口货物的完税价格,由海关以该货物的成交价格为基础审查确定。成交价格不能确定时,完税价格由海关依法估定。自我国加入世界贸易组织后,我国海关已全面实施《世界贸易组织估价协定》,遵循客观、公平、统一的估价原则,并依据2014年2月1日起实施的《中华人民共和国海关审定进出口货物完税价格办法》(以下简称《完税价格办法》),审定进出口货物的完税价格。

(一) 一般进口货物的完税价格

根据《海关法》规定,进口货物的完税价格包括货物的货价、货物运抵我国境内输入地点起卸前的运输及其相关费用、保险费。进口货物完税价格的确定方法大致可以划分为两类:一类是以进口货物的成交价格为基础进行调整,从而确定进口货物完税价格的估价方法(以下称成交价格估价方法);另一类则是在进口货物的成交价格不符合规定条件或者成交价格不能确定的情况下,海关用来审查确定进口货物完税价格的估价方法(以下称海关估价方法)。

1. 成交价格估价方法

进口货物的成交价格是指卖方向我国境内销售该货物时买方为进口该货物向卖方实付、应付的,并且按照《完税价格办法》有关规定调整后的价款总额,包括直接支付的价款和间接支付的价款。

(1) 进口货物的成交价格应当符合的条件:

① 对买方处置或者使用进口货物不予限制,但是法律、行政法规规定实施的限制、对货物销售地域的限制和对货物价格无实质性影响的限制除外。有下列情形之一的,应当视为对买方处置或者使用进口货物进行了限制:进口货物只能用于展示或者免费赠送的;进口货物只能销售给指定第三方的;进口货物加工为成品后只能销售给卖方或者指定第三方的;其他经海关审查,认定买方对进口货物的处置或者使用受到限制的。

② 进口货物的价格不得受到使该货物成交价格无法确定的条件或者因素的影响。有下列情形之一的,应当视为进口货物的价格受到了使该货物成交价格无法确定的条件或者因素的影响:进口货物的价格是以买方向卖方购买一定数量的其他货物为条件而确定的;进口货物的价格是以买方向卖方销售其他货物为条件而确定的;其他经海关审查,认定货物的价格受到使该货物成交价格无法确定的条件或者因素影响的。

③ 卖方不得直接或者间接获得因买方销售、处置或者使用进口货物而产生的任何收益,或者虽然有收益但是能够按照《完税价格办法》的规定作出调整。

④ 买卖双方之间没有特殊关系,或者虽然有特殊关系但是按照规定未对成交价格产生影响。有下列情形之一的,应当认为买卖双方存在特殊关系:买卖双方为同一家族成员的;买卖双方互为商业上的高级职员或者董事的;一方直接或者间接地受另一方控制的;买卖双方都直接或者间接地受第三方控制的;买卖双方共同直接或者间接地控制第三方的;一方直接或者间接地拥有、控制或者持有对方5%以上(含5%)公开发行的有表决权的股票或者股份的;一方是另一方的雇员、高级职员或者董事的买卖双方是同一合伙的成员的。买卖双方在经营上相互有联系,一方是另一方的独家代理、独家经销或者独家受让人,如果符合前款

的规定,也应当视为存在特殊关系。需要注意的是,买卖双方之间存在特殊关系,但是纳税义务人能证明其成交价格与同时或者大约同时发生的下列任何一款价格相近的,应当视为特殊关系未对进口货物的成交价格产生影响:向境内无特殊关系的买方出售的相同或者类似进口货物的成交价格;按照倒扣价格估价方法所确定的相同或者类似进口货物的完税价格;按照计算价格估价方法所确定的相同或者类似进口货物的完税价格。

(2) 应计入完税价格的调整项目。

采用成交价格估价方法,以成交价格为基础审查确定进口货物的完税价格时,未包括在该货物实付、应付价格中的下列费用或者价值应当计入完税价格:

① 由买方负担的除购货佣金以外的佣金和经纪费。"购货佣金"是指买方为购买进口货物向自己的采购代理人支付的劳务费用。"经纪费"是指买方为购买进口货物向代表买卖双方利益的经纪人支付的劳务费用。

② 由买方负担的与该货物视为一体的容器费用。

③ 由买方负担的包装材料费用和包装劳务费用。

④ 与该货物的生产和向中华人民共和国境内销售有关的,由买方以免费或者以低于成本的方式提供并可以按适当比例分摊的料件、工具、模具、消耗材料及类似货物的价款,以及在境外开发、设计等相关服务的费用。

⑤ 与该货物有关并作为卖方向我国销售该货物的一项条件,应当由买方向卖方或者有关方直接或间接支付的特许权使用费。"特许权使用费"是指进口货物的买方为取得知识产权权利人及权利人有效授权人关于专利权、商标权、专有技术、著作权、分销权或者销售权的许可或者转让而支付的费用。

⑥ 卖方直接或间接从买方对该货物进口后转售、处置或使用所得中获得的收益。

纳税义务人应当向海关提供上列所述费用或者价值的客观量化数据资料。如果纳税义务人不能提供,海关与纳税义务人进行价格磋商后,按照《完税价格办法》列明的海关估价方法审查确定完税价格。

(3) 不计入完税价格的调整项目。进口货物的价款中单独列明的下列税收、费用,不计入该货物的完税价格:

① 厂房、机械或者设备等货物进口后发生的建设、安装、装配、维修或者技术援助费用,但是保修费用除外。

② 进口货物运抵中华人民共和国境内输入地点起卸后发生的运输及其相关费用、保险费。

③ 进口关税、进口环节海关代征税及其他国内税。

④ 为在境内复制进口货物而支付的费用。

⑤ 境内外技术培训及境外考察费用。

⑥ 同时符合下列条件的利息费用:利息费用是买方为购买进口货物而融资所产生的;有书面的融资协议的;利息费用单独列明的;纳税义务人可以证明有关利率不高于在融资当时当地此类交易通常应当具有的利率水平,且没有融资安排的相同或者类似进口货物的价格与进口货物的实付、应付价格非常接近的。

2. 进口货物海关估价方法

进口货物的成交价格不符合规定条件或者成交价格不能确定的,海关经了解有关情况,并且与纳税义务人进行价格磋商后,依次以相同货物成交价格估价方法、类似货物成交价格估价方法、倒扣价格估价方法、计算价格估价方法及其他合理方法审查确定该货物的完税价格。

(1) 相同货物成交价格估价方法。相同货物成交价格估价方法是指海关以与进口货物同时或者大约同时向中华人民共和国境内销售的相同货物的成交价格为基础,审查确定进口货物的完税价格的估价方法。

① 按照该方法审查确定进口货物的完税价格时,应当使用与该货物具有相同商业水平且进口数量基本一致的相同货物的成交价格。使用上述价格时,应当以客观量化的数据资料,对该货物与相同货物之间由于运输距离和运输方式不同而在成本和其他费用方面产生的差异进行调整。在没有前述的相同货物的成交价格的情况下,可以使用不同商业水平或者不同进口数量的相同货物的成交价格。使用上述价格时,应当以客观量化的数据资料,对因商业水平、进口数量、运输距离和运输方式不同而在价格、成本和其他费用方面产生的差异作出调整。

② 按照该方法审查确定进口货物的完税价格时,应当首先使用同一生产商生产的相同货物的成交价格;没有同一生产商生产的相同货物的成交价格的,可以使用同一生产国或者地区其他生产商生产的相同货物的成交价格;如果有多个相同货物的成交价格,应当以最低的成交价格为基础审查确定进口货物的完税价格。

上述"相同货物"是指与进口货物在同一国家或地区生产的,在物理性质、质量和信誉等所有方面都相同的货物,但是表面的微小差异允许存在。"大约同时"是指海关接受货物申报之日的大约同时,最长不应当超过前后 45 日。按照倒扣价格法审查确定进口货物的完税价格时,如果进口货物、相同或者类似货物没有在海关接受进口货物申报之日前后 45 日内在境内销售,可以将在境内销售的时间延长至接受货物申报之日前后 90 日内(下同)。

(2) 类似货物成交价格估价方法。

① 按照该方法审查确定进口货物的完税价格时,应当使用与该货物具有相同商业水平且进口数量基本一致的类似货物的成交价格。使用上述价格时,应当以客观量化的数据资料,对该货物与类似货物之间由于运输距离和运输方式不同而在成本和其他费用方面产生的差异进行调整。在没有前述的类似货物的成交价格的情况下,可以使用不同商业水平或者不同进口数量的类似货物的成交价格,使用上述价格时,应当以客观量化的数据资料,对因商业水平、进口数量、运输距离和运输方式不同而在价格、成本和其他费用方面产生的差异作出调整。

② 按照该方法审查确定进口货物的完税价格时,应当首先使用同一生产商生产的类似货物的成交价格;没有同一生产商生产的类似货物的成交价格的,可以使用同一生产国或者地区其他生产商生产的类似货物的成交价格;如果有多个类似货物的成交价格,应当以最低的成交价格为基础审查确定进口货物的完税价格。

上述"类似货物"是指与进口货物在同一国家或地区生产的,虽然不是在所有方面都相同,但是却具有相似的特征、相似的组成材料、同样的功能,并且在商业中可以互换的货物。

(3) 倒扣价格估价方法。倒扣价格估价方法是指海关以进口货物、相同或者类似进口货物在境内的销售价格为基础,扣除境内发生的有关费用后,审查确定进口货物完税价格的估价方法。

① 销售价格应当同时符合下列条件:

A. 是在该货物进口的同时或者大约同时,将该货物、相同或者类似进口货物在境内销售的价格。

B. 是按照货物进口时的状态销售的价格。

C. 是在境内第一销售环节销售的价格。

D. 是向境内无特殊关系方销售的价格。

E. 按照该价格销售的货物合计销售总量最大。

② 按照倒扣价格估价方法审查确定进口货物完税价格的,下列各项应当扣除:

A. 同等级或者同种类货物在境内第一销售环节销售时,通常的利润和一般费用(包括直接费用和间接费用)以及通常支付的佣金。

B. 货物运抵境内输入地点起卸后的运输及其相关费用、保险费。

C. 进口关税、进口环节海关代征税及其他国内税。

(4) 计算价格估价方法。计算价格估价方法是指海关以下列各项的总和为基础,审查确定进口货物完税价格的估价方法。

① 生产该货物所使用的料件成本和加工费用。

② 向境内销售同等级或者同种类货物通常的利润和一般费用(包括直接费用和间接费用)。

③ 该货物运抵境内输入地点起卸前的运输及相关费用、保险费。

按照上述规定审查确定进口货物的完税价格时,海关在征得境外生产商同意并且提前通知有关国家或者地区政府后,可以在境外核实该企业提供的有关资料。

(5) 合理方法。合理方法是指当海关不能根据成交价格估价方法、相同货物成交价格估价方法、类似货物成交价格估价方法、倒扣价格估价方法和计算价格估价方法确定完税价格时,海关遵循客观、公平、统一的原则,以客观量化的数据资料为基础审查确定进口货物完税价格的估价方法。海关在采用合理方法确定进口货物的完税价格时,不得使用以下价格:

① 境内生产的货物在境内的销售价格。

② 可供选择的价格中较高的价格。

③ 货物在出口地市场的销售价格。

④ 以计算价格估价方法规定之外的价值或者费用计算的相同或者类似货物的价格。

⑤ 出口到第三国或者地区的货物的销售价格。

⑥ 最低限价或者武断、虚构的价格。

(二) 进口货物完税价格中的运输及相关费用、保险费的计算

(1) 进口货物的运输及其相关费用,应当按照由买方实际支付或者应当支付的费用计算。如果进口货物的运输及其相关费用无法确定的,海关应当按照该货物进口同期的正常运输成本审查确定。

(2) 运输工具作为进口货物,利用自身动力进境的,海关在审查确定完税价格时,不再另行计入运输及其相关费用。

(3) 进口货物的保险费,应当按照实际支付的费用计算。如果进口货物的保险费无法

确定或者未实际发生,海关应当按照"货价加运费"两者总额的 3‰计算保险费,其计算公式如下:

$$保险费＝(货价＋运费)×3‰$$

(4)邮运进口的货物,应当以邮费作为运输及其相关费用、保险费。

(三)出口货物的完税价格

1. 以成交价格为基础的完税价格

出口货物的完税价格,由海关以该货物的成交价格为基础审查确定,并且应当包括货物运至我国境内输出地点装载前的运输及其相关费用、保险费。

出口货物的成交价格是指该货物出口销售时,卖方为出口该货物应当向买方直接收取和间接收取的价款总额。下列税收、费用不计入出口货物的完税价格:

(1)出口关税。

(2)在货物价款中单独列明的货物运至我国境内输出地点装载后的运输及其相关费用、保险费。

2. 出口货物海关估价方法

出口货物的成交价格不能确定时,海关经了解有关情况,并且与纳税义务人进行价格磋商后,依次以下列价格审查确定该货物的完税价格:

(1)同时或者大约同时向同一国家或者地区出口的相同货物的成交价格。

(2)同时或者大约同时向同一国家或者地区出口的类似货物的成交价格。

(3)根据境内生产相同或者类似货物的成本、利润和一般费用(包括直接费用和间接费用)、境内发生的运输及其相关费用、保险费计算所得的价格。

(4)按照合理方法估定的价格。

三、应纳税额的计算

(一)从价税应纳税额的计算

$$关税税额＝应税进(出)口货物数量×单位完税价格×税率$$

(二)从量税应纳税额的计算

$$关税税额＝应税进(出)口货物数量×单位货物税额$$

(三)复合税应纳税额的计算

$$关税税额＝应税进(出)口货物数量×单位货物税额＋应税进(出)口货物数量×单位完税价格×税率$$

(四)滑准税应纳税额的计算

$$关税税额＝应税进(出)口货物数量×单位完税价格×滑准税税率$$

【例 7-1】 A 商场于 2019 年 5 月进口一批高档化妆品。该批货物在国外的买价 100 万元,货物运抵我国入关前发生的运输费、保险费和其他费用分别为 10 万元、6 万元、4 万元。货物报关后,该商场按规定缴纳了进口环节的增值税和消费税并取得了海关开具的缴款书。将化妆品从海关运往商场所在地取得增值税专用发票,注明运输费用 5 万元、增值税进项税额 0.45 万元,该批化妆品当月在国内全部销售,取得不含税销售额 600 万元(假定化妆品进口关税税率 20%,增值税税率 13%,消费税税率 15%)。

要求:计算该批化妆品进口环节应缴纳的关税、增值税、消费税和国内销售环节应缴纳的增值税。

(1) 关税完税价格=100+10+6+4=120(万元)

(2) 应缴纳进口关税=120×20%=24(万元)

(3) 进口环节的组成计税价格=(120+24)÷(1-15%)=169.41(万元)

(4) 进口环节应缴纳增值税=169.41×13%=22.02(万元)

(5) 进口环节应缴纳消费税=169.41×15%=25.41(万元)

(6) 国内销售环节应缴纳增值税=600×13%-0.45-22.02

$$=55.53(万元)$$

四、跨境电子商务零售进口税收政策

自 2016 年 4 月 8 日起,跨境电子商务零售进口商品按照货物征收关税和进口环节增值税、消费税,购买跨境电子商务零售进口商品的个人作为纳税义务人,实际交易价格(包括货物零售价格、运费和保险费)作为完税价格,电子商务企业、电子商务交易平台企业或物流企业可作为代收代缴义务人。

(一)适用范围

跨境电子商务零售进口税收政策适用于从其他国家或地区进口的、《跨境电子商务零售进口商品清单》范围内的以下商品:

(1) 所有通过与海关联网的电子商务交易平台交易,能够实现交易、支付、物流电子信息"三单"比对的跨境电子商务零售进口商品。

(2) 未通过与海关联网的电子商务交易平台交易,但快递、邮政企业能够统一提供交易、支付、物流等电子信息,并承诺承担相应法律责任进境的跨境电子商务零售进口商品。

不属于跨境电子商务零售进口的个人物品以及无法提供交易、支付、物流等电子信息的跨境电子商务零售进口商品,按现行规定执行。

(二)计征限额

跨境电子商务零售进口商品的单次交易限值为人民币 5 000 元,个人年度交易限值为人民币 26 000 元。在限值以内进口的跨境电子商务零售进口商品,关税税率暂设为 0;进口环节增值税、消费税取消免征税额,暂按法定应纳税额的 70% 征收。超过单次限值、累加后超过个人年度限值的单次交易,以及完税价格超过 2 000 元限值的单个不可分割商品,均按照一般贸易方式全额征税。

(三)计征规定

跨境电子商务零售进口商品自海关放行之日起 30 日内退货的,可申请退税,并相应调整个人年度交易总额。

跨境电子商务零售进口商品购买人(订购人)的身份信息应进行认证;未进行认证的,购买人(订购人)身份信息应与付款人一致。

《跨境电子商务零售进口商品清单》由财政部商有关部门另行公布。

第四节　减　免　规　定

关税减免是对某些纳税人和征税对象给予鼓励和照顾的一种特殊调节手段。正是有了这一手段,使关税政策工作兼顾了普遍性和特殊性、原则性和灵活性。因此,关税减免是贯彻国家关税政策的一项重要措施。关税减免分为法定减免税、特定减免税和临时减免税。根据《海关法》规定,除法定减免税外的其他减免税均由国务院决定。减征关税在我国加入世界贸易组织之前以税则规定税率为基准,在我国加入世界贸易组织之后以最惠国税率或者普通税率为基准。

一、法定减免税

法定减免税是税法中明确列出的减税或免税。符合税法规定可予减免税的进出口货物,纳税义务人无须提出申请,海关可按规定直接予以减免税。海关对法定减免税货物一般不进行后续管理。

我国《海关法》和《进出口关税条例》明确规定,下列货物、物品予以减免关税:

(1) 关税税额在人民币 50 元以下的一票货物,可免征关税。

(2) 无商业价值的广告品和货样,可免征关税。

(3) 外国政府、国际组织无偿赠送的物资,可免征关税。

(4) 进出境运输工具装载的途中必需的燃料、物料和饮食用品,可予免税。

(5) 在海关放行前损失的货物,可免征关税。

(6) 在海关放行前遭受损坏的货物,可以根据海关认定的受损程度减征关税。

(7) 我国缔结或者参加的国际条约规定减征、免征关税的货物、物品,按照规定予以减免关税。

(8) 法律规定减征、免征关税的其他货物、物品。

二、特定减免税

特定减免税也称政策性减免税。在法定减免税之外,国家按照国际通行规则和我国实际情况,制定发布的有关进出口货物减免关税的政策,称为特定或政策性减免税。特定减免税货物一般有地区、企业和用途的限制,海关需要进行后续管理,也需要进行减免税统计。

(1) 科教用品。

(2) 残疾人专用品。

(3) 慈善捐赠物资。

其他还有加工贸易产品、边境贸易进口物资等减免关税规定。

三、临时减免税

暂时进境或者暂时出境的下列货物,在进境或者出境时纳税义务人向海关缴纳相当于应纳税款的保证金或者提供其他担保的,可以暂不缴纳关税,并应当自进境或者出境之日起6 个月内复运出境或者复运进境;需要延长复运出境或者复运进境期限的,纳税义务人应当根据海关总署的规定向海关办理延期手续：

(1) 在展览会、交易会、会议及类似活动中展示或使用的货物。

(2) 文化、体育交流活动中使用的表演、比赛用品。

(3) 进行新闻报道或者摄制电影、电视节目使用的仪器、设备及用品。

(4) 开展科研、教学、医疗活动使用的仪器、设备及用品。

(5) 在上述第(1)项至第(4)项所列活动中使用的交通工具及特种车辆。

(6) 货样。

(7) 供安装、调试、检测设备时使用的仪器、工具。

(8) 盛装货物的容器。

(9) 其他用于非商业目的的货物。

第五节　征收管理

一、关税缴纳

进口货物的纳税义务人应当自运输工具申报进境之日起 14 日内，出口货物的纳税义务人除海关特准的外，应当在货物运抵海关监管区后、装货的 24 小时以前，向货物的进出境地海关申报，海关根据税则归类和完税价格计算应缴纳的关税和进口环节代征税，并填发税款缴款书。纳税义务人应当自海关填发税款缴款书之日起 15 日内，向指定银行缴纳税款。如关税缴款期限届满日遇星期六、星期日等休息日或者法定节假日，则关税缴纳期限顺延至休息日或者法定节假日之后的第一个工作日。为方便纳税义务人，经申请且海关同意，进(出)口货物的纳税义务人可以在设有海关的指运地(启运地)办理海关申报、纳税手续。

关税纳税义务人因不可抗力或者在国家税收政策调整的情形下，不能按期缴纳税款的，经依法提供税款担保后，可以延期缴纳税款，但最长不得超过 6 个月。

二、关税的强制执行

纳税义务人未在关税缴纳期限内缴纳税款，即构成关税滞纳。为保证海关征收关税决定的有效执行和国家财政收入的及时入库，《海关法》赋予海关对滞纳关税的纳税义务人强制执行的权利。强制措施主要有两类：

(1) 征收关税滞纳金。滞纳金自关税缴纳期限届满滞纳之日起，至纳税义务人缴纳关税之日止，按滞纳税款 5‰的比例按日征收，周末或法定节假日不予扣除。计算公式如下：

$$关税滞纳金金额＝滞纳关税税额×滞纳金征收比率×滞纳天数$$

(2) 强制征收。如纳税义务人自缴纳税款期限届满之日起 3 个月仍未缴纳税款，经直属海关关长或者其授权的隶属海关关长批准，海关可以采取强制扣缴、变价抵缴等强制措施。强制扣缴即海关书面通知纳税义务人开户银行或者其他金融机构从其存款中扣缴税款。变价抵缴即海关将纳税义务人的应税货物依法变卖，或者扣留并依法变卖其价值相当于应纳税款的货物或者其他财产，以变卖所得抵缴税款。

三、关税退还

关税退还是关税纳税义务人按海关核定的税额缴纳关税后,因某种原因的出现,海关将实际征收多于应当征收的税额(称为溢征关税)退还给原纳税义务人的一种行政行为。根据《海关法》和《进出口关税条例》的规定,海关多征的税款,海关发现后应当立即退还;纳税义务人发现多缴税款的,自缴纳税款之日起1年内,可以以书面形式要求海关退还多缴的税款并加算银行同期活期存款利息;海关应当自受理退税申请之日起30日内查实并通知纳税义务人办理退还手续。此外,有下列情形之一的,纳税义务人自缴纳税款之日起1年内,可以申请退还关税,并应当以书面形式向海关说明理由,提供原缴款凭证及相关资料:

(1)已征进口关税的货物,因品质或者规格原因,原状退货复运出境的。

(2)已征出口关税的货物,因品质或者规格原因,原状退货复运进境,并已重新缴纳因出口而退还的国内环节有关税收的。

(3)已征出口关税的货物,因故未装运出口,申报退关的。

海关应当自受理退税申请之日起30日内查实并通知纳税义务人办理退还手续;纳税义务人应当自收到通知之日起3个月内办理有关退税手续。前述第(1)项和第(2)项规定强调的是,"因货物品质或者规格原因,原状复运进境或者出境的"。如果属于其他原因且不能以原状复运进境或者出境,不能退税。

四、关税补征和追征

补征和追征是海关在关税纳税义务人按海关核定的税额缴纳关税后,发现实际征收税额少于应当征收的税额(称为短征关税)时,责令纳税义务人补缴所差税款的一种行政行为。海关法根据短征关税的原因,将海关征收原短征关税的行为分为补征和追征两种。由于纳税人违反海关规定造成短征关税的,称为追征;非因纳税人违反海关规定造成短征关税的,称为补征。区分关税追征和补征的目的是区别不同情况适用不同的征收时效,超过时效规定的期限,海关就丧失了追补关税的权力。

根据《海关法》和《进出口关税条例》的规定,进出境货物和物品放行后,海关发现少征或者漏征税款,应当自缴纳税款或者货物、物品放行之日起1年内,向纳税义务人补征税款;因纳税义务人违反规定而造成的少征或者漏征的税款,海关可以自纳税义务人缴纳税款或者货物、物品放行之日起3年以内追征,并从缴纳税款或者货物、物品放行之日起按日加收少征或者漏征税款5‰的滞纳金;海关发现其监管货物因纳税义务人违反规定造成少征或者漏征税款的,应当自纳税义务人应缴纳税款之日起3年内追征税款,并从应缴纳税款之日起按日加收少征或者漏征税款5‰的滞纳金。

五、关税纳税争议的处理

为保护纳税人合法权益,我国《海关法》和《进出口关税条例》都规定了纳税义务人对海关确定的进出口货物的征税、减税、补税或者退税等有异议时,有提出申诉的权利。在纳税义务人同海关发生纳税争议时,可以向海关申请复议,但同时应当在规定期限内按海关核定的税额缴纳关税,逾期则构成滞纳,海关有权按规定采取强制执行措施。

纳税争议的内容一般为进出境货物和物品的纳税义务人对海关在原产地认定、税则归类、税率或汇率适用、完税价格确定、关税减征、免征、追征、补征和退还等征税行为是否合法或适当,是否侵害了纳税义务人的合法权益,而对海关征收关税的行为表示异议。

纳税争议的申诉程序:纳税义务人自海关填发税款缴款书之日起 60 日内,向原征税海关的上一级海关提出复议申请。逾期申请复议的,海关不予受理。海关行政复议机关应当自受理复议申请之日起 60 日内作出复议决定,并以复议决定书的形式正式答复纳税义务人;纳税义务人对海关复议决定仍然不服的,可以自收到复议决定书之日起 15 日内,向人民法院提起诉讼。

第六节 船舶吨税法

船舶吨税是根据船舶运载量课征的一个税种,源于明以后税关的"船料"。现行船舶吨税的基本规范是 2017 年 12 月 27 日第十二届全国人民代表大会常务委员会第三十一次会议通过《中华人民共和国船舶吨税法》,自 2018 年 7 月 1 日起施行。

一、征税范围和税率

(一)征税范围

自中华人民共和国境外港口进入境内港口的船舶(以下简称应税船舶),应当缴纳船舶吨税(以下简称吨税)。吨税的税目、税率依照《吨税税目税率表》执行。

(二)税率

吨税设置优惠税率和普通税率。中华人民共和国国籍的应税船舶,船籍国(地区)与中华人民共和国签订含有相互给予船舶税费最惠国待遇条款的条约或者协定的应税船舶,适用优惠税率。其他应税船舶,适用普通税率(见表 7-1)。

表 7-1 吨税税目税率表

税目 (按船舶净吨位划分)	税率(元/净吨)						备注
	普通税率 (按执照期限划分)			优惠税率 (按执照期限划分)			
	1 年	90 日	30 日	1 年	90 日	30 日	
不超过 2 000 净吨	12.6	4.2	2.1	9.0	3.0	1.5	1. 拖船按照发动机功率每千瓦折合净吨位 0.67 吨。 2. 无法提供净吨位证明文件的游艇,按照发动机功率每千瓦折合净吨位 0.05 吨。 3. 拖船和非机动驳船分别按相同净吨位船舶税率的 50% 计征税款
超过 2 000 净吨,但不超过 10 000 净吨	24.0	8.0	4.0	17.4	5.8	2.9	
超过 10 000 净吨,但不超过 50 000 净吨	27.6	9.2	4.6	19.8	6.6	3.3	
超过 50 000 净吨	31.8	10.6	5.3	22.8	7.6	3.8	

注:拖船是指专门用于拖(推)动运输船舶的专业作业船舶。

二、应纳税额的计算

吨税按照船舶净吨位和吨税执照期限征收。净吨位是指由船籍国(地区)政府授权签发的船舶吨位证明书上标明的净吨位;吨税执照期限是指按照公历年、日计算的期间。应税船舶负责人在每次申报纳税时,可以按照《吨税税目税率表》选择申领一种期限的吨税执照。吨税的应纳税额按照船舶净吨位乘以适用税率计算,计算公式如下:

$$应纳税额=船舶净吨位×定额税率$$

吨税由海关负责征收。海关征收吨税应当制发缴款凭证。应税船舶负责人缴纳吨税或者提供担保后,海关按照其申领的执照期限填发吨税执照。

应税船舶在进入港口办理入境手续时,应当向海关申报纳税领取吨税执照,或者交验吨税执照(或者申请核验吨税执照电子信息)。应税船舶在离开港口办理出境手续时,应当交验吨税执照(或者申请核验吨税执照电子信息)。

应税船舶负责人申领吨税执照时,应当向海关提供下列文件:

(1)船舶国籍证书或者海事部门签发的船舶国籍证书收存证明。

(2)船舶吨位证明。

应税船舶因不可抗力在未设立海关地点停泊的,船舶负责人应当立即向附近海关报告,并在不可抗力原因消除后,依照本法规定向海关申报纳税。

【例7-2】 A国某运输公司一艘货轮驶入我国某港口,该货轮净吨位为10 000吨,货轮负责人已向我国海关领取了吨税执照,在港口停留期限为30天,A国已与我国签订有相互给予船舶税费最惠国待遇条款。请计算该货轮负责人应向我国海关缴纳的船舶吨税。

解析:

(1)根据船舶吨税的相关规定,该货轮应享受优惠税率,每净吨位为3.30元。

(2)应缴纳船舶吨税=10 000×3.30=33 000(元)。

三、税收优惠

(一)直接优惠

下列船舶免征吨税:

(1)应纳税额在人民币50元以下的船舶。

(2)自境外以购买、受赠、继承等方式取得船舶所有权的初次进口到港的空载船舶。

(3)吨税执照期满后24小时内不上下客货的船舶。

(4)非机动船舶(不包括非机动驳船)。非机动船舶是指自身没有动力装置,依靠外力驱动的船舶。非机动驳船是指在船舶登记机关登记为驳船的非机动船舶。

(5)捕捞、养殖渔船。捕捞、养殖渔船是指在中华人民共和国渔业船舶管理部门登记为捕捞船或者养殖船的船舶。

(6)避难、防疫隔离、修理、改造、终止运营或者拆解,并不上下客货的船舶。

(7)军队、武装警察部队专用或者征用的船舶。

(8)警用船舶。

(9)依照法律规定应当予以免税的外国驻华使领馆、国际组织驻华代表机构及其有关人员的船舶。

(10)国务院规定的其他船舶。本条免税规定,由国务院报全国人民代表大会常务委员会备案。

(二)延期优惠

在吨税执照期限内,应税船舶发生下列情形之一的,海关按照实际发生的天数批注延长

吨税执照期限:

(1) 避难、防疫隔离、修理,并不上下客货。

(2) 军队、武装警察部队征用。

符合直接优惠第(5)项至第(9)项以及延期优惠政策的船舶,应当提供海事部门、渔业船舶管理部门或者出入境检验检疫部门等部门、机构出具的具有法律效力的证明文件或者使用关系证明文件,申明免税或者延长吨税执照期限的依据和理由。

四、征收管理

(1) 吨税纳税义务发生时间为应税船舶进入港口的当日。

应税船舶在吨税执照期满后尚未离开港口的,应当申领新的吨税执照,自上一次执照期满的次日起续缴吨税。

(2) 应税船舶负责人应当自海关填发吨税缴款凭证之日起 15 日内缴清税款。未按期缴清税款的,自滞纳税款之日起至缴清税款之日止,按日加收滞纳税款 5‰的税款滞纳金。

(3) 应税船舶到达港口前,经海关核准先行申报并办结出入境手续的,应税船舶负责人应当向海关提供与其依法履行吨税缴纳义务相适应的担保;应税船舶到达港口后,依照规定向海关申报纳税。

下列财产、权利可以用于担保:

① 人民币、可自由兑换货币。

② 汇票、本票、支票、债券、存单。

③ 银行、非银行金融机构的保函。

④ 海关依法认可的其他财产、权利。

(4) 应税船舶在吨税执照期限内,因修理、改造导致净吨位变化的,吨税执照继续有效。应税船舶办理出入境手续时,应当提供船舶经过修理、改造的证明文件。

(5) 应税船舶在吨税执照期限内,因税目税率调整或者船籍改变而导致适用税率变化的,吨税执照继续有效。

因船籍改变而导致适用税率变化的,应税船舶在办理出入境手续时,应当提供船籍改变的证明文件。

(6) 吨税执照在期满前毁损或者遗失的,应当向原发照海关书面申请核发吨税执照副本,不再补税。

(7) 海关发现少征或者漏征税款的,应当自应税船舶应当缴纳税款之日起 1 年内,补征税款。但因应税船舶违反规定造成少征或者漏征税款的,海关可以自应当缴纳税款之日起 3 年内追征税款,并自应当缴纳税款之日起按日加征少征或者漏征税款 5‰的税款滞纳金。海关发现多征税款的,应当在 24 小时内通知应税船舶办理退还手续,并加算银行同期活期存款利息。

应税船舶发现多缴税款的,可以自缴纳税款之日起 3 年内以书面形式要求海关退还多缴的税款并加算银行同期活期存款利息;海关应当自受理退税申请之日起 30 日内查实并通知应税船舶办理退还手续。

(8) 应税船舶有下列行为之一的,由海关责令限期改正,处 2 000 元以上 30 000 元以下的罚款;不缴或者少缴应纳税款的,处不缴或者少缴税款 50%以上 5 倍以下的罚款,但罚款不得低于2 000元：

① 未按照规定申报纳税、领取吨税执照。

② 未按照规定交验吨税执照（或者申请核验吨税执照电子信息）以及提供其他证明文件。

（9）吨税税款、税款滞纳金、罚款以人民币计算。

吨税的征收，《中华人民共和国船舶吨税法》未作规定的，依照有关税收征收管理的法律、行政法规的规定执行。

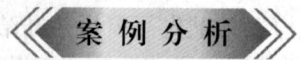

本 章 小 结

本章关税法要求学生掌握关税的征税对象与纳税义务人、税目与税率、应纳税额的计算、税收优惠；掌握船舶吨税的纳税义务人、税目与税率、应纳税额的计算、税收优惠。

案 例 分 析

"人肉代购"

被告人王某被公诉机关指控触犯走私普通货物、物品罪。经过人民法院审判，认定王某犯走私普通货物、物品罪，判处拘役4个月，并处罚金5 000元。详细案情经过如下：

2019年1月、3月，王某多次携带化妆品、奶粉从福田口岸入境，未向海关申报，被海关查获。海关出具的走私货物偷逃税款稽核证明书证实：王某于2019年1月、3月走私涉案货物偷逃的应缴税额为人民币5 200元。

人民法院判决认定被告人王某违反海关法规，逃避海关监管，1年内曾因走私被给予二次行政处罚后又实施走私，其行为已构成走私普通货物、物品罪。公诉机关指控的罪名成立。被告人王某归案后能如实供述自己的罪行，认罪、悔罪态度较好，本院依法对其予以从轻处罚。最终，被告人王某犯走私普通货物、物品罪，判处拘役4个月，并处罚金人民币5 000元。

"人肉代购"是指不通过邮寄的方式而直接将海外的商品带进海关的归国人员，主要是空姐、导游和留学生。"人肉代购"将海外的商品带入国内后，会通过各种渠道去进行销售，并获取利润。《海关法》第五十四条规定："进口货物的收货人、出口货物的发货人、进出境物品的所有人，是关税的纳税义务人。"因此，"人肉代购"者作为进出境物品的所有人，固然是关税的纳税义务人。

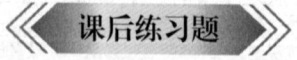

课 后 练 习 题

多选题

1. 下列关于关税税率的表述中，正确的有（　　　）。

A. 出口转关运输货物，应适用启运地海关接受该货物申报出口之日实施的税率

B. 进出口货物，应当适用海关接受该货物申报进口或者出口之日实施的税率

C. 进口转关运输货物，应适用指运地海关接受该货物申报进口之日实施的税率

D. 进口货物到达前,经海关核准先行申报的,应适用先行申报之日实施的税率

【正确答案】ABC

【答案解析】应适用装载该货物的运输工具申报进境之日实施的税率。

2. 下列各项中,应当计入进口货物关税完税价格的有(　　)。

A. 由买方负担的购货佣金

B. 由买方负担的境外包装材料费用

C. 由买方负担的境外包装劳务费用

D. 由买方负担的与进口货物视为一体的容器费用

【正确答案】BCD

【答案解析】由买方负担的除购货佣金以外的佣金和经纪费要计入关税完税价格,购货佣金不计入关税完税价格,因此选项 A 错误。

3. 下列税费中,应计入进口货物关税完税价格的有(　　)。

A. 进口环节缴纳的消费税

B. 单独支付的境内技术培训费

C. 由买方负担的境外包装材料费用

D. 由买方负担的与该货物视为一体的容器费用

【正确答案】CD

【答案解析】选项 A、B,不计入进口货物关税完税价格。

4. 以倒扣价格法估定关税完税价格时,下列应当扣除的项目有(　　)。

A. 进口关税

B. 同种类货物在境内第一销售环节销售时,通常的利润和一般费用以及通常支付的佣金

C. 货物运抵输入地点之后的境内运费

D. 在境外生产时的原材料成本

【正确答案】ABC

【答案解析】以倒扣价格法估定关税完税价格时,下列各项应当扣除:①同等级或同种类货物在境内第一销售环节销售时,通常的利润和一般费用及通常支付的佣金;②货物运抵境内输入地点起卸后的运费及相关费用、保险费;③进口关税、进口环节海关代征税及其他国内税。

5. 以计算价格方法估定关税完税价格时,应当以(　　)的总和计算出的价格估定完税价格。

A. 生产该货物所使用的料件成本和加工费用

B. 与向境内销售同等级或同种类货物通常的利润、一般费用

C. 该货物运抵境内输入地点起卸前的运输及相关费用、保险费

D. 境内运费

【正确答案】ABC

【答案解析】计算价格估价方法是指海关以下列各项的总和为基础,审查确定进口货物完税价格的估价方法:①生产该货物所使用的料件成本和加工费用;②向境内销售同等级或者同种类货物通常的利润和一般费用(包括直接费用和间接费用);③该货物运抵境内输入地点起卸前的运输及相关费用、保险费。

第八章　资源税法和环境保护税法

学习目标

1. 掌握资源税的纳税义务人与扣缴义务人、税目与税率、应纳税额的计算、税收优惠
2. 掌握环境保护税的纳税义务人、税目与税率、应纳税额的计算、税收优惠

第一节　资源税法

资源税法是指国家制定的用来调整资源税征收与缴纳相关权利及义务关系的法律规范。资源税是对在我国境内从事应税矿产品开采和生产盐的单位和个人课征的一种税,属于对自然资源占用课税的范畴。

征收资源税的主要作用如下:

(1) 促进企业之间开展平等竞争。我国的资源税属于比较典型的级差资源税,它根据应税产品的品种、质量、存在形式、开采方式以及企业所处地理位置和交通运输条件等客观因素的差异确定差别税率,从而使条件优越者税负较高;反之,则税负较低。这种税率设计使资源税能够比较有效地调节由于自然资源条件差异等客观因素给企业带来的级差收入,减少或排除资源条件差异对企业盈利水平的影响,为企业之间开展平等竞争创造有利的外部条件。

(2) 促进对自然资源的合理开发利用。通过对开发、利用应税资源的行为课征资源税,体现了国有自然资源有偿占用的原则,从而可以促使纳税人节约、合理地开发和利用自然资源,有利于我国经济可持续发展。

(3) 为国家筹集财政资金。随着其课征范围的逐渐扩展,资源税的收入规模及其在税收收入总额中所占的比重都相应增加,其财政意义也日渐明显,在为国家筹集财政资金方面发挥着不可忽视的作用。

一、纳税义务人与扣缴义务人

(一) 纳税义务人

资源税的纳税义务人是指在中华人民共和国领域及管辖海域开采应税资源的矿产品或者生产盐的单位和个人。

单位是指国有企业、集体企业、私营企业、股份制企业、其他企业和行政单位、事业单位、军事单位、社会团体及其他单位;个人是指个体经营者和其他个人;其他单位和其他个人包括外商投资企业、外国企业及外籍人员。

资源税法规定仅对在中国境内开采或生产应税产品的单位和个人征收,因此,进口的矿产品和盐不征收资源税。由于对进口应税产品不征收资源税,相应地,对出口应税产品也不免征或退还已纳资源税。

单位和个人以应税产品投资、分配、抵债、赠与、以物易物等,视同销售,应按规定计算缴纳资源税。

开采海洋或陆上油气资源的中外合作油气田,在 2011 年 11 月 1 日前已签订的合同继续缴纳矿区使用费,不缴纳资源税;自 2011 年 11 月 1 日起新签订的合同缴纳资源税,不再缴纳矿区使用费。开采海洋油气资源的自营油气田,自 2011 年 11 月 1 日起缴纳资源税,不再缴纳矿区使用费。

(二) 扣缴义务人

收购未税矿产品的单位为资源税的扣缴义务人。规定资源税的扣缴义务人,主要是针对零星、分散、不定期开采的情况,为了加强管理,避免漏税,由扣缴义务人在收购矿产品时代扣代缴资源税。资源税代扣代缴的适用范围应限定在除原油、天然气、煤炭以外的,税源小、零散、不定期开采等难以在采矿地申报缴纳资源税的矿产品。对已纳入开采地正常税务管理或者在销售矿产品时开具增值税发票的纳税人,不采用代扣代缴的征管方式。

收购未税矿产品的单位是指独立矿山、联合企业和其他单位。独立矿山是指只有采矿或只有采矿和选矿,独立核算、自负盈亏的单位,其生产的原矿和精矿主要用于对外销售。联合企业是指采矿、选矿、冶炼(或加工)连续生产的企业或采矿、冶炼(或加工)连续生产的企业,其采矿单位,一般是该企业的二级或二级以下核算单位。其他单位也包括收购未税矿产品的个体户在内。

扣缴义务具体包括:

(1) 独立矿山、联合企业收购未税矿产品的单位,按照本单位应税产品税额、税率标准,依据收购的数量代扣代缴资源税。

(2) 其他收购单位收购的未税矿产品,按税务机关核定的应税产品税额、税率标准,依据收购的数量代扣代缴资源税。

二、税目与税率

(一) 税目

资源税税目包括 5 大类,在 5 个税目下面又设有若干个子目。现行资源税的税目及子目主要是根据资源税应税产品和纳税人开采资源的行业特点设置的。

(1) 原油是指开采的天然原油,不包括人造石油。

(2) 天然气是指专门开采或者与原油同时开采的天然气。

(3) 煤炭,包括原煤以未税原煤(即:自采原煤)加工的洗选煤。

(4) 金属矿,包含铁矿、金矿、铜矿、铝土矿、铅锌矿、镍矿、锡矿、钨、钼、未列举名称的其他金属矿产品原矿或精矿。

(5) 其他非金属矿,包含石墨、硅藻土、高岭土、萤石、石灰石、硫铁矿、磷矿、氯化钾、硫酸钾、井矿盐、湖盐、提取地下卤水晒制的盐、煤层(成)气、海盐、稀土、未列举名称的其他非金属矿产品。

纳税人在开采主矿产品的过程中伴采的其他应税矿产品,凡未单独规定适用税额的,一律按主矿产品或视同主矿产品税目征收资源税。

(二) 税率

资源税采取从价定率或者从量定额的办法计征,分别以应税产品的销售额乘以纳税人具体适用的比例税率或者以应税产品的销售数量乘以纳税人具体适用的定额税率计算,实施"级差调节"的原则。级差调节是指运用资源税对因资源贮存状况、开采条件、资源优劣、地理位置等客观存在的差别而产生的资源级差收入,通过实施差别税率或差别税额进行调节(见表 8-1)。

表 8-1　资源税税目税率幅度表

序号	税目		征税对象	税率幅度
1	金属矿	铁矿	精矿	1%～6%
2		金矿	金锭	1%～4%
3		铜矿	精矿	2%～8%
4		铝土矿	原矿	3%～9%
5		铅锌矿	精矿	2%～6%
6		镍矿	精矿	2%～6%
7		锡矿	精矿	2%～6%
8		未列举名称的其他金属矿产品	原矿或精矿	税率不超过 20%
9	非金属矿	石墨	精矿	3%～10%
10		硅藻土	精矿	1%～6%
11		高岭土	原矿	1%～6%
12		萤石	精矿	1%～6%
13		石灰石	原矿	1%～6%
14		硫铁矿	精矿	1%～6%
15		磷矿	原矿	3%～8%
16		氯化钾	精矿	3%～8%
17		硫酸钾	精矿	6%～12%
18		井矿盐	氯化钠初级产品	1%～6%
19		湖盐	氯化钠初级产品	1%～6%
20		提取地下卤水晒制的盐	氯化钠初级产品	3%～15%
21		煤层(成)气	原矿	1%～2%
22		黏土、砂石	原矿	每吨或立方米 0.1～5 元
23		未列举名称的其他非金属矿产品	原矿或精矿	从量税率每吨或立方米不超过 30 元;从价税率不超过 20%

（续表）

序号	税目	征税对象	税率幅度
24	海盐	氯化钠初级产品	1%～5%
25	原油		6%～10%
26	天然气		6%～10%
27	煤炭		2%～10%

注：
（1）铝土矿包括耐火级矾土、研磨级矾土等高铝黏土。
（2）氯化钠初级产品是指井矿盐、湖盐原盐、提取地下卤水晒制的盐和海盐原盐，包括固体和液体形态的初级产品。
（3）海盐是指海水晒制的盐，不包括提取地下卤水晒制的盐。
（4）轻稀土按地区执行不同的适用税率，其中，内蒙古为11.5%、四川为9.5%、山东为7.5%。
（5）中重稀土资源税适用税率为27%。
（6）钨资源税适用税率为6.5%。
（7）钼资源税适用税率为11%。

　　表8-1中列举名称的资源品目，由省级人民政府在规定的税率幅度内提出具体适用税率建议，报财政部、国家税务总局确定核准。表中未列举名称的其他金属和非金属矿产品，由省级人民政府根据实际情况确定具体税目和适用税率，报财政部、国家税务总局备案。省级人民政府在提出和确定适用税率时，要结合当前矿产企业实际生产经营情况，遵循改革前后税费平移原则，充分考虑企业负担能力。测算具体适用税率时，要充分考虑本地区资源禀赋、企业承受能力和清理收费基金等因素，按照改革前后税费平移原则，以近几年企业缴纳资源税、矿产资源补偿费金额（铁矿石开采企业缴纳资源税金额按40%税额标准测算）和矿产品市场价格水平为依据确定。一个矿种原则上设定一档税率，少数资源条件差异较大的矿种可按不同资源条件、不同地区设定两档税率。

　　纳税人开采或者生产不同税目应税产品的，应当分别核算不同税目应税产品的销售额或者销售数量；未分别核算或者不能准确提供不同税目应税产品的销售额或者销售数量的，从高适用税率。

　　煤炭资源税税率幅度为2%～10%，具体适用税率由省级财税部门在此幅度内，根据本地区清理收费基金、企业承受能力、煤炭资源条件等因素提出建议，报省级人民政府拟定。结合煤炭行业实际情况，现行税费负担较高的地区要适当降低负担水平。省级人民政府需将拟定的适用税率在公布前报财政部、国家税务总局审批。跨省煤田的适用税率由财政部、国家税务总局确定。

三、计税依据

　　资源税的计税依据为应税产品的销售额或销售量，各税目的征税对象包括原矿、精矿（或原矿加工品，下同）、金锭、氯化钠初级产品，具体按照《资源税税目税率幅度表》相关规定执行。对未列举名称的其他矿产品，省级人民政府可对本地区主要矿产品按矿种设定税目，对其余矿产品按类别设定税目，并按其销售的主要形态（如原矿、精矿）确定征税对象。

　　对《资源税税目税率幅度表》中列举名称的资源品目和未列举名称的其他金属矿实行从价计征；对经营分散、多为现金交易且难以控管的黏土、砂石，按照便利征管原则，仍实行从量定额计征;对《资源税税目税率幅度表》中未列举名称的其他非金属矿产品,按照从价计征为主、从量计征为辅的原则,由省级人民政府确定计征方式。原矿和精矿的销售额或者销售量应当分别核算,未分别核算的,从高确定计税销售额或者销售数量。

(一)从价定率征收的计税依据

1. 销售额的基本规定

从价定率征收的计税依据为计税销售额。计税销售额是指纳税人销售应税产品向购买方收取的全部价款和价外费用,不包括增值税销项税额。

其中,价外费用,包括价外向购买方收取的手续费、补贴、基金、集资费、返还利润、奖励费、违约金、滞纳金、延期付款利息、赔偿金、代收款项、代垫款项、包装费、包装物租金、储备费、优质费以及其他各种性质的价外收费,但下列项目不包括在内:

(1)同时符合以下条件的代垫运输费用:

① 承运部门的运输费用发票开具给购买方的。

② 纳税人将该项发票转交给购买方的。

(2)同时符合以下条件代为收取的政府性基金或者行政事业性收费:

① 由国务院或者财政部批准设立的政府性基金,由国务院或者省级人民政府及其财政、价格主管部门批准设立的行政事业性收费。

② 收取时开具省级以上财政部门印制的财政票据。

③ 所收款项全额上缴财政。

纳税人以人民币以外的货币结算销售额的,应当折合成人民币计算。其销售额的人民币折合率可以选择销售额发生的当天或者当月1日的人民币汇率中间价。纳税人应在事先确定采用何种折合率计算方法,确定后1年内不得变更。

2. 运杂费用的扣减

对同时符合以下条件的运杂费用,纳税人在计算应税产品计税销售额时,可予以扣减:

(1)包含在应税产品销售收入中。

(2)属于纳税人销售应税产品环节发生的运杂费用,具体是指运送应税产品从坑口或者洗选(加工)地到车站、码头或者购买方指定地点的运杂费用。

(3)取得相关运杂费用发票或者其他合法有效凭据。

(4)将运杂费用与计税销售额分别进行核算。

纳税人扣减的运杂费用明显偏高导致应税产品价格偏低且无正当理由的,主管税务机关可以合理调整计税价格。

3. 原矿销售额与精矿销售额的换算或折算

为公平原矿与精矿之间的税负,对同一种应税产品,征税对象为精矿的,纳税人销售原矿时,应将原矿销售额换算为精矿销售额缴纳资源税;征税对象为原矿的,纳税人销售自采原矿加工的精矿,应将精矿销售额折算为原矿销售额缴纳资源税。换算比或折算率原则上应通过原矿售价、精矿售价和选矿比计算,也可通过原矿销售额、加工环节平均成本和利润计算。

金矿以标准金锭为征税对象,纳税人销售金原矿、金精矿的,应比照上述规定将其销售额换算为金锭销售额缴纳资源税。换算比或折算率应按简便可行、公平合理的原则,由省级财税部门确定,并报财政部、国家税务总局备案。

4. 特殊情形下销售额的确定

（1）纳税人开采应税矿产品由其关联单位对外销售的，按其关联单位的销售额征收资源税。

（2）纳税人既有对外销售应税产品，又有将应税产品用于除连续生产应税产品以外的其他方面的（包括用于非生产项目和生产非应税产品），则自用的这部分应税产品按纳税人对外销售应税产品的平均价格计算销售额征收资源税。

（3）纳税人将其开采的应税产品直接出口的，按其离岸价格（不含增值税）计算销售额征收资源税。

（4）纳税人有视同销售应税产品行为而无销售价格的，或者申报的应税产品销售价格明显偏低且无正当理由的，税务机关应按下列顺序确定其应税产品计税价格：

① 按纳税人最近时期同类产品的平均销售价格确定。

② 按其他纳税人最近时期同类产品的平均销售价格确定。

③ 按应税产品组成计税价格确定。

$$组成计税价格＝成本×（1＋成本利润率）÷（1－资源税税率）$$

公式中的成本是指应税产品的实际生产成本；公式中的成本利润率由省、自治区、直辖市税务机关确定。

④ 按后续加工非应税产品销售价格，减去后续加工环节的成本利润后确定。

⑤ 按其他合理方法确定。

（5）纳税人用已纳资源税的应税产品进一步加工应税产品销售的，不再缴纳资源税。纳税人以自采未税产品和外购已税产品混合销售或者混合加工为应税产品销售的，在计算应税产品计税销售额时，准予扣减已单独核算的已税产品购进金额；未单独核算的，一并计算缴纳资源税。已税产品购进金额当期不足扣减的可结转下期扣减。

纳税人核算并扣减当期外购已税产品购进金额，应依据外购已税产品的增值税发票、海关进口增值税专用缴款书或者其他合法有效凭据。

外购原矿或者精矿形态的已税产品与本产品征税对象不同的，在计算应税产品计税销售额时，应对混合销售额或者外购已税产品的购进金额进行换算或者折算。

（6）纳税人与其关联企业之间的业务往来，应当按照独立企业之间的业务往来收取或者支付价款、费用。不按照独立企业之间的业务往来收取或者支付价款、费用，而减少其计税销售额的，税务机关可以按照《税收征收管理法》及其实施细则的有关规定进行合理调整。

（二）从量定额征收的计税依据

实行从量定额征收的以销售数量为计税依据。销售数量的具体规定为：

（1）销售数量，包括纳税人开采或者生产应税产品的实际销售数量和视同销售的自用数量。

（2）纳税人不能准确提供应税产品销售数量的，以应税产品的产量或者主管税务机关确定的折算比换算成的数量为计征资源税的销售数量。

（3）纳税人以自产的液体盐加工固体盐，按固体盐税额征税，以加工的固体盐数量为课税数量。纳税人以外购的液体盐加工固体盐，其加工固体盐所耗用液体盐的已纳税额准予抵扣。

（三）视同销售的情形

计税销售额或者销售数量,包括应税产品实际销售和视同销售两部分。应当征收资源税的视同销售的自产自用产品,包括用于非生产项目和生产非应税产品两类。视同销售具体包括以下情形:

（1）纳税人以自采原矿直接加工为非应税产品的,视同原矿销售。

（2）纳税人以自采原矿洗选(加工)后的精矿连续生产非应税产品的,视同精矿销售。

（3）以应税产品投资、分配、抵债、赠与、以物易物等,视同应税产品销售。

四、应纳税额的计算

资源税的应纳税额,按照从价定率或者从量定额的办法,分别以应税产品的销售额乘以纳税人具体适用的比例税率或者以应税产品的销售数量乘以纳税人具体适用的定额税率计算。

（一）从价定率方式应纳税额的计算

实行从价定率方式征收资源税的,根据应税产品的销售额和规定的适用税率计算应纳税额,具体计算公式如下:

$$应纳税额＝销售额×适用税率$$

【例8-1】 某油田2019年5月销售原油10 000吨,开具增值税专用发票取得销售额10 000万元、增值税税额1 300万元,按《资源税税目税率幅度表》的规定,其适用的税率为8%。请计算该油田5月应缴纳的资源税。

$$销售原油应纳税额＝10 000×8\%＝800(万元)$$

【例8-2】 某石化企业为增值税一般纳税人,2019年5月发生以下业务:

（1）从国外某石油公司进口原油8 000吨,支付不含税价款折合人民币2 000万元,其中包含包装费及保险费折合人民币10万元。

（2）开采原油8 000吨,并将开采的原油对外销售6 000吨,取得含税销售额2 260万元,同时向购买方收取延期付款利息1.13万元,包装费1.13万元,另外支付运输费用7.02万元。

原油的资源税税率为10%。

要求:计算该石化公司当月应纳资源税。

解析:

（1）由于资源税仅对在中国境内开采或生产应税产品的单位和个人收取,因此业务(1)中该石化公司进口原油无须缴纳资源税。

（2）业务(2)应缴纳的资源税＝(2 260＋1.13＋1.13)÷(1＋13%)×10%
＝200.2(万元)。

该石化公司当月应纳资源税＝200.2(万元)

（二）从量定额方式应纳税额的计算

实行从量定额征收资源税的,根据应税产品的课税数量和规定的单位税额计算应纳税额,具体计算公式如下:

$$应纳税额＝课税数量×单位税额$$
$$代扣代缴应纳税额＝收购未税矿产品的数量×适用的单位税额$$

【例 8-3】 某砂石开采企业 2019 年 3 月销售砂石 3 000 立方米,资源税税率为 2 元/立方米。请计算该企业 3 月应纳资源税税额。

$$销售砂石应纳税额＝课税数量×单位税额＝3 000×2＝6 000(元)$$

五、减税、免税项目

(一) 原油、天然气优惠政策

(1) 开采原油过程中用于加热、修井的原油,免税。

(2) 油田范围内运输稠油过程中用于加热的原油、天然气,免征资源税。

(3) 稠油、高凝油和高含硫天然气资源税减征 40%。

(4) 三次采油资源税减征 30%。

(5) 低丰度油气田资源税暂减征 20%。

(6) 对深水油气田资源税减征 30%。

(7) 为促进页岩气开发利用,有效增加天然气供给,经国务院同意,自 2018 年 4 月 1 日至 2021 年 3 月 31 日,对页岩气资源税(按 6% 的规定税率)减征 30%。

(二) 矿产资源优惠政策

(1) 铁矿石资源税减按 40% 征收资源税。

(2) 对鼓励利用的低品位矿、废石、尾矿、废渣、废水、废气等提取的矿产品,由省级人民政府根据实际情况确定是否减税或免税,并制定具体办法。

(3) 从 2007 年 1 月 1 日起,对地面抽采煤层气暂不征收资源税。煤层气是指赋存于煤层及其围岩中与煤炭资源伴生的非常规天然气,也称煤矿瓦斯。

(4) 对实际开采年限在 15 年以上的衰竭期矿山开采的矿产资源,资源税减征 30%。

(5) 对依法在建筑物下、铁路下、水体下通过充填开采方式采出的矿产资源,资源税减征 50%。

(6) 对鼓励利用的低品位矿、废石、尾矿、废渣、废水、废气等提取的矿产品,由省级人民政府根据实际情况确定是否给予减税或免税。

(7) 为促进共伴生矿的综合利用,纳税人开采销售共伴生矿,共伴生矿与主矿产品销售额分开核算的,对共伴生矿暂不计征资源税;没有分开核算的,共伴生矿按主矿产品的税目和适用税率计征资源税。财政部、国家税务总局另有规定的,从其规定。

(三) 其他减税、免税项目

纳税人开采或者生产应税产品过程中,因意外事故或者自然灾害等原因遭受重大损失的,由省、自治区、直辖市人民政府酌情决定减税或者免税。

六、征收管理

(一) 纳税义务发生时间

(1) 纳税人销售应税产品,其纳税义务发生时间为:

① 纳税人采取分期收款结算方式的,其纳税义务发生时间,为销售合同规定的收款日

期的当天。

② 纳税人采取预收货款结算方式的,其纳税义务发生时间,为发出应税产品的当天。

③ 纳税人采取除分期收款和预收货款以外其他结算方式的,其纳税义务发生时间,为收讫销售款或者取得索取销售款凭据的当天。

(2) 纳税人自产自用应税产品的纳税义务发生时间,为移送使用应税产品的当天。

(3) 扣缴义务人代扣代缴税款的纳税义务发生时间,为支付首笔货款或首次开具支付货款凭据的当天。

(二) 纳税期限

(1) 纳税期限是纳税人发生纳税义务后缴纳税款的期限。资源税的纳税期限为 1 日、3 日、5 日、10 日、15 日或者 1 个月,纳税人的纳税期限由主管税务机关根据实际情况具体核定。不能按固定期限计算纳税的,可以按次计算纳税。

(2) 纳税人以 1 个月为一期纳税的,自期满之日起 10 日内申报纳税;以 1 日、3 日、5 日、10 日或者 15 日为一期纳税的,自期满之日起 5 日内预缴税款,于次月 1 日起 10 日内申报纳税并结清上月税款。

(三) 纳税环节和纳税地点

1. 纳税环节

(1) 资源税在应税产品的销售或自用环节计算缴纳。纳税人以自采原矿加工精矿产品的,在原矿移送使用时不缴纳资源税,在精矿销售或自用时缴纳资源税。

(2) 纳税人以自采原矿直接加工为非应税产品或者以自采原矿加工的精矿连续生产非应税产品的,在原矿或者精矿移送环节计算缴纳资源税。

(3) 以应税产品投资、分配、抵债、赠与、以物易物等,在应税产品所有权转移时计算缴纳资源税。

(4) 纳税人以自采原矿加工金锭的,在金锭销售或自用时缴纳资源税。纳税人销售自采原矿或者自采原矿加工的金精矿、粗金,在原矿或者金精矿、粗金销售时缴纳资源税,在移送使用时不缴纳资源税。

2. 纳税地点

(1) 纳税人开采或者生产资源税应税产品,应当依法向开采地或者生产地主管税务机关申报缴纳资源税。

(2) 如果纳税人应纳的资源税属于跨省开采,其下属生产单位与核算单位不在同一省、自治区、直辖市的,对其开采或者生产的应税产品,一律在开采地或者生产地纳税。

(3) 扣缴义务人代扣代缴的资源税,应当向收购地主管税务机关缴纳。

七、水资源税改革试点实施办法

为全面贯彻落实党的十九大精神,推进资源全面节约和循环利用,推动形成绿色发展方式和生活方式,财政部、税务总局、水利部于 2017 年 11 月 28 日发布《扩大水资源税改革试点实施办法》(以下简称《试点实施办法》),自 12 月 1 日起,北京、天津、山西、内蒙古、河南、山东、四川、陕西、宁夏 9 个省区市纳入水资源税改革试点,由征收水资源费改为征收水资源税。

（一）纳税义务人

除规定情形外，水资源税的纳税人为直接取用地表水、地下水的单位和个人，包括直接从江、河、湖泊（含水库）和地下取用水资源的单位和个人。

下列情形，不缴纳水资源税：

（1）农村集体经济组织及其成员从本集体经济组织的水塘、水库中取用水的。

（2）家庭生活和零星散养、圈养畜禽饮用等少量取用水的。

（3）水利工程管理单位为配置或者调度水资源取水的。

（4）为保障矿井等地下工程施工安全和生产安全必须进行临时应急取用（排）水的。

（5）为消除对公共安全或者公共利益的危害临时应急取水的。

（6）为农业抗旱和维护生态与环境必须临时应急取水的。

（二）税率

除中央直属和跨省（区、市）水力发电取用水外，由试点省份省级人民政府统筹考虑本地区水资源状况、经济社会发展水平和水资源节约保护要求，在《试点实施办法》所附《试点省份水资源税最低平均税额表》规定的最低平均税额基础上，分类确定具体适用税额。

为发挥水资源税调控作用，按不同取用水性质实行差别税额，地下水税额要高于地表水，超采区地下水税额要高于非超采区，严重超采地区的地下水税额要大幅高于非超采地区。对超计划或超定额用水加征 1～3 倍，对特种行业从高征税，对超过规定限额的农业生产取用水、农村生活集中式饮水工程取用水从低征税。具体适用税额，授权省级人民政府统筹考虑本地区水资源状况、经济社会发展水平和水资源节约保护的要求确定。

（三）应纳税额的计算

水资源税实行从量计征。对一般取用水按照实际取用水量征税，对采矿和工程建设疏干排水按照排水量征税；对水力发电和火力发电贯流式（不含循环式）冷却取用水按照实际发电量征税。计算公式如下：

$$一般取用水应纳税额＝实际取用水量×适用税额$$
$$疏干排水应纳税额＝实际取用水量（排水量）×适用税额$$

（四）税收减免

下列情形，予以免征或者减征水资源税：

（1）规定限额内的农业生产取用水，免征水资源税。

（2）取用污水处理再生水，免征水资源税。

（3）除接入城镇公共供水管网以外，军队、武警部队通过其他方式取用水的，免征水资源税。

（4）抽水蓄能电取用水，免征水资源税。

（5）采油排水经分离净化后在封闭管道回注的，免征水资源税。

（6）财政部、税务总局规定的其他免征或者减征水资源税情形。

（五）征收管理

水资源税的纳税义务发生时间为纳税人取用水资源的当日。除农业生产取用水外，水资源税按季或者按月征收，由主管税务机关根据实际情况确定。对超过规定限额的农业生产取用水水资源税可按年征收。不能按固定期限计算纳税的,可以按次申报纳税。纳税人应当自纳税期满或者纳税义务发生之日起 15 日内申报纳税。

水资源税由生产经营所在地的主管税务机关征收管理,跨省(区、市)调度的水资源,由调入区域所在地的税务机关征收水资源税。在试点省份内取用水,其纳税地点需要调整的,由省级财政、税务部门决定。

第二节 环境保护税法

环境保护税法是指国家制定的调整环境保护税征收与缴纳相关权利及义务关系的法律规范。环境保护税是对在我国领域以及管辖的其他海域直接向环境排放应税污染物的企事业单位和其他生产经营者征收的一种税,其立法目的是保护和改善环境,减少污染物排放,推进生态文明建设。环境保护税是我国首个明确以环境保护为目标的独立型环境税税种,有利于解决排污费制度存在的执法刚性不足等问题,有利于提高纳税人环保意识和强化企业治污减排责任。

作为落实生态文明建设的重要税制改革举措而推出的环境保护税,具有以下基本特点:

(1)属于调节型税种。环境保护税的首要功能是减少污染排放,而非增加财政收入。

(2)其渊源是排污收费制度。环境保护税于 2018 年 1 月 1 日起正式实施,排污费同时停征。

(3)属于综合型环境税。环境保护税的征税范围包括大气污染物、水污染物、固体废物和噪声四大类,与对单一污染物征收的税种不同,属于综合型环境税。

(4)属于直接排放税。环境保护税的纳税义务人是在我国领域和管辖的其他海域直接向环境排放应税污染物的企业事业单位和其他生产经营者。

(5)对大气污染物、水污染物规定了幅度定额税率。

(6)采用税务、环保部门紧密配合的征收方式。

(7)收入纳入一般预算收入,全部划归地方。

一、纳税义务人

环境保护税的纳税义务人是在中华人民共和国领域和中华人民共和国管辖的其他海域直接向环境排放应税污染物的企业事业单位和其他生产经营者。

应税污染物是指《中华人民共和国环境保护税法》(以下简称《环境保护税法》)所附《环境保护税税目税额表》《应税污染物和当量值表》所规定的大气污染物、水污染物、固体废物和噪声。

有下列情形之一的,不属于直接向环境排放污染物,不缴纳相应污染物的环境保护税:

(1)企业事业单位和其他生产经营者向依法设立的污水集中处理、生活垃圾集中处理场所排放应税污染物的。

(2)企业事业单位和其他生产经营者在符合国家和地方环境保护标准的设施、场所贮存或者处置固体废物的。

（3）达到省级人民政府确定的规模标准并且有污染物排放口的畜禽养殖场,应当依法缴纳环境保护税,但依法对畜禽养殖废弃物进行综合利用和无害化处理的。

二、税目与税率

（一）税目
环境保护税税目包括大气污染物、水污染物、固体废物和噪声四大类。

（1）大气污染物。环保税的征税范围不包括温室气体二氧化碳。

（2）水污染物。

（3）固体废物。固体废物包括煤矸石、尾矿、危险废物、冶炼渣、粉煤灰、炉渣、其他固体废物（含半固态、液态废物）。

（4）噪声。应税噪声污染目前只包括工业噪声。

（二）税率
环境保护税采用定额税率,其中,对应税大气污染物和水污染物规定了幅度定额税率,具体适用税额的确定和调整由省、自治区、直辖市人民政府统筹考虑本地区环境承载能力、污染物排放现状和经济社会生态发展目标要求,在规定的税额幅度内提出,报同级人民代表大会常务委员会决定,并报全国人民代表大会常务委员会和国务院备案（见表8-2）。

表 8-2　环境保护税税目税额表

税目		计税单位	税额	备注
大气污染物		每污染当量	1.2元至12元	
水污染物		每污染当量	1.4元至14元	
固体废物	煤矸石	每吨	5元	
	尾矿	每吨	15元	
	危险废物	每吨	1 000元	
	冶炼渣、粉煤灰、炉渣、其他固体废物（含半固态、液态废物）	每吨	25元	
噪声	工业噪声	超标1～3分贝	每月350元	1. 一个单位边界上有多处噪声超标,根据最高一处超标声级计算应纳税额;当沿边界长度超过100米有两处以上噪声超标,按照两个单位计算应纳税额。 2. 一个单位有不同地点作业场所的,应当分别计算应纳税额,合并计征。 3. 昼、夜均超标的环境噪声,昼、夜分别计算应纳税额,累计计征。 4. 声源1个月内超标不足15天的,减半计算应纳税额。 5. 夜间频繁突发和夜间偶然突发厂界超标噪声,按等效声级和峰值噪声两种指标中超标分贝值高的一项计算应纳税额
		超标4～6分贝	每月700元	
		超标7～9分贝	每月1 400元	
		超标10～12分贝	每月2 800元	
		超标13～15分贝	每月5 600元	
		超标16分贝以上	每月11 200元	

三、计税依据

（一）计税依据确定的基本方法

应税污染物的计税依据，按照下列方法确定：

（1）应税大气污染物、水污染物按照污染物排放量折合的污染当量数确定计税依据。

污染当量数以该污染物的排放量除以该污染物的污染当量值计算。计算公式如下：

$$应税大气污染物、水污染物的污染当量数＝该污染物的排放量÷该污染物的污染当量值$$

污染当量是指根据污染物或者污染排放活动对环境的有害程度以及处理的技术经济性，衡量不同污染物对环境污染的综合性指标或者计量单位。

纳税人有下列情形之一的，以其当期应税大气污染物、水污染物的产生量作为污染物的排放量：

① 未依法安装使用污染物自动监测设备或者未将污染物自动监测设备与环境保护主管部门的监控设备联网。

② 损毁或者擅自移动、改变污染物自动监测设备。

③ 篡改、伪造污染物监测数据。

④ 通过暗管、渗井、渗坑、灌注或者稀释排放以及不正常运行防治污染设施等方式违法排放应税污染物。

⑤ 进行虚假纳税申报。

【例8-4】 某企业2018年3月向水体直接排放第一类水污染物总汞10千克，根据第一类水污染物污染当量值表，总汞的污染当量值为0.000 5（千克）。

其污染当量数为：10÷0.000 5＝20 000

（2）应税固体废物按照固体废物的排放量确定计税依据。

固体废物的排放量为当期应税固体废物的产生量减去当期应税固体废物的贮存量、处置量、综合利用量的余额。其中，固体废物的贮存量、处置量是指在符合国家和地方环境保护标准的设施、场所贮存或者处置的固体废物数量；固体废物的综合利用量是指按照国务院发展改革、工业和信息化主管部门关于资源综合利用要求以及国家和地方环境保护标准进行综合利用的固体废物数量。计算公式如下：

$$\frac{固体废物}{的排放量}＝\frac{当期固体废}{物的产生量}－\frac{当期固体废物}{的综合利用量}－\frac{当期固体废}{物的贮存量}－\frac{当期固体废}{物的处置量}$$

纳税人有下列情形之一的，以其当期应税固体废物的产生量作为固体废物的排放量：

① 非法倾倒应税固体废物。

② 进行虚假纳税申报。

（3）应税噪声按照超过国家规定标准的分贝数确定计税依据。

工业噪声按超过国家规定标准的分贝数确定每月税额，超过国家规定标准的分贝数是指实际产生的工业噪声与国家规定的工业噪声排放标准限值之间的差值。

（二）应税大气污染物、水污染物、固体废物的排放量和噪声分贝数的确定方法

应税大气污染物、水污染物、固体废物的排放量和噪声的分贝数，按照下列方法和顺序

计算：

（1）纳税人安装使用符合国家规定和监测规范的污染物自动监测设备的，按照污染物自动监测数据计算。

（2）纳税人未安装使用污染物自动监测设备的，按照监测机构出具的符合国家有关规定和监测规范的监测数据计算。

（3）因排放污染物种类多等原因不具备监测条件的，按照国务院环境保护主管部门规定的排污系数、物料衡算方法计算。

（4）不能按照上述第（1）项至第（3）项规定的方法计算的，按照省、自治区、直辖市人民政府环境保护主管部门规定的抽样测算的方法核定计算。

四、应纳税额的计算

（一）大气污染物应纳税额的计算

应税大气污染物应纳税额为污染当量数乘以具体适用税额。计算公式如下：

$$大气污染物的应纳税额＝污染当量数×适用税额$$

（二）水污染物应纳税额的计算

应税水污染物的应纳税额为污染当量数乘以具体适用税额。

1. 适用监测数据法的水污染物应纳税额的计算

适用监测数据法的水污染物（包括第一类水污染物和第二类污染物）的应纳税额为污染当量数乘以具体适用税额。计算公式如下：

$$水污染物的应纳税额＝污染当量数×适用税额$$

2. 适用抽样测算法的水污染物应纳税额的计算

适用抽样测算法的情形，纳税人按照环境保护税法所附《禽畜养殖业、小型企业和第三产业水污染物当量值》表所规定的当量值计算污染当量数。

（1）规模化禽畜养殖业排放的水污染物应纳税额。

禽畜养殖业的水污染物应纳税额为污染当量数乘以具体适用税额。其污染当量数以禽畜养殖数量除以污染当量值计算。

【例8-5】　某养殖场，2019年2月养牛存栏量为600头，污染当量值为0.1头，假设当地水污染物适用税额为每污染当量2.8元，当月应纳环境保护税税额计算如下：

$$水污染物当量数＝600÷0.1＝6\,000$$
$$应纳税额＝6\,000×2.8＝16\,800（元）$$

（2）小型企业和第三产业排放的水污染物应纳税额。

小型企业和第三产业的水污染物应纳税额为污染当量数乘以具体适用税额。其污染当量数以污水排放量（吨）除以污染当量值（吨）计算。计算公式如下：

$$应纳税额＝污水排放量（吨）÷污染当量值（吨）×适用税额$$

【例8-6】　某餐饮公司，通过安装水流量计测得2019年2月排放污水量为80吨，污染

当量值为 0.5 吨。假设当地水污染物适用税额为每污染当量 2.8 元,当月应纳环境保护税税额计算如下:

$$水污染物当量数＝80÷0.5＝160$$
$$应纳税额＝160×2.8＝448(元)$$

(3) 医院排放的水污染物应纳税额。

医院排放的水污染物应纳税额为污染当量数乘以具体适用税额。其污染当量数以病床数或者污水排放量除以相应的污染当量值计算。计算公式如下:

$$应纳税额＝医院床位数÷污染当量值×适用税额$$
$$应纳税额＝污水排放量÷污染当量值×适用税额$$

(三) 固体废物应纳税额的计算

固体废物的应纳税额为固体废物排放量乘以具体适用税额,其排放量为当期应税固体废物的产生量减去当期应税固体废物的贮存量、处置量、综合利用量的余额。计算公式如下:

$$固体废物的应纳税额＝\left(\begin{array}{l}当期固体废\\物的产生量\end{array}-\begin{array}{l}当期固体废物\\的综合利用量\end{array}-\begin{array}{l}当期固体废\\物的贮存量\end{array}-\begin{array}{l}当期固体废\\物的处置量\end{array}\right)×适用税额$$

(四) 噪声应纳税额的计算

应税噪声的应纳税额为超过国家规定标准的分贝数对应的具体适用税额。

五、税收减免

(一) 暂免征税项目

下列情形,暂予免征环境保护税:

(1) 农业生产(不包括规模化养殖)排放应税污染物的。

(2) 机动车、铁路机车、非道路移动机械、船舶和航空器等流动污染源排放应税污染物的。

(3) 依法设立的城乡污水集中处理、生活垃圾集中处理场所排放相应应税污染物,不超过国家和地方规定的排放标准的。

(4) 纳税人综合利用的固体废物,符合国家和地方环境保护标准的。

(5) 国务院批准免税的其他情形。

(二) 减征税额项目

(1) 纳税人排放应税大气污染物或者水污染物的浓度值低于国家和地方规定的污染物排放标准 30% 的,减按 75% 征收环境保护税。

(2) 纳税人排放应税大气污染物或者水污染物的浓度值低于国家和地方规定的污染物排放标准 50% 的,减按 50% 征收环境保护税。

六、征收管理

(一) 征管方式

环境保护税采用"企业申报、税务征收、环保协同、信息共享"的征管方式。纳税人应当依法如实办理纳税申报,对申报的真实性和完整性承担责任;税务机关依照《税收征收管理法》和环境保护税法的有关规定征收管理;环境保护主管部门依照《环境保护税法》和有关环境保护法律法规的规定对污染物监测管理;县级以上地方人民政府应当建立税务机关、环境保护主管部门和其他相关单位分工协作工作机制;环境保护主管部门和税务机关应当建立涉税信息共享平台和工作配合机制,定期交换有关纳税信息资料。

（二）数据传递和比对

环境保护主管部门应当将排污单位的排污许可、污染物排放数据、环境违法和受行政处罚情况等环境保护相关信息,定期交送税务机关。

税务机关应当将纳税人的纳税申报、税款入库、减免税额、欠缴税款以及风险疑点等环境保护税涉税信息,定期交送环境保护主管部门。

税务机关应当将纳税人的纳税申报数据资料与环境保护主管部门交送的相关数据资料进行比对。纳税人申报的污染物排放数据与环境保护主管部门交送的相关数据不一致的,按照环境保护主管部门交送的数据确定应税污染物的计税依据。

（三）复核

税务机关发现纳税人的纳税申报数据资料异常或者纳税人未按照规定期限办理纳税申报的,可以提请环境保护主管部门进行复核,环境保护主管部门应当自收到税务机关的数据资料之日起15日内向税务机关出具复核意见。税务机关应当按照环境保护主管部门复核的数据资料调整纳税人的应纳税额。

纳税人的纳税申报数据资料异常,包括但不限于下列情形:

（1）纳税人当期申报的应税污染物排放量与上一年同期相比明显偏低,且无正当理由。

（2）纳税人单位产品污染物排放量与同类型纳税人相比明显偏低,且无正当理由。

（四）纳税时间

环境保护税纳税义务发生时间为纳税人排放应税污染物的当日。环境保护税按月计算,按季申报缴纳。不能按固定期限计算缴纳的,可以按次申报缴纳。

纳税人按季申报缴纳的,应当自季度终了之日起15日内,向税务机关办理纳税申报并缴纳税款。纳税人按次申报缴纳的,应当自纳税义务发生之日起15日内,向税务机关办理纳税申报并缴纳税款。纳税人申报缴纳时,应当向税务机关报送所排放应税污染物的种类、数量,大气污染物、水污染物的浓度值,以及税务机关根据实际需要要求纳税人报送的其他纳税资料。

（五）纳税地点

纳税人应当向应税污染物排放地的税务机关申报缴纳环境保护税。应税污染物排放地是指应税大气污染物、水污染物排放口所在地;应税固体废物产生地;应税噪声产生地。

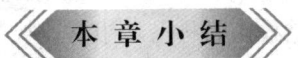

本 章 小 结

本章资源税法和环境保护税法要求学生掌握资源税的纳税义务人与扣缴义务人、税目与税率、应纳税额的计算、税收优惠;掌握环境保护税的纳税义务人、税目与税率、应纳税额的计算、税收优惠。

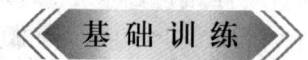

资源税纳税申报表

资源税纳税申报表

税款所属时间：自 年 月 日至 年 月 日

纳税人识别号(统一社会信用代码)：□□□□□□□□□□□□□□□□□□□□□

纳税人名称： 金额单位：人民币元(列至角分)

税目	子目	折算率或换算比	计量单位	计税销售量	计税销售额	适用税率	本期应纳税额	本期减免税额	本期增值税小规模纳税人减征额	本期已缴税额	本期应补(退)税额
							本期是否适用增值税小规模纳税人减征政策(减免性质代码：06049901) 是□否□ 减征比例(%)				
1	2	3	4	5	6	7	8①＝6×7 / 8②＝5×7	9	10	11	12＝8−9−10−11
合计		—				—					

谨声明：本纳税申报表是根据国家税收法律法规及相关规定填报的，是真实的、可靠的、完整的。

纳税人(签章)： 年 月 日

经办人： 经办人身份证号： 代理机构签章： 代理机构统一社会信用代码：	受理人： 受理税务机关(章)： 受理日期： 年 月 日

填表说明

1. 本表为资源税纳税申报表主表，适用于缴纳资源税的纳税人填报(另有规定者除外)。本表包括三个附表，分别为资源税纳税申报表附表(一)、附表(二)、附表(三)，由开采或生产原矿类、精矿类税目的纳税人以及发生减免税事项的纳税人填写。除"本期已缴税额""本期是否适用增值税小规模纳税人减征政策(减免性质代码：06049901)"需要填写外，纳税人提交附表后，本表由系统自动生成，无需纳税人手工填写，仅需签章确认(特殊情况下需要手工先填写附表、再填写主表的例外)。

2. "纳税人识别号(统一社会信用代码)"：填报税务机关核发的纳税人识别号或有关部门核发的统一社会信用代码。"纳税人名称"：填报营业执照、税务登记证等证件载明的纳税人名称。"税款所属时间"是指纳税人申报的资源税应纳税额的所属时间，应填写具体的起止年、月、日。

3. "本期是否适用增值税小规模纳税人减征政策(减免性质代码：06049901)"：纳税人自增值税一般纳税人按规定转登记为小规模纳税人的，自成为小规模纳税人的当月起适用减征优惠。增值税小规模纳税人按规定登记为一般纳税人的,自一般纳税人生效之日起不再适用减征优惠;增值税年应税销售额超过小规模纳税人标准应当登记为一般纳税人而未登记,经税务机关通知,逾期仍不办理登记的,自逾期次月起不再适用减征优惠。纳税人本期适用增值税小规模纳税人减征政策的,勾选"是";否则,勾选"否"。

4. "减征比例(%)":填写当地省级政府根据财税〔2019〕13号文件确定的减征比例,系统自动带出。

5. 第1栏"税目":是指规定的应税产品名称,多个税目的,可增加行次。第2栏"子目":反映同一税目下适用税率、折算率或换算比不同的明细项目。子目名称由各省、自治区、直辖市、计划单列市税务机关根据本地区实际情况确定。

6. 第3栏"折算率或换算比":反映精矿销售额折算为原矿销售额或者原矿销售额换算为精矿销售额的比值。除煤炭折算率由纳税人所在省、自治区、直辖市财税部门或其授权地市级财税部门确定外,其他应税产品的折算率或换算比由当地省级财税部门确定。

7. 第4栏"计量单位":反映计税销售量的计量单位,如吨、立方米、千克等。

8. 第5栏"计税销售量":反映计征资源税的应税产品销售数量,包括应税产品实际销售和视同销售两部分。从价计征税目计税销售额对应的销售数量视为计税销售量自动导入本栏。计税销售量即课税数量。

9. 第6栏"计税销售额":反映计征资源税的应税产品销售收入,包括应税产品实际销售和视同销售两部分。

10. 第7栏"适用税率":从价计征税目的适用税率为比例税率,如原油资源税率为6%,即填6%;从量计征税目的适用税率为定额税率,如某税目每立方米3元,即填3。

11. 第8栏"本期应纳税额":反映本期按适用税率计算缴纳的应纳税额。从价计征税目应纳税额的计算公式为8①=6×7;从量计征税目应纳税额的计算公式为8②=5×7。

12. 第9栏"本期减免税额":反映本期减免的资源税税额。如不涉及减免税事项,纳税人不需填写附表(三),系统会将其"本期减免税额"默认为0。

13. 第10栏"本期增值税小规模纳税人减征额":反映符合条件的小规模纳税人减征的资源税额,计算公式为10=(8−9)×减征比例。

14. 第11栏"本期已缴税额":填写本期应纳税额中已经缴纳的部分。

15. 第12栏"本期应补(退)税额":本期应补(退)税额=本期应纳税额−本期减免税额−增值税小规模纳税人减征额−本期已缴税额。

16. 中外合作及海上自营油气田按照《国家税务总局关于发布〈中外合作及海上自营油气田资源税纳税申报表〉的公告》(国家税务总局公告2012年第3号)进行纳税申报。

17. 本表一式两份,一份纳税人留存,一份税务机关留存。

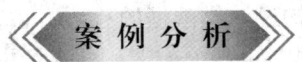

案 例 分 析

环境保护税的合理缴纳

甲房地产公司,请建筑公司乙建设楼盘,规划面积20万平方米,2019年5月建筑2万平方米,该建筑施工时设置了边界围挡,对挖土方等易扬尘物料全部按照规定进行了覆盖,同时对运输车辆设置了机械冲洗装置防止二次扬尘污染,如何计算5月环境保护税?

【解析】

1. 确定纳税义务人

根据《环境保护税法》规定,直接向环境排放应税污染物的企业事业单位和其他生产经营者为环境保护税纳税义务人,直接排放污染物的企业为建筑公司乙,所以乙企业是环境保护税纳税义务人。

2. 确定应税污染物

《财政部 税务总局生态环境部关于明确环境保护税应税污染物适用等有关问题的通知》(财税〔2018〕117号)规定:"排放的扬尘、工业粉尘等颗粒物,除可以确定为烟尘、石棉尘、玻璃棉尘、炭黑尘的外,按照一般性粉尘征收环境保护税。"建筑行业的污染为建筑施工扬尘,适用一般性粉尘税目,污染当量值为4。

3. 计算应纳税额

假设乙企业建筑施工扬尘最终系数为0.628。

建筑施工扬尘排放当量数=(扬尘产生量−扬尘削减量)(千克/平方米·月)×月建筑面积(或施工面积平方米)÷一般性粉尘污染当量值(千克)

该企业5月建筑面积为20 000平方米,污染当量数=0.628×20 000÷4=3 140。5月应纳税额=3 140×1.2=3 768(元)。

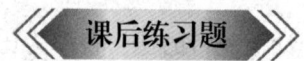

课后练习题

多选题

1. 资源税的纳税义务人包括(　　)。

A. 在中国境内开采并销售煤炭的个人
B. 在中国境内生产销售天然气的国有企业
C. 在中国境内生产自用应税资源的个人
D. 进口应税资源的国有企业

【正确答案】ABC

【答案解析】进口环节不征收资源税。

2. 下列各项中,符合资源税纳税义务发生时间规定的有(　　)。

A. 采取分期收款结算方式的为实际收到款项的当天

B. 采取预收货款结算方式的为发出应税产品的当天

C. 自产自用应税产品应征资源税的为移送使用应税产品的当天

D. 采取其他结算方式的为收讫销售款或取得索取销售款凭据的当天

【正确答案】BCD

【答案解析】选项A,采取分期收款结算方式的为销售合同规定的收款日期的当天。

3. 下列选项中,属于环境保护税计税依据的有(　　)。

A. 大气污染物的污染当量数
B. 水污染物的产生量
C. 固体废物的排放量
D. 噪声分贝数

【正确答案】AC

【答案解析】选项B,水污染物的环境保护税计税依据为污染当量数;选项D,噪声按照超过国家规定标准的分贝数确定环境保护税的计税依据。

第九章　城镇土地使用税法和耕地占用税法

 **学习目标**

1. 掌握城镇土地使用税的纳税义务人、适用税额——分级幅度税额、应纳税额的计算、税收优惠
2. 掌握耕地占用税兼具资源税与特定行为税的性质、地区差别税率、应纳税额的计算、税收优惠

第一节　城镇土地使用税法

城镇土地使用税法是指国家制定的调整城镇土地使用税征收与缴纳权利及义务关系的法律规范。城镇土地使用税是以国有土地为征税对象,对拥有土地使用权的单位和个人征收的一种税。征收城镇土地使用税有利于促进土地的合理使用,调节土地级差收入,也有利于筹集地方财政资金。

一、纳税义务人与征税范围

(一) 纳税义务人

城镇土地使用税是以国有土地或集体土地为征税对象,对拥有土地使用权的单位和个人征收的一种税。

在城市、县城、建制镇、工矿区范围内使用土地的单位和个人,为城镇土地使用税的纳税人。上述所称单位,包括国有企业、集体企业、私营企业、股份制企业、外商投资企业、外国企业以及其他企业和事业单位、社会团体、国家机关、军队以及其他单位;所称个人,包括个体工商户以及其他个人。

城镇土地使用税的纳税人通常包括以下几类:

(1) 拥有土地使用权的单位和个人。

(2) 拥有土地使用权的单位和个人不在土地所在地的,其土地的实际使用人和代管人为纳税人。

(3) 土地使用权未确定或权属纠纷未解决的,其实际使用人为纳税人。

(4) 土地使用权共有的,共有各方都是纳税人,由共有各方分别纳税。

(5) 在城镇土地使用税征税范围内,承租集体所有建设用地的,由直接从集体经济组织承租土地的单位和个人,缴纳城镇土地使用税。

几个人或几个单位共同拥有一块土地的使用权,这块土地的城镇土地使用税的纳税人

应是对这块土地拥有使用权的每一个人或每一个单位。他们应以其实际使用的土地面积占总面积的比例,分别计算缴纳土地使用税。

(二) 征税范围

城镇土地使用税的征税范围,包括在城市、县城、建制镇和工矿区内的国家所有和集体所有的土地。

上述城市、县城、建制镇和工矿区分别按以下标准确认:

(1) 城市是指经国务院批准设立的市。

(2) 县城是指县人民政府所在地。

(3) 建制镇是指经省、自治区、直辖市人民政府批准设立的建制镇。

(4) 工矿区是指工商业比较发达,人口比较集中,符合国务院规定的建制镇标准,但尚未设立建制镇的大中型工矿企业所在地,工矿区须经省、自治区、直辖市人民政府批准。

上述城镇土地使用税的征税范围中,城市的土地包括市区和郊区的土地,县城的土地是指县人民政府所在地的城镇的土地,建制镇的土地是指镇人民政府所在地的土地。建立在城市、县城、建制镇和工矿区以外的工矿企业不需要缴纳城镇土地使用税。

二、税率、计税依据和应纳税额的计算

(一) 税率

城镇土地使用税采用定额税率,即采用有幅度的差别税额,按大、中、小城市和县城、建制镇、工矿区分别规定每平方米城镇土地使用税年应纳税额。具体标准如下:

(1) 大城市 1.5～30 元。

(2) 中等城市 1.2～24 元。

(3) 小城市 0.9～18 元。

(4) 县城、建制镇、工矿区 0.6～12 元。

大、中、小城市以公安部门登记在册的非农业正式户口人数为依据,按照国务院颁布的《城市规划条例》中规定的标准划分。人口在 50 万人以上者为大城市;人口在 20 万～50 万人者为中等城市;人口在 20 万人以下者为小城市。城镇土地使用税税率见表 9-1。

表 9-1 城镇土地使用税税率

级别	人口	每平方米税额(元)
大城市	50 万人以上	1.5～30
中等城市	20 万～50 万人	1.2～24
小城市	20 万人以下	0.9～18
县城、建制镇、工矿区		0.6～12

各省、自治区、直辖市人民政府可根据市政建设情况和经济繁荣程度在规定税额幅度内,确定所辖地区的适用税额幅度。经济落后地区,城镇土地使用税的适用税额标准可适当降低,但降低额不得超过上述规定最低税额的 30%。经济发达地区的适用税额标准可以适当提高,但须报财政部批准。

城镇土地使用税规定幅度税额主要考虑到我国各地区存在着悬殊的土地级差收益,同

一地区内不同地段的市政建设情况和经济繁荣程度也有较大的差别。把城镇土地使用税税额定为幅度税额，拉开档次，而且每个幅度税额的差距规定为 20 倍。这样，各地政府在划分本辖区不同地段的等级，确定适用税额时，有选择余地，便于具体操作。幅度税额还可以调节不同地区、不同地段之间的土地级差收益，尽可能地平衡税负。

（二）计税依据

城镇土地使用税以纳税人实际占用的土地面积为计税依据，土地面积计量标准为每平方米。即税务机关根据纳税人实际占用的土地面积，按照规定的税额计算应纳税额，向纳税人征收城镇土地使用税。

纳税人实际占用的土地面积按下列办法确定：

（1）由省、自治区、直辖市人民政府确定的单位组织测定土地面积的，以测定的面积为准。

（2）尚未组织测量，但纳税人持有政府部门核发的土地使用证书的，以证书确认的土地面积为准。

（3）尚未核发土地使用证书的，应由纳税人申报土地面积，据以纳税，待核发土地使用证以后再作调整。

（4）对在城镇土地使用税征税范围内单独建造的地下建筑用地，按规定征收城镇土地使用税。其中，已取得地下土地使用权证的，按土地使用权证确认的土地面积计算应征税款；未取得地下土地使用权证或地下土地使用权证上未标明土地面积的，按地下建筑垂直投影面积计算应征税款。

对上述地下建筑用地暂按应征税款的 50% 征收城镇土地使用税。

（三）应纳税额的计算方法

城镇土地使用税的应纳税额可以通过纳税人实际占用的土地面积乘以该土地所在地段的适用税额求得。其计算公式如下：

$$全年应纳税额＝实际占用应税土地面积(平方米)×适用税额$$

【例 9-1】　A 城市的一家企业使用土地面积为 8 000 平方米，经税务机关核定，该土地为应税土地，每平方米年税额为 5 元。请计算其全年应纳的城镇土地使用税税额。

$$全年应纳税额＝8\,000×5＝40\,000(元)$$

三、税收优惠

（一）法定免缴城镇土地使用税的优惠

（1）国家机关、人民团体、军队自用的土地。

这部分土地是指这些单位本身的办公用地和公务用地，如国家机关、人民团体的办公楼用地，军队的训练场用地等。

（2）由国家财政部门拨付事业经费的单位自用的土地。

这部分土地是指这些单位本身的业务用地，如学校的教学楼、操场、食堂等占用的土地。

（3）宗教寺庙、公园、名胜古迹自用的土地。

宗教寺庙自用的土地是指举行宗教仪式等的用地和寺庙内的宗教人员生活用地。

公园、名胜古迹自用的土地是指供公共参观游览的用地及其管理单位的办公用地。

以上单位的生产、经营用地和其他用地,不属于免税范围,应按规定缴纳城镇土地使用税,如公园、名胜古迹中附设的营业单位如影剧院、饮食部、茶社、照相馆等使用的土地。

(4) 市政街道、广场、绿化地带等公共用地。

(5) 直接用于农、林、牧、渔业的生产用地。

这部分土地是指直接从事于种植养殖、饲养的专业用地,不包括农副产品加工场地和生活办公用地。

(6) 经批准开山填海整治的土地和改造的废弃土地,从使用的月份起免缴城镇土地使用税 5~10 年。

具体免税期限由各省、自治区、直辖市地方税务局在《中华人民共和国城镇土地使用税暂行条例》规定的期限内自行确定。

(7) 对非营利性医疗机构、疾病控制机构和妇幼保健机构等卫生机构自用的土地,免征城镇土地使用税。

(8) 企业办的学校、医院、托儿所、幼儿园,其用地能与企业其他用地明确区分的,免征城镇土地使用税。

(9) 免税单位无偿使用纳税单位的土地(如公安、海关等单位使用铁路、民航等单位的土地),免征城镇土地使用税。纳税单位无偿使用免税单位的土地,纳税单位应照章缴纳城镇土地使用税。纳税单位与免税单位共同使用、共有使用权土地上的多层建筑,对纳税单位可按其占用的建筑面积占建筑总面积的比例计征城镇土地使用税。

(10) 对行使国家行政管理职能的中国人民银行总行(含国家外汇管理局)所属分支机构自用的土地,免征城镇土地使用税。

(11) 为了体现国家的产业政策,支持重点产业的发展,对石油、电力、煤炭等能源用地,民用港口、铁路等交通用地和水利设施用地,三线调整企业、盐业、采石场、邮电等一些特殊用地划分了征免税界限和给予政策性减免税照顾。具体规定如下:

① 对石油天然气生产建设中用于地质勘探、钻井、井下作业、油气田地面工程等施工临时用地暂免征收城镇土地使用税。

② 对企业的铁路专用线、公路等用地,在厂区以外、与社会公用地段未加隔离的,暂免征收城镇土地使用税。

③ 对企业厂区以外的公共绿化用地和向社会开放的公园用地,暂免征收城镇土地使用税。

④ 对盐场的盐滩、盐矿的矿井用地,暂免征收城镇土地使用税。

(12) 自 2016 年 1 月 1 日至 2021 年 12 月 31 日,对专门经营农产品的农产品批发市场、农贸市场使用(包括自有和承租,下同)的房产、土地,暂免征收房产税和城镇土地使用税。对同时经营其他产品的农产品批发市场和农贸市场使用的房产、土地,按其他产品与农产品交易场地面积的比例确定征免房产税和城镇土地使用税。

(13) 到 2019 年 12 月 31 日止(含当日),对物流企业自有的(包括自用和出租)大宗商品仓储设施用地和物流企业承租用于大宗商品仓储设施的土地,减按所属土地等级适用税额标准的 50% 计征城镇土地使用税。物流企业的办公、生活区用地及其他非直接从事大宗商品仓储的用地,不属于优惠范围,应按规定征收城镇土地使用税。符合减税条件的物流企业需持相关材料向主管税务机关办理备案手续。

（14）自 2018 年 10 月 1 日至 2020 年 12 月 31 日,对按照去产能和调结构政策要求停产停业、关闭的企业,自停产停业次月起,免征城镇土地使用税。企业享受免税政策的期限累计不得超过 2 年。

（15）自 2019 年 1 月 1 日至 2021 年 12 月 31 日,对国家级、省级科技企业孵化器、大学科技园和国家备案众创空间自用以及无偿或通过出租等方式提供给在孵对象使用的土地,免征城镇土地使用税。2018 年 12 月 31 日以前认定的国家级科技企业孵化器、大学科技园,自 2019 年 1 月 1 日起享受规定的税收优惠政策。2019 年 1 月 1 日以后认定的国家级、省级科技企业孵化器、大学科技园和国家备案众创空间,自认定之日次月起享受规定的税收优惠政策,2019 年 1 月 1 日以后被取消资格的,自取消资格之日次月起停止享受规定的税收优惠政策。

（二）省、自治区、直辖市税务局确定的城镇土地使用税减免优惠

（1）个人所有的居住房屋及院落用地。

（2）房产管理部门在房租调整改革前经租的居民住房用地。

（3）免税单位职工家属的宿舍用地。

（4）集体和个人办的各类学校、医院、托儿所、幼儿园用地。

四、征收管理

（一）纳税期限

城镇土地使用税实行按年计算、分期缴纳的征收方法,具体纳税期限由省、自治区、直辖市人民政府确定。

（二）纳税义务发生时间

（1）纳税人购置新建商品房,自房屋交付使用之次月起,缴纳城镇土地使用税。

（2）纳税人购置存量房,自办理房屋权属转移、变更登记手续,房地产权属登记机关签发房屋权属证书之次月起,缴纳城镇土地使用税。

（3）纳税人出租、出借房产,自交付出租、出借房产之次月起,缴纳城镇土地使用税。

（4）以出让或转让方式有偿取得土地使用权的,应由受让方从合同约定交付土地时间的次月起缴纳城镇土地使用税;合同未约定交付时间的,由受让方从合同签订的次月起缴纳城镇土地使用税。

（5）纳税人新征用的耕地,自批准征用之日起满 1 年时开始缴纳城镇土地使用税。

（6）纳税人新征用的非耕地,自批准征用月起缴纳城镇土地使用税。

（7）自 2009 年 1 月 1 日起,纳税人因土地的权利发生变化而依法终止城镇土地使用税纳税义务的,其应纳税款的计算应截止到土地权利发生变化的当月月末。

（三）纳税地点和征收机构

城镇土地使用税在土地所在地缴纳。

纳税人使用的土地不属于同一省、自治区、直辖市管辖的,由纳税人分别向土地所在地的税务机关缴纳城镇土地使用税;在同一省、自治区、直辖市管辖范围内,纳税人跨地区使用的土地,其纳税地点由各省、自治区、直辖市税务局确定。

城镇土地使用税由土地所在地的税务机关征收,其收入纳入地方财政预算管理。

第二节 耕地占用税法

耕地占用税法是指国家制定的调整耕地占用税征收与缴纳权利及义务关系的法律规范。耕地占用税是对占用耕地建房或从事其他非农业建设的单位和个人,就其实际占用的耕地面积征收的一种税,它属于对特定土地资源占用课税。

一、纳税人与征税范围

(一) 纳税人

耕地占用税的纳税人是指在中华人民共和国境内占用耕地建设建筑物、构筑物或者从事非农业建设的单位和个人。所称单位,包括国有企业、集体企业、私营企业、股份制企业、外商投资企业、外国企业以及其他企业和事业单位、社会团体、国家机关、军队以及其他单位;所称个人,包括个体工商户以及其他个人。

(二) 征税范围

耕地占用税的征税范围包括纳税人占用耕地建设建筑物、构筑物或者从事非农业建设的国家所有和集体所有的耕地。

耕地占用税所称耕地是指用于种植农作物的土地,包括菜地、园地。其中,园地包括花圃、苗圃、茶园、果园、桑园和其他种植经济林木的土地。

占用鱼塘及其他农用土地建房或从事其他非农业建设,也视同占用耕地,必须依法征收耕地占用税。占用已开发从事种植、养殖的滩涂、草场、水面和林地等从事非农业建设,由省、自治区、直辖市本着有利于保护土地资源和生态平衡的原则,结合具体情况确定是否征收耕地占用税。

二、税率、计税依据和应纳税额的计算

(一) 税率

由于在我国的不同地区之间人口和耕地资源的分布极不均衡,有些地区人口稠密,耕地资源相对匮乏;有些地区则人烟稀少,耕地资源比较丰富。各地区之间经济发展水平也有很大差异。考虑到不同地区之间客观条件的差别以及与此相关的税收调节力度和纳税人负担能力方面的差别,耕地占用税在税率设计上采用了地区差别定额税率。税率规定如下:

(1) 人均耕地不超过1亩的地区(以县、自治县、不设区的市、市辖区为单位,下同),每平方米为10~50元。

(2) 人均耕地超过1亩但不超过2亩的地区,每平方米为8~40元。

(3) 人均耕地超过2亩但不超过3亩的地区,每平方米为6~30元。

(4) 人均耕地超过3亩以上的地区,每平方米为5~25元。

各地区耕地占用税的适用税额,由省、自治区、直辖市人民政府根据人均耕地面积和经济发展等情况,在前款规定的税额幅度内提出,报同级人民代表大会常务委员会决定,并报全国人民代表大会常务委员会和国务院备案。各省、自治区、直辖市耕地占用税适用税额的

平均水平,不得低于本法所附《各省、自治区、直辖市耕地占用税平均税额表》规定的平均税额(见表9-2)。

表 9-2　各省、自治区、直辖市耕地占用税平均税额　　单位:元

地区	每平方米平均税额	地区	每平方米平均税额
上海	45	河北、安徽、江西、山东、河南、重庆、四川	22.5
北京	40	广西、海南、贵州、云南、陕西	20
天津	35	山西、吉林、黑龙江	17.5
江苏、浙江、福建、广东	30	内蒙古、西藏、甘肃、青海、宁夏、新疆	12.5
辽宁、湖北、湖南	25		

在人均耕地低于 0.5 亩的地区,省、自治区、直辖市可以根据当地经济发展情况,适当提高耕地占用税的适用税额,但提高的部分不得超过上述第(1)条确定的适用税额的50%。具体适用税额按照规定程序确定。

占用基本农田的,应当按照适用税额加征150%。

(二)计税依据

耕地占用税以纳税人实际占用的耕地面积为计税依据,按照规定的适用税额一次性征收。

(三)税额计算

耕地占用税以纳税人实际占用的耕地面积为计税依据,以每平方米土地为计税单位,按适用的定额税率计税。应纳税额为纳税人实际占用的耕地面积(平方米)乘以适用税额。其计算公式如下:

$$应纳税额＝实际占用耕地面积(平方米)×适用定额税率$$

【例9-2】　B 市一家企业新占用 10 000 平方米耕地用于工业建设,所占耕地适用的定额税率为 30 元/平方米。计算该企业应纳的耕地占用税。

$$应纳税额＝10\,000×30＝300\,000(元)$$

三、税收优惠和征收管理

耕地占用税对占用耕地实行一次性征收,对生产经营单位和个人不设立减免税,仅对公益性单位和需要照顾群体设立减免税。

(一)免征耕地占用税

(1)军事设施占用耕地。

(2)学校、幼儿园、社会福利机构、医疗机构占用耕地。

学校范围,包括由国务院人力资源社会保障行政部门,省、自治区、直辖市人民政府或其人力资源社会保障行政部门批准成立的技工院校。

(3)农村烈士遗属、因公牺牲军人遗属、残疾军人以及符合农村最低生活保障条件的农村居民,在规定用地标准以内新建自用住宅,免征耕地占用税。

(二)减征耕地占用税

(1)铁路线路、公路线路、飞机场跑道、停机坪、港口、航道占用耕地,减按每平方米 2 元的税额征收耕地占用税。

（2）农村居民在规定用地标准以内占用耕地新建自用住宅，按照当地适用税额减半征收耕地占用税；其中农村居民经批准搬迁，新建自用住宅占用耕地不超过原宅基地面积的部分，免征耕地占用税。免征或者减征耕地占用税后，纳税人改变原占地用途，不再属于免征或者减征耕地占用税情形的，应当按照当地适用税额补缴耕地占用税。纳税人临时占用耕地，应当依照本条例的规定缴纳耕地占用税。纳税人在批准临时占用耕地的期限内恢复所占用耕地原状的，全额退还已经缴纳的耕地占用税。

占用林地、牧草地、农田水利用地、养殖水面以及渔业水域滩涂等其他农用地建房或者从事非农业建设的，比照本条例的规定征收耕地占用税。建设直接为农业生产服务的生产设施占用前款规定的农用地的，不征收耕地占用税。

（三）征收管理

耕地占用税由税务机关负责征收。耕地占用税的纳税义务发生时间为纳税人收到自然资源主管部门办理占用耕地手续的书面通知的当日。纳税人应当自纳税义务发生之日起30日内申报缴纳耕地占用税。

自然资源主管部门凭耕地占用税完税凭证或者免税凭证和其他有关文件发放建设用地批准书。

纳税人因建设项目施工或者地质勘查临时占用耕地，应当依照本法的规定缴纳耕地占用税。纳税人在批准临时占用耕地期满之日起1年内依法复垦，恢复种植条件的，全额退还已经缴纳的耕地占用税。

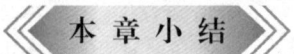

本 章 小 结

本章城镇土地使用税法和耕地占用税法要求学生掌握城镇土地使用税的纳税义务人、适用税额——分级幅度税额、应纳税额的计算、税收优惠等知识点；掌握耕地占用税兼具资源税与特定行为税的性质；掌握耕地占用税采用地区差别税率，应纳税额的计算、税收优惠等内容。

耕地占用税纳税申报表

耕地占用税纳税申报表

纳税人识别号（统一社会信用代码）：□□□□□□□□□□□□□□□□□□

纳税人名称：　　　　　　　　　　　　　　　　　金额单位：人民币元（列至角分）；面积单位：平方米

耕地占用信息	项目（批次）名称		批准占地部门		批准占地文号		批准日期	
	占地位置		占地用途		占地方式		占地日期	
	经批准占地面积		实际占地面积		经济开发区	□是 □否	税额提高比例（%）	
	本期是否适用增值税小规模纳税人减征政策（减免性质代码：14049901）		□是　□否		减征比例（%）			

（续表）

类别	项目	计税面积	其中：减税面积	其中：免税面积	适用税额	计征税额	减免性质代码	减税税额	免税税额	本期增值税小规模纳税人减征额	已缴税额	应缴税额
计税信息	总计											
	耕地（基本农田）											
	耕地（非基本农田）											
	园地											
	林地											
	牧草地											
	农田水利用地											
	养殖水面											
	渔业水域滩涂											
	草地											
	苇田											
	其他类型土地											

谨声明：本纳税申报表是根据国家税收法律法规及相关规定填报的，是真实的、可靠的、完整的。

纳税人（签章）：　　　　　年　月　日

经办人： 经办人身份证号： 代理机构签章： 代理机构统一社会信用代码：	受理人： 受理税务机关（章）： 受理日期：　年　月　日

填表说明

1. 本表依据《中华人民共和国税收征收管理法》《中华人民共和国耕地占用税暂行条例》及其实施细则制定。

2. 本申报表适用于在中华人民共和国境内占用耕地建房或者从事非农业建设的单位和个人。纳税人应当在收到领取农用地转用审批文件通知之日起或占用耕地之日起 30 日内，填报耕地占用税纳税申报表，向土地所在地税务机关申报纳税。

3. 纳税人识别号（统一社会信用代码）：填报税务机关核发的纳税人识别号或有关部门核发的统一社会信用代码。

4. 纳税人名称：填报营业执照、税务登记证等证件载明的纳税人名称。

5. 耕地占用信息栏：

项目（批次）名称：按照政府农用地转用审批文件中标明的项目或批次名称填写。

批准占地部门、批准占地文号：属于批准占地的，填写有权审批农用地转用的政府名称及批准农用地转用文件的文号。

占地用途：经批准占地的，按照政府农用地转用审批文件中明确的土地储备、交通基础设施建设（其中铁路线路、公路线路、飞机场跑道、停机坪、港口、航道等适用2元/平方米税额占地项目必须在栏目中详细列明）、工业建设、商业建设、住宅建设、农村居民建房、军事设施、学校、幼儿园、医院、养老院和其他等项目分类填写；未经批准占地的，按照实际占地情况，区分交通基础设施建设、工业建设、商业建设、住宅建设、农村居民建房、军事设施、学校、幼儿园、医院、养老院和其他等项目分类填写。

批准日期：属于经批准占地的，填写政府农用地转用审批文件的批准日期。

占地日期：属于未经批准占地的，填写实际占地的日期。

占地位置：占用耕地所属的县、镇（乡）、村名称。

占地方式：按照按批次转用、单独选址转用、批准临时占地、未批先占填写。

经批准占地面积：指政府农用地转用审批文件中批准的农用地转用面积。

实际占地面积：包括经批准占用的耕地面积和未经批准占用的耕地面积。

经济开发区：占地位于经济特区、经济技术开发区和经济发达且人均耕地特别少的地区，适用税额提高的，勾选"是"；否则，勾选"否"。

税额提高比例：占地位于经济特区、经济技术开发区和经济发达且人均耕地特别少的地区，适用税额提高的，填写当地省级政府确定的具体税额提高比例。

本期是否适用增值税小规模纳税人减征政策（减免性质代码：14049901）：纳税人自增值税一般纳税人按规定转登记为小规模纳税人的，自成为小规模纳税人的当月起适用减征优惠。增值税小规模纳税人按规定登记为一般纳税人的，自一般纳税人生效之日起不再适用减征优惠；增值税年应税销售额超过小规模纳税人标准应当登记为一般纳税人而未登记，经税务机关通知，逾期仍不办理登记的，自逾期次月起不再适用减征优惠。纳税人本期适用增值税小规模纳税人减征政策的，勾选"是"；否则，勾选"否"。

减征比例（%）：当地省级政府根据财税〔2019〕13号文件确定的减征比例，系统自动带出。

6. 计税信息栏：按照占用耕地类别分别填写、分别计算，总计＝耕地（基本农田）＋耕地（非基本农田）＋园地＋林地＋牧草地＋农田水利用地＋养殖水面＋渔业水域滩涂＋草地＋苇田＋其他类型用地（面积、税额），应缴税额＝计征税额×（1＋税额提高比例）－减税税额－免税税额－增值税小规模纳税人减征－已缴税额，计征税额＝计征面积×适用税额，减税面积、免税面积、减税税额、免税税额按照减免税备案信息直接填列。

适用税额：指该地类在当地适用的单位税额，此处不考虑经济特区、经济技术开发区和经济发达且人均耕地特别少适用税额提高的情况。

减免性质代码：该项按照国家税务总局制定下发的最新《减免税政策代码目录》中的最细项减免性质代码填写。有减免税情况的必填。

本期增值税小规模纳税人减征额：反映符合条件的增值税小规模纳税人按减征比例计算的减征额。减征额＝［计征税额×（1＋税额提高比例）－减税税额－免税税额］×减征比例。

该表减免税相关信息应与《纳税人减免税备案登记表》信息保持一致。

如有同一土地类别下享受多条减免税政策的情况，请使用预留的空白行填写。

7. 本表一式两份,一份纳税人留存,一份税务机关留存。

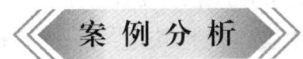
案 例 分 析

城镇土地使用税税收筹划

某县地方税务局稽查局于2019年8月对位于城郊的A企业纳税情况进行检查。在检查城镇土地使用税纳税情况时,检查人员发现A公司提供的政府部门核发的土地使用证书显示:A公司实际占地面积80 000平方米,其中:

(1) 企业内学校和医院共占地2 000平方米。

(2) 厂区外公共绿化用地5 000平方米,厂区内生活小区的绿化用地1 000平方米。

(3) 2001年1月1日,公司将一块1 000平方米的土地对外出租给另一企业,用于生产经营。

(4) 2001年3月1日,将一块1 500平方米的土地无偿借给某国家机关作公务使用。

【分析】

(1) 税法规定,企业办的学校、医院、托儿所、幼儿园自用的土地,比照由国家财政部门拨付事业经费的单位自用的土地,免征城镇土地使用税。

(2) 对企业厂区(包括生产、办公及生活区)以内的绿化用地,应按规定缴纳城镇土地使用税,厂区以外的公共绿化用地和向社会开放的公园用地,暂免征收城镇土地使用税。

$$应纳税额＝1 000×1÷2＝500(元)$$

(3) 土地使用权出租的,由拥有土地使用权的企业缴纳城镇土地使用税。该公司不缴税。

(4) 税法规定,对免税单位无偿使用纳税单位的土地,免征城镇土地使用税;对纳税单位无偿使用免税单位的土地,纳税单位照章缴纳城镇土地使用税。本题中,承租土地的国家机关免予缴纳城镇土地使用税。A公司2019年1月至2月应纳税额为:1 500×1×2÷12＝250(元)。

课 后 练 习 题

一、单选题

1. 某企业在市区拥有一块地,尚未由有关部门组织测量面积,但持有政府部门核发的土地使用证书。下列关于该企业履行城镇土地使用税纳税义务的表述中,正确的是(　　)。

A. 暂缓履行纳税义务

B. 自行测量土地面积并履行纳税义务

C. 以证书确认的土地面积作为计税依据履行纳税义务

D. 待将来有关部门测定完土地面积后再履行纳税义务

【正确答案】C

【答案解析】尚未组织测量,但纳税人持有政府部门核发的土地使用证书的,以证书确认的土地面积为准。

2. 某企业 2016 年度拥有位于市郊的一宗地块,其地上面积为 1 万平方米,单独建造的地下建筑面积为 4 千平方米(已取得地下土地使用权证)。该市规定的城镇土地使用税税率为 2 元/平方米。则该企业 2016 年度就此地块应缴纳的城镇土地使用税为(   )万元。

A. 0.8   B. 2   C. 2.8   D. 2.4

【正确答案】D

【答案解析】应纳城镇土地使用税＝1×2＋0.4×2×50％＝2.4(万元)。

3. 下列耕地占用的情形中,属于免征耕地占用税的是(   )。

A. 医疗机构占用耕地   B. 建厂房占用鱼塘

C. 高尔夫球场占用耕地   D. 商品房建设占用林地

【正确答案】A

【答案解析】选项 B、C、D 不得免征耕地占用税。

二、多选题

1. 下列各项中,属于法定免缴城镇土地使用税的有(   )。

A. 名胜古迹用地

B. 免税单位无偿使用纳税单位土地

C. 个人所有的居住房屋用地

D. 国家财政部门拨付事业经费的学校用地

【正确答案】ABD

【答案解析】选项 C,属于省、自治区、直辖市税务局确定的土地使用税减免优惠的范围。

第十章 房产税法、契税法和土地增值税法

 学习目标

1. 掌握房产税的纳税义务人、税目与税率、应纳税额的计算、税收优惠
2. 掌握契税的纳税义务人与征税范围、计税依据、应纳税额的计算、税收减免
3. 掌握土地增值税的纳税义务人和征税范围、计税依据、应纳税额的计算、税收优惠

第一节 房 产 税 法

房产税法是指国家制定的调整房产税征收与缴纳之间权利及义务关系的法律规范。征收房产税有利于地方政府筹集财政收入,也有利于加强房产管理。

一、纳税义务人与征税范围

(一) 纳税义务人

房产税是以房屋为征税对象,按照房屋的计税余值或租金收入向产权所有人征收的一种财产税。房产税以在征税范围内的房屋产权所有人为纳税人。其中:

(1)产权属国家所有的,由经营管理单位纳税;产权属集体和个人所有的,由集体单位和个人纳税。

所称单位,包括国有企业、集体企业、私营企业、股份制企业、外商投资企业、外国企业以及其他企业和事业单位、社会团体、国家机关、军队以及其他单位;所称个人,包括个体工商户以及其他个人。

(2)产权出典的,税法规定由对房屋具有支配权的承典人为纳税人。

(3)产权所有人、承典人不在房屋所在地的,或者产权未确定及租典纠纷未解决的,由房产代管人或者使用人纳税。

(4)无租使用其他房产的问题。纳税单位和个人无租使用房产管理部门、免税单位及纳税单位的房产,应由使用人代为缴纳房产税。

(二) 征税范围

房产税以房产为征税对象。所谓房产是指有屋面和围护结构(有墙或两边有柱),能够遮风避雨,可供人们在其中生产、学习、工作、娱乐、居住或储藏物资的场所。房地产开发企业建造的商品房,在出售前,不征收房产税;但对出售前房地产开发企业已使用或出租、出借的商品房应按规定征收房产税。

房产税的征税范围为城市、县城、建制镇和工矿区。具体规定如下:

（1）城市是指国务院批准设立的市。

（2）县城是指县人民政府所在地的地区。

（3）建制镇是指经省、自治区、直辖市人民政府批准设立的建制镇。

（4）工矿区是指工商业比较发达、人口比较集中、符合国务院规定的建制镇标准但尚未设立建制镇的大中型工矿企业所在地。开征房产税的工矿区须经省、自治区、直辖市人民政府批准。

房产税的征税范围不包括农村，这主要是为了减轻农民的负担。因为农村的房屋，除农副业生产用房外，大部分是农民居住用房。对农村房屋不纳入房产税征税范围，有利于农业发展，繁荣农村经济，促进社会稳定。

二、税率、计税依据和应纳税额的计算

（一）税率

我国现行房产税采用的是比例税率。由于房产税的计税依据分为从价计征和从租计征两种形式，所以房产税的税率也有两种：一种是按房产原值一次减除 10%～30% 后的余值计征的，税率为 1.2%；另一种是按房产出租的租金收入计征的，税率为 12%。自 2008 年 3 月 1 日起，对个人出租住房，不区分用途，按 4% 的税率征收房产税。

（二）计税依据

房产税的计税依据是房产的计税价值或房产的租金收入。按照房产计税价值征税的，称为从价计征；按照房产租金收入计征的，称为从租计征。

1. 从价计征

《中华人民共和国房产税暂行条例》规定，房产税依照房产原值一次减除 10%～30% 后的余值计算缴纳。各地扣除比例由当地省、自治区、直辖市人民政府确定。

（1）房产原值是指纳税人按照会计制度规定，在会计核算账簿"固定资产"科目中记载的房屋原价。因此，凡按会计制度规定在账簿中记载有房屋原价的，应以房屋原价按规定减除一定比例后作为房产余值计征房产税；没有记载房屋原价的，按照上述原则，并参照同类房屋确定房产原值，按规定计征房产税。

（2）房产原值应包括与房屋不可分割的各种附属设备或一般不单独计算价值的配套设施。主要有：暖气、卫生、通风、照明、煤气等设备；各种管线，如蒸汽、压缩空气、石油、给水排水等管道及电力、电信、电缆导线；电梯、升降机、过道、晒台等。属于房屋附属设备的水管、下水道、暖气管、煤气管等应从最近的探视井或三通管起，计算原值；电灯网、照明线从进线盒连接管起，计算原值。

（3）纳税人对原有房屋进行改建、扩建的，要相应增加房屋的原值。房产余值是房产的原值减除规定比例后的剩余价值。

（4）居民住宅区内业主共有的经营性房产缴纳房产税。从 2007 年 1 月 1 日起，对居民住宅区内业主共有的经营性房产，由实际经营（包括自营和出租）的代管人或使用人缴纳房产税。其中自营的，依照房产原值减除 10%～30% 后的余值计征，没有房产原值或不能将业主共有房产与其他房产的原值准确划分开的，由房产所在地地方税务机关参照同类房产核定房产原值；出租的，依照租金收入计征。

（5）凡在房产税征收范围内的具备房屋功能的地下建筑，包括与地上房屋相连的地下

建筑以及完全建在地面以下的建筑、地下人防设施等,均应当依照有关规定征收房产税。

2.从租计征

房产出租的,以房产租金收入为房产税的计税依据。

所谓房产的租金收入,是房屋产权所有人出租房产使用权所得的报酬,包括货币收入和实物收入。

如果是以劳务或者其他形式为报酬抵付房租收入的,应根据当地同类房产的租金水平,确定一个标准租金额从租计征。

对出租房产,租赁双方签订的租赁合同约定有免收租金期限的,免收租金期间由产权所有人按照房产原值缴纳房产税。出租的地下建筑,按照出租地上房屋建筑的有关规定计算征收房产税。

(三) 应纳税额的计算

房产税的计税依据有两种,与之相适应的应纳税额计算也分为两种:一是从价计征的计算;二是从租计征的计算。

1.从价计征的计算

从价计征是按房产的原值减除一定比例后的余值计征,其计算公式如下:

$$应纳税额＝应税房产原值×(1－扣除比例)×1.2\%$$

如前所述,房产原值是"固定资产"科目中记载的房屋原价;减除一定比例是省、自治区、直辖市人民政府规定的 10%～30% 的减除比例;计征的适用税率为 1.2%。

【例 10-1】 某企业的经营用房原值为 6 000 万元,按照当地规定允许减除 30% 后按余值计税,适用税率为 1.2%。请计算其应纳房产税税额。

$$应纳税额＝6\,000×(1－30\%)×1.2\%＝50.40(万元)$$

2.从租计征的计算

从租计征是按房产的租金收入计征,其计算公式如下:

$$应纳税额＝租金收入×12\%(或 4\%)$$

【例 10-2】 某公司出租房屋 5 间,年租金收入为 200 000 元,适用税率为 12%。请计算其应纳房产税税额。

$$应纳税额＝200\,000×12\%＝24\,000(元)$$

三、税收优惠

房产税的税收优惠是根据国家政策需要和纳税人的负担能力制定的。由于房产税属地方税,因此给予地方一定的减免权限,有利于地方因地制宜地处理问题。

目前,房产税的税收优惠政策主要有:

(1)国家机关、人民团体、军队自用的房产免征房产税。但上述免税单位的出租房产以及非自身业务使用的生产、营业用房,不属于免税范围。

(2)由国家财政部门拨付事业经费的单位,如学校、医疗卫生单位、托儿所、幼儿园、敬老院、文化、体育、艺术这些实行全额或差额预算管理的事业单位所有的,本身业务范围内使用的房产免征房产税。

（3）宗教寺庙、公园、名胜古迹自用的房产免征房产税。

宗教寺庙、公园、名胜古迹中附设的营业单位，如影剧院、饮食部、茶社、照相馆等所使用的房产及出租的房产，不属于免税范围，应照章纳税。

（4）个人所有非营业用的房产免征房产税。

个人所有的非营业用房，主要是指居民住房，不分面积多少，一律免征房产税。对个人拥有的营业用房或者出租的房产，不属于免税房产，应照章纳税。

（5）经财政部批准免税的其他房产，主要有：

（6）自2018年10月1日至2020年12月31日，对按照去产能和调结构政策要求停产停业、关闭的企业，自停产停业次月起，免征房产税、城镇土地使用税。企业享受免税政策的期限累计不得超过2年。

（7）自2019年1月1日至2021年12月31日，对国家级、省级科技企业孵化器、大学科技园和国家备案众创空间自用以及无偿或通过出租等方式提供给在孵对象使用的房产免征房产税。

（8）自2019年1月1日至2021年12月31日，对高校学生公寓免征房产税。本条所称高校学生公寓是指为高校学生提供住宿服务，按照国家规定的收费标准收取住宿费的学生公寓。企业享受本条规定的免税政策，应按规定进行免税申报，并将不动产权属证明、载有房产原值的相关材料、房产用途证明、租赁合同等资料留存备查。

四、征收管理

（一）纳税义务发生时间

（1）纳税人将原有房产用于生产经营，从生产经营之月起缴纳房产税。

（2）纳税人自行新建房屋用于生产经营，从建成之次月起缴纳房产税。

（3）纳税人委托施工企业建设的房屋，从办理验收手续之次月起缴纳房产税。

（4）纳税人购置新建商品房，自房屋交付使用之次月起缴纳房产税。

（5）纳税人购置存量房，自办理房屋权属转移、变更登记手续，房地产权属登记机关签发房屋权属证书之次月起，缴纳房产税。

（6）纳税人出租、出借房产，自交付出租、出借房产之次月起，缴纳房产税。

（7）房地产开发企业自用、出租、出借本企业建造的商品房，自房屋使用或交付之次月起，缴纳房产税。

（8）纳税人因房产的实物或权利状态发生变化而依法终止房产税纳税义务的，其应纳税款的计算应截止到房产的实物或权利状态发生变化的当月末。

（二）纳税期限

房产税实行按年计算、分期缴纳的征收方法，具体纳税期限由省、自治区、直辖市人民政府确定。

（三）纳税地点

房产税在房产所在地缴纳。房产不在同一地方的纳税人，应按房产的坐落地点分别向房产所在地的税务机关纳税。

第二节 契　税　法

契税法是指国家制定的用来调整契税征收与缴纳权利及义务关系的法律规范。契税是以在中华人民共和国境内转移土地、房屋权属为征税对象，向产权承受人征收的一种财产税。征收契税有利于增加地方财政收入，有利于保护合法产权，避免产权纠纷。

一、纳税义务人和征税范围

（一）纳税义务人

契税的纳税义务人是境内转移土地、房屋权属，承受的单位和个人。境内是指中华人民共和国实际税收行政管辖范围内。土地、房屋权属是指土地使用权和房屋所有权。单位是指企业单位、事业单位、国家机关、军事单位和社会团体以及其他组织。个人是指个体经营者及其他个人，包括中国公民和外籍人员。

（二）征税范围

契税是以在中华人民共和国境内转移土地、房屋权属为征税对象，向产权承受人征收的一种财产税。具体征税范围包括以下五项内容。

1. 国有土地使用权出让

国有土地使用权出让是指土地使用者向国家交付土地使用权出让费用，国家将国有土地使用权在一定年限内让与土地使用者的行为。国有土地使用权出让，受让者应向国家缴纳出让金，以出让金为依据计算缴纳契税。不得因减免土地出让金而减免契税。

2. 土地使用权的转让

土地使用权的转让是指土地使用者以出售、赠与、交换或者其他方式将土地使用权转移给其他单位和个人的行为。土地使用权的转让不包括农村集体土地承包经营权的转移。

3. 房屋买卖

房屋买卖是指以货币为媒介，出卖者向购买者过渡房产所有权的交易行为。以下几种特殊情况，视同买卖房屋：

（1）以房产抵债或实物交换房屋。

对已缴纳契税的购房单位和个人，在未办理房屋权属变更登记前退房的，退还已纳税；在办理房屋权属变更登记后退房的，不予退还已纳契税。

（2）以房产作投资、入股。

（3）买房拆料或翻建新房，应照章征收契税。

4. 房屋赠与

房屋的赠与是指房屋产权所有人将房屋无偿转让给他人所有。其中，将自己的房屋转交给他人的法人和自然人，称作房屋赠与人；接受他人房屋的法人和自然人，称为受赠人。房屋赠与的前提必须是产权无纠纷，赠与人和受赠人双方自愿。

5. 房屋交换

房屋交换是指房屋所有者之间互相交换房屋的行为。随着经济形势的发展，有些特殊方式转移土地、房屋权属的，也将视同土地使用权转让、房屋买卖或者房屋赠与：一是以土地、房屋权属作价投资、入股;二是以土地、房屋权属抵债;三是以获奖方式承受土地、房屋权属;四是以预购方式或者预付集资建房款方式承受土地、房屋权属。

二、税率、计税依据和应纳税额的计算

(一)税率

契税实行3%～5%的幅度税率。实行幅度税率是考虑到我国经济发展的不平衡,各地经济差别较大的实际情况。因此,各省、自治区、直辖市人民政府可以在3%～5%的幅度税率规定范围内,按照本地区的实际情况决定。

(二)计税依据

契税的计税依据为不动产的价格。由于土地、房屋权属转移方式不同,定价方法不同,因而具体计税依据视不同情况而决定。

(1)国有土地使用权出让、土地使用权出售、房屋买卖,以成交价格为计税依据。成交价格是指土地、房屋权属转移合同确定的价格,包括承受者应交付的货币、实物、无形资产或者其他经济利益。

(2)土地使用权赠与、房屋赠与,由征收机关参照土地使用权出售、房屋买卖的市场价格核定。

(3)土地使用权交换、房屋交换,为所交换的土地使用权、房屋的价格差额。也就是说,交换价格相等时,免征契税;交换价格不等时,由多交付的货币、实物、无形资产或者其他经济利益的一方缴纳契税。

(4)以划拨方式取得土地使用权,经批准转让房地产时,由房地产转让者补交契税。计税依据为补交的土地使用权出让费用或者土地收益。

(5)房屋附属设施征收契税的依据。

① 不涉及土地使用权和房屋所有权转移变动的,不征收契税。

② 采取分期付款方式购买房屋附属设施土地使用权、房屋所有权的,应按合同规定的总价款计征契税。

③ 承受的房屋附属设施权属如为单独计价的,按照当地确定的适用税率征收契税;如与房屋统一计价的,适用与房屋相同的契税税率。

(6)个人无偿赠与不动产行为(法定继承人除外),应对受赠人全额征收契税。

(三)应纳税额的计算

契税采用比例税率。当计税依据确定以后,应纳税额的计算比较简单。应纳税额的计算公式如下:

$$应纳税额=计税依据\times税率$$

【例10-3】 居民甲有两套住房,将一套出售给居民乙,成交价格为1 000 000元;将另一套两室住房与居民丙交换成两套一室住房,并支付给丙换房差价款200 000元。试计算甲、乙、丙相关行为应缴纳的契税(假定税率为4%)。

(1)甲应缴纳契税=200 000×4%=8 000(元)

(2)乙应缴纳契税=1 000 000×4%=40 000(元)

(3)丙无须缴纳契税。

三、契税优惠的一般规定

(1) 国家机关、事业单位、社会团体、军事单位承受土地、房屋用于办公、教学、医疗、科研和军事设施的,免征契税。

(2) 城镇职工按规定第一次购买公有住房,免征契税。

(3) 因不可抗力灭失住房而重新购买住房的,酌情减免。不可抗力是指自然灾害、战争等不能预见、不可避免并不能克服的客观情况。

(4) 土地、房屋被县级以上人民政府征用、占用后,重新承受土地、房屋权属的,由省级人民政府确定是否减免。

(5) 承受荒山、荒沟、荒丘、荒滩土地使用权,并用于农、林、牧、渔业生产的,免征契税。

(6) 经外交部确认,依照我国有关法律规定以及我国缔结或参加的双边和多边条约或协定,应当予以免税的外国驻华使馆、领事馆、联合国驻华机构及其外交代表、领事官员和其他外交人员承受土地、房屋权属,免征契税。

(7) 公租房经营单位购买住房作为公租房的,免征契税。

(8) 对个人购买家庭唯一住房(家庭成员范围包括购房人、配偶以及未成年子女,下同),面积为 90 平方米及以下的,减按 1％的税率征收契税;面积为 90 平方米以上的,减按 1.5％的税率征收契税。

(9) 对个人购买家庭第二套改善性住房,面积为 90 平方米及以下的,减按 1％的税率征收契税;面积为 90 平方米以上的,减按 2％的税率征收契税。

(10) 纳税人申请享受税收优惠的,根据纳税人的申请或授权,由购房所在地的房地产主管部门出具纳税人家庭住房情况书面查询结果,并将查询结果和相关住房信息及时传递给税务机关。

四、征收管理

(一) 纳税义务发生时间

契税的纳税义务发生时间是纳税人签订土地、房屋权属转移合同的当天,或者纳税人取得其他具有土地、房屋权属转移合同性质凭证的当天。

(二) 纳税期限

纳税人应当自纳税义务发生之日起 10 日内,向土地、房屋所在地的契税征收机关办理纳税申报,并在契税征收机关核定的期限内缴纳税款。

(三) 纳税地点

契税在土地、房屋所在地的征收机关缴纳。

(四) 契税申报

(1) 根据人民法院、仲裁委员会的生效法律文书发生土地、房屋权属转移,纳税人不能取得销售不动产发票的,可持人民法院执行裁定书原件及相关材料办理契税纳税申报,税务机关应予受理。

(2) 购买新建商品房的纳税人在办理契税纳税申报时,由于销售新建商品房的房地产开发企业已办理注销税务登记或者被税务机关列为非正常户等原因,致使纳税人不能取得销售不动产发票的,税务机关在核实有关情况后应予受理。

（五）征收管理

纳税人办理纳税事宜后,征收机关应向纳税人开具契税完税凭证。纳税人持契税完税凭证和其他规定的文件材料,依法向土地管理部门、房产管理部门办理有关土地、房屋的权属变更登记手续。土地管理部门和房产管理部门应向契税征收机关提供有关资料,并协助契税征收机关依法征收契税。

另外,对已缴纳契税的购房单位和个人,在未办理房屋权属变更登记前退房的,退还已纳契税;在办理房屋权属变更登记之后退还的,不予退还已纳契税。

第三节　土地增值税法

土地增值税法是指国家制定的用于调整土地增值税征收与缴纳之间权利及义务关系的法律规范。土地增值税是对有偿转让国有土地使用权及地上建筑物和其他附着物产权,取得增值收入的单位和个人征收的一种税。

一、纳税义务人和征税范围

（一）纳税义务人

土地增值税的纳税义务人为转让国有土地使用权、地上建筑物及其附着物(以下简称转让房地产)并取得收入的单位和个人。单位包括各类企业、事业单位、国家机关和社会团体及其他组织。个人包括个体经营者。

概括起来,《中华人民共和国土地增值税暂行条例》(以下简称《土地增值税暂行条例》)对纳税人的规定主要有以下四个特点:

(1) 不论法人与自然人。即不论是企业、事业单位、国家机关、社会团体及其他组织,还是个人,只要有偿转让房地产,都是土地增值税的纳税人。

(2) 不论经济性质。即不论是全民所有制企业、集体企业、私营企业、个体经营者,还是联营企业、合资企业、合作企业、外商独资企业等,只要有偿转让房地产,都是土地增值税的纳税人。

(3) 不论内资与外资企业、中国公民与外籍个人,只要有偿转让房地产,都是土地增值税的纳税人。

(4) 不论行业与部门。即不论是工业、农业、商业、学校、医院、机关等,只要有偿转让房地产,都是土地增值税的纳税人。

（二）征税范围

土地增值税是对转让国有土地使用权及其地上建筑物和附着物征收。

1. 基本征税范围

土地增值税是对转让国有土地使用权及其地上建筑物和附着物的行为征税,不包括国有土地使用权出让所取得的收入。

土地增值税的基本范围包括:

(1) 转让国有土地使用权。

(2) 地上的建筑物及其附着物连同国有土地使用权一并转让。

(3) 存量房地产的买卖。

2. 特殊征税范围

(1) 房地产的继承。不属于土地增值税的征税范围。

(2) 房地产的赠与。这里的"赠与"仅指以下情况:

① 房产所有人、土地使用权所有人将房屋产权、土地使用权赠与直系亲属或承担直接赡养义务人的。

② 房产所有人、土地使用权所有人通过中国境内非营利的社会团体、国家机关将房屋产权、土地使用权赠与教育、民政和其他社会福利、公益事业的。

房地产的赠与虽发生了房地产的权属变更,但作为房产所有人、土地使用权的所有人并没有因为权属的转让而取得任何收入。因此,房地产的赠与不属于土地增值税的征税范围。

(3) 房地产的出租。不属于土地增值税的征税范围。

(4) 房地产的抵押。在抵押期间不征收土地增值税。待抵押期满后,视该房地产是否转移占有而确定是否征收土地增值税。对于以房地产抵债而发生房地产权属转让的,应列入土地增值税的征税范围。

(5) 房地产的交换。属于土地增值税的征税范围。但对个人之间互换自有居住用房地产的,经当地税务机关核实,可以免征土地增值税。

(6) 合作建房。对于一方出地,一方出资金,双方合作建房,建成后按比例分房自用的,暂免征收土地增值税;建成后转让的,应征收土地增值税。

(7) 房地产的代建房行为。不属于土地增值税的征税范围。

(8) 房地产的重新评估。不属于土地增值税的征税范围。

二、税率

土地增值税实行四级超率累进税率:

(1) 增值额未超过扣除项目金额50%的部分,税率为30%。

(2) 增值额超过扣除项目金额50%、未超过扣除项目金额100%的部分,税率为40%。

(3) 增值额超过扣除项目金额100%、未超过扣除项目金额200%的部分,税率为50%。

(4) 增值额超过扣除项目金额200%的部分,税率为60%。

上述所列四级超率累进税率,每级"增值额未超过扣徐项目金额"的比例,均包括本比例数。超率累进税率见表10-1。

表 10-1 超率累进税率表

级数	增值额与扣除项目金额的比率	税率	速算扣除系数
1	不超过50%的部分	30%	0
2	超过50%～100%的部分	40%	5%
3	超过100%～200%的部分	50%	15%
4	超过200%的部分	60%	35%

三、应税收入与扣除项目

(一) 应税收入

根据《土地增值税暂行条例》及其实施细则的规定,纳税人转让房地产取得的应税收入,应包括转让房地产的全部价款及有关的经济收益。从收入的形式来看,包括货币收入、实物收入和其他收入。

(1) 货币收入。货币收入是指纳税人转让房地产而取得的现金、银行存款、支票、银行本票、汇票等各种信用票据和国库券、金融债券、企业债券、股票等有价证券。

(2) 实物收入。实物收入是指纳税人转让房地产而取得的各种实物形态的收入,如钢材、水泥等建材,房屋、土地等不动产等。

(3) 其他收入。其他收入是指纳税人转让房地产而取得的无形资产收入或具有财产价值的权利,如专利权、商标权、著作权、专有技术使用权、土地使用权、商誉权等。

(二) 扣除项目

计算土地增值税应纳税额,并不是直接对转让房地产所取得的收入征税,而是要对收入额减除国家规定的各项扣除项目金额后的余额计算征税(这个余额就是纳税人在转让房地产中获取的增值额)。因此,要计算增值额,首先必须确定扣除项目。税法准予纳税人从转让收入额中减除的扣除项目包括如下几项。

1. 取得土地使用权所支付的金额

取得土地使用权所支付的金额包括两方面的内容:

(1) 纳税人为取得土地使用权所支付的地价款。如果是以协议、招标、拍卖等出让方式取得土地使用权的,地价款为纳税人所支付的土地出让金;如果是以行政划拨方式取得土地使用权的,地价款为按照国家有关规定补交的土地出让金;如果是以转让方式取得土地使用权的,地价款为向原土地使用权人实际支付的地价款。

(2) 纳税人在取得土地使用权时按国家统一规定缴纳的有关费用。它是指纳税人在取得土地使用权过程中为办理有关手续,按国家统一规定缴纳的有关登记、过户手续费。

2. 房地产开发成本

房地产开发成本是指纳税人房地产开发项目实际发生的成本,包括土地的征用及拆迁补偿费、前期工程费、建筑安装工程费、基础设施费、公共配套设施费、开发间接费用等。

(1) 土地征用及拆迁补偿费,包括土地征用费、耕地占用税、劳动力安置费及有关地上、地下附着物拆迁补偿的净支出、安置动迁用房支出等。

(2) 前期工程费,包括规划、设计、项目可行性研究和水文、地质、勘察、测绘、"三通一平"等支出。

(3) 建筑安装工程费是指以出包方式支付给承包单位的建筑安装工程费,以自营方式发生的建筑安装工程费。

(4) 基础设施费,包括开发小区内道路、供水、供电、供气、排污、排洪、通信、照明、环卫、绿化等工程发生的支出。

(5) 公共配套设施费,包括不能有偿转让的开发小区内公共配套设施发生的支出。

(6) 开发间接费用是指直接组织、管理开发项目发生的费用,包括工资、职工福利费、折旧费、修理费、办公费、水电费、劳动保护费、周转房摊销等。

3. 房地产开发费用

房地产开发费用是指与房地产开发项目有关的销售费用、管理费用和财务费用。根据现行财务会计制度的规定,这三项费用作为期间费用,直接计入当期损益,不按成本核算对象进行分摊。故作为土地增值税扣除项目的房地产开发费用,不按纳税人房地产开发项目实际发生的费用进行扣除,而按《土地增值税暂行条例实施细则》的标准进行扣除。

《土地增值税暂行条例实施细则》规定,财务费用中的利息支出,凡能够按转让房地产项目计算分摊并提供金融机构证明的,允许据实扣除,但最高不能超过按商业银行同类同期贷款利率计算的金额。其他房地产开发费用,按《土地增值税暂行条例实施细则》第七条(一)(二)项规定(即取得土地使用权所支付的金额和房地产开发成本,下同)计算的金额之和的5%以内计算扣除。凡不能按转让房地产项目计算分摊利息支出或不能提供金融机构证明的,房地产开发费用按《实施细则》第七条(一)(二)项规定计算的金额之和的10%以内计算扣除。计算扣除的具体比例,由各省、自治区、直辖市人民政府规定。

上述规定的具体含义是:

(1)纳税人能够按转让房地产项目计算分摊利息支出,并能提供金融机构的贷款证明的,其允许扣除的房地产开发费用为:利息+(取得土地使用权所支付的金额+房地产开发成本)×5%以内(注:利息最高不能超过按商业银行同类同期贷款利率计算的金额)。

(2)纳税人不能按转让房地产项目计算分摊利息支出或不能提供金融机构贷款证明的,其允许扣除的房地产开发费用为:(取得土地使用权所支付的金额+房地产开发成本)×10%以内。全部使用自有资金,没有利息支出的,按照以上方法扣除。上述具体适用的比例按省级人民政府此前规定的比例执行。

(3)房地产开发企业既向金融机构借款,又有其他借款的,其房地产开发费用计算扣除时不能同时适用上述第(1)、第(2)项所述两种办法。

(4)土地增值税清算时,已经计入房地产开发成本的利息支出,调整至财务费用中计算扣除。

此外,财政部、国家税务总局还对扣除项目金额中利息支出的计算问题作了两点专门规定:一是利息的上浮幅度按国家的有关规定执行,超过上浮幅度的部分不允许扣除;二是对于超过贷款期限的利息部分和加罚的利息不允许扣除。

4.与转让房地产有关的税金

与转让房地产有关的税金是指在转让房地产时缴纳的城市维护建设税、印花税。因转让房地产缴纳的教育费附加,也可视同税金予以扣除。

需要明确的是,房地产开发企业按照《施工、房地产开发企业财务制度》有关规定,其在转让时缴纳的印花税因列入管理费用中,故在此不允许单独再扣除。其他纳税人缴纳的印花税(按产权转移书据所载金额的0.5%贴花)允许在此扣除。

5.其他扣除项目

对从事房地产开发的纳税人可按《实施细则》第七条第(一)、第(二)项规定计算的金额之和,加计20%的扣除。在此,应特别指出的是:此条优惠只适用于从事房地产开发的纳税人,除此之外的其他纳税人不适用。这样的规定,目的是抑制炒买炒卖房地产的投机行为,保护正常开发投资者的积极性。

6.旧房及建筑物的评估价格

纳税人转让旧房的,应按房屋及建筑物的评估价格、取得土地使用权所支付的地价款或出让金、按国家统一规定缴纳的有关费用和转让环节缴纳的税金作为扣除项目金额计征土地增值税。对取得土地使用权时未支付地价款或不能提供已支付的地价款凭据的,在计征土地增值税时不允许扣除。

对纳税人购房时缴纳的契税,凡能提供契税完税凭证的,准予作为"与转让房地产有关的税金"予以扣除,但不作为加计 5% 的基数。对于转让旧房及建筑物,既没有评估价格,又不能提供购房发票的,地方税务机关可以根据《税收征收管理法》第三十五条的规定,实行核定征收。

四、应纳税额的计算

(一) 增值额的确定

土地增值税纳税人转让房地产所取得的收入减除规定的扣除项目金额后的余额,为增值额。准确核算增值额,还需要有准确的房地产转让收入额和扣除项目的金额。在实际房地产交易活动中,有些纳税人由于不能准确提供房地产转让价格或扣除项目金额,致使增值额不准确,直接影响应纳税额的计算和缴纳。因此,《土地增值税暂行条例》第九条规定,纳税人有下列情形之一的,按照房地产评估价格计算征收。

(1) 隐瞒、虚报房地产成交价格。

(2) 提供扣除项目金额不实。

(3) 转让房地产的成交价格低于房地产评估价格,又无正当理由。

上述所说的"房地产评估价格"是指由政府批准设立的房地产评估机构根据相同地段、同类房地产进行综合评定的价格。

(二) 应纳税额的计算方法

土地增值税按照纳税人转让房地产所取得的增值额和规定的税率计算征收。土地增值税的计算公式如下:

$$应纳税额 = \sum (每级距的土地增值额 \times 税率)$$

但在实际工作中,分步计算比较烦琐,一般可以采用速算扣除法计算。即:计算土地增值税税额,可按增值额乘以适用的税率减去扣除项目金额乘以速算扣除系数的简便方法计算,具体方法如下:

(1) 增值额未超过扣除项目金额 50% 时,计算公式如下:

$$土地增值税税额 = 增值额 \times 30\%$$

(2) 增值额超过扣除项目金额 50%,未超过 100% 时,计算公式如下:

$$土地增值税税额 = 增值额 \times 40\% - 扣除项目金额 \times 5\%$$

(3) 增值额超过扣除项目金额 100%,未超过 200% 时,计算公式如下:

$$土地增值税税额 = 增值额 \times 50\% - 扣除项目金额 \times 15\%$$

(4) 增值额超过扣除项目金额 200% 时,计算公式如下:

$$土地增值税税额 = 增值额 \times 60\% - 扣除项目金额 \times 35\%$$

上述公式中的 5%、15%、35% 分别为 2、3、4 级的速算扣除系数,参见表 10-1。

【例 10-4】 假定某房地产开发公司转让商品房一栋,取得收入总额为 1 000 万元,应扣除的购买土地的金额、开发成本的金额、开发费用的金额、相关税金的金额、其他扣除金额合计为 400 万元。请计算该房地产开发公司应缴纳的土地增值税。

（1）先计算增值额：

$$增值额＝1\,000－400＝600（万元）$$

（2）再计算增值额与扣除项目金额的比率：

$$增值额与扣除项目金额的比单＝600÷400×100\%＝150\%$$

根据上述计算方法，增值额超过扣除项目金额100%，未超过200%时，其适用的计算公式如下：

$$土地增值税税额＝增值额×50\%－扣除项目金额×15\%$$

（3）最后计算该房地产开发公司应缴纳的土地增值税：

$$应缴纳土地增值税＝600×50\%－400×15\%＝240（万元）$$

五、房地产开发企业土地增值税清算

自2007年2月1日起，各省税务机关可按以下规定对房地产开发企业土地增值税进行清算。各省税务机关可依据以下规定并结合当地实际情况制定具体清算管理办法。

（一）土地增值税的清算单位

土地增值税以国家有关部门审批的房地产开发项目为单位进行清算，对于分期开发的项目，以分期项目为单位清算。

开发项目中同时包含普通住宅和非普通住宅的，应分别计算增值额。

（二）土地增值税的清算条件

（1）符合下列情形之一的，纳税人应进行土地增值税的清算：

① 房地产开发项目全部竣工、完成销售的。

② 整体转让未竣工决算房地产开发项目的。

③ 直接转让土地使用权的。

（2）符合下列情形之一的，主管税务机关可要求纳税人进行土地增值税清算：

① 已竣工验收的房地产开发项目，已转让的房地产建筑面积占整个项目可售建筑面积的比例在85%以上，或该比例虽未超过85%，但剩余的可售建筑面积已经出租或自用的。

② 取得销售（预售）许可证满3年仍未销售完毕的。

③ 纳税人申请注销税务登记但未办理土地增值税清算手续的。

④ 省税务机关规定的其他情况。

（三）非直接销售和自用房地产的收入确定

（1）房地产开发企业将开发产品用于职工福利、奖励、对外投资、分配给股东或投资人、抵偿债务、换取其他单位和个人的非货币性资产等，发生所有权转移时应视同销售房地产，其收入按下列方法和顺序确认：

① 按本企业在同一地区、同一年度销售的同类房地产的平均价格确定。

② 由主管税务机关参照当地当年、同类房地产的市场价格或评估价值确定。

（2）房地产开发企业将开发的部分房地产转为企业自用或用于出租等商业用途时，如果产权未发生转移，不征收土地增值税，在税款清算时不列收入，不扣除相应的成本和费用。

（3）土地增值税清算时,已全额开具商品房销售发票的,按照发票所载金额确认收入。未开具发票或未全额开具发票的,以交易双方签订的销售合同所载的售房金额及其他收益确认收入。销售合同所载商品房面积与有关部门实际测量面积不一致,在清算前已发生补、退房款的,应在计算土地增值税时予以调整。

（四）土地增值税的扣除项目

（1）房地产开发企业办理土地增值税清算时计算与清算项目有关的扣除项目金额,应根据《土地增值税暂行条例》第六条及实施细则第七条的规定执行。除另有规定外,扣除取得土地使用权所支付的金额、房地产开发成本、费用及与转让房地产有关的税金,须提供合法有效凭证;不能提供合法有效凭证的,不予扣除。

（2）房地产开发企业办理土地增值税清算所附送的前期工程费、建筑安装工程费、基础设施费、开发间接费用的凭证或资料不符合清算要求或不实的,地方税务机关可参照当地建设工程造价管理部门公布的建安造价定额资料,结合房屋结构、用途、区位等因素,核定上述四项开发成本的单位面积金额标准,并据以计算扣除。具体核定方法由省税务机关确定。

（3）房地产开发企业开发建造的与清算项目配套的居委会和派出所用房、会所、停车场（库）、物业管理场所、变电站、热力站、水厂、文体场馆、学校、幼儿园、托儿所、医院、邮电通信等公共设施,按以下原则处理:

① 建成后产权属于全体业主所有的,其成本、费用可以扣除。

② 建成后无偿移交给政府、公用事业单位用于非营利性社会公共事业的,其成本、费用可以扣除。

③ 建成后有偿转让的,应计算收入,并准予扣除成本、费用。

（4）房地产开发企业销售已装修的房屋,其装修费用可以计入房地产开发成本。房地产开发企业的预提费用,除另有规定外,不得扣除。

（5）属于多个房地产项目共同的成本费用,应按清算项目可售建筑面积占多个项目可售总建筑面积的比例或其他合理的方法,计算确定清算项目的扣除金额。

（6）房地产开发企业在工程竣工验收后,根据合同约定扣留建筑安装施工企业一定比例的工程款,作为开发项目的质量保证金,在计算土地增值税时,建筑安装施工企业就质量保证金对房地产开发企业开具发票的,按发票所载金额予以扣除;未开具发票的,扣留的质保金不得计算扣除。

（7）房地产开发企业逾期开发缴纳的土地闲置费不得扣除。

（8）房地产开发企业为取得土地使用权所支付的契税,应视同"按国家统一规定缴纳的有关费用",计入"取得土地使用权所支付的金额"中扣除。

（9）拆迁安置费的扣除,按以下规定处理:

① 房地产企业用建造的该项目房地产安置回迁户的,安置用房视同销售处理,按《国家税务总局关于房地产开发企业土地增值税清算管理有关问题的通知》（以下简称《通知》）（国税发〔2006〕187号）第三条第（一）款规定确认收入（即按本企业在同一地区、同一年度销售的同类房地产的平均价格确定;或由主管税务机关参照当地当年、同类房地产的市场价格或评估价值确定）,同时将此确认为房地产开发项目的拆迁补偿费。房地产开发企业支付给回迁户的补差价款,计入拆迁补偿费;回迁户支付给房地产开发企业的补差价款,应抵减本项

目拆迁补偿费。

②开发企业采取异地安置，异地安置的房屋属于自行开发建造的，房屋价值按国税发〔2006〕187号文件第三条第（一）款的规定计算，计入本项目的拆迁补偿费；异地安置的房屋属于购入的，以实际支付的购房支出计入拆迁补偿费。

③货币安置拆迁的，房地产开发企业凭合法有效凭据计入拆迁补偿费。

（五）土地增值税清算应报送的资料

符合《通知》第二条第（一）项规定的纳税人，须在满足清算条件之日起90日内到主管税务机关办理清算手续；符合《通知》第二条第（二）项规定的纳税人，须在主管税务机关限定的期限内办理清算手续。

纳税人办理土地增值税清算应报送以下资料：

（1）房地产开发企业清算土地增值税书面申请、土地增值税纳税申报表。

（2）项目竣工决算报表、取得土地使用权所支付的地价款凭证、国有土地使用权出让合同、银行贷款利息结算通知单、项目工程合同结算单、商品房购销合同统计表等与转让房地产的收入、成本和费用有关的证明资料。

（3）主管税务机关要求报送的其他与土地增值税清算有关的证明资料等。纳税人委托税务中介机构审核鉴证的清算项目，还应报送中介机构出具的《土地增值税清算税款鉴证报告》。

（六）土地增值税清算项目的审核鉴证

税务中介机构受托对清算项目审核鉴证时，应按税务机关规定的格式对审核鉴证情况出具鉴证报告。对符合要求的鉴证报告，税务机关可以采信。

（七）土地增值税的核定征收

房地产开发企业有下列情形之一的，税务机关可以参照与其开发规模和收入水平相近的当地企业的土地增值税税负情况，按不低于预征率的征收率核定征收土地增值税：

（1）依照法律、行政法规的规定应当设置但未设置账簿的。

（2）擅自销毁账簿或者拒不提供纳税资料的。

（3）虽设置账簿，但账目混乱或者成本资料、收入凭证、费用凭证残缺不全，难以确定转让收入或扣除项目金额的。

（4）符合土地增值税清算条件，未按照规定的期限办理清算手续，经税务机关责令限期清算，逾期仍不清算的。

（5）申报的计税依据明显偏低，又无正当理由的。

核定征收必须严格依照税收法律法规规定的条件进行，任何单位和个人不得擅自扩大核定征收范围，严禁在清算中出现"以核定为主、一核了之""求快图省"的做法。凡擅自将核定征收作为本地区土地增值税清算主要方式的，必须立即纠正。对确需核定征收的，要严格按照税收法律法规的要求，从严、从高确定核定征收率。为了规范核定工作，核定征收率原则上不得低于5%，各省级税务机关要结合本地实际，区分不同房地产类型制定核定征收率。

（八）清算后再转让房地产的处理

在土地增值税清算时未转让的房地产，清算后销售或有偿转让的，纳税人应按规定进行土地增值税的纳税申报，扣除项目金额按清算时的单位建筑面积成本费用乘以销售或转让面积计算。

$$单位建筑面积成本费用＝清算时的扣除项目总金额÷清算的总建筑面积$$

（九）土地增值税清算后应补缴的土地增值税加收滞纳金

纳税人按规定预缴土地增值税后，清算补缴的土地增值税，在主管税务机关规定的期限内补缴的，不加收滞纳金。

六、土地增值税税收优惠

（1）建造普通标准住宅的税收优惠。

纳税人建造普通标准住宅出售，增值额未超过扣除项目金额20％的，免征土地增值税。这里所说的"普通标准住宅"是指按所在地一般民用住宅标准建造的居住用住宅。高级公寓、别墅、度假村等不属于普通标准住宅。2005年6月1日起，普通标准住宅应同时满足：住宅小区建筑容积率在1.0以上；单套建筑面积在120平方米以下；实际成交价格低于同级别土地上住房平均交易价格1.2倍以下。各省、自治区、直辖市要根据实际情况，制定本地区享受优惠政策普通住房的具体标准。允许单套建筑面积和价格标准适当浮动，但向上浮动的比例不得超过上述标准的20％。纳税人建造普通标准住宅出售，增值额未超过扣除项目金额20％的，免征土地增值税；增值额超过扣除项目金额20％的，应就其全部增值额按规定计税。对于纳税人既建造普通标准住宅，又建造其他房地产开发的，应分别核算增值额。不分别核算增值额或不能准确核算增值额的，其建造的普通标准住宅不能适用这一免税规定。对企事业单位、社会团体以及其他组织转让旧房作为公租房房源，且增值额未超过扣除项目金额20％的，免征土地增值税。

（2）国家征用收回的房地产的税收优惠。

因国家建设需要依法征用、收回的房地产，免征土地增值税。

这里所说的"因国家建设需要依法征用、收回的房地产"是指因城市实施规划、国家建设的需要而被政府批准征用的房产或收回的土地使用权。

（3）因城市规划、国家建设需要而搬迁由纳税人自行转让原房地产的税收优惠、因城市实施规划、国家建设的需要而搬迁，由纳税人自行转让原房地产的，免征土地增值税。

因"城市实施规划"而搬迁是指因旧城改造或因企业污染、扰民（指产生过量废气、废水、废渣和噪声，使城市居民生活受到一定危害），而由政府或政府有关主管部门根据已审批通过的城市规划确定进行搬迁的情况。因"国家建设的需要"而搬迁是指因实施国务院、省级人民政府、国务院有关部委批准的建设项目而进行搬迁的情况。

（4）对企事业单位、社会团体以及其他组织转让旧房作为公共租赁住房房源的税收优惠。

七、征收管理

由于房地产开发与转让周期较长，造成土地增值税征管难度大，应加强土地增值税的预征管理办法，预征率的确定要科学、合理。对已经实行预征办法的地区，可根据不同类型房地产的实际情况，确定适当的预征率。除保障性住房外，东部地区省份预征率不得低于2％，中部和东北地区省份不得低于1.5％，西部地区省份不得低于1％。

（一）纳税地点

土地增值税的纳税人应向房地产所在地主管税务机关办理纳税申报，并在税务机关核定的期限内缴纳土地增值税。"房地产所在地"是指房地产的坐落地。纳税人转让的房地产坐落在两个或两个以上地区的，应按房地产所在地分别申报纳税。

在实际工作中，纳税地点的确定又可分为以下两种情况：

（1）纳税人是法人的。当转让的房地产坐落地与其机构所在地或经营所在地一致时，则在办理税务登记的原管辖税务机关申报纳税即可；如果转让的房地产坐落地与其机构所在地或经营所在地不一致时，则应在房地产坐落地所管辖的税务机关申报纳税。

（2）纳税人是自然人的。当转让的房地产坐落地与其居住所在地一致时，则在住所所在地税务机关申报纳税；当转让的房地产坐落地与其居住所在地不一致时，则在房地产坐落地的税务机关申报纳税。

（二）纳税申报

土地增值税的纳税人应在转让房地产合同签订后的 7 日内，到房地产所在地主管税务机关办理纳税申报，并向税务机关提交房屋及建筑物产权、土地使用权证书，土地转让、房产买卖合同，房地产评估报告及其他与转让房地产有关的资料。

纳税人因经常发生房地产转让而难以在每次转让后申报的，经税务机关审核同意后，可以定期进行纳税申报，具体期限由税务机关根据相关规定确定。

纳税人因经常发生房地产转让而难以在每次转让后申报是指房地产开发企业开发建造的房地产、因分次转让而频繁发生纳税义务、难以在每次转让后申报纳税的情况，土地增值税可按月或按各省、自治区、直辖市和计划单列市税务局规定的期限申报缴纳。纳税人选择定期申报方式的，应向纳税所在地的税务机关备案。定期申报方式确定后，1 年之内不得变更。

≪ 本 章 小 结 ≫

本章房产税法、契税法和土地增值税法要求学生掌握房产税应纳税额的计算、税收优惠；掌握契税的纳税义务人与征税范围、计税依据、应纳税额的计算、税收减免；熟悉掌握土地增值税的纳税义务人和征税范围、计税依据、应纳税额的计算、税收优惠。

≪ 基 础 训 练 ≫

房产税纳税申报表

房产税纳税申报表

税款所属期：自　年　月　日至　年　月　日

纳税人识别号（统一社会信用代码）：□□□□□□□□□□□□□□□□□□

纳税人名称：　　　　　　　　　　　金额单位：人民币元（列至角分）；面积单位：平方米

本期是否适用增值税小规模纳税人减征政策（减免性质代码：08049901）	□是 □否	本期适用增值税小规模纳税人减征政策起始时间	年 月	减征比例（%）	
		本期适用增值税小规模纳税人减征政策终止时间	年 月		

一、从价计征房产税												
	房产编号	房产原值	其中：出租房产原值	计税比例	税率	所属期起	所属期止	本期应纳税额	本期减免税额	本期增值税小规模纳税人减征额	本期已缴税额	本期应补（退）税额
1	*											
2	*											
3	*											
4	*											
5	*											
6	*											
7	*											
8	*											
9	*											
10	*											
合计	*	*	*	*	*	*	*					

二、从租计征房产税							
	本期申报租金收入	税率	本期应纳税额	本期减免税额	本期增值税小规模纳税人减征额	本期已缴税额	本期应补（退）税额
1							
2							
3							
合计							

谨声明：本纳税申报表是根据国家税收法律法规及相关规定填报的，是真实的、可靠的、完整的。

纳税人（签章）：　　年　月　日

经办人： 经办人身份证号： 代理机构签章： 代理机构统一社会信用代码：	受理人： 受理税务机关（章）： 受理日期：　　年　月　日

填表说明

1. 本表适用于在中华人民共和国境内申报缴纳房产税的单位和个人。

2. 本表依据《中华人民共和国税收征收管理法》《中华人民共和国房产税暂行条例》制定，为房产税纳税申报表主表。本表包括现行使用的三个附表，附表一为《房产税减免税明细申报表》，附表二为《从价计征房产税税源明细表》、附表三为《从租计征房产税税源明细表》。首次申报或变更申报时纳税人提交《从价计征房产税税源明细表》和《从租计征房产税税源明细表》后，本表除"本期是否适用增值税小规模纳税人减征政策""本期适用增值税小规模纳税人减征政策起始时间"和"本期适用增值税小规模纳税人减征政策终止时间"外，其他数据项由系统自动生成。

3. 纳税人识别号(统一社会信用代码)：填报税务机关核发的纳税人识别号或有关部门核发的统一社会信用代码。

4. 纳税人名称：填报营业执照、税务登记证等证件载明的纳税人名称。

5. 本期是否适用增值税小规模纳税人减征政策(减免性质代码：08049901)：纳税人在税款所属期内有任意1个月份为增值税小规模纳税人的，勾选"是"；否则，勾选"否"。

6. 本期适用增值税小规模纳税人减征政策起始时间：如果税款所属期内纳税人一直为增值税小规模纳税人，填写税款所属期起始月份；如果税款所属期内纳税人由增值税一般纳税人转登记为增值税小规模纳税人，填写成为增值税小规模纳税人的月份。如，税款所属期为2019年1月至6月，按月申报增值税的某企业在2019年2月11日前为增值税一般纳税人，2月11日转登记为增值税小规模纳税人，该企业本期适用增值税小规模纳税人减征政策起始日期为2019年3月，应在本栏填写"2019年3月"。系统默认为税款所属期起始月份，纳税人可以修改。

7. 本期适用增值税小规模纳税人减征政策终止时间：如果税款所属期内纳税人一直为增值税小规模纳税人，填写税款所属期终止月份；如果税款所属期内纳税人由增值税小规模纳税人转登记为增值税一般纳税人，填写增值税一般纳税人生效之日所在的月份；经税务机关通知，逾期仍不办理增值税一般纳税人登记的，自逾期次月起不再适用减征优惠，填写逾期当月所在的月份。如，税款所属期为2019年1月至6月，某企业在2019年5月1日前为增值税小规模纳税人，5月1日为一般纳税人的生效之日，该企业适用增值税小规模纳税人减征优惠终止日期为2019年4月，应在本栏填写"2019年4月"。如果小规模纳税人状态没有发生变化，系统自动带出终止时间为税款所属期终止月，纳税人可以修改。

8. 减征比例(%)：当地省级政府根据财税〔2019〕13号文件确定的减征比例，系统自动带出。

9. 房产编号＊：纳税人不必填写。由税务机关的管理系统赋予编号。

10. 房产原值：本项为《从价计征房产税税源明细表》相应数据项的汇总值。

11. 出租房产原值：本项为《从价计征房产税税源明细表》相应数据项的汇总值。

12. 计税比例：系统应当允许各地自行配置。配置好后，系统预设在表单中。

13. 税率：系统预设，无需纳税人填写，并允许各地自行配置。从价配置默认1.2%，从租配置默认12%。

14. 所属期起：税款所属期内税款所属的起始月份。起始月份不同的房产应当分行填写。默认为税款所属期的起始月份。但是，当《从价计征房产税税源明细表》中取得时间晚于税款所属期起始月份的，所属期起为"取得时间"的次月；《从价计征房产税税源明细表》中经核准的困难减免的起始月份晚于税款所属期起始月份的，所属期起为"经核准的困难减免的起始月份"；《从价计征房产税税源明细表》中变更类型选择信息项变更的，变更时间晚于税款所属期起始月份的，所属期起为"变更时间"。

15. 所属期止：税款所属期内税款所属的终止月份。终止月份不同的房产应当分行填写。默认为税款所属期的终止月份。但是，当《从价计征房产税税源明细表》中变更类型选择"纳税义务终止"的，变更时间早于税款所属期终止月份的，所属期止为"变更时间"；《从价计征房产税税源明细表》中"经核准的困难减免的终止月份"早于税款所属期终止月份的，所属期止为"经核准的困难减免的终止月份"。

16. 本期应纳税额、本期减免税额、本期增值税小规模纳税人减征额、本期应补(退)税额计算公式如下:

(1) 本期增值税小规模纳税人减征额。

本期增值税小规模纳税人减征额为税款所属期内适用增值税小规模纳税人减征优惠各月减征额的合计,增值税小规模纳税人月减征额=(当月应纳税额-当月减免税额)×减征比例。

系统需逐月判断税款所属期内各个月份是否适用增值税小规模纳税人减征优惠,如果系统判断某月适用减征优惠,则减征比例为各省、自治区、直辖市人民政府确定的减征比例;如果系统判断某月不适用减征优惠,则减征比例为0。

(2) 从价计征房产税的。

本期应纳税额=∑(房产原值-出租房产原值)×计税比例×税率÷12×(所属期止月份-所属期起月份+1);

本期减免税额=∑《从价计征房产税税源明细表》月减免税额×(所属期止月份-所属期起月份+1);

本期应补(退)税额=本期应纳税额-本期减免税额-本期增值税小规模纳税人减征额-本期已缴税额。

(3) 从租计征房产税的。

本期应纳税额=∑本期应税租金收入×适用税率;

本期减免税额=∑《从租计征房产税税源明细表》月减免税额×(所属期止月份-所属期起月份+1);

本期应补(退)税额=本期应纳税额-本期减免税额-本期增值税小规模纳税人减征额-本期已缴税额。

17. 本表一式两份,一份纳税人留存,一份税务机关留存。

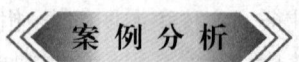

案例分析

房地产税税收筹划

A公司欲投资建厂,房产原值为10 000万元。现有两种方案可供选择:一是建在市区,当地政府规定的扣除比例为30%;二是建在农村。假设该厂不论建在哪里都不影响企业生产经营。

方案一:建在市区。应纳房产税=10 000×(1-30%)×1.2%=84(万元)。

方案二:建在农村。免缴房产税。

由此可见,方案二比方案一少缴房产税84万元。

课后练习题

一、单选题

1. 下列房屋及建筑物中,属于房产税征税范围的是(　　　)。

A. 农村的居住用房

B. 建在室外的露天游泳池

C. 个人拥有的市区经营性用房

D. 尚未使用或出租而待售的商品房

【正确答案】C

【答案解析】选项 A,房产税的征税范围不包括农村;选项 B,以房产为征税对象,但独立于房屋之外的建筑物(如水塔、围墙、室外游泳池等)不属于房屋,不征房产税;选项 D,房地产开发公司已建成完工但未使用、出租和出借的商品房,不征房产税。

2. 某企业 2016 年 3 月投资 1 500 万元取得 5 万平方米的土地使用权,缴纳契税 60 万元,用于建造面积为 4 万平方米的厂房,建造成本和费用为 2 000 万元,2016 年能竣工验收并投入使用,对该厂房征收房产税所确定的房产原值是( )万元。

A. 3 500　　　　B. 3 200　　　　C. 3 560　　　　D. 3 000

【正确答案】C

【答案解析】房产原值包含地价,包括为取得土地使用权支付的价款、开发土地发生的成本费用等。

3. 2018 年,某企业支付 8 000 万元取得 20 万平方米的土地使用权,新建厂房建筑面积 6 万平方米,工程成本 2 000 万元,2018 年年底竣工验收,对该企业征收房产税的房产原值是( )万元。

A. 2 000　　　　B. 6 400　　　　C. 6 800　　　　D. 10 000

【正确答案】C

【答案解析】①房产原值包括地价款和开发土地发生的成本费用;②宗地容积率低于 0.5 的,按房产建筑面积的 2 倍计算土地面积并据此确定计入房产原值的地价。该企业征收房产税的房产原值＝8 000×12÷20+2 000＝6 800(万元)。

4. 某单独建造的地下商业用房,房屋原价为 3 000 万元,1～6 月份该房屋为自用,7～12 月份该房屋出租,月租金 30 万元。当地规定的房屋原价折算为应税房产原值的比例为 70％,计算房产余值扣除比例为 30％。则该房产当年应纳房产税( )万元。

A. 23.94　　　　B. 25.2　　　　C. 30.42　　　　D. 39.42

【正确答案】C

【答案解析】应纳房产税＝3 000×70％×(1−30％)×1.2％×6÷12+30×6×12％＝30.42(万元)。

5. 某上市公司 2017 年以 5 000 万元购得一处高档会所,然后加以改建,支出 500 万元在后院新建一露天泳池,支出 500 万元新增中央空调系统,拆除 200 万元的照明设施,再支付 500 万元安装智能照明和楼宇声控系统,会所于 2017 年年底改建完毕并对外营业。当地规定计算房产余值扣除比例为 30％,2018 年该会所应缴纳房产税( )万元。

A. 42　　　　B. 48.72　　　　C. 50.4　　　　D. 54.6

【正确答案】B

【答案解析】2018 年应缴纳房产税＝(5 000+500−200+500)×(1−30％)×1.2％＝48.72(万元)。

二、多选题

1. 下列情形中,应由房产代管人或使用人缴纳房产税的有(   )。

A. 房屋产权未确定的

B. 房屋承典人不在房屋所在地

C. 房屋产权所有人不在房屋所在地

D. 房屋租典纠纷未解决

【正确答案】ABCD

【答案解析】产权所有人、承典人不在房屋所在地的;产权未确定或者租典纠纷未解决的,应由房产代管人或者使用人纳税。

2. 下列各项中,应依照房产余值缴纳房产税的有(   )。

A. 融资租赁的房产

B. 以房产投资,收取固定收入,不承担联营风险的房产

C. 免收租金期间的出租房产

D. 用于自营的居民住宅区内业主共有的经营性房产

【正确答案】ACD

【答案解析】选项B,以房产投资,收取固定收入,不承担联营风险的房产,从租计征房产税。

3. 下列项目中,应以房产租金作为计税依据征收房产税的有(   )。

A. 以融资租赁方式租入的房屋

B. 以经营租赁方式租出的房屋

C. 居民住宅区内业主自营的共有经营性房屋

D. 以收取固定收入、不承担联营风险方式投资的房屋

【正确答案】BD

【答案解析】选项A,以融资租赁方式租入的房屋,由承租人按房产余值从价计征;选项C,居民住宅区内业主自营的共有经营性房屋,从价计征。

第十一章 车辆购置税法、车船税法和印花税法

 学习目标

1. 掌握车辆购置税的纳税义务人与征税范围、税目与税率、应纳税额的计算、税收优惠
2. 掌握车船税的纳税义务人、税目与税率、应纳税额的计算、税收优惠
3. 掌握印花税的纳税义务人、税目与税率、应纳税额的计算、税收优惠

第一节 车辆购置税法

车辆购置税法是指国家制定的用来调整车辆购置税征收与缴纳权利及义务关系的法律规范。征收车辆购置税有利于合理筹集财政资金,规范政府行为,调节收入差距,也有利于配合打击车辆走私和维护国家权益。

一、纳税义务人与征税范围

(一)纳税义务人

车辆购置税是以在中国境内购置规定车辆为课税对象、在特定的环节向车辆购置者征收的一种税。就其性质而言,属于直接税的范畴。

车辆购置税的纳税人是指在中华人民共和国境内购置汽车、有轨电车、汽车挂车、排气量超过 150 毫升的摩托车(以下统称应税车辆)的单位和个人。其中购置是指以购买、进口、自产、受赠、获奖或者其他方式取得并自用应税车辆的行为。车辆购置税实行一次性征收。购置已征车辆购置税的车辆,不再征收车辆购置税。

所称单位,包括国有企业、集体企业、私营企业、股份制企业、外商投资企业、外国企业以及其他企业,事业单位、社会团体、国家机关、部队和其他单位。所称个人,包括个体工商户及其他个人,既包括中国公民又包括外国公民。

【例11-1】 下列人员中,不属于车辆购置税纳税义务人的是( )。

A. 应税车辆的出口者   B. 应税车辆的捐赠者

C. 应税车辆的获奖者   D. 应税车辆的销售者

【正确答案】ABD

(二)征税范围

车辆购置税以列举的车辆作为征税对象,未列举的车辆不纳税。其征税范围包括汽车、摩托车、电车、挂车、农用运输车。

(三) 车辆购置税的特点

车辆购置税作为一种特殊税,除具有税收的共同特点外,还有其自身特点:

(1) 征收范围单一。车辆购置税以购置的特定车辆为课税对象,而不是对所有的财产或消费财产征税,范围窄,是一种特种财产税。

(2) 征收环节单一。车辆购置税实行一次性课征制,它不是在生产、经营和消费的每个环节道道征收,而是在消费领域中的特定环节一次征收,购置已征车辆购置税的车辆,不再征收车辆购置税。

(3) 征税具有特定目的。车辆购置税为中央税,它取之于应税车辆,用之于交通建设,其征税具有专门用途,可作为中央财政的经常性预算科目,由中央财政根据国家交通建设投资计划,统筹安排。这种特定目的的税收,可以保证国家财政支出的需要,既有利于统筹合理地安排资金,又有利于保证特定事业和建设支出的需要。

(4) 价外征收,不转嫁税负。也就是说,征收车辆购置税的商品价格中不含车辆购置税税额,车辆购置税是附加在价格之外的,且税收的缴纳者即为最终的税收负担者,税负没有转嫁性。

二、税率与计税依据

(一) 税率

车辆购置税实行统一比例税率,税率为 10%。

(二) 计税依据

计税依据为应税车辆的计税价格,按照下列规定确定:

(1) 纳税人购买自用应税车辆的计税价格,为纳税人实际支付给销售者的全部价款,不包括增值税税款。

(2) 纳税人进口自用应税车辆的计税价格,为关税完税价格加上关税和消费税。

(3) 纳税人自产自用应税车辆的计税价格,按照纳税人生产的同类应税车辆的销售价格确定,不包括增值税税款。

(4) 纳税人以受赠、获奖或者其他方式取得自用应税车辆的计税价格,按照购置应税车辆时相关凭证载明的价格确定,不包括增值税税款。

纳税人申报的应税车辆计税价格明显偏低,又无正当理由的,由税务机关依照《税收征收管理法》的规定核定其应纳税额。

纳税人以外汇结算应税车辆价款的,按照申报纳税之日的人民币汇率中间价折合成人民币计算缴纳税款。

三、应纳税额的计算

车辆购置税实行从价定率的方法计算应纳税额,计算公式如下:

$$应纳税额 = 计税依据 \times 税率$$

由于应税车辆的来源、应税行为的发生以及计税依据组成的不同,因而,车辆购置税应纳税额的计算方法也有区别。

(一) 购买自用应税车辆应纳税额的计算

在应纳税额的计算当中,应注意以下费用的计税规定:

（1）购买者随购买车辆支付的工具件和零部件价款应作为购车价款的一部分，并入计税依据中征收车辆购置税。

（2）支付的车辆装饰费应作为价外费用并入计税依据中计税。

（3）代收款项应区别征税。凡使用代收单位（受托方）票据收取的款项，应视作代收单位价外收费，购买者支付的价费款，应并入计税依据中一并征税；凡使用委托方票据收取，受托方只履行代收义务和收取代收手续费的款项，应按其他税收政策规定征税。

（4）销售单位开给购买者的各种发票金额中包含增值税税款，因此，计算车辆购置税时，应换算为不含增值税的计税价格。

（5）销售单位开展优质销售活动所开票收取的有关费用，应属于经营性收入，企业在代理过程中按规定支付给有关部门的费用，企业已作经营性支出列支核算，其收取的各项费用合并在一张发票上难以划分的，应作为价外收入计算征税。

【例 11-2】 张某 2019 年 5 月从某汽车有限公司购买一辆小汽车供自己使用，支付了含增值税税款在内的款项 113 000 元，另支付代收临时牌照费 1 130 元、代收保险费 2 260 元，车辆装饰费 3 390 元。所支付的款项均由该汽车有限公司开具"机动车销售统一发票"和有关票据。请计算张某应纳车辆购置税。

（1）计税依据＝（113 000＋1 130＋2 260＋3 390）÷（1＋13％）＝106 000（元）

（2）应纳税额＝106 000×10％＝10 600（元）

（二）进口自用应税车辆应纳税额的计算

纳税人进口自用的应税车辆应纳税额的计算公式如下：

$$应纳税额＝（关税完税价格＋关税＋消费税）×税率$$

（三）其他自用应税车辆应纳税额的计算

纳税人自产自用、受赠使用、获奖使用和以其他方式取得并自用应税车辆的，凡不能取得该型车辆的购置价格，或者低于最低计税价格的，以国家税务总局核定的最低计税价格作为计税依据计算征收车辆购置税：

$$应纳税额＝最低计税价格×税率$$

四、税收优惠

（一）车辆购置税减免税规定

我国车辆购置税实行法定减免，减免税范围的具体规定是：

（1）外国驻华使馆、领事馆和国际组织驻华机构及其外交人员自用车辆免税。

（2）中国人民解放军和中国人民武装警察部队列入军队武器装备订货计划的车辆免税。

（3）设有固定装置的非运输车辆免税。

（4）有国务院规定予以免税或者减税的其他情形的，按照规定免税或减税。

（二）车辆购置税的退税

纳税人已经缴纳车辆购置税但在办理车辆登记手续前，需要办理退还车辆购置税的，由纳税人申请，征收机构审查后办理退还车辆购置税手续。

五、征收管理

车辆购置税由税务机关负责征收。车辆购置税的征收规定如下。

（一）纳税申报

纳税人购置应税车辆,应当向车辆登记地的主管税务机关申报缴纳车辆购置税;购置不需要办理车辆登记的应税车辆的,应当向纳税人所在地的主管税务机关申报缴纳车辆购置税。

车辆购置税的纳税义务发生时间为纳税人购置应税车辆的当日。纳税人应当自纳税义务发生之日起60日内申报缴纳车辆购置税。

（二）纳税环节

车辆购置税的征税环节为使用环节,即最终消费环节。具体而言,纳税人应当在向公安机关等车辆管理机构办理车辆登记注册手续前,缴纳车辆购置税。

（三）纳税地点

纳税人购置应税车辆,应当向车辆登记注册地的主管税务机关申报纳税;购置不需办理车辆登记注册手续的应税车辆,应当向纳税人所在地主管税务机关申报纳税。车辆登记注册地是指车辆的上牌落籍地或落户地。

第二节　车　船　税　法

车船税法是指国家制定的用来调整车船税征收与缴纳权利及义务关系的法律规范。车船税是以车船为征税对象,向拥有车船的单位和个人征收的一种税。征收车船税有利于为地方政府筹集财政资金,有利于车船的管理和合理配置,也有利于调节财富差异。

一、纳税义务人与征税范围

（一）纳税义务人

所谓车船税是指在中华人民共和国境内的车辆、船舶的所有人或者管理人按照中华人民共和国车船税法应缴纳的一种税。

车船税的纳税义务人是指在中华人民共和国境内,车辆、船舶(以下简称车船)的所有人或者管理人,应当依照《中华人民共和国车船税法》(以下简称《车船税法》)的规定缴纳车船税。

（二）征税范围

车船税的征税范围是指在中华人民共和国境内属于《车船税法》所附《车船税税目税额表》规定的车辆、船舶。车辆、船舶是指:

（1）依法应当在车船管理部门登记的机动车辆和船舶。

（2）依法不需要在车船管理部门登记、在单位内部场所行驶或者作业的机动车辆和船舶。

车船管理部门是指公安、交通运输、农业、渔业、军队、武装警察部队等依法具有车船登记管理职能的部门;单位是指依照中国法律、行政法规规定,在中国境内成立的行政机关、企业、事业单位、社会团体以及其他组织。

二、税目与税率

车船税实行定额税率。定额税率也称固定税额,是税率的一种特殊形式。定额税率计算简便,是适宜从量计征的税种。车船税的适用税额,依照车船税法所附的《车船税税目税额表》执行。

车辆的具体适用税额由省、自治区、直辖市人民政府依照车船税法所附《车船税税目税额表》规定的税额幅度和国务院的规定确定。

船舶的具体适用税额由国务院在车船税法所附《车船税税目税额表》规定的税额幅度内确定。

车船税采用定额税率,即对征税的车船规定单位固定税额。确定车船税税额总的原则是:非机动车船的税负轻于机动车船;人力车的税负轻于畜力车;小吨位船舶的税负轻于大船舶。由于车辆与船舶的行驶情况不同,车船税的税额也有所不同(见表11-1)。

表 11-1　车船税税目税额

税目		计税单位	年基准税额（元）	备注
乘用车按发动机气缸容量(排气量分档)	1.0 升(含)以下的	每辆	60~360	核定载客人数 9 人(含)以下
	1.0 升以上至 1.6 升(含)的		300~540	
	1.6 升以上至 2.0 升(含)的		360~660	
	2.0 升以上至 2.5 升(含)的		660~1 200	
	2.5 升以上至 3.0 升(含)的		1 200~2 400	
	3.0 升以上至 4.0 升(含)的		2 400~3 600	
	4.0 升以上的		3 600~5 400	
商用车	客车	每辆	480~1 440	核定载客人数 9 人(包括电车)以上
	货车	整备质量每吨	16~120	1. 包括半挂牵引车、挂车、客货两用汽车、三轮汽车和低速载货汽车等。 2. 挂车按照货车税额的 50%计算
其他车辆	专用作业车	整备质量每吨	16~120	不包括拖拉机
	轮式专用机械车	整备质量每吨	16~120	
摩托车		每辆	36~180	
船舶	机动船舶	净吨位每吨	3~6	拖船、非机动驳船分别按照机动船舶税额的 50%计算
	游艇	身长度每米	600~2 000	

(1)机动船舶具体适用税额为:

① 净吨位小于或者等于 200 吨的,每吨 3 元。

② 净吨位 201~2 000 吨的,每吨 4 元。

③ 净吨位 2 001~10 000 吨的,每吨 5 元。

④ 净吨位 10 001 吨及以上的,每吨 6 元。

（2）游艇具体适用税额为：

① 艇身长度不超过 10 米的游艇，每米 600 元。

② 艇身长度超过 10 米但不超过 18 米的游艇，每米 900 元。

③ 艇身长度超过 18 米但不超过 30 米的游艇，每米 1 300 元。

④ 艇身长度超过 30 米的游艇，每米 2 000 元。

⑤ 辅助动力帆艇，每米 600 元。

游艇艇身长度是指游艇的总长。

（3）车船税法及其实施条例涉及的整备质量、净吨位、艇身长度等计税单位，有尾数的一律按照含尾数的计税单位据实计算车船税应纳税额。计算得出的应纳税额小数点后超过两位的可四舍五入保留两位小数。

（4）乘用车以车辆登记管理部门核发的机动车登记证书或者行驶证书所载的排气量毫升数确定税额区间。

（5）车船税法和实施条例所涉及的排气量、整备质量、核定载客人数、净吨位、功率（千瓦或马力）、艇身长度，以车船登记管理部门核发的车船登记证书或者行驶证相应项目所载数据为准。

依法不需要办理登记、依法应当登记而未办理登记或者不能提供车船登记证书、行驶证的，以车船出厂合格证明或者进口凭证相应项目标注的技术参数、所载数据为准；不能提供车船出厂合格证明或者进口凭证的，由主管税务机关参照国家相关标准核定，没有国家相关标准的参照同类车船核定。

三、应纳税额的计算与代缴纳

纳税人按照纳税地点所在的省、自治区、直辖市人民政府确定的具体适用税额缴纳车船税。车船税由地方税务机关负责征收。

（1）购置的新车船，购置当年的应纳税额自纳税义务发生的当月起按月计算。计算公式如下：

$$应纳税额＝（年应纳税额÷12）×应纳税月份数$$
$$应纳税月份数＝12－纳税义务发生时间（取月份）＋1$$

（2）在一个纳税年度内，已完税的车船被盗抢、报废、灭失的，纳税人可以凭有关管理机关出具的证明和完税证明，向纳税所在地的主管税务机关申请退还自被盗抢、报废、灭失月份起至该纳税年度终了期间的税款。

（3）已办理退税的被盗抢车船，失而复得的，纳税人应当从公安机关出具相关证明的当月起计算缴纳车船税。

（4）在一个纳税年度内，纳税人在非车辆登记地由保险机构代收代缴机动车车船税，且能够提供合法有效完税证明的，纳税人不再向车辆登记地的地方税务机关缴纳车辆车船税。

（5）已缴纳车船税的车船在同一纳税年度内办理转让过户的，不另纳税，也不退税。

【例 11-3】 某运输公司拥有载货汽车 50 辆（货车整备质量全部为 10 吨）；乘人大客车 18 辆；小客车 10 辆。计算该公司应纳车船税。

（注：载货汽车每吨年税额 80 元，乘人大客车每辆年税额 800 元，小客车每辆年税额 700 元。）

（1）载货汽车应纳税额＝50×10×80＝40 000（元）

（2）乘人汽车应纳税额＝18×800＋10×700＝21 400（元）

全年应纳车船税额＝40 000＋21 400＝61 400（元）

四、税收优惠

（一）法定减免

（1）捕捞、养殖渔船是指在渔业船舶登记管理部门登记为捕捞船或者养殖船的船舶。

（2）军队、武装警察部队专用的车船是指按照规定在军队、武装警察部队车船管理部门登记，并领取军队、武警牌照的车船。

（3）警用车船是指公安机关、国家安全机关、监狱、劳动教养管理机关和人民法院、人民检察院领取警用牌照的车辆和执行警务的专用船舶。

（4）依照法律规定应当予以免税的外国驻华使领馆、国际组织驻华代表机构及其有关人员的车船。

（5）对节能汽车，减半征收车船税。

（6）对新能源车船，免征车船税。

（7）省、自治区、直辖市人民政府根据当地实际情况，可以对公共交通车船、农村居民拥有并主要在农村地区使用的摩托车、三轮汽车和低速载货汽车定期减征或者免征车船税。

（8）国家综合性消防救援车辆由部队号牌改挂应急救援专用号牌的，一次性免征改挂当年车船税。

（二）特定减免

（1）经批准临时入境的外国车船和香港特别行政区、澳门特别行政区、台湾地区的车船，不征收车船税。

（2）按照规定缴纳船舶吨税的机动船舶，自车船税法实施之日起 5 年内免征车船税。

（3）依法不需要在车船登记管理部门登记的机场、港口、铁路站场内部行驶或作业的车船，自车船税法实施之日起 5 年内免征车船税。

五、征收管理

（一）纳税期限

车船税纳税义务发生时间为取得车船所有权或者管理权的当月。以购买车的发票或其他证明文件所载日期的当月为准。

（二）纳税地点

车船税的纳税地点为车船的登记地或者车船税扣缴义务人所在地。依法不需要办理登记的车船，车船税的纳税地点为车船的所有人或者管理人所在地。

扣缴义务人代收代缴车船税的，纳税地点为扣缴义务人所在地。

纳税人自行申报缴纳车船税的，纳税地点为车船登记地的主管税务机关所在地。

依法不需要办理登记的车船，纳税地点为车船所有人或者管理人主管税务机关所在地。

（三）纳税申报

车船税按年申报,分月计算,一次性缴纳。纳税年度为公历 1 月 1 日至 12 月 31 日。车船税按年申报缴纳。具体申报纳税期限由省、自治区、直辖市人民政府规定。

第三节　印　花　税　法

印花税法是指国家制定的用来调整印花税征收与缴纳权利及义务关系的法律规范。印花税是以经济活动和经济交往中,书立、领受应税凭证的行为为征税对象征收的一种税。印花税因其采用在应税凭证上粘贴印花税票的方法缴纳税款而得名。征收印花税有利于增加财政收入、有利于配合和加强经济合同的监督管理、有利于培养纳税意识,也有利于配合对其他应纳税种的监督管理。

一、纳税义务人

印花税的纳税义务人,是在中国境内书立、使用、领受印花税法所列举的凭证并应依法履行纳税义务的单位和个人。

所称单位和个人是指国内各类企业、事业、机关、团体、部队以及中外合资企业、合作企业、外资企业、外国公司和其他经济组织及其在华机构等单位和个人。

上述单位和个人,按照书立、使用、领受应税凭证的不同,可以分别确定为立合同人、立据人、立账簿人、领受人、使用人和各类电子应税凭证的签订人。

1. 立合同人

立合同人是指合同的当事人。所谓当事人是指对凭证有直接权利义务关系的单位和个人,但不包括合同的担保人、证人、鉴定人。各类合同的纳税人是立合同人。各类合同,包括购销、加工承揽、建设工程承包、财产租赁、货物运输、仓储保管、借款、财产保险、技术合同或者具有合同性质的凭证。当事人的代理人有代理纳税的义务,他与纳税人负有同等的税收法律义务和责任。

2. 立据人

产权转移书据的纳税人是立据人。立据人是指土地、房屋权属转移过程中买卖双方的当事人。

3. 立账簿人

营业账簿的纳税人是立账簿人。所谓立账簿人是指设立并使用营业账簿的单位和个人。例如,企业单位因生产、经营需要,设立了营业账簿,该企业即为纳税人。

4. 领受人

权利、许可证照的纳税人是领受人。领受人是指领取或接受并持有该项凭证的单位和个人。例如,某人因其发明创造,经申请依法取得国家专利机关颁发的专利证书,该人即为纳税人。

5. 使用人

在国外书立、领受,但在国内使用的应税凭证,其纳税人是使用人。

6. 各类电子应税凭证的签订人

各类电子应税凭证的签订人即以电子形式签订的各类应税凭证的当事人。

值得注意的是,对应税凭证,凡由两方或两方以上当事人共同书立的,其当事人各方都是印花税的纳税人,应各就其所持凭证的计税金额履行纳税义务。

二、税目与税率

(一) 税目

印花税的税目是指印花税法明确规定的应当纳税的项目,它具体划定了印花税的征税范围。一般来说,列入税目的就要征税,未列入税目的就不征税。印花税共有 13 个税目。

1. 购销合同

购销合同包括供应、预购、采购、购销结合及协作、调剂、补偿、贸易等合同。此外,它包括出版单位与发行单位之间订立的图书、报纸、期刊和音像制品的应税凭证,如订购单、订数单等。它还包括发电厂与电网之间、电网与电网之间(国家电网公司系统、南方电网公司系统内部各级电网互供电量除外)签订的购售电合同。但是,电网与用户之间签订的供用电合同不属于印花税列举征税的凭证,不征收印花税。

2. 加工承揽合同

加工承揽合同包括加工、定做、修缮、修理、印刷广告、测绘、测试等合同。

3. 建设工程勘察设计合同

建设工程勘察设计合同包括勘察、设计合同。

4. 建筑安装工程承包合同

建筑安装工程承包合同包括建筑、安装工程承包合同。承包合同,包括总承包合同、分包合同和转包合同。

5. 财产租赁合同

财产租赁合同包括租赁房屋、船舶、飞机、机动车辆、机械、器具、设备等合同,还包括企业、个人出租门店、柜台等签订的合同。

6. 货物运输合同

货物运输合同包括民用航空、铁路运输、海上运输、公路运输和联运合同,以及作为合同使用的单据。

7. 仓储保管合同

仓储保管合同包括仓储、保管合同,以及作为合同使用的仓单、栈单等。

8. 借款合同

借款合同包括银行及其他金融组织与借款人(不包括银行同业拆借)所签订的合同,以及只填开借据并作为合同使用、取得银行借款的借据。银行及其他金融机构经营的融资租赁业务,是一种以融物方式达到融资目的的业务,实际上是分期偿还的固定资金借款,因此融资租赁合同也属于借款合同。

9. 财产保险合同

财产保险合同包括财产、责任、保证、信用保险合同,以及作为合同使用的单据。财产保险合同,分为企业财产保险、机动车辆保险、货物运输保险、家庭财产保险和农牧业保险五大类。

10. 技术合同

技术合同包括技术开发、转让、咨询、服务等合同，以及作为合同使用的单据。技术转让合同，包括专利申请权转让和非专利技术转让。

技术咨询合同是当事人就有关项目的分析、论证、预测和调查订立的技术合同。但一般的法律、会计、审计等方面的咨询不属于技术咨询，其所立合同不贴印花。

技术服务合同是当事人一方委托另一方就解决有关特定技术问题，如为改进产品结构、改良工艺流程、提高产品质量、降低产品成本、保护资源环境、实现安全操作、提高经济效益等提出实施方案所订立的技术合同，包括技术服务合同、技术培训合同和技术中介合同。但不包括以常规手段或者为生产经营目的进行一般加工、修理、修缮、广告、印刷、测绘、标准化测试，以及勘察、设计等所书立的合同。

11. 产权转移书据

产权转移书据包括财产所有权和版权、商标专用权、专利权、专有技术使用权等转移书据和专利实施许可合同、土地使用权出让合同、土地使用权转让合同、商品房销售合同等权利转移合同。

所称产权转移书据是指单位和个人产权的买卖、继承、赠与、交换、分割等所立的书据。"财产所有权"转移书据的征税范围是指经政府管理机关登记注册的动产、不动产的所有权转移所立的书据，以及企业股权转让所立的书据，并包括个人无偿赠送不动产所签订的"个人无偿赠与不动产登记表"。当纳税人完税后，税务机关（或其他征收机关）应在纳税人印花税完税凭证上加盖"个人无偿赠与"印章。

12. 营业账簿

营业账簿是指单位或者个人记载生产经营活动的财务会计核算账簿。营业账簿按其反映内容的不同，可分为记载资金的账簿和其他账簿。

记载资金的账簿是指反映生产经营单位资本金数额增减变化的账簿。其他账簿是指除上述账簿以外的有关其他生产经营活动内容的账簿，包括日记账簿和各明细分类账簿。

13. 权利、许可证照

权利、许可证照包括政府部门发给的房屋产权证、工商营业执照、商标注册证、专利证、土地使用证。

（二）税率

印花税的税率设计，遵循税负从轻、共同负担的原则。所以，税率比较低；凭证的当事人，即对凭证有直接权利与义务关系的单位和个人均应就其所持凭证依法纳税。

印花税的税率有两种形式，即比例税率和定额税率。

1. 比例税率

在印花税的 13 个税目中，各类合同以及具有合同性质的凭证（含以电子形式签订的各类应税凭证）、产权转移书据、营业账簿中记载资金的账簿，适用比例税率。

印花税的比例税率分为 4 个档次，分别是 0.05‰、0.3‰、0.5‰、1‰。

（1）适用 0.05‰ 税率的为"借款合同"。

（2）适用 0.3‰ 税率的为"购销合同""建筑安装工程承包合同""技术合同"。

（3）适用 0.5‰ 税率的为"加工承揽合同""建筑工程勘察设计合同""货物运输合同""产

权转移书据""营业账簿"税目中记载资金的账簿。

（4）适用1‰税率的为"财产租赁合同""仓储保管合同""财产保险合同"。

（5）在上海证券交易所、深圳证券交易所、全国中小企业股份转让系统买卖、继承、赠与优先股所书立的股权转让书据，均依书立时实际成交金额，由出让方按1‰的税率计算缴纳证券（股票）交易印花税。

香港市场投资者通过沪港通买卖、继承、赠与上交所上市A股，按照内地现行税制规定缴纳证券（股票）交易印花税。内地投资者通过沪港通买卖、继承、赠与联交所上市股票，按照香港特别行政区现行税法规定缴纳印花税。

2. 定额税率

在印花税的13个税目中，"权利、许可证照"和"营业账簿"税目中的其他账簿，适用定额税率，均为按件贴花，税额为5元。这样规定，主要是考虑到上述应税凭证比较特殊，有的是无法计算金额的凭证，如权利、许可证照；有的是虽记载有金额，但以其作为计税依据又明显不合理的凭证，如其他账簿。采用定额税率，便于纳税人缴纳，同时也便于税务机关征管。印花税税目、税率见表11-2。

表11-2　印花税税目、税率

税目	范围	税率	纳税人	说明
1. 购销合同	包括供应、预购、采购、购销结合及协作、调剂、补偿、易货等合同	按购销金额0.3‰贴花	立合同人	
2. 加工承揽合同	包括加工、定做、修缮、修理、印刷广告、测绘、测试等合同	按加工或承揽收入0.5‰贴花	立合同人	
3. 建设工程勘察设计合同	包括勘察、设计合同	按收取费用0.5‰贴花	立合同人	
4. 建筑安装工程承包合同	包括建筑、安装工程承包合同	按承包金额0.3‰贴花	立合同人	
5. 财产租赁合同	包括租赁房屋、船舶、飞机、机动车辆、机械、器具、设备等合同	按租赁金额1‰贴花。税额不足1元，按1元贴花	立合同人	
6. 货物运输合同	包括民用航空运输、铁路运输、海上运输、内河运输、公路运输和联运合同	按运输费用0.5‰贴花	立合同人	单据作为合同使用的，按合同贴花
7. 仓储保管合同	包括仓储、保管合同	按仓储保管费用1‰贴花	立合同人	仓单或栈单作为合同使用的，按合同贴花
8. 借款合同	包括银行及其他金融组织和借款人（不包括银行同业拆借）所签订的借款合同	按借款金额0.05‰贴花	立合同人	单据作为合同使用的，按合同贴花
9. 财产保险合同	包括财产、责任、保证、信用等保险合同	按收取保险费1‰贴花	立合同人	单据作为合同使用的，按合同贴花
10. 技术合同	包括技术开发、转让、咨询、服务等合同	按所记载金额0.3‰贴花	立合同人	单据作为合同使用的，按合同贴花

税目	范围	税率	纳税人	说明
11. 产权转移书据	包括财产所有权和版权、商标专用权、专利权、专有技术使用权等转移书据、土地使用权出让合同、土地使用权转让合同、商品房销售合同	按所记载金额 0.5‰贴花	立据人	
12. 营业账簿	生产、经营用账册	记载资金的账簿,按实收资本和资本公积的合计金额0.5‰贴花。其他账簿按件贴花5元	立账簿人	
13. 权利、许可证照	包括政府部门发给的房屋产权证、工商营业执照、商标注册证、专利证、土地使用证	按件贴花5元	领受人	

三、应纳税额的计算

（一）计税依据的一般规定

印花税的计税依据为各种应税凭证上所记载的计税金额。具体规定为:

（1）购销合同的计税依据为合同记载的购销金额。

（2）加工承揽合同的计税依据是加工或承揽收入的金额。具体规定为:

① 对于由受托方提供原材料的加工、定做合同,凡在合同中分别记载加工费金额和原材料金额的,应分别按"加工承揽合同""购销合同"计税,两项税额相加数,即为合同应贴印花;若合同中未分别记载,则应就全部金额依照加工承揽合同计税贴花。

② 对于由委托方提供主要材料或原料,受托方只提供辅助材料的加工合同,无论加工费和辅助材料金额是否分别记载,均以辅助材料与加工费的合计数,依照加工承揽合同计税贴花。对委托方提供的主要材料或原料金额不计税贴花。

（3）建设工程勘察设计合同的计税依据为收取的费用。

（4）建筑安装工程承包合同的计税依据为承包金额。

（5）财产租赁合同的计税依据为租赁金额;经计算,税额不足1元的,按1元贴花。

（6）货物运输合同的计税依据为取得的运输费金额（即运费收入）,不包括所运货物的金额、装卸费和保险费等。

（7）仓储保管合同的计税依据为收取的仓储保管费用。

（8）借款合同的计税依据为借款金额。针对实际借贷活动中不同的借款形式,税法规定了不同的计税方法:

① 凡是一项信贷业务既签订借款合同,又一次或分次填开借据的,只以借款合同所载金额为计税依据计税贴花;凡是只填开借据并作为合同使用的,应以借据所载金额为计税依据计税贴花。

② 借贷双方签订的流动资金周转性借款合同,一般按年（期）签订,规定最高限额,借款人在规定的期限和最高限额内随借随还。为避免加重借贷双方的负担,对这类合同只以其规定的最高限额为计税依据,在签订时贴花一次,在限额内随借随还不签订新合同的,不再另贴印花。

③ 对借款方以财产作抵押,从贷款方取得一定数量抵押贷款的合同,应按借款合同贴花;在借款方因无力偿还借款而将抵押财产转移给贷款方时,应再就双方书立的产权书据,按产权转移书据的有关规定计税贴花。

④ 对银行及其他金融组织的融资租赁业务签订的融资租赁合同,应按合同所载租金总额,暂按借款合同计税。

⑤ 在贷款业务中,如果贷方系由若干银行组成的银团,银团各方均承担一定的贷款数额。借款合同由借款方与银团各方共同书立,各执一份合同正本。对这类合同借款方与贷款银团各方应分别在所执的合同正本上,按各自的借款金额计税贴花。

⑥ 在基本建设贷款中,如果按年度用款计划分年签订借款合同,在最后1年按总概算签订借款总合同,且总合同的借款金额包括各个分合同的借款金额的,对这类基建借款合同,应按分合同分别贴花,最后签订的总合同,只就借款总额扣除分合同借款金额后的余额计税贴花。

(9) 财产保险合同的计税依据为支付(收取)的保险费,不包括所保财产的金额。

(10) 技术合同的计税依据为合同所载的价款、报酬或使用费。为了鼓励技术研究开发,对技术开发合同,只就合同所载的报酬金额计税,研究开发经费不作为计税依据。单对合同约定按研究开发经费一定比例作为报酬的,应按一定比例的报酬金额贴花。

(11) 产权转移书据的计税依据为所载金额。

(12) 营业账簿税目中记载资金的账簿的计税依据为"实收资本"与"资本公积"两项的合计金额。实收资本,包括现金、实物、无形资产和材料物资。现金按实际收到或存入纳税人开户银行的金额确定。实物是指房屋、机器等,按评估确认的价值或者合同、协议约定的价格确定。无形资产和材料物资,按评估确认的价值确定。

资本公积,包括接受捐赠、法定财产重估增值、资本折算差额、资本溢价等。如果是实物捐赠,则按同类资产的市场价格或有关凭据确定。

其他账簿的计税依据为应税凭证件数。

(13) 权利、许可证照的计税依据为应税凭证件数。

必须明确的是,印花税票为有价证券,其票面金额以人民币为单位,分为1角、2角、5角、1元、2元、5元、10元、50元、100元9种。

(二) 应纳税额的计算方法

纳税人的应纳税额,根据应纳税凭证的性质,分别按比例税率或者定额税率计算,其计算公式如下:

$$应纳税额＝应税凭证计税金额(或应税凭证件数)×适用税率$$

【例 11-4】 A企业2018年2月开业,当年发生以下有关业务事项:领受房屋产权证、工商营业执照、专利证各1件;与其他企业订立转移专用技术使用权书据1份,所载金额200万元;订立产品购销合同1份,所载金额为100万元;订立借款合同1份,所载金额为200万元。试计算该企业上述内容应缴纳的印花税税额。

(1) 企业领受权利、许可证照应纳税额:

$$应纳税额＝3×5＝15(元)$$

(2) 企业订立产权转移书据应纳税额:

$$应纳税额 = 2\,000\,000 \times 0.5‰ = 1\,000(元)$$

（3）企业订立购销合同应纳税额：

$$应纳税额 = 1\,000\,000 \times 0.3‰ = 300(元)$$

（4）企业订立借款合同应纳税额：

$$应纳税额 = 2\,000\,000 \times 0.05‰ = 100(元)$$

（5）当年企业应纳印花税税额：

$$15 + 1\,000 + 300 + 100 = 1\,415(元)$$

四、税收优惠

对印花税的减免税优惠主要如下：

(1) 对已缴纳印花税凭证的副本或者抄本免税。

凭证的正式签署本已按规定缴纳了印花税，其副本或者抄本对外不发生权利与义务关系，只是留存备查。但以副本或者抄本视同正本使用的，则应另贴印花。

(2) 对无息、贴息贷款合同免税。

无息、贴息贷款合同是指我国的各专业银行按照国家金融政策发放的无息贷款，以及由各专业银行发放并按有关规定由财政部门或中国人民银行给予贴息的贷款项目所签订的贷款合同。一般情况下，无息、贴息贷款体现国家政策，满足特定时期的某种需要，其利息全部或者部分是由国家财政负担的，对这类合同征收印花税没有财政意义。

(3) 对房地产管理部门与个人签订的用于生活居住的租赁合同免税。

(4) 对农牧业保险合同免税。

(5) 自 2019 年 1 月 1 日至 2021 年 12 月 31 日，对与高校学生签订的高校学生公寓租赁合同，免征印花税。

(6) 对公租房经营管理单位建造管理公租房涉及的印花税予以免征。

(7) 为贯彻落实《国务院关于加快棚户区改造工作意见》，对改造安置住房经营管理单位、开发商与改造安置住房相关的印花税以及购买安置住房的个人涉及的印花税自 2013 年 7 月 4 日起予以免征。

(8) 自 2018 年 5 月 1 日起，对按 5‰税率贴花的资金账簿减半征收印花税，对按件贴花 5 元的其他账簿免征印花税。

(9) 对全国社会保障基金理事会、全国社会保障基金投资管理人管理的全国社会保障基金转让非上市公司股权，免征全国社会保障基金理事会、全国社会保障基金投资管理人应缴纳的印花税。

五、征收管理

（一）纳税方法

印花税的纳税办法，根据税额大小、贴花次数以及税收征收管理的需要，分别采用以下三种纳税办法。

1.自行贴花办法

这种办法,一般适用于应税凭证较少或者贴花次数较少的纳税人。纳税人书立、领受或者使用印花税法列举的应税凭证的同时,纳税义务即已产生,应当根据应纳税凭证的性质和适用的税目税率自行计算应纳税额,自行购买印花税票,自行一次贴足印花税票并加以注销或划销,纳税义务才算全部履行完毕。值得注意的是,纳税人购买了印花税票,支付了税款,国家就取得了财政收入。但就印花税来说,纳税人支付了税款并不等于已履行了纳税义务。纳税人必须自行贴花并注销或划销,这样才算完整地完成了纳税义务。这也就是通常所说的"三自"纳税办法。

2.汇贴或汇缴办法

这种办法,一般适用于应纳税额较大或者贴花次数频繁的纳税人。

一份凭证应纳税额超过500元的,应向当地税务机关申请填写缴款书或者完税凭证,将其中一联粘贴在凭证上或者由税务机关在凭证上加注完税标记代替贴花。这就是通常所说的"汇贴"办法。

3.委托代征办法

这一办法主要是通过税务机关的委托,经由发放或者办理应纳税凭证的单位代为征收印花税税款。税务机关应与代征单位签订代征委托书。税务机关委托工商行政管理机关代售印花税票,按代售金额5%的比例支付代售手续费。

印花税法规定,发放或者办理应纳税凭证的单位,负有监督纳税人依法纳税的义务,具体是指对以下纳税事项监督:

(1)应纳税凭证是否已粘贴印花。

(2)粘贴的印花是否足额。

(3)粘贴的印花是否按规定注销。

对未完成以上纳税手续的,应督促纳税人当场完成。

(二)纳税环节

印花税应当在书立或领受时贴花。具体是指在合同签订时、账簿启用时和证照领受时贴花。如果合同是在国外签订,并且不便在国外贴花的,应在将合同带入境内时办理贴花纳税手续。

(三)纳税地点

印花税一般实行就地纳税。对于全国性商品物资订货会(包括展销会、交易会等)上所签订合同应纳的印花税,由纳税人回其所在地后及时办理贴花完税手续;对地方主办、不涉及省际关系的订货会、展销会上所签订合同的印花税,其纳税地点由各省、自治区、直辖市人民政府自行确定。

本 章 小 结

本章车辆购置税法、车船税法和印花税法要求学生掌握车辆购置税和车船税的区别:征税对象不同;纳税义务时间和期限不同;计税依据及应纳税额不同;税率、税目不同。掌握实务工作中印花税的计算与缴纳。

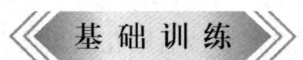

基础训练

印花税纳税申报表

印花税纳税申报(报告)表

税款所属期限:自　年　月　日至　年　月　日

纳税人识别号(统一社会信用代码):□□□□□□□□□□□□□□□□□□

纳税人名称:　　　　　　　　　　　　　　　　　　　　金额单位:人民币元(列至角分)

本期是否适用增值税小规模纳税人减征政策(减免性质代码:09049901)				□是 □否		减征比例(%)			
应税凭证	计税金额或件数	核定征收		适用税率	本期应纳税额	本期已缴税额	本期减免税额		本期增值税小规模纳税人减征额	本期应补(退)税额
		核定依据	核定比例				减免性质代码	减免税额		
	1	2	3	4	5=1×4+2×3×4	6	7	8	9	10=5-6-8-9
购销合同				0.3‰						
加工承揽合同				0.5‰						
建设工程勘察设计合同				0.5‰						
建筑安装工程承包合同				0.3‰						
财产租赁合同				1‰						
货物运输合同				0.5‰						
仓储保管合同				1‰						
借款合同				0.05‰						
财产保险合同				1‰						
技术合同				0.3‰						
产权转移书据				0.5‰						
营业账簿(记载资金的账簿)		—		0.5‰						
营业账簿(其他账簿)				5					—	
权利、许可证照		—		5						
合计	—	—								

谨声明:本纳税申报表是根据国家税收法律法规及相关规定填报的,是真实的、可靠的、完整的。

纳税人(签章):　年　月　日

经办人: 经办人身份证号: 代理机构签章: 代理机构统一社会信用代码:	受理人: 受理税务机关(章): 受理日期:　年　月　日

填表说明

1. "纳税人识别号(统一社会信用代码)",填报税务机关核发的纳税人识别号或有关部门核发的统一社会信用代码。"纳税人名称",填报营业执照、税务登记证等证件载明的纳税人名称。

2. 本期是否适用增值税小规模纳税人减征政策(减免税代码:09049901):纳税人自增值税一般纳税人按规定转登记为小规模纳税人的,自成为小规模纳税人的当月起适用减征优惠。增值税小规模纳税人按规定登记为一般纳税人的,自一般纳税人生效之日起不再适用减征优惠;增值税年应税销售额超过小规模纳税人标准应当登记为一般纳税人而未登记,经税务机关通知,逾期仍不办理登记的,自逾期次月起不再适用减征优惠。纳税人本期适用增值税小规模纳税人减征政策的,勾选"是";否则,勾选"否"。

3. 减征比例(%):当地省级政府根据财税〔2019〕13号文件确定的减征比例,系统自动带出。

4. 第1栏"计税金额或件数",填写合同、产权转移书据、营业账簿的金额,或权利、许可证照的件数。

5. 第2栏"核定依据",填写核定征收的计税依据。

6. 第3栏"核定比例",填写核定征收的核定比例。

7. 第5栏"本期应纳税额",反映本期按适用税率计算缴纳的应纳税额。计算公式为:$5=1×4+2×3×4$。

8. 第6栏"本期已缴税额",填写本期应纳税额中已经缴纳的部分。

9. 第7栏"减免性质代码",该项按照国家税务总局制定下发的最新《减免税政策代码目录》中的最细项减免性质代码填写。有减免税情况的必填。

10. 第8栏"减免税额",反映本期减免的税额。

11. 第9栏"本期增值税小规模纳税人减征额",反映符合条件的小规模纳税人减征的税额。计算公式为:$9=(5-8)×$减征比例。

12. 第10栏"本期应补(退)税额",计算公式为:$10=5-6-8-9$。

13. 本表一式两份,一份纳税人留存,一份税务机关留存。

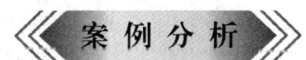

案 例 分 析

印花税的合理缴税

A公司注册资本3 000万元,2019年度销售商品房收入5 500万元,利润105万元。2019年12月31日,该市稽查分局对该公司实施了税务稽查,发现该公司2019年1月与某建筑工程公司签订甲工程施工合同,金额为6 500万元,合同签订后,印花税已缴纳。该工程于2019年11月竣工,因工程建筑图纸重大修改,原商业用房由五层改为三层,实际工程决算金额为4 000万元,该公司1996年12月签订乙工程建筑施工合同后,以甲工程多缴印花税为由,冲减合同金额2 500万元,然后计算缴纳印花税。

【分析】

《中华人民共和国印花税暂行条例》第二条、第三条规定,建筑工程承包合同为应纳税凭证,建筑工程承包合同包括建筑工程勘察设计合同和建筑安装工程承包合同,分别适用0.5‰、0.3‰的印花税税率。所以追征建筑施工合同印花税7 500元(25 000 000×0.3‰)。

该案中表面上看似乎有一定合理性,该公司甲工程建筑施工合同金额比实际决算金额多出2 500万元,多缴了印花税,因而在乙工程建筑施工合同金额中予以抵销,但实质是不合法的缴法,是公司对税法规定掌握不正确的表现。印花税是一种凭证税,只要符合应税凭证的建筑施工合同一经签订,不论其合同是否履行或完全履行,都要按合同金额计算缴纳印花税。而且该公司建筑设计合同等未缴纳印花税,属偷税行为。

课后练习题

一、单选题

1. 下列各项中,不属于车辆购置税征税范围的是( )。

A. 电动自行车   B. 三轮农用运输车

C. 挂车   D. 无轨电车

【正确答案】A

2. 根据车辆购置税法律制度的规定,下列费用中,计入车辆购置税价外费用的是( )。

A. 保管费

B. 车辆购置税

C. 车辆牌照费

D. 代办保险而向购买方收取的保险费

【正确答案】A

3. 根据车辆购置税法律制度的规定,下列各项中,免征车辆购置税的是( )。

A. 外国使馆购买自用的汽车   B. 个人购买自用的汽车

C. 企业自产自用的汽车   D. 个人受赠自用的摩托车

【正确答案】A

4. 下列车船中,应征收车船税的是( )。

A. 捕捞渔船   B. 符合国家有关标准的纯电动商用车

C. 军队专用车船   D. 观光游艇

【正确答案】D

5. 下列各项中,免予缴纳车船税的是( )。

A. 救护车   B. 人民法院警车

C. 市政公务车   D. 公共汽车

【正确答案】B

6. 甲公司与乙公司签订购销合同,合同约定丙为担保人,丁为鉴定人。下列关于该合同印花税纳税人的表述中,正确的是( )。

A. 甲、乙、丙和丁为纳税人   B. 甲、乙和丁为纳税人

C. 甲、乙为纳税人   D. 甲、乙和丙为纳税人

【正确答案】C

7. 根据印花税法律制度的规定,下列应税凭证中,以"件数"作为计税依据的是(　　)。

A. 仓储合同
B. 租赁合同
C. 权利、许可证照
D. 产权转移书据

【正确答案】C

二、多选题

1. 下列纳税主体中,属于车船税纳税人的有(　　)。

A. 在中国境内拥有并使用船舶的国有企业
B. 在中国境内拥有并使用车辆的外籍个人
C. 在中国境内拥有并使用船舶的内地居民
D. 在中国境内拥有并使用车辆的外国企业

【正确答案】ABCD

2. 根据车船税法律制度的规定,下列各项中,属于车船税征税范围的有(　　)。

A. 地铁列车
B. 游艇
C. 两轮摩托车
D. 拖拉机

【正确答案】BC

3. 下列各项中,属于车船税征税范围的有(　　)。

A. 用于耕地的拖拉机
B. 用于接送员工的客车
C. 用于休闲娱乐的游艇
D. 供企业经理使用的小汽车

【正确答案】BCD

4. 下列合同中,应该缴纳印花税的有(　　)。

A. 买卖合同
B. 技术合同
C. 货物运输合同
D. 财产租赁合同

【正确答案】ABCD

5. 下列各项中,属于印花税征税范围的有(　　)。

A. 土地使用权出让合同
B. 土地使用权转让合同
C. 商品房销售合同
D. 不动产权证书

【正确答案】ABCD

6. 下列属于印花税征税范围的有(　　)。

A. 餐饮服务许可证
B. 营业执照
C. 商标注册证
D. 专利证书

【正确答案】BCD

7. 下列关于印花税征税范围的表述中,正确的有(　　)。

A. 同一业务中既书立合同,又开立单据,只就合同征收印花税
B. 未按期兑现的合同不征收印花税
C. 具有合同性质的凭证应视同合同征收印花税
D. 对纳税人以电子形式签订的各类应税凭证按规定征收印花税

【正确答案】ACD

8. 下列关于印花税计税依据的说法中,不正确的有(　　)。

A. 租赁合同,以所租赁财产的金额作为计税依据

B. 运输合同,以所运货物金额和运输费用的合计金额为计税依据

C. 借款合同,以借款金额和借款利息的合计金额为计税依据

D. 财产保险合同,以保险费收入为计税依据

【正确答案】ABC

9. 下列合同中,属于印花税征税范围的有(　　)。

A. 人身保险合同　　　　　　　　　　B. 财产保险合同

C. 买卖合同　　　　　　　　　　　　D. 委托代理合同

【正确答案】BC

参 考 文 献

［1］中国注册会计师协会组织.2019 年注册会计师全国统一考试辅导教材税法［M］.北京：
中国财政经济出版社,2019.

［2］全国税务师职业资格考试教材编写组.2019 年全国税务师职业资格考试教材税法一
［M］.北京:中国税务出版社,2019.

［3］全国税务师职业资格考试教材编写组.2019 年全国税务师职业资格考试教材税法二
［M］.北京:中国税务出版社,2019.